轨道交通防水材料与施工手册

主编 沈春林

中国建筑工业出版社

图书在版编目（CIP）数据

轨道交通防水材料与施工手册/沈春林主编．—北京：
中国建筑工业出版社，2011.11
ISBN 978-7-112-13698-8

Ⅰ.①轨⋯ Ⅱ.①沈⋯ Ⅲ.①城市铁路—工程材料：防水材料-工程施工-手册 Ⅳ.①U239.5-62

中国版本图书馆CIP数据核字（2011.）第212111号

本书介绍轨道交通防水材料的性质、选择。详细阐述了用于轨道交通的沥青胶及冷底子油、防水卷材、防水涂料、防水混凝土、纤维混凝土、防水砂浆、密封材料、防水剂、堵漏材料、膨胀剂、排水辅助材料和防水辅助材料的特点、配方、用途和施工方法等。介绍每种防水材料的最后还列出了部分生产厂家的联系方法，便于读者联系。

本书以每种防水材料的具体产品来介绍其在轨道交通上的应用，实用性很强，可供从事轨道交通防水材料生产、设计和施工管理人员阅读参考。

* * *

责任编辑：唐　旭　唐炳文
责任设计：张　虹
责任校对：党　蕾　赵　颖

轨道交通防水材料与施工手册
主编　沈春林

*

中国建筑工业出版社出版、发行（北京西郊百万庄）
各地新华书店、建筑书店经销
北京永峥排版公司制版
北京天来印务有限公司印刷

*

开本：787×1092毫米　1/16　印张：21¼　字数：528千字
2011年12月第一版　2011年12月第一次印刷
定价：**65.00**元
ISBN 978-7-112-13698-8
(21460)

版权所有　翻印必究
如有印装质量问题，可寄本社退换
（邮政编码　100037）

本书编写人员

主　编　沈春林

副主编　徐建月　杨炳元　崔冬芳　王　军
　　　　　郑家玉　宫　安　陈　燕　沈　钢

参　编　沈春林　徐建月　崔冬芳　杨炳元　王　军　章宗友
　　　　　郑家玉　赵国芳　吴庆彪　褚建军　杨乃浩　康杰分
　　　　　王玉峰　蔡京福　王创焕　叶林宏　苏立荣　李　芳
　　　　　王庆波　毛为民　陈哲敏　刘　立　王宝柱　许永彰
　　　　　陈　燕　姚　勇　邱钰明　樊细杨　邢光仁　宫　安
　　　　　吴建明　张亦清　易　举　李丁华　谭克俊　袁　剑
　　　　　赵文海　冯国荣　蒋耀坤　王文星　黄海啸　石文杰
　　　　　李青云　王仁连　陈伟忠　沈　钢　牛　杰　章瑞昌
　　　　　朱廷丰　杜天刚　方一苍　郑远黎　李丁强　徐凭海
　　　　　金剑平　邓卫东　李跃水　徐铭强　娄亚威　赖礼榕
　　　　　郭志贤　宗正新　翁立林　霍祖政　李宝兴　毛瑞定
　　　　　汪良美　吴双凤　李文甲　赵　斌　储祥敏　吴连国
　　　　　鲍明立　徐伟杰　林江海　蔡皓庆　位国喜　廖有为
　　　　　余建平　程文涛　刘定春　冯文利　宋银河　白云山
　　　　　史立彤　孙增科　邱治国　储伯良　孙艳春　韩仁明
　　　　　王益昌　孟月珍　郑凤礼　肖水生　李赟周　潘润奇
　　　　　庄　敬　张兴艺　杨建柱

前言

为了提高我国快速发展的轨道交通用防水材料生产及应用技术水平，笔者通过多年来的资料收集和防水工作体会，编写了《轨道交通防水材料与施工手册》，这是一本实用价值很强的轨道交通防水材料专业工具书。我们旨在从轨道交通防水材料应用的角度向广大防水工作者介绍近年来的防水产品，以帮助读者了解和正确选用防水材料。近几年来轨道交通用新型防水材料发展迅速，但有些非环保材料受国家产业政策限制和淘汰，已不能生产，为了使广大防水工作者对轨道交通防水材料的最新产品的了解，我们认为有必要编写此手册。

本手册以轨道交通防水材料为主线，按高聚物改性沥青防水卷材、高分子防水卷材、防水涂料、防水混凝土、防水砂浆、密封材料、防水剂、膨胀剂、堵漏材料、排水材料、防水辅助材料等十一大类 400 余种防水产品分别详细介绍性能、特点、用途及施工注意事项，最后还列出了生产厂家的联系方法，便于读者联系。

本手册中的资料来源主要以厂家产品说明书为主，结合国家有关防水技术政策和铁路防水规范规程、技术条件，联系笔者长期从事防水材料的研制、开发、生产和施工应用体会而得。可供从事轨道交通防水材料生产、设计、施工管理的工程技术人员阅读参考。全书由苏州非矿院防水材料设计研究所沈春林教授级高级工程师任主编，杨炳元工程师任执行副主编。

目 录

第一章 轨道交通防水材料概况 ·· 1
  第一节 轨道交通防水材料的性质 ··· 1
    一、轨道交通防水材料的概念 ··· 1
    二、轨道交通防水材料的共性要求 ··· 1
    三、轨道交通防水材料的类别 ··· 1
  第二节 轨道交通防水材料的选择 ··· 2
    一、选用通过认证的防水材料 ··· 2
    二、材料的保管 ··· 2

第二章 沥青胶及冷底子油 ·· 3
  第一节 沥青胶 ··· 3
    一、沥青基防水卷材用基层处理剂 ··· 3
    二、乳化沥青 ··· 5
  第二节 冷底子油 ··· 6
    一、沥青冷底子油 ··· 6
    二、聚氨酯底胶 ··· 7

第三章 防水卷材 ·· 9
  第一节 高聚物改性沥青防水卷材 ··· 9
    一、SBS 改性沥青防水卷材 ··· 9
    二、APP 改性沥青防水卷材 ·· 12
  第二节 合成高分子防水卷材 ·· 14
    一、三元乙丙橡胶防水卷材 ·· 15
    二、氯化聚乙烯橡胶共混防水卷材 ·· 17
    三、聚氯乙烯防水卷材 ·· 19
    四、氯化聚乙烯防水卷材 ·· 23
    五、承载防水卷材 ·· 26
    六、乙烯、醋酸乙烯防水卷材（EVA） ·· 30
    七、乙烯、醋酸乙烯沥青共混防水卷材（ECB） ······························· 32
  第三节 自粘防水卷材 ·· 33
    一、自粘聚合物改性沥青防水卷材 ·· 33
    二、贴必定防水卷材 ·· 38
    三、必坚定防水卷材 ·· 40
    四、易贴宁自粘防水卷材 ·· 41
    五、EVA 自粘防水卷材 ·· 43

第四节 其他防水卷材 … 47
一、HDPE 土工膜 … 47
二、EVA 土工膜 … 49
三、聚乙烯复合土工膜 … 50

第四章 防水涂料 … 53
第一节 聚氨酯防水涂料 … 54
一、高铁专用聚氨酯防水涂料 … 54
二、多组分聚氨酯防水涂料 … 57
三、单组分聚氨酯防水涂料 … 59
四、地下建筑聚氨酯防水涂料 … 62
五、非焦油型石油沥青聚氨酯防水涂料 … 63
六、911 非焦油聚氨酯防水涂料 … 65
七、SDP 聚氨酯防水涂料 … 66
八、ST 沥青聚氨酯防水涂料 … 67
九、彩色聚氨酯弹性防水胶 … 68
十、水固化聚氨酯防水涂料 … 69

第二节 喷涂聚脲防水涂料 … 71
一、单组分聚脲防水涂料 … 71
二、喷涂聚脲防水涂料 … 74

第三节 环氧树脂防水防腐材料 … 77
一、高渗透改性环氧防水涂料 … 77
二、高渗透改性环氧防水与粘结双功能界面胶粘剂 … 79

第四节 铁路钢桥用涂料 … 81
一、特制环氧富锌防锈底漆 … 81
二、云铁环氧防腐涂料 … 83
三、钢结构防锈阻锈氟碳涂料 … 84
四、丙烯酸酯肪族聚氨酯面漆 … 86

第五节 聚甲基丙烯酸甲酯（PMMA）防水涂料 … 87
一、PMMA 防水涂料 … 87
二、PMMA 防水砂浆 … 89

第五章 防水混凝土 … 91
第一节 普通防水混凝土 … 91
一、普通防水混凝土的防水原理 … 91
二、普通防水混凝土的物理力学性能 … 93
三、普通防水混凝土的配制 … 95
四、防水混凝土的养护 … 103

第二节 外加剂防水混凝土 … 104
一、减水剂防水混凝土 … 104
二、引发剂防水混凝土 … 112

|||三、三乙醇胺防水混凝土 … 115
|||四、密实剂防水混凝土 … 119
||第三节|膨胀混凝土 … 124
|||一、补偿收缩混凝土 … 125
|||二、补偿收缩防水混凝土 … 130
|||三、微膨胀混凝土 … 135
|||四、自应力混凝土 … 136
||第四节|细石混凝土 … 137
|||一、细石混凝土的配制 … 137
|||二、细石混凝土刚性防水层的施工 … 139
|第六章|纤维混凝土 … 142||
||第一节|钢纤维混凝土 … 142
|||一、钢纤维混凝土对原材料的要求 … 142
|||二、钢纤维混凝土的物理力学性能 … 143
|||三、钢纤维混凝土的配合比设计 … 143
|||四、配制和施工 … 145
|||五、钢纤维混凝土的使用 … 146
||第二节|聚丙烯纤维混凝土 … 147
|||一、聚丙烯纤维混凝土的原料 … 147
|||二、聚丙烯纤维混凝土的物理力学性能 … 148
|||三、聚丙烯纤维混凝土的使用 … 148
|第七章|防水砂浆 … 149||
||第一节|外加剂防水砂浆 … 149
|||一、氯化物金属盐类防水砂浆 … 149
|||二、金属皂类防水砂浆 … 151
||第二节|聚合物水泥防水砂浆 … 153
|||一、有机硅防水砂浆 … 153
|||二、丙烯酸酯共聚乳液防水砂浆 … 155
|||三、阳离子氯丁胶乳防水砂浆 … 156
|||四、环氧树脂防水砂浆 … 159
||第三节|高分子益胶泥 … 160
|||一、高分子益胶泥的防水原理 … 161
|||二、高分子益胶泥的类型及性能 … 161
|||三、高分子益胶泥的配制 … 161
|||四、高分子益胶泥的使用范围及施工 … 161
|第八章|密封材料 … 162||
||第一节|聚硫密封胶 … 162
|||一、PG-321聚硫密封胶 … 162
|||二、YJL聚硫建筑密封防水材料 … 164

三、SGJL-851Ⅱ型聚硫密封胶 165
　　四、BW2000 聚硫建筑密封膏 166
　第二节　聚氨酯密封胶 167
　　一、ALK992 水泥混凝土路面桥梁接缝材料 167
　　二、JS 聚氨酯道路嵌缝胶 169
　　三、M950 聚氨酯道路嵌缝胶 170
　第三节　其他密封材料 171
　　一、上隧牌 STM-盾尾密封油膏 171
　　二、自粘性橡胶密封条 172

第九章　防水剂 174
　第一节　有机硅防水剂 174
　　一、有机硅外墙防水剂 174
　　二、JHG93-2 型高效有机硅防水剂 175
　第二节　无机铝盐防水剂 178
　　一、无机铝盐堵漏防水剂 178
　　二、无机铝盐防水剂—水必克 179
　第三节　水性渗透型无机防水剂 181
　　一、水性水泥密封剂 181
　　二、混凝土永凝液（DPS） 183
　第四节　脂肪酸防水剂 185
　　一、奥立克脂肪酸防水剂 185
　　二、红牡丹防水液 187
　第五节　无机防水防潮剂 188
　　一、JC 型高效无机防水防潮剂 188
　　二、JYQ796 型高效无机防水防潮剂 190
　第六节　其他防水剂 191
　　一、TS95 硅质防水剂 191
　　二、PC 防水剂 193
　　三、HB 界面处理剂 194
　第七节　减水剂 195
　　一、木质素磺酸盐类减水剂 196
　　二、糖蜜减水剂 198
　　三、磺化三聚氰胺甲醛树脂类减水剂 199
　　四、聚羧酸减水剂 201
　　五、聚烷基芳基磺酸盐类减水剂 202

第十章　堵漏材料 205
　第一节　水泥基渗透结晶型防水材料及粉状堵漏剂 205
　　一、水不漏 205
　　二、堵漏灵 208

三、快速堵漏剂 ··· 209
　　　四、特种水泥 ··· 210
　　　五、防水水泥 ··· 211
　　　六、抗压密封剂 ·· 212
　第二节　液体堵漏剂 ·· 213
　　　一、液体快速堵漏剂 ··· 213
　　　二、建筑防水堵漏剂 ··· 214
　第三节　灌浆材料 ··· 216
　　　一、聚氨酯灌浆材料 ··· 216
　　　二、环氧结构补强注浆液 ··· 219
　　　三、MC型注浆材料 ·· 220
　　　四、橡化沥青非固化防水材料 ·· 221
　第四节　遇水膨胀材料 ··· 223
　　　一、遇水膨胀橡胶 ·· 223
　　　二、遇水膨胀止水条 ··· 225

第十一章　膨胀剂 ·· 227
　第一节　U形高效膨胀剂 ··· 227
　　　一、UEA-H膨胀剂 ·· 227
　　　二、LJEA低碱混凝土膨胀剂 ·· 229
　　　三、AUA高效混凝土膨胀剂 ··· 230
　第二节　其他膨胀材料 ··· 233
　　　一、铝酸钙（AEA）膨胀剂 ·· 233
　　　二、PEA灌注桩膨胀剂 ··· 235

第十二章　排水、防水辅助材料及施工机具 ···································· 238
　第一节　塑料排水管 ·· 238
　　　一、高密度聚乙烯波纹管 ··· 238
　　　二、塑料盲沟材 ··· 239
　第二节　塑料透水管 ·· 240
　　　一、软式透水管 ··· 240
　　　二、加劲纤塑弹簧透水盲管 ·· 242
　第三节　施工机具 ··· 243
　　　一、新型火焰枪加热器 ·· 243
　　　二、自动爬行热合机 ··· 245
　　　三、高黏度喷涂机 ·· 246
　　　四、注浆堵漏泵 ··· 249
　　　五、聚脲防水涂料喷涂设备 ·· 250

第十三章　防水施工 ·· 263
　第一节　山岭隧道的防排水施工 ·· 263
　　　一、山岭隧道的防排水施工 ·· 263

二、连拱隧道的防排水 …………………………………………………………………… 278
第二节 城市隧道防排水 ……………………………………………………………………… 282
一、城市地铁隧道的防排水 ……………………………………………………………… 283
二、沉管隧道的防排水 …………………………………………………………………… 299
三、海底隧道的防水 ……………………………………………………………………… 304
第三节 路桥工程的防水 ……………………………………………………………………… 306
一、路桥工程的构造及防排水 …………………………………………………………… 307
二、路桥卷材防水工程 …………………………………………………………………… 312
三、路桥涂料防水工程 …………………………………………………………………… 317
四、路桥刚性防水工程 …………………………………………………………………… 324
五、路桥密封防水工程 …………………………………………………………………… 325

参考文献 ………………………………………………………………………………………… 328

第一章 轨道交通防水材料概况

轨道交通防水材料是轨道建设工程中的一个重要组成部分，是保证轨道建设中不受水浸蚀，内部空间不受危害的功能材料。轨道建设防水工程的质量，在很大程度上取决于铁路防水材料的性能和质量。轨道交通防水材料的质量和合理使用是防止轨道在建造中浸水和渗水的发生，确保其使用功能和使用寿命的重要环节。

第一节 轨道交通防水材料的性质

一、轨道交通防水材料的概念

轨道交通防水材料是指应用于轨道交通工程中起着防潮、防渗、防漏、保护轨道不受水浸蚀破坏的一类防水材料。

轨道交通防水材料的防潮作用是指防止地下水或铁路基础中盐分等腐蚀性物质渗透到轨道基层内部；防漏作用是指防止雨水、雪水从轨道的表面向基层渗透或通过路基裂缝向内渗透造成轨道路基下沉。轨道交通防水材料在轨道建设中是不可缺少的一类功能材料，是轨道建设中的一个重要组成部分。目前已广泛应用于各类轨道、桥梁、隧道涵洞等领域。

二、轨道交通防水材料的共性要求

轨道的防水是依靠具有防水性能的材料来实现的，轨道交通防水材料质量的优劣直接关系到防水层的耐久年限。轨道交通防水材料的共性要求如下：

（1）具有良好的耐候性，对光、热、臭氧等应具有一定的承受能力；
（2）具有抗水渗透和耐酸碱性能；
（3）对外界温度和外力具有一定的适应性，即材料的拉伸强度要高，断裂伸长率要大，能承受温差变化以及各种外力与基层伸缩、开裂所引起的变形；
（4）整体性好，既能保持自身的粘结性，又能与基层牢固粘结，同时在外力作用下，有较高的剥离强度，形成稳定不透水整体。

三、轨道交通防水材料的类别

随着现代科学技术的发展，轨道交通防水材料的品种、数量越来越多，性能各异。

轨道交通防水材料从性能上一般可分为柔性防水材料和刚性防水材料两大类。柔性防水材料主要有防水卷材、防水涂料等；刚性防水材料主要有防水混凝土、防水砂浆等。

依据轨道交通防水材料的外观形态，一般可将铁路防水材料分为防水卷材、防水涂料、防水密封材料、刚性防水和堵漏材料等四大系列，这五大类材料又根据其组成不同可分为上百个品种。

第二节　轨道交通防水材料的选择

一、选用通过认证的防水材料

选用轨道交通防水材料对铁路施工是一个非常重要的环节。轨道交通防水材料应通过 CRCC 产品认证。例如：

防水卷材和防水板：每单元抽取各种规格产品分别进行型式试验，相同规格型号不同厚度的产品按企业现场生产的规定厚度的任一产品进行型式试验，卷材及防水板样品基数不低于 $3000m^2$（铁路用防水材料产品认证检验规则）。

聚氨酯涂料：以 A：B 组分中配比较小的为基数抽取。例：A：B＝1：2，则 A 组分抽取 2kg；若 A：B＝1：1，则 A：B 组分各抽取 3kg。样品基数不少于 6t（铁路用防水材料产品认证检验规则）。

监督检验时，每个单元均应至少抽取代表性规格进行检验或与扩项检验结合进行，并比照采用与初次认证时相同的判别水平和不合格质量水平。在用户抽样时，不要求抽样基数（铁路用防水材料产品认证检验规则）。

二、材料的保管

轨道交通防水材料在购进之后必须按照施工规定的要求进行严格检验，必要时还应做局部施工，杜绝质量隐患，确认能达到所需施工要求后才能进行大规模施工。对材料的进场要检查包装，特别是液体材料还要检查是否密封有损。

轨道交通防水材料有的产品易挥发、易燃烧，所以在使用时要注意安全，避免危害。防水材料的安全性主要包括防火、防爆、防毒、防污染。

第二章　沥青胶及冷底子油

沥青胶就是在沥青中掺入粉状或纤维状矿物填充料，需加热使用的胶粘剂。沥青应选软化点高的沥青，以保证高温天气不流淌；为提高其粘结力、大气稳定性和耐热性，一般情况下需加入 10%～25% 的碱性矿粉，如滑石粉、石灰石粉、白云石粉等，而酸性介质中则选用石英粉、花岗石粉等酸性矿粉。为提高其抗裂性和柔韧性需掺 5%～10% 的纤维填充料，常用的为石棉绒或木棉纤维等。配制时先将沥青加热至 180～200℃，脱水后与加热干燥的粉料或纤维填充料热拌而成。

冷底子油是用稀释剂（汽油、柴油、煤油、苯等）对沥青进行稀释的产物。它多在常温下用于防水工程的底层，故称冷底子油。

冷底子油黏度小，具有良好的流动性，涂刷在混凝土、砂浆或木材等基面上，能很快渗入基层孔隙中，待溶剂挥发后，便与基面牢固结合。冷底子油形成的涂膜较薄，一般不单独作防水材料使用，只作某些防水材料的配套材料。施工时在基层上先涂刷一道冷底子油，再刷沥青防水涂料或铺油毡。冷底子油可封闭基层毛细孔隙，使基层形成防水能力，表面变为憎水性，为粘结同类防水材料创造有利条件。

冷底子油应涂刷于干燥的基面上，不宜在有雨、雾、露的环境中施工，通常要求与冷底子油相接触的水泥砂浆的含水率 <10%。

第一节　沥　青　胶

沥青胶系在沥青中加入填充料，如滑石粉、云母粉、石棉粉、粉煤灰等加工而成，适用于卷材、油地毡及各种墙面砖和地面砖等。该产品可分为冷沥青胶、热沥青胶两种，两者均有石油沥青胶及煤沥青胶两类。石油沥青胶适用于粘结石油沥青类卷材，煤沥青胶适用于粘贴煤沥青类卷材。

一、沥青基防水卷材用基层处理剂

该产品以高分子改性沥青为基料，添加高分子材料和溶剂所合成的一种低固含量的液态型防水涂料，具有良好的涂刷渗透效果，能够渗入混凝土表面微观孔洞中，可提高防水层与混凝土的粘结密实性，是沥青基防水卷材铺筑施工的重要配套材料。

沥青基防水卷材用基层处理剂（俗称底涂料）产品分为水性（W）和溶剂型（S）。

1. 产品特性
(1) 具有优异的耐候性能和不透水性能；
(2) 有良好的耐候性能和优良的粘结性能，固化快，能够保证卷材与基层粘结良好。
2. 质量指标（表 2-1）
3. 适用范围

在铁路、桥梁、桥面防水工程中，涂刷于基层表面，能增强沥青基防水卷材与基层的粘结性能。

沥青基防水卷材用基层处理剂的质量指标（JC/T 1069—2008）　　表 2-1

项　目		技术指标	
		W	S
黏度（MPa·s）		规定值±30%	
表干时间（h） ≤		4	2
固体含量（%） ≥		40	30
剥离强度[a]（N/mm） ≥		0.8	
浸水后剥离强度[a]（N/mm） ≥		0.8	
耐热性		80℃无流淌	
低温柔性		0℃无裂纹	
灰分（%） ≤		5	

[a] 剥离强度应注明采用的防水卷材类型。

4. 使用注意事项

（1）施工注意事项

①有害物质含量按 JC1066，达到 B 级指标为合格；

②外观为均匀、无结块、无凝胶的液体。

（2）包装、运输与贮存

①产品用带盖的铁桶或塑料桶密闭包装；

②运输与贮存时，不同类型、规格的产品应分别堆放，不应混杂。避免日晒雨淋，禁止接近火源，防止碰撞，注意通风。贮存温度不应高于40℃，水性产品不低于5℃；

③在正常贮存、运输条件下，贮存期自生产日起至少为6个月。

5. 部分生产厂家联系方法

生产或销售单位	联系地址	电　话	邮　编
大连细扬防水工程集团有限公司	辽宁省大连市西岗区新开路89号金广大厦29层	0411-83787416	116001
天津市禹红建筑防水材料有限公司	天津市北辰区铁东路天秀道18号	022-86818288	300000
北京世纪蓝箭防水材料有限公司	北京市大兴区北臧村镇枣林村村委会南1000米	010-60270181	100000
河南新友公路技术有限公司	河南省新乡市开发区化工路东段23号街坊	0373-5066599	453000

二、乳化沥青

乳化沥青是将通常高温使用的道路沥青，经过机械搅拌和化学稳定的方法（乳化），扩散到水中而液化成常温下黏度很低、流动性很好的一种道路建筑材料，可以常温使用，且可以和冷的和潮湿的石料一起使用。当乳化沥青破乳凝固时还原为连续的沥青并且水分完全排除掉，道路材料的最终强度才能形成。

在众多的道路建设应用中，乳化沥青提供了一种比热沥青更为安全、节能和环保的系统，因为这种工艺避免了高温操作、加热和有害排放。

1. 产品特性

（1）该产品为水乳型环保产品，无污染、无毒、无异味；

（2）施工安全，操作简单；

（3）能够增大卷材与基面间的粘结强度（注：立面施工时，乳化沥青必须完全干透）；

（4）该产品贮存稳定性好，贮存时间长。

2. 质量指标（表2-2）

乳化沥青的质量指标（JC/T 1069—2008） 表2-2

项　　目		技术指标 W
黏度（MPa·s）		规定值±30%
表干时间（h）	≤	4
固体含量（%）	≥	40
剥离强度[a]（N/mm）	≥	0.8
浸水后剥离强度[a]（N/mm）	≥	0.8
耐热性		80℃无流淌
低温柔性		0℃无裂纹
灰分（%）	≤	5

[a] 剥离强度应注明采用的防水卷材类型。

3. 适用范围

乳化沥青（冷底油）主要作为防水卷材施工处理粘结剂。

4. 使用注意事项

（1）包装

产品用带盖的铁桶或塑料桶密闭包装。

（2）运输与贮存

①运输与贮存时，不同类型、规格的产品应分别堆放，不应混杂。避免日晒雨淋，注意通风。贮存温度不应高于40℃，不低于5℃；

②在正常贮存、运输条件下，贮存期自生产日起至少为6个月。

5. 部分生产厂家联系方法

生产或销售单位	联 系 地 址	电 话	邮 编
保定易通防水材料厂	河北省保定市乐凯北大街西鲁岗	0312-8915509	071051
上虞新天地防水材料有限公司	浙江省上虞市杭州湾精细化工园区	0575-82734777	312300
山东蓝天润滑油有限公司	山东省淄博市临淄齐鲁石化炼厂蓝天路3号	0533-7576533	255400
博兴县新诺科技化工有限公司	山东省滨州地区博兴县工业园	0543-2322726	256500

第二节 冷底子油

冷底子油用于涂刷在水泥砂浆或混凝土基层及金属表面上作打底之用，它可使基层表面与沥青胶、油膏、涂料等中间有一层胶质薄膜，提高胶结性能。溶剂汽油和煤油可用来调制石油沥青冷底子油，快性挥发油溶剂则可用于调制30号石油沥青或煤沥青冷底子油。

一、沥青冷底子油

沥青冷底子油是用稀释剂对沥青进行稀释的产物。它多在常温下用于防水工程的底层。

1. 产品特性

（1）黏度小，具有良好的流动性；

（2）冷底子油可封闭基层毛细孔隙，使基层形成防水能力；

（3）能使基层表面变为憎水性。

2. 配比指标（表2-3）

沥青冷底子油的配比参考　　　　表2-3

适用范围	沥 青			溶 剂	
	10号、30号石油沥青	60号石油沥青	软化点为50~70℃之煤沥青	轻柴油	苯
涂刷在终凝前的水泥基层上	40			60	
		55		45	
			50	50	
涂刷在终凝后的水泥基层上	50			50	
		60			40
			55		45

3. 适用范围

沥青冷底子油可用作沥青基卷材的基层处理剂。

4. 使用注意事项

（1）沥青冷底子油配制方法

①第一种方法是将沥青加热熔化，使其脱水不再起泡为止。再将熔好的沥青倒入桶中（按配合量），放置背离火源风向25m以上，待其冷却。如加入快挥发性溶剂，沥青温度一般不超过110℃；如加入慢挥发性溶剂，温度一般不超过140℃；达到上述温度后，将沥青慢慢成细流状注入一定量（配合量）的溶剂中，并不停地搅拌，直至沥青加完后，溶解均匀为止；

②第二种方法与第一种方法一样，熔化沥青，倒入桶或壶中（按配合量），待其冷却至上述温度后，将溶剂按配合量要求的数量分批注入沥青溶剂中。开始每次2～3L左右，以后每次5L左右，边加边不停地搅拌，直至加完，溶解均匀为止；

③第三种方法是将沥青打成5～10mm大小的碎块，按重量比加入一定配合量的溶液中，不停地搅拌，直至全部溶解均匀。

④在施工中，如用量较少，可用第三种方法。此法沥青中的杂质与水分没有除掉，质量较差；用第一、二种方法调制时，应很好掌握温度，并注意防火。

（2）施工注意事项

①冷底子油应涂刷于干燥的基面上，不宜在有雨、雾、露的环境中施工；

②通常要求与冷底子油相接触的水泥砂浆的含水率>10%。

（3）运输与贮存

①运输与贮存时，避免日晒雨淋，注意通风；

②在正常贮存、运输条件下，贮存期自生产日起至少为6个月。

5. 部分生产厂家联系方法

生产或销售单位	联系地址	电 话	邮 编
浙江金华胜总建筑防水有限公司	浙江省金华市婺州街道510号	0579-2385252	321000
大连细扬防水工程集团有限公司	辽宁省大连市西岗区新开路89号金广大厦29层	0411-83787416	116001
天津市禹红建筑防水材料有限公司	天津市北辰区铁东路天秀道18号	022-86818288	300000

二、聚氨酯底胶

该产品是一种双组分化学反应固化型的弹性防水涂料，是由聚氨酯预聚体甲料与固化液乙料。按重量比1:(3～4)经均匀搅拌混合，在常温经过彻底聚合反应形成的一层富于弹性的无接缝整体，具有橡胶状的薄膜层。其中甲组分是以聚醚树脂和二异氰酸酯等原料经聚合反应制成，内含端异氰酸酯基（NCO）的聚氨酯预聚物。乙组分是由交联剂、增塑剂、填充剂、催化剂等加工而成。

聚氨酯底胶的配制：

将聚氨酯甲组分与专供底涂用的乙组分按1:(3～4)（质量比）混合搅拌均匀，即可涂布施工。也可将甲组分与乙组分加稀释剂混合搅拌均匀，质量比为1:1.5:2。

1. 产品特性

(1) 具有隔断基层潮气,防止防水涂膜起鼓脱落,加固基层,提高涂膜与基层的粘结强度;

(2) 防止涂膜层出现针眼、气孔等缺陷。

2. 质量指标(表2-4)

聚氨酯防水涂料性能指标(GB/T 19250—2003) 表2-4

序 号	项 目		Ⅰ	Ⅱ
1	拉伸强度(MPa)	≥	1.9	2.45
2	断裂伸长率(%)	≥	450	450
3	撕裂强度(N/mm)	≥	12	14
4	低温弯折性(℃)	≤	−35	
5	不透水性(0.3MPa,30min)		不 透 水	
6	固体含量(%)	≥	92	92
7	表干时间(h)	≤	8	8
8	实干时间(h)	≤	24	24

3. 适用范围

聚氨酯底胶可用作三元乙丙-丁基橡胶卷材的基层粘结处理。

4. 使用注意事项

(1) 施工注意事项

①施工底涂料时,禁止淋雨,防水尘土及杂物;

②施工时,基层应基本干燥,含水率不大于9%。

(2) 运输与贮存

①该产品不含溶剂,系环保产品,非易燃易爆品,运输安全;

②贮存在通风干燥的仓库内,避免日晒雨淋,忌长期暴露在空气中,以防自聚;

③请勿损坏包装,严禁与水接触。产品保质期为12个月。

5. 部分生产厂家联系方法

生产或销售单位	联系地址	电话	邮编
成都市新三亚建材厂	四川省成都市新都木兰工业园区	028-83039866	610000
苏州特艺奥立克建材科技工业有限公司	江苏省苏州市吴中区东吴工业园尹西路1号	0512-65610188	215128
淮安利邦化工有限公司	江苏省淮安市清河新区珠海东路1号(原上海路6号)	0517-83944330	223001

第三章 防水卷材

防水卷材是一种可卷曲的片状防水材料。

防水卷材是重要的铁路防水材料,其性能应满足铁路防水工程的要求,卷材必须具有优良的耐水性、温度稳定性、大气稳定性、柔韧性、延伸性、抗断裂性及机械强度。

根据其主要防水组成材料可分为高聚物改性沥青防水卷材、合成高分子防水卷材、自粘防水卷材等多种防水卷材。

第一节 高聚物改性沥青防水卷材

高聚物改性沥青防水卷材系以高聚物改性的沥青为涂盖材料,以玻纤毡、黄麻布、聚酯毡为胎体所制成的卷材,它克服了普通沥青油毡的耐老化不足,具有高温不流淌、低温不脆裂、拉伸强度高、延伸率大等优异性能,一般包括SBS,APP等防水卷材,单层厚度有3mm和4mm,价格不等。

施工方法有热熔粘贴施工和冷粘贴施工。

一、SBS改性沥青防水卷材

SBS改性沥青防水卷材是以聚酯毡或玻纤毡为胎基、苯乙烯、丁二烯—苯乙烯(SBS)热塑性弹性体作改性剂,两面覆以隔离材料所制成的建筑防水卷材。简称SBS卷材。

SBS改性沥青防水卷材,属弹性体沥青防水卷材中有代表性的品种,系采用纤维毡为胎体,浸涂SBS改性沥青,上表面撒布矿物粒、片料或覆盖聚乙烯膜,下表面撒布细砂或覆盖聚乙烯膜所制成可卷曲的片状防水材料。

浸渍材料可用石油沥青或SBS改性沥青,涂盖材料则必须采用SBS改性沥青。在改性沥青中,沥青与SBS改性材料必须充分混溶和相容。

SBS改性沥青防水卷材的外观,除应符合纸胎沥青防水卷材的外观质量要求外,胎基必须浸透,不应有未被浸渍的浅色斑点。

1. 产品规格

(1) 防水卷材的厚度规格:3.5mm、4.5mm;

(2) 防水卷材的宽度规格:1000mm;

(3) 防水卷材的长度规格由供需双方商定,最大长度不超过33m;

(4) 每卷卷材应连续整长,不得有接头;

(5) 有碴、无碴桥面混凝土基层表面质量符合TB/T 2965规定的要求。平整度用1m长靠尺检查,空隙只允许平缓变化,且不大于3mm时。可采用厚度规格为3.5mm卷材,否则应采用厚度规格为4.5mm卷材。

2. 质量指标(表3-1)

SBS改性沥青防水卷材质量指标（科技基函［2007］6号） 表3-1

序号	项目		指标	试验方法
1	可溶物容量（g/m²）		3.5mm厚，≥2400 4.5mm厚，≥3100	GB 18242
2	耐热度		≥115℃	
3	拉力（纵横向）（N/cm）		≥210	GB 18242
4	最大拉力时延伸率（纵横向）（%）		≥50	
5	撕裂强度（N）		≥450	
6	低温弯折性		-30℃，无裂纹	
7	不透水性（0.4MPa，2h）		不透水	
8	抗穿孔性		不渗水	GB 12953
9	剪切状态下的粘合性（N/mm）		≥10.0 或卷材破坏	
10	保护层混凝土与防水卷材粘结强度（MPa）		≥0.5	
11	热处理尺寸变化率（纵、横向）（%）		±0.5	
12	热老化处理	外观质量	无起泡、裂纹、粘结与孔洞	GB 18244
		拉力相对变化率（%）	±20	
		断裂伸长率相对变化率（%）	±20	
		低温弯折性	-25℃，无裂纹	
13	耐化学侵蚀	拉力相对变化率（%）	±20	GB 12953
		断裂伸长率相对变化率（%）	±20	
		低温弯折性	-25℃，无裂纹	

3. 适用范围

（1）产品适用于铁路、高速铁路、桥梁、隧道、一般工业与民用建筑工程防水。

（2）还适用于高层建筑的屋面和地下工程的防水防潮以及停车场、游泳池、蓄水池等建筑工程的防水。其中3mm厚及其以下的品种适用于多叠层防水；4mm厚及其以上的品种适用于单层防水或高级建筑工程多叠防水中的面层，并可采用热熔法施工。

4. 施工方法

（1）施工前的检查工作

①屋面找平层应符合设计规定，要求平整，均匀并有一定的强度；

②基层表面必须很干净、干燥、坚实平整、无起沙起皮现象；

③检查基层与其他部位连接处必须符合设计要求。

（2）施工方法

①冷粘法将卷材摆好位置，留出80~100mm宽的接缝，要求铺贴密实平整，结合部涂满胶粘剂，干燥20min后用力滚压，使其粘结密实牢固；收头处卷材端头裁齐后压入凹槽内，并用金属压条钉压固定，凹内用密封膏封严；

②热熔法把卷材摆正，点燃喷灯或喷枪，用喷灯或喷枪加热卷材和基础层，基层距离卷材0.5m为宜，加热需均匀，将卷材表面溶化后即可向前均匀滚铺，必须压实压平，在卷材还未冷却前，用抹子把边封好，然后再把边缘及其他部位封好，以防翘边。

5. 使用注意事项

（1）施工

①不同品种、标号、规格和等级的卷材应分别堆放；

②应贮存在阴凉通风的室内，避免雨淋、曝晒、严禁接近火源，勿沾污染物或油渍；

③卷材宜直立堆放，其高度不超过两层，并不得倾斜或横压，短途运输平放不宜超过四层。

（2）贮存与运输

①贮存与运输时，不同类型、规格的产品应分别堆放，不应混杂。避免日晒雨淋，注意通风。贮存温度不应高于50℃，立放贮存，高度不超过两层；

②当用轮船或火车运输时，卷材必须立放，堆放高度不超过两层。防止倾斜或横压，必要时加盖苫布；

③在正常贮存、运输条件下，贮存期自生产日起为12个月。

6. 部分生产厂家联系方法

生产厂家或经销单位	联系地址	电话	邮编
辽宁盘锦禹王防水建材集团有限公司	辽宁省盘锦市兴隆台区新工街	0427-2856800	124022
北京东方雨虹防水技术股份有限公司	北京市顺义区杨镇曾庄顺平南路	010-61442501	101309
天津市禹红建筑防水材料有限公司	天津市北辰区铁东路天秀道18号	022-86818288	300000
徐州卧牛山新型防水材料有限公司	江苏省徐州市九里区卧牛山	0516-85328061	221000
盘锦大禹防水建材有限公司	辽宁省盘锦市双台子区	0427-5912993	124000
山东高密市银星新型建材公司	山东省高密市姚哥庄镇驻地	0536-2582003	261502
上海建科院丰能制材有限公司	浙江省长兴市	0572-6012022	313123
北京世纪洪雨防水技术有限责任公司	北京丰台总部基地1区8号楼6F（南四环西路188号）	010-63701696	100000
浙江金华胜总建筑防水有限公司	浙江省金华市婺州街道510号	0579-2385252	321017
苏州市凯克诺新型防水材料有限公司	江苏省苏州市相城区渭塘镇凤凰泾工业开发区	0512-65401627	215134
三门峡市八四八化工厂	河南省三门峡市	0398-3802788	472143

二、APP 改性沥青防水卷材

APP 改性沥青防水卷材是以聚酯毡或玻纤毡为胎基、无规聚丙烯（APP）或聚烯烃类聚合物（APAO、APO）作改性剂，两面覆以隔离材料所制成的建筑防水卷材，简称 APP 卷材。

1. 产品特点

①既具有良好的防水性能，又具有优良的耐高温性能和较好的柔韧性；
②防水层强度高，耐撕裂，耐穿刺；
③耐紫外线照射，耐久，寿命长；
④既可用热熔粘结，也可用冷粘法，接缝密实可靠。

2. 性能指标（表3-2）

APP 改性沥青防水卷材性能指标（GB 18243—2008） 表3-2

序号	胎基			PY		G	
	型号			Ⅰ型	Ⅱ型	Ⅰ型	Ⅱ型
1	可溶物含量（g/m²） ≥	2mm		—		1300	
		3mm		2100			
		4mm		2900			
2	不透水性	压力（MPa） ≥		0.30		0.20	0.30
		保持时间（min） ≥		30			
3	耐热度① （℃）			110	130	110	130
				无滑动、流淌、滴落			
4	拉力，N/50mm ≥		纵向	450	800	350	500
			横向			250	300
5	最大拉力时伸长率（%） ≥		纵向	25	40	—	
			横向				
6	低温柔度（℃）			-5	-15	-5	-15
				无裂纹			
7	撕裂强度（N） ≥		纵向	250	350	250	350
			横向			170	200
8	人工气候加速老化	外观		1级			
				无滑动、流淌、滴落			
		拉力保持率（%） ≥	纵向	80			
		低温柔度（℃）		3	-10	-3	-10
				无裂纹			

注：表中 1~6 项为强制性项目。

① 当需要耐热度超过130℃卷材时，该指标可由供需双方协商确定。

3. 适用范围

(1) 适用于铁路桥梁、道路的防水工程;

(2) 也适用于工业与民用建筑的屋面和地下防水工程。

4. 施工方法

(1) 施工前的检查工作

①基层必须平整、清洁、干燥,含水率应小于9%;

②用冷底子油均匀涂刷基层表面,待其干燥后方可施工。

(2) 施工方法

①卷材铺贴顺序方向:

顺序为先高、后低跨;同等高度先远后近;同一平面从低处开始铺贴。铺贴方向为面坡度<3%时平行于屋脊的方向铺贴;坡度在3%~15%之间时平行或垂直于屋脊方向铺贴;坡度>15%时垂直于屋脊的方向铺贴;

②铺贴方法:

a. 热熔法:用火焰喷枪或其他加热工具对准卷材底面和基层均匀加热,待表面沥青开始熔化并呈黑色光亮状态时,边烘烤边铺贴卷材,并用压辊压实。同时注意调节火焰大小和速度,使沥青温度保持在于200~250℃之间。施工完毕后,用冷粘剂对搭接边进行密封处理。

b. 冷粘法:用橡皮刮板将高聚物改性沥青胶粘剂或冷玛琋脂等冷粘剂均匀途刷在基层表面,并控制厚度均匀,边铺卷材边用橡皮辊子推展卷材以便排除空气至压实。当环境温度低于15℃时,应采用热熔法处理搭接部位和卷材收头部位。

③搭接处理:

长边搭接时单层防水纵横向搭接宽度应≥100mm,双层防水应≥80mm;短边搭接时单层纵横向搭接宽度应≥150mm,双层应≥100mm。同时,粘贴要均匀,不可漏熔或漏涂,应有少量多余的热熔沥青或冷粘剂挤出并形成条状。

④检查验收:

施工完毕后要进行彻底检查,确保防水面无鼓泡、皱折、脱落和大的起壳现象,做到平整、美观,从而保证卷材的防水寿命。

5. 使用注意事项

(1) 施工

①不同品种、标号、规格和等级的卷材应分别堆放;

②应贮存在阴凉通风的室内,避免雨淋、曝晒,严禁接近火源,勿沾污染物或油渍;

③卷材宜直立堆放,其高度不超过两层,并不得倾斜或横压,短途运输平放不宜超过四层。

(2) 贮存与运输

①贮存与运输时,不同类型、规格的产品应分别堆放,不应混杂。避免日晒雨淋,注意通风。贮存温度不应高于50℃,立放贮存,高度不超过两层;

②当用轮船或火车运输时,卷材必须立放,堆放高度不超过两层。防止倾斜或横压,必要时加盖苫布;

③在正常贮存、运输条件下,贮存期自生产日起为12个月。

6. 部分生产厂家联系方法

生产厂家或经销单位	联系地址	电 话	邮 编
辽宁盘锦禹王防水建材集团有限公司	辽宁省盘锦市兴隆台区新工街	0427-2856800	124022
北京东方雨虹防水技术股份有限公司	北京市顺义区杨镇曾庄顺平南路	010-61442501	101309
天津市禹红建筑防水材料有限公司	天津市北辰区铁东路天秀道18号	022-86818288	300000
徐州卧牛山新型防水材料有限公司	江苏省徐州市九里区卧牛山	0516-85328061	221000
盘锦大禹防水建材有限公司	辽宁省盘锦市双台子区	0427-5912993	124000
山东高密市银星新型建材公司	山东省高密市姚哥庄镇驻地	0536-2582003	261502
上海建科院丰能制材有限公司	浙江省长兴市	0572-6012022	313123
北京世纪洪雨防水技术有限责任公司	北京丰台 总部基地1区8号楼6F（南四环西路188号）	010-63701696	100000
浙江金华胜总建筑防水有限公司	浙江省金华市婺州街道510号	0579-2385252	321017
苏州市凯克诺新型防水材料有限公司	江苏省苏州市相城区渭塘镇凤凰泾工业开发区	0512-65401627	215134
三门峡市八四八化工厂	河南省三门峡市	0398-3802788	472143
山东宇虹新型建材公司	山东省寿光市台头镇工业区	0536-5511698	261000
潍坊市宏源防水材料有限公司	山东省潍坊市寿光台头工业园区	0536-5511628	262735

第二节　合成高分子防水卷材

合成高分子防水卷材是以合成橡胶、合成树脂或两者的共混体为基料，加入适量的化学助剂、填充剂，采用密炼、挤出或压延等橡胶或塑料的加工工艺所制成的可卷曲的片状防水材料。合成高分子防水卷材是近年发展起来的性能优良的防水卷材新品种，可分为有胎和无胎两大类。

合成高分子防水卷材具有以下特点：

（1）匀质性好：合成高分子防水卷材均采用工厂机械化生产，生产过程中能较好地控制产品质量；

（2）拉伸强度高：合成高分子防水卷材的拉伸强度都在3MPa以上，最高的拉伸强度可达10MPa左右，可以满足施工和应用的实际要求；

（3）断裂伸长率高：合成高分子防水卷材的断裂伸长率都在100%以上，有的高达

500%左右,可以较好地适应建筑工程防水基层伸缩或开裂变形的需要,确保防水质量;

(4) 抗撕裂强度高:合成高分子防水卷材的撕裂强度都在25kN/m以上;

(5) 耐热性能好:合成高分子防水卷材在100℃以上的温度条件下,一般都不会流淌和产生集中性气泡;

(6) 低温柔性好:一般都在-20℃以下,如三元乙丙橡胶防水卷材的低温柔性在-45℃以下,因此,高分子防水卷材在低温条件下使用,可提高防水层的耐久性,增强防水层的适应能力;

(7) 耐腐蚀能力强:合成高分子防水卷材的耐臭氧、耐紫外线、耐气候等能力强,耐老化性能好,延长防水耐用年限;

(8) 施工技术要求高:需熟练技术工人操作。与基层完全粘结困难;搭接缝多,易产生接缝粘结不善产生渗漏的问题,因此宜与涂料复合使用,以增强防水层的整体性,提高防水的可靠度;

(9) 后期收缩大:大多数合成高分子防水卷材的热收缩和后期收缩均较大,常使卷材防水层产生较大内应力,加速老化,或产生防水层被拉裂、搭接缝拉脱翘边等缺陷。

一、三元乙丙橡胶防水卷材

该产品是以三元乙丙橡胶做主体材料,加入防老剂、促进剂,并加入纳米材料,使防水卷材的耐候性、耐热性、耐低温性有很大提高。它是目前国内外普遍采用的高档防水材料。

1. 产品特点

(1) 具有单层施工、冷作业、重量轻;

(2) 耐老化,使用寿命长,拉伸强度高,延伸率大;

(3) 对基层收缩和开裂变形适应性强,使用温度范围宽(-40~100℃)等。

2. 产品规格(表3-3)

三元乙丙橡胶防水卷材产品规格(GB 18173.1—2006)　　　表3-3

项　目	厚度(mm)	宽度(mm)	长度(m)	色　泽
片材规格	1.0~2.0 (1.0, 1.2, 1.5, 1.8, 2.0)	1200	20以上	黑色或彩色

3. 质量指标(表3-4)

三元乙丙橡胶防水卷材质量指标(GB 18173.1—2006)　　　表3-4

项　目		标准要求
断裂拉伸强度(常温)(MPa)	≥	7.5
扯断伸长率(%)	≥	450
撕裂强度(kN/m)	≥	25
低温弯折(℃)	≤	-40

续表

项　　目			标准要求
不透水性（0.1MPa×30min）			不透水
热空气老化后（80℃×168h）	断裂拉伸强度保持率（%）	≥	80
	扯断伸长率保持率（%）	≥	70
	100%伸长率外观		无裂纹
耐碱性［10%Ca(OH)$_2$×168h］	断裂拉伸强度保持率（%）	≥	80
	扯断伸长率保持率（%）	≥	80

4. 适用范围

适用于铁路路桥、涵洞、隧道及各种工业、民用建筑物、水坝、蓄水池等建设工程及各种地下工程的防水、隔潮。

5. 施工方法

（1）施工前的检查工作

①基层应平整、干燥、清洁，不得有酥松、起砂、起皮现象；

②施工前应将基层清扫干净，并铲除异物。

（2）施工要点

①将防水卷材完全铺在基层上，以松弛片材的应力。用卷材基层胶按用量涂抹于基层和片材表面，待胶粘剂基本不粘手时，平整铺贴、压实；

②在铺贴第二卷卷材时，应在每一卷重叠的边缘凸出100mm，不涂卷材基层胶，将片材铺贴在基层上，以此完成整个铺设工作，在铺设时，绝不能猛力拉紧防水卷材；

③基层铺贴完成后，用专用溶剂擦洗搭接部位，充分干燥后用XAN-02搭接胶涂于接缝两面，待胶充分干燥后，再涂第二遍，待胶干燥至不粘手后，用滚轴压平、压实。

6. 使用注意事项

（1）施工

①施工时注意防火；

②地下室密闭施工现场须配备良好的通风设施方可施工。

（2）包装

片材用硬质芯卷取包装，外用包装纸。

（3）贮存与运输

①防水卷材和配套胶粘剂应贮存在阴凉通风干燥的库房内，并远离热源，避免阳光直射，禁止与酸、碱、油类及有机溶剂等接触。胶粘剂中含有有机溶剂，属易燃品。高度不超过5层；

②产品贮存期为12个月。

7. 部分生产厂家联系方法

第二节 合成高分子防水卷材

生产厂家或经销单位	联系地址	电话	邮编
温州市橡胶建材总厂	浙江省温州市飞霞南路189号	0571-339117	325003
常熟市三恒建材有限责任公司	江苏省常熟市虞山南路	0512-52774949	215500
黑龙江龙光建筑材料有限公司	黑龙江省哈尔滨市南岗区宣化街110号	0451-2716791	150008
上海市南汇特种橡胶制品厂	上海市南汇县盐仓镇沿路街99号	021-58096290	201324
江苏得胜新型建材集团公司	江苏省宜兴市南新镇得胜路1号	0510-7871688	214215
辽阳第一橡胶厂	辽宁省辽阳市北新化路3号	0419-333486	111004
潍坊市宇虹新型防水材料（集团）有限公司	山东省寿光市台头镇工业区	0536-5511698	262700

二、氯化聚乙烯橡胶共混防水卷材

氯化聚乙烯橡胶防水卷材，是以氯化聚乙烯树脂和合成橡胶共混为主体，加入适量的硫化剂、促进剂、稳定剂、软化剂和填充剂等，经过素炼、混炼、过滤、压延（或挤出）成型、硫化、检验、分卷、包装等工序加工制成的高弹性防水卷材。这种防水卷材兼有塑料和橡胶的特点，它不但具有氯化聚乙烯所特有的高强度和优异的耐臭氧、耐老化性能，而且具有橡胶类材料的高弹性、高延伸性以及良好的低温柔韧性能。

1. 产品特点
①该产品具有高强力、高延伸率和良好的耐燃、耐油、耐寒、耐酸碱性能；
②尤其耐臭氧性能优异，施工简单，粘结牢固，防水效果好。
2. 产品规格
厚度：1.0～1.5mm；
宽度：1.0m；
长度：2.0 m。
3. 质量指标（表3-5）
4. 适用范围
该产品适用于铁路桥面、隧道、山洞及建筑物屋面、地下室、水库、水池、污水处理、排管渠道、地坪、浴室、厕所等防水防潮。

氯化聚乙烯橡胶共混防水卷材质量指标（GB 18173.1—2006） 表3-5

项目		种类				适用试验条目
		硫化橡胶类 FL	非硫化橡胶类 FF	树脂类		
				FS1	FS2	
断裂拉伸强度（N/cm）	常温 ≥	80	60	100	60	5.3.2
	60℃ ≥	30	20	40	30	
胶断伸长率（%）	常温 ≥	300	250	150	400	
	-20℃ ≥	150	50	10	10	

续表

项　目	种　类				适用试验条目
	硫化橡胶类 FL	非硫化橡胶类 FF	树脂类		
			FS1	FS2	
撕裂强度（N）≥	40	20	20	20	5.3.3
不透水性（MPa）(30min 无渗漏)	0.3	0.3	0.3	0.3	5.3.4
低温弯折（℃）≤	－35	－20	－30	－20	5.3.5

5. 施工方法

（1）基层处理

施工前清理施工面，必须保持干燥、平整、无杂物和尘土。

（2）施工要点

①根据施工要求确定铺贴方法，由设计者根据工程确定；

②搭接宽度纵向80mm，横向100mm，搭接部位用胶粘剂涂抹缝口，粘牢压平，铺贴方向根据基面而定；

③施工前应将卷材开卷，扫尽卷材隔离层的粉物。

6. 使用注意事项

（1）施工

①施工宜在3～35℃为宜，温度低时应用微火升温熔化胶粘剂即可；

②施工完毕后，防水层避免尖、刺物损伤，应有24h的稳定期。

（2）包装

①防水卷材在芯纸或其他芯材上用包装纸成卷包装，每卷卷材应沿包装纸面的整个宽度包装；

②每卷产品包装上应清楚标明下列内容：

a. 生产厂名；b. 商标；c. 产品标记；d. 生产日期；e. 检查合格的印章。

（3）贮存与运输

①不同规格、类型的产品不应混放；

②卷材应在室内干燥、通风的环境下平放贮存，垛高不得超过1m；

③运输时产品必须平放成垛，垛高不应超过1m，不得倾斜，必要时加盖苫布；

④在正常运输与贮存条件下，产品自生产之日起计算，贮存期为12个月。

7. 部分生产厂家联系方法

生产厂家或经销单位	联系地址	电　话	邮　编
潍坊宏恒达防水材料有限公司	山东省潍坊市台头工业园	0536－5516238	261000
江苏得胜新型建材集团公司	江苏省宜兴市南新镇得胜路1号	0510－87871528	214215
浙江省永康市科委建筑材料厂	浙江省永康市大屋下殿	0579－7291591	321302

续表

生产厂家或经销单位	联系地址	电 话	邮 编
福建伯爱斯化工建材有限公司	福建省福州市仓山区盖山镇仁山村	0591-3592986	350000
上海建筑防水材料（集团）公司	上海市宜山路407号	021-64387777	200030
杭州绿都防水材料有限公司	浙江省杭州莫干山路良渚工业城	0571-88770268	310000
醴陵市帅旗防水有限公司	湖南省醴陵市	0733-3232008	4122000
中山市青龙防水补强工程有限公司	广东省中山市港口镇兴港大道旁	0760-8415705	528447
盘锦禹王防水建材集团有限公司	辽宁省盘锦市兴隆台区新工街	0427-2856800	124022
广州市鲁班建筑防水补强有限公司	广州市天河区中山大道科技园建中路六十号三楼	020-85520801	510665
北京市成城交大建材有限公司	北京市通州区永乐店柴厂屯南	010-80511246	100076
常熟三恒建材有限责任公司	江苏省常熟市虞山南路	0512-51739808	215500
上海泓大防水技术有限公司	上海市江苏路276号甲	021-62526000	200050
北京飞龙马科贸有限公司	北京市海淀区温泉镇	010-62486431	100000

三、聚氯乙烯防水卷材

聚氯乙烯防水卷材是以聚氯乙烯树脂（PVC）为主要原料，掺入适量的改性剂、抗氧剂、紫外线吸收剂、着色剂、填充剂、增塑剂等，经捏合、塑化、挤出压延、整形、冷却、检验、分卷、包装等工序加工制成的可卷曲的片状防水材料。

1. 产品特点

①具有很强的耐腐蚀能力；

②抗拉强度高，拉伸延率大；

③对温度变化和建筑物基层的伸缩、开裂有良好的适应性能；

④与建筑物基面及水泥砂浆等各种外层材料牢固粘结，防水、防渗性能好；

⑤经济耐用，是当今防水材料质量、价格比最优的水材料之一，使用寿命可达15~20年。

2. 产品厚度（表3-6）

聚氯乙烯防水卷材的厚度（GB 12952—2003） 表3-6

厚度（mm）	允许偏差（mm）	最小单值（mm）
1.2	±0.10	1.00
1.5	±0.15	1.30
2.0	±0.20	1.70

3. 质量指标

(1) 聚氯乙烯防水卷材 N 类的质量指标（表 3-7）

聚氯乙烯防水卷材 N 类的质量指标（GB 12952—2003）　　表 3-7

序号	项目		Ⅰ型	Ⅱ型
1	拉伸强度（MPa） ≥		8.0	12.0
2	断裂伸长率（%） ≥		200	250
3	热处理尺寸变化率（%） ≤		3.0	2.0
4	低温弯折性		−20℃无裂纹	−25℃无裂纹
5	抗穿孔性		不渗水	
6	不透水性		不透水	
7	剪切状态下的粘合性（N/mm） ≥		3.0 或卷材破坏	
8	热老化处理	外观	无起泡、裂纹、粘结和孔洞	
		拉伸强度变化率（%）	±25	±20
		断裂伸长率变化率（%）		
		低温弯折性	−15℃无裂纹	−20℃无裂纹
9	耐化学侵蚀	拉伸强度变化率（%）	±25	±20
		断裂伸长率变化率（%）		
		低温弯折性	−15℃无裂纹	−20℃无裂纹
10	人工气候加速老化	拉伸强度变化率（%）	±25	±20
		断裂伸长率变化率（%）		
		低温弯折性	−15℃无裂纹	−20℃无裂纹

注：非外露使用可以不考核人工气候加速老化性能。

(2) 聚氯乙烯防水卷材 L 类及 W 类的质量指标（表 3-8）

聚氯乙烯防水卷材 L 类及 W 类的质量指标（GB 12952—2003）　　表 3-8

序号	项目	Ⅰ型	Ⅱ型
1	拉力（N/cm） ≥	100	160
2	断裂伸长率（%） ≥	150	200
3	热处理尺寸变化率（%） ≤	1.5	1.0
4	低温弯折性	−20℃无裂纹	−25℃无裂纹
5	抗穿孔性	不渗水	
6	不透水性	不透水	

第二节 合成高分子防水卷材

续表

序号	项目		Ⅰ型	Ⅱ型
7	剪切状态下的粘合性（N/mm）≥	L类	3.0 或卷材破坏	
		W类	6.0 或卷材破坏	
8	热老化处理	外观	无起泡、裂纹、粘结和孔洞	
		拉伸强度变化率（%）	±25	±20
		断裂伸长率变化率（%）	±25	±20
		低温弯折性	－15℃无裂纹	－20℃无裂纹
9	耐化学侵蚀	拉伸强度变化率（%）	±25	±20
		断裂伸长率变化率（%）	±25	±20
		低温弯折性	－15℃无裂纹	－20℃无裂纹
10	人工气候加速老化	拉伸强度变化率（%）	±25	±20
		断裂伸长率变化率（%）	±25	±20
		低温弯折性	－15℃无裂纹	－20℃无裂纹

注：非外露使用可以不考核人工气候加速老化性能。

4. 适用范围

①聚氯乙烯防水卷材适用于铁路桥面、路面及建筑物的大型屋面板、空心板作防水层；

②亦可作刚性层下的防水层及旧建筑物混凝土构件屋面的修缮，以及地下室或地下工程的防水、防潮，水池、贮水槽及污水处理池的防渗，有一定耐腐蚀要求的地面工程的防水、防渗。

5. 施工方法

（1）施工前准备工作

①基层必须坚实、平整、干净、干燥。接缝处须密封，对于板缝或基层及刚性基面分格缝等采用砂浆或细石混凝土灌缝时，上部须留 20mm×20mm 的槽口，嵌填防水材料；

②对强度低的保温屋面须先试验，可靠后方可实施。若在旧屋面上加做该产品，屋面须先试验，可靠后方可实施。

（2）基层处理

①基层必须干净，无明显潮湿或积水，含水率小于9%；

②凡转角或异形处必须将转角处抹成半径不小于15cm的弧形，并有一定坡度便于卷材粘贴，水流通畅，立面铺设卷材时应预埋防腐木条，以固定卷材；

③基层坡度大于1%，内部排水口周围做成坡度不小于5%的环形洼坑；

④对于基层伸缩缝等应加一层卷材，宽应不小于300mm，对阴阳角、排水口、管子根部等异形部位应附加一层卷材，待附加层粘贴牢固才能进行大面积铺贴。

（3）铺贴方法

①卷材应从低处铺向高处；

②卷材横向搭接按宽度不小于400～800mm，搭接缝应密封，不得有翘起脱胶现象；

③局部粘贴条粘法：沿卷材边向涂刮长条状150mm宽粘结剂，条与条间距离为1～1.5m，用于压紧卷材向前推进，使粘结剂分布均匀，赶出气泡、铺平、铺直、卷材不能拉得太紧，应让其自由展开。

6. 使用注意事项

（1）施工

①烈日、雨后不能施工，粘结后应保持干燥，使粘结剂结膜固化；

②搭接处如有脱胶、起翘等应立即修补牢固密封。卷材如有损伤，需用粘结剂加贴一块卷材修补。

（2）包装

卷材用硬质芯卷取包装，宜用塑料袋或编织袋包装。

（3）贮存与运输

①贮存与运输时，不同类型、规格的产品应分别堆放，不应混杂。避免日晒雨淋，注意通风。贮存温度不应高于45℃，平放贮存堆放高度不超过5层，立放单层堆放，禁止与酸、碱、油类及有机溶剂等接触。

②运输时防止倾斜或横压，必要时加盖苫布。

③在正常贮存、运输条件下，贮存期自生产日起为12个月。

7. 部分生产厂家联系方法

生产厂家或经销单位	联系地址	电话	邮编
江阴周庄橡塑厂	江苏省江阴市周庄镇环周西路145号	13901521938	214423
济南豫泉渗耐防水材料有限公司	山东省济南市崮山工业开发区104路40号	0531-8304126	250000
湖南省醴陵市帅旗防水实业有限公司	湖南省醴陵市解放东路东段	0733-3232008	412200
济南塑料一厂	山东省济南市山东省济南市槐荫区道德北街104号	0531-7957511	250022
山东鲁鑫集团防水材料有限公司	山东省潍坊市潍城区309国道351公里处	0536-8119297	261055
仪征市金美林建设材料有限公司	江苏省仪征市永丰路95号	0514-83434691	211400
中山市青龙化学建材有限公司	广东省中山市石岐区东明路21号	0760-8706327	528400
青岛神牛防水建材有限公司	山东省青岛市城阳区国际空港工业区长白山路	0532-7723145	266108
潍坊市宇虹新型防水材料（集团）有限公司	山东省寿光市台头镇工业区	0536-5511698	262700
湖南省醴陵市环宇防水有限公司	湖南省醴陵市车顿桥	0733-3222537	412200

第二节 合成高分子防水卷材

续表

生产厂家或经销单位	联系地址	电话	邮编
湖南耐渗工程塑胶有限公司	湖南省醴陵市孙家湾工业园	13352899388	412200
山东省宏源建筑防水材料有限公司	山东省寿光市台头镇工业区	13906366626	262700
山东松山防水保温材料有限公司	山东省淄博市张店区华光路精品服装城B座14号	0533-3172951	255000
山东金禹王防水材料有限公司	山东省广饶县大王镇潍高路7号	0546-6873555	257300

四、氯化聚乙烯防水卷材

氯化聚乙烯防水卷材是以含氯量为30%～40%的氯化聚乙烯树脂为主要原料，掺入适量的化学助剂和大量的填充材料，采用塑料或橡胶的加工工艺，经过捏和、塑炼、压延、卷曲、检验、分卷、包装等工序，加工制成的弹塑性防水卷材。该卷材包括N类无复合层卷材和L类纤维复合卷材。

1. 产品特点
①具有良好的耐老化性能，耐化学腐蚀性能，抗撕裂性和物理、机械性能；
②施工操作方便，耐水、耐寒性好等。

2. 产品规格
①N类防水卷材的厚度（不含花纹高度）：1.2mm；
②L类防水卷材的厚度（不含纤维层厚度）：1.8mm；
③防水卷材的宽度规格由供需双方商定，最大宽度不超过1650mm；
④防水卷材的长度规格由供需双方商定，最大长度不超过33m。

3. 质量指标
（1）氯化聚乙烯防水卷材N类防水卷材的质量指标（表3-9）

氯化聚乙烯防水卷材N类的质量指标（科技基函［2007］6号）　　表3-9

序号	项目	指标	试验方法
1	拉伸强度（MPa）	≥9.0	GB 12953
2	扯断伸长率（%）	≥350	
3	热处理尺寸变化率（%）	纵向≤2.5 横向≤1.5	
4	低温弯折性	-35℃无裂纹	
5	抗穿孔性	不渗水	
6	不透水性	不透水	
7	剪切状态下的粘合性（N/mm）	≥3.0或卷材破坏	
8	保护层混凝土与防水卷材粘结强度（MPa）	≥0.5	GB/T 19250

续表

序号	项目		指标	试验方法
9	热老化处理	外观质量	无气泡、疤痕、裂纹、粘结、孔洞	GB 18244
		拉伸强度相对变化率（%）	±20	
		断裂伸长率相对变化率（%）	±20	
		低温弯折性	－25℃无裂纹	
10	人工气候加速老化	拉伸强度相对变化率（%）	±20	
		断裂伸长率相对变化率（%）	±20	
		低温弯折性	－25℃无裂纹	
11	耐化学侵蚀	拉伸强度相对变化率（%）	±20	GB 12953
		断裂伸长率相对变化率（%）	±20	
		低温弯折性	－25℃无裂纹	

(2) 氯化聚乙烯 L 类防水卷材的质量指标（表 3-10）

氯化聚乙烯 L 类防水卷材的质量指标（科技基函［2007］6 号） 表 3-10

序号	项目		指标	试验方法
1	拉力（N/cm）		≥160	GB 12953
2	断裂伸长率（%）		≥350	
3	热处理尺寸变化率（%）		纵向≤2.5 横向≤1.5	
4	低温弯折性		－35℃，无裂纹	
5	抗穿孔性		不渗水	
6	不透水性		不透水	
7	剪切状态下的粘合性（N/mm）		≥3.0 或卷材破坏	
8	保护层混凝土与防水卷材粘结强度（MPa）		≥0.5	GB/T 19250
9	热老化处理	外观质量	无气泡、疤痕、裂纹、粘结、孔洞	GB 18244
		拉力（N/cm）	≥150	
		断裂伸长率（%）	≥350	
		低温弯折性	－25℃，无裂纹	
10	人工气候加速老化	拉力（N/cm）	≥150	
		断裂伸长率（%）	≥350	
		低温弯折性	－25℃，无裂纹	
11	耐化学侵蚀	拉力（N/cm）	≥150	GB 12953
		断裂伸长率（%）	≥350	
		低温弯折性	－25℃，无裂纹	

(3) N 类防水卷材的顶面压花成方格网状，以增强防水卷材与混凝土的粘结强度。

方格网状的规格为：纹高（0.1±0.02）mm，25~30块/cm²。

（4）L类防水卷材应双面热融无纺纤维布。

4. 适用范围

①适用于铁路路面、桥面、隧道等防水工程；

②也适用于工业及民用各类建筑物屋面、地下室、水库、水池、污水处理系统、人防工程、地坪、浴室、渠道、卫生间等防水、防渗、防潮及旧屋面等返修工程。

5. 施工方法

（1）施工前准备工作

①分格缝位置，应符合设计要求，表面不得疏松、起皮、起砂、脱壳；

②基层与凸出屋面的结构相连接的阴角应一律做成均匀、平整光滑的直角。基层与排水口、沟等相连接的转角处应做成光滑的圆弧形，其半径一般在100~200mm之间。

（2）基层处理

①在粘贴卷材前需将基层清扫干净，并用清水冲洗待完全干燥后进行基层粘结剂涂刷工作；

②基层必须干净，无明显潮湿或积水，含水率小于9%。

（3）铺贴方法

①在基层或卷材底面涂刷胶粘剂时，涂刷应均匀，不露底、不堆积，采取空铺法、条粘法、点粘法时应按规定的位置与面积涂刷胶粘剂；

②铺贴卷材不得皱折，也不得用力拉伸卷材，并应排除卷材下面的空气，辊压粘贴牢固；

③铺贴的卷材应平整顺直，搭接尺寸准确，不得扭曲；

④卷材搭接缝的粘贴应先将接缝两面擦拭干净，并用汽油擦洗，待汽油挥发后即可在搭接缝卷材上、下面用小刷涂刷接缝胶粘剂。

6. 使用注意事项

（1）施工

①施工温度宜在常温5~35℃时进行，零下气温、较大风沙天不宜施工；

②施工人员禁穿带有钉子的鞋，以免踩破防水层；

③卷材与胶粘剂运到施工现场后，应存放在运离火源的干燥地方。在雨天或基层尚未干燥时应停止施工；

④施工现场严禁明火出现，地下室施工时应注意通风。

（2）包装

卷材用硬质芯卷取包装，宜用塑料袋或编织袋包装。

（3）贮存与运输

①贮存与运输时，不同类型、规格的产品应分别堆放，不应混杂。避免日晒雨淋，注意通风。贮存温度不应高于45℃，贮存高度以平放3个卷材高度为限，立放单层堆放，卷材产品避免日晒、雨淋，不得与有损卷材质量或影响卷材使用性能的物质接触，并远离热源。

②运输时防止倾斜或横压，必要时加盖苫布。

③在正常贮存、运输条件下，贮存期自生产日起为12个月。

7. 部分生产厂家联系方法

生产厂家或经销单位	联系地址	电话	邮编
常熟市三怛建材有限责任公司	江苏省常熟市虞山南路12-2号	0520-52774949	215500
湖南耐渗工程塑胶有限公司	湖南省醴陵市孙家湾工业园	13352899388	412200
潍坊市宇虹新型防水材料（集团）有限公司	山东省寿光市台头镇工业区	0536-5511698	262700
青岛神牛防水建材有限公司	山东省青岛市城阳区国际空港工业区长白山路	0532-7723145	266108
仪征市金美林建设材料有限公司	江苏省仪征市永丰路95号	0514-83434691	211400
绍兴市橡胶有限公司	浙江省绍兴市环城北路1号	0575-5153459	312000
上海隧道工程股份有限公司防水材料厂	上海市浦东新区张江镇江欣路501号	021-58558510	201203
山东省栖霞市擎天防水材料有限公司	山东省栖霞市迎宾路78号	0535-5201999	265300
福州高丰子新型建材有限公司	福建省福州市晋安区华林路259号3楼	0591-87570178	350003
浙江省永康市科委建筑材料厂	浙江省永康市花街镇大屋	0579-7291591	321302
宜兴市建筑防水材料厂	江苏省无锡市宜兴市伏东镇	0510-7461409	214224
江苏得胜新型建材集团公司	江苏省宜兴市和桥镇南新得胜路1号	0510-87871688	214215
北京东光橡塑制品有限公司	北京市通州区滨河路143号（东光商务楼）	010-69571048	101149

五、承载防水卷材

该卷材是以水泥材料与工程主体混凝土粘合，粘合结构耐久稳定，能够承受工程的法向拉力、切向剪切力、侧向剥离力的复合高分子防水卷材。

是用聚乙烯膜、丙纶长丝无纺布通过高温热合组成一体的高分子卷材。中间防水层为聚乙烯膜，它添加防老化剂、热稳定剂等助剂。上下两层采用丙纶长丝无纺布，提高卷材的强度，增加表面粗糙度，通过水泥胶与基层表面更好结合。

1. 产品特点

①具有很强的防水性能，抗拉强度大，延伸率高，耐腐蚀性好，易与水泥基面粘结，减轻屋面荷载；

②操作简单，无污染，符合环保要求。

2. 产品规格（表3-11）

承载防水卷材的规格尺寸及允许偏差（GB/T 21897—2008） 表3-11

项目	厚度	宽度	长度（m）
公称尺寸（mm）	≥1.0	≥1.0	
允许偏差（%）	10%	±1%	不允许出现负值

3. 质量指标（表3-12）

承载防水卷材的质量指标（GB/T 21897—2008）　　表3-12

序号	项目		指标	适用试验条目
1	断裂拉伸强度（纵/横）（N/cm） ≥		60	5.2.2
2	拉断伸长率（纵/横）（%） ≥		20	5.2.2
3	不透水性（30min，0.6MPa）		无渗漏	5.2.3
4	撕裂强度（纵/横）（N） ≥		75	5.2.4
5	承载性能	正拉强度（MPa） ≥	0.7	5.2.5
		剪切强度（MPa） ≥	1.3	
		剥离强度（MPa） ≥	0.4	
6	复合强度（N/mm） ≥		1.0	5.2.6
7	低温弯折（纵/横）		-20℃，对折无裂纹	5.2.7
8	加热伸缩量（纵/横）（mm）	延伸 ≤	2	5.2.8
		收缩 ≤	4	
9	热空气老化（纵/横）（80℃×168h）	断裂拉伸强度保持率（%） ≥	65	5.2.9
		拉断伸长率保持率（%） ≥	65	
10	耐碱性（纵/横）（10% Ca(OH)$_2$，23℃×168h）	断裂拉伸强度保持率（%） ≥	65	5.2.10
		拉断伸长率保持率（%） ≥	65	
11	粘结剥离强度（N/mm） ≥		2.0	5.2.11

4. 适用范围

主要用于隧道防水、路桥防水、衬砌工程、屋面防水等。

5. 施工方法

（1）施工前准备工作

①15~20mm厚1:2.5水泥砂浆找平层，抹平压光，不得有起砂、凹凸、松动、鼓包、麻面等现象；基层表面不得有油污。找平层相连接的管件、设备或预埋件应在防水层施工前安装好，避免防水层完工后再凿眼打洞；

②找平层与凸出屋面结构物（女儿墙、立墙、天窗壁、变形缝、烟囱等）的连接处及转角处（水落口、檐口、天沟、檐沟、屋脊等）应做成圆弧，圆弧半径大于R20mm。内部排水的水落口周围应做成略低的凹坑；

③平屋面排水坡度≤2%，天沟、檐沟纵向排水坡度≥1%，水落口排水坡度3%~5%；

④找平层砂浆强度能上人即可，如表面过于干燥应洒水湿润，确保水泥水化；

⑤选用通过技术鉴定、有出厂合格证并经认证的材料。材料进场后进行现场抽查复试，复试合格后使用；

⑥橡胶刮板4把，腻子刀2把，4寸毛刷2把，辊刷2把，清扫工具，秤10kg1台，

手提搅拌器 1 台，1t 卷扬机 1 台，专用吊架 1 台，卷尺 1 把，弹线合 1 支。

（2）施工要点

①清理基层→水泥胶配制→节点附加层处理→定、弹线-试铺→铺贴防水卷材-排气、压实-接缝、收头处理→节点密封→清理、检查、修整→保护层；

②该产品采用水泥胶作为胶粘剂直接与基层粘贴。水泥胶采用卷材生产厂的基胶与 42.5 级以上普通硅酸盐水泥、水共同混合而成；

③水泥胶配比为平面：水泥：胶：水 = 1：0.2：0.5；女儿墙及封边：水泥：胶：水 = 1：0.2：(0.2~0.25)。水泥先用水拌匀再加入胶混均即可使用，2h 内用完。

④管根为伸出屋面管的附加层高度为 250mm。粘贴后用铁丝扎紧密封膏封口。平面附加层直径 = 管径 +300mm；

⑤女儿墙为低于 250mm 的立墙，卷材沿墙面粘贴至外墙面边缘，墙顶用 1：2.5 水泥砂浆抹平向内 1% 坡度，高于 250mm 立墙，卷材收头用 1：3 水泥砂浆压于凹槽内或桃檐下方封固。

⑥变形缝内空铺卷材一层，空铺长度缝宽加 50mm。缝内填聚苯板做背衬，变形缝两侧满粘。注意胶粘剂不能涂到聚苯板上；

⑦在无保温层的装配式屋面上铺卷材时，应沿屋架或内承重墙的屋面板缝上先平铺一层宽度 300mm 的 DFS 卷材条做缓冲层；

⑧水落口杯与基层部位应安装牢固，DFS 卷材粘贴时伸进水落口，水落口附加层尺寸为：直径 = 管径 +300mm。水落口杯与竖管连接口处用密封胶或 E 型防水涂料塞实；

⑨将卷材铺贴至檐口端部，压入预留沟槽内，用密封膏封固，或用钢压条中距 500mm 射钉固定，密封膏密封；

⑩按长边搭接 100mm，确定弹线间距为 1400mm。

（3）施工工艺

①确定施工区段及施工顺序：同一建筑应遵循"先高后底，先远后近"的施工顺序。大面积屋面施工段的界限宜设在屋脊、变形缝等处。铺贴方向逆主导风向进行，使卷材的搭接缝顺主导风向，以免接缝被风掀起产生翘边现象；

②依据弹线顺序铺贴防水卷材。铺贴时确保搭接宽度：长边搭接 100mm，短边搭接 150mm，短边搭接缝错开 500mm；

③粘贴卷材：将卷材放在始端，预放 3~5m。找正方向回卷，用桶倒胶，刮板摊开，用两手压浆，DFS 卷材向前滚进。推卷材可前后滚动，使水泥胶压匀，压卷用力应均匀一致，铺平铺直排出空气。粘贴面积大于 80%，水泥胶厚度大于 1mm。铺贴时注意检查卷材下是否有硬性粒，以免损坏卷材；

④排气压实：用橡胶刮板或压滚排除气体、压实；

⑤用水泥胶接缝时，将缝的上层卷材掀起，倒上水泥胶，满涂、刮平、压实、收平挤出的水泥胶（水泥胶封边）；

⑥卷材末端收头处理：为防止卷材末端剥落或渗水，末端收头必用水泥胶封闭，然后用水泥砂浆（水泥：砂：胶 =1：3：0.15）压缝封闭；

⑦节点密封：用密封膏对屋面节点、分仓缝等进行密封。

⑧清理检查、修整：清除防水层上的一切杂物，对防水层进行外观检查，发现不合格

应立即修整直至合格。合格后做24h闭水试验或淋雨试验，试验合格后做保护层；

⑨粘贴防水卷材材料用量：卷材 1.25m^2/m^2、胶 0.50kg/m^2、水泥 3.0kg/m^2。

(4) 保护层

①注意保护防水层，防止施工人员及施工机具损坏防水层；

②水泥胶保护层：水泥胶配比：水泥:胶:水 = 1:0.1:0.4。刮水泥胶两遍，每遍 1mm 厚，要求均匀；

③水泥砂浆保护层：用1:2.5水泥砂浆抹保护层20mm厚，随铺随拍实，刮杠刮平，终凝前压光。分格缝最大尺寸 6m×6m；

④水泥胶保护层：水泥 3kg/m^2，胶 0.6kg/m^2。砂浆保护层：水泥 9kg/m^2，砂 40kg/m^2。

6. 使用注意事项

(1) 施工

①雨雪天气不能进行防水层施工，四级以上大风天气不能施工。一般宜在 5~35℃ 的气温条件下施工；

②根据屋面坡度及振动与否决定铺贴方向，铺贴前应弹线。屋面坡度小于3%，平行屋脊弹线；屋面坡度 3%~15%，可平行或垂直屋脊弹线；屋面坡度大于15%或屋面受震动时垂直屋脊弹线。平行屋脊方向弹线，从檐口开始往上弹线到屋脊，如有天沟从水落口向分水岭弹线，分水岭盖顶；

③卷材铺贴方法应符合施工规定。检查数量：按施工面积每 100m^2 抽查一处，但总量不得少于 3 处，每处 10m^2；

④卷材边应粘结牢固，封闭严密，构造节点处如变形缝、水落口、女儿墙、管道根收头做法符合设计要求施工规定；

⑤检查搭接宽度：长边搭接 100mm，短边搭接 150mm；

⑥检查保护层厚度、配比、坡度等符合设计要求；

⑦分格缝的位置正确，嵌缝处理可靠。保护层表面干净、平整、无起砂、脱落现象。

(2) 贮存与运输

①卷材卷曲为圆柱形，外用适宜材料包装，每卷长度不低于 50m；

②卷材在运输与贮存时，应注意勿使包装损坏，放置于通风、干燥处。卷材宜立放，水平放置时贮存高度不应超过五层，且接触面保持干燥，避免阳光直射，禁止与酸、碱、油类及有机溶剂等接触，并隔离热源；

③在遵守 GB/T 21897-2008 标准7.3规定的条件下，自生产日期起在不超过一年的保存期内产品性能应符合 GB/T 21897-2008 标准的规定。

7. 部分生产厂家联系方法

生产厂家或经销单位	联系地址	电话	邮编
苏州华特防水材料有限公司	江苏省苏州市吴中区浦庄联盟街15号	0512-66538388	215105
核工业部四零四厂山海关工业公司天衣防水材料厂	河北省山海关217信箱	0335-5051395	066200

续表

生产厂家或经销单位	联系地址	电话	邮编
黑龙江省绥棱第二塑料有限公司	黑龙江省绥棱市为民路	0458-4623035	152200
山东科技大学天盾防水建材厂	山东泰安市岱宗大街223号	0538-6227021	271019
聊城市建工防水材料有限公司	山东省聊城开发区光岳路（路东）	0635-8523632	252000
武汉美利信防水建材有限责任公司	湖北省武汉市经济技术开发区纯阳街12号工业园2号厂房	027-84898536	430056
潍坊市泽源防水材料有限公司	山东省寿光市台头工业园区	0536-5512838	262735
潍坊市华冠防水材料有限公司	山东省寿光市台头镇工业区	0536-5519526	262735
四川省恒信防水工程有限公司	四川省成都高新区永丰路52号永丰大厦319室	028-85193561	610041
江西省吉安市天龙防水材料有限公司	吉安市青原区富滩工业园A区	0796-3212366	343009
深圳市成松实业发展有限公司	广东省深圳市北环大道7043号青海大厦28楼H	0755-83547264	518000
山东青岛神牛防水建材有限公司	山东省青岛国际空港工业区长江路1号	0532-6717875	266000

六、乙烯、醋酸乙烯防水卷材（EVA）

乙烯、醋酸乙烯防水卷材是以合成树脂为基料，加入适量的化学助剂、填充剂等，采用塑炼、压延或挤出成型、硫化、定型等塑料的加工工艺所制成塑性卷曲的防水材料。

1. 产品特点
①具有拉伸强度高、断裂延伸率大；
②撕裂强度好、耐热性能好、低温柔性好、耐腐蚀性能好和施工工序简易等。
2. 产品规格（表3-13）

乙烯、醋酸乙烯防水卷材的规格尺寸（GB 18173.1—2006） 表3-13

项目	厚度（mm）	宽度（m）	长度（m）
树脂类	0.5以上	1.0, 1.2, 1.5, 2.0	20以上

注：树脂类片材在每卷至少20m长度内不允许有接头。

3. 质量指标（表3-14）
4. 适用范围

主要适用于铁路、地铁、隧道、桥面及各种地下工程的防水渗透，如：水库、水渠、地下室、储水池、游泳池等，各种凹凸形建筑面的防水防潮及其他防水工程。

乙烯、醋酸乙烯防水卷材的均质片的物理性能（GB 18173.1—2006）　　表3-14

项　　目		指　　标　树脂类			适用试验条目
		JS1	JS2	JS3	
断裂拉伸强度（MPa）	常温　≥	10	16	14	6.3.2
	60℃　≥	4	6	5	
扯断伸长率（%）	常温　≥	200	550	500	
	−20℃　≥	15	350	300	
撕裂强度（kN/m）　≥		40	60	60	6.3.3
不透水性（MPa）(30min 无渗漏)		0.3	0.3	0.3	6.3.4
低温弯折温度（℃）　≤		−20	−35	−35	6.3.5
加热伸缩量（mm）	延伸　≤	2	2	2	6.3.6
	收缩　≤	6	6	6	
热空气老化（80℃，168h）	断裂拉伸强度保持率（%）　≥	80	80	80	6.3.7
	扯断伸长率保持率（%）　≥	70	70	70	
耐碱性[饱和Ca(OH)$_2$溶液常温，168h]	断裂拉伸强度保持率（%）　≥	80	80	80	6.3.8
	扯断伸长率保持率（%）　≥	80	90	90	
人工候化	断裂拉伸强度保持率（%）　≥	80	80	80	6.3.10
	扯断伸长率保持率（%）　≥	70	70	70	
粘结剥离强度（片材与片材）	N/mm（标准试验条件）　≥	1.5			6.3.11
	浸水保持率（常温×168h）（%）　≥	70			

注：1. 人工候化和粘合性能项目为推荐项目。
　　2. 非外露使用可以不考核臭氧老化、人工气候老化、加热伸缩量、60℃断裂拉伸强度性能。

5. 施工方法

（1）施工前准备工作

①在施工前应将基层清理干净，并铲除异物；

②基层表面应平整、干燥、清洁，不得有疏松、起砂、起皮现象。

（2）基层处理

将密封胶材料的A：B组分与溶剂按1:2:6配制成基层处理剂，A、B组分先混均匀。再加入溶剂充分搅拌后，以200~300g/m^{2}用量薄涂于基层表面，并应充分干燥。

（3）铺贴方法

①将防水卷材完全退卷在基层上，以松弛卷材的应力。用胶粘剂按300g/m^{2}用量涂抹于基层与片材的表面，待胶粘剂基本不粘手时，平整铺贴、压实；

②在铺贴第二卷卷材时，应在与第一卷重叠的边缘处突出100mm，不涂胶，按①的要求将片材铺贴在基层上，以此完成整个铺贴工作。在铺贴时，绝不能施用猛力拉紧或不均衡压力于任何角度上；

③铺贴完成后，用专用溶剂擦洗搭接部位，充分干燥后用搭接胶涂于接缝两面，待胶

充分干燥后,再涂第二度,待胶干燥至不粘手后,用辊轴压平、压实。搭接胶用量 $60g/m^2$;

④最后用密封膏以 A、B 组分 1:2 配制搅拌均匀后,用漆刷均匀涂于片材接缝口或其他复杂部位,密封膏要做到现配现用。

6. 使用注意事项

(1) 施工

①施工现场严禁明火出现,地下室施工时应注意通风。注意成品的保护,卷材要同一方向堆放,不得超过五层;

②施工宜在 5℃以上气温时进行。雨天和较大风沙时不宜施工;

③施工人员禁穿带有钉子的鞋,以免踩破防水层;

④卷材与胶粘剂运到施工现场后,应存放在远离火源的干燥地方。在雨天或基层尚未干燥时应停止施工。

(2) 包装

卷材用硬质芯卷取包装,外用适宜材料包装。

(3) 运输与贮存

①卷材在运输与贮存时,应注意勿使包装损坏,放置于通风、干燥处,贮存垛高不应超过平放五个片材卷高度。堆放时,应衬垫平坦的木板,离地面 20cm,并应避免阳光直射,禁止与酸、碱、油类及有机溶剂等接触,且隔离热源。

②在正常贮存、运输条件下,贮存期自生产日期起在不超过一年的保存期内产品性能应符合 GB 18173.1—2006 标准的规定。

7. 部分生产厂家联系方法

生产厂家或经销单位	联系地址	电话	邮编
湖南耐渗工程塑胶有限公司	湖南省醴陵市孙家湾工业园	13352899388	412200
天津市耀新科技发展有限公司	天津市河东区程林路	022-85643563	300000
沈阳星辰化工有限公司	辽宁省沈阳市苏家屯区雪莲街117号	024-89151105	110101
宜兴市腾龙塑料排水设备有限公司	江苏省宜兴市新建镇庄林	0510-87230286	214200
江苏森源防水材料股份有限公司	江苏省阜宁经济开发区黄河路1号	0515-87235989	224400
山东龙祥橡塑制品有限公司	山东省武城县运河经济开发区	0534-6659866	253300

七、乙烯、醋酸乙烯沥青共混防水卷材（ECB）

该卷材制作采用二段挤出、三辊压延生产工艺的片材。

1. 产品特点

①具有优良的耐候性、耐久性、坚韧性、柔韧性;

②电绝缘、延伸率高、抗穿透力强等。

2. 产品规格

与六乙烯、醋酸乙烯防水卷材（EVA）中的表3-13同。

3. 质量指标

与六乙烯、醋酸乙烯防水卷材（EVA）中的表3-14同。

4. 适用范围

同六乙烯、醋酸乙烯防水卷材（EVA）中的4。

5. 施工方法

同六乙烯、醋酸乙烯防水卷材（EVA）中的5。

6. 使用注意事项

同六乙烯、醋酸乙烯防水卷材（EVA）中的6。

7. 部分生产厂家联系方法

生产厂家或经销单位	联系地址	电话	邮编
湖南耐渗工程塑胶有限公司	湖南省醴陵市孙家湾工业园	13352899388	412200
天津市耀新科技发展有限公司	天津市河东区程林路	022-85643563	300000
沈阳星辰化工有限公司	辽宁省沈阳市苏家屯区雪莲街117号	024-89151105	110101
江苏森源防水材料股份有限公司	江苏省阜宁经济开发区黄河路1号	0515-87235989	224400
山东龙祥橡塑制品有限公司	山东省武城县运河经济开发区	0534-6659866	253300
江苏基能塑业有限公司	江苏省常州市新北区黄城墩工业园	0519-85471888	213000

第三节 自粘防水卷材

自粘改性沥青防水卷材是以沥青、SBS和SBR等弹性体材料为基料，并掺入增塑、增粘材料和填充材料，以聚乙烯膜、铝箔为上表面材料或无上表面覆盖层（双面自粘），底表面或上下表面覆涂硅隔离防粘材料制成的自行粘结的防水卷材。

性能特点：自粘改性沥青防水卷材是采用SBS、SBR等弹性体与沥青为基料制成的冷胶粘剂材料制成的，具有良好的柔韧性和耐热性、延展性，适应基层因应力产生的变形能力强，施工时不需再涂胶粘剂即可自行与基层之间或与卷材之间粘结，施工方便、安全，对环境不造成污染。

一、自粘聚合物改性沥青防水卷材

自粘聚合物改性沥青防水卷材是一种很有发展前景的新型防水材料。该种卷材具有不透水性、低温柔度、抗变形性能及自愈性好等特点，而且易于施工，可以提高铺设速度，加快工程进度。

产品按有无胎基增强分为无胎基（N类）、聚酯胎基（PY类）。

N类按上表面材料分为聚乙烯膜（PE）、聚酯膜（PET）、无膜双面自粘（D）。

PY类按上表面材料分为聚乙烯膜（PE）、细砂（S）、无膜双面自粘（D）。

产品按性能分为Ⅰ型和Ⅱ型,卷材厚度为2.0mm的PY类只有Ⅰ型。

1. 产品规格

(1) N类单位面积质量、厚度(表3-15)

自粘聚合物改性沥青防水卷材N类单位面积质量、厚度的规格尺寸(GB 23441—2009) 表3-15

厚 度 规 格		1.2	1.5	2.0
上表面材料		PE、PET、D	PE、PET、D	PE、PET、D
单位面积质量(kg/m²) ≥		1.2	1.5	2.0
厚度(mm)	平均值 ≥	1.2	1.5	2.0
	最小单值	1.0	1.3	1.7

(2) PY类单位面积质量、厚度(表3-16)

自粘聚合物改性沥青防水卷材PY类单位面积质量、厚度的规格尺寸(GB 23441—2009) 表3-16

厚 度 规 格		2.0		3.0		4.0	
上表面材料		PE、D	S	PE、D	S	PE、D	S
单位面积质量(kg/m²)≥		2.1	2.2	3.1	3.2	4.1	4.2
厚度(mm)	平均值 ≥	2.0		3.0		4.0	
	最小单值	1.8		2.7		3.7	

2. 质量指标

(1) N类自粘聚合物改性沥青防水卷材(表3-17)

自粘聚合物改性沥青防水卷材N类的物理性能(GB 23441—2009) 表3-17

序号	项 目			指 标				
				PE		PET		D
				Ⅰ	Ⅱ	Ⅰ	Ⅱ	
1	拉伸强度	拉力(N/50mm)	≥	150	200	150	200	—
		最大拉力时延伸率(%)	≥	200		30		—
		沥青断裂延伸率(%)	≥	250		150		450
		拉伸时现象		拉伸过程中,在膜断裂前无沥青涂盖层与膜分离现象				
2	钉杆撕裂强度(N)		≥	60	110	30	40	—
3	耐 热 性			70℃滑动不超过2mm				

续表

序号	项目		指标				
			PE		PET		D
			I	II	I	II	
4	低温柔性（℃）		−20	−30	−20	−30	−20
			无裂纹				
5	不透水性		0.2MPa，120min 不透水				—
6	剥离强度（N/mm）≥	卷材与卷材	1.0				
		卷材与铝板	1.5				
7	钉杆水密性		通过				
8	渗油性/张数 ≤		2				
9	持粘性（min）≥		20				
10	热老化	拉力保持率（%）≥	80				
		最大拉力时延伸率（%）≥	200		300		400（沥青层断裂延伸率）
		低温柔性（℃）	−18	−28	−18	−28	−18
			无裂纹				
		剥离强度 卷材与铝板（N/mm）≥	1.5				
11	热稳定性	外观	无起鼓、皱褶、滑动、流淌				
		尺寸变化率（%）≤	2				

(2) PY 类自粘聚合物改性沥青防水卷材（表 3-18）

PY 类自粘聚合物改性沥青防水卷材的物理性能（GB 23441—2009）　　表 3-18

序号	项目			指标	
				I	II
1	可溶物含量（g/m²）≥		2.0mm	1300	—
			3.0mm	2100	
			4.0mm	2900	
2	拉伸性能	拉力（N/50mm）≥	2.0mm	350	—
			3.0mm	450	600
			4.0mm	450	800
		最大拉力时延伸率（%）≥		30	40
3	耐热性			70℃无滑动、流淌、滴落	
4	低温柔性（℃）			−20	−30
				无裂纹	

续表

序号	项 目		指 标	
			Ⅰ	Ⅱ
5	不透水性		0.3MPa，120min 不透水	
6	剥离强度（N/50mm） ≥	卷材与卷材	1.0	
		卷材与铝板	1.5	
7	钉杆水密性		通 过	
8	渗油性（张数） ≤		2	
9	持粘性（min） ≥		15	
10	热老化	最大拉力时延伸率（%） ≥	30	40
		低温柔性（℃）	−18	−28
			无 裂 纹	
		剥离强度 卷材与铝板（N/mm） ≥	1.5	
		尺寸变化率（%） ≤	1.5	1.0
11	自粘沥青再剥离强度（N/mm） ≥		1.5	

3. 适用范围

主要适用于铁路、地铁、隧道、桥面及各种地下工程的非外露的防水防渗工程。

4. 施工方法

（1）施工前准备工作

①施工基面，必须坚硬、平整、干燥、清洁、表面无尖利物品；

②转角部位应抹成八字形或圆弧形。

（2）基层处理

基层应牢固平整无裂缝，不松动，不起砂，基层和突出屋面的结构相连接的角一律做钝角或光滑圆角。

（3）铺贴方法

自粘防水卷材施工前，应将基面处理干净，揭去隔离膜，就可以直接冷粘到已涂好冷底油的基面上，并挤出空气，压紧压实。

①施工操作温度不能低于标准规定的指标；

②聚乙烯膜覆面的自粘卷材，不能裸露在阳光下使用。

5. 使用注意事项

（1）施工

①防水基面如有积水、积雪、冰霜时不得施工；

②操作温度不能低于低温指标，不能裸露在阳光下使用；

③施工结束后必须进行全面检查，对达不到施工要求的应采取补救措施；

④施工人员上岗时必须配戴安全帽、工作服、不准穿钉鞋、高跟鞋和纹底鞋。若遇危险部位，工人必须佩戴安全带。

（2）包装

卷材应有卷芯并以粘胶带或纸包装、盒包装。

（3）运输与贮存

①运输与贮存时，不同类型、规格的产品应分别堆放，不应混杂。避免日晒雨淋，注意通风。贮存温度不应高于45℃，卷材平放贮存时码放高度不超过五层，立放贮存时单层堆放。

②运输时防止倾斜或侧压，必要时加盖苫布。

③在正常运输、贮存条件下，产品贮存期自生产之日起至少为一年。

6. 部分生产厂家联系方法

生产厂家或经销单位	联系地址	电话	邮编
湖南耐渗工程塑胶有限公司	湖南省醴陵市孙家湾工业园	13352899388	412200
辽宁盘锦禹王防水建材集团有限公司	辽宁省盘锦市兴隆台区新工街	0427-2856800	124022
上海北蔡防水材料厂	上海浦东新区北蔡北艾路91号	021-58911596	201204
上海湿克威建筑防水材料有限公司	上海市闵行区浦东沈杜路1588号	021-64111366	200126
广东科顺精细化工有限公司	广东省佛山市顺德区容桂镇永吉大道中15号听诚大厦3楼	0757-28301822	528303
深圳卓宝科技有限公司	广东省深圳市龙岗	0755-84627105	518000
昆山申港建筑防水材料有限公司	江苏省昆山市石牌镇昆华南路41号	13912670836	215312
山东金禹王防水材料有限公司	山东省东营市大王镇高科工业园	0546-6873555	257000
唐山德生防水材料有限公司	河北省唐山市丰润区任各庄村	0315-5503703	064012
潍坊市泽源防水材料有限公司	山东省寿光市台头工业园	13475364598	262735
潍坊正大防水材料有限公司	山东省潍坊市寿光市台头工业园	536-5522789	232735
沈阳星辰化工有限公司	辽宁省沈阳市苏家屯区雪莲街117号	024-89151105	110101
北京世纪洪雨防水技术有限责任公司	北京市丰台区南苑东南大道97号	010-67996261	100000
徐州卧牛山新型防水材料有限公司	江苏省徐州市九里区卧牛山	0516-85328061	221000
山东汇源建材集团有限公司	山东省寿光市台头镇工业园	0536-5520008	262735
北京中建友建筑材料有限公司	北京市顺义区李桥镇	010-81471963	101304
北京东方雨虹防水技术股份有限公司	北京朝阳区高碑店北路康家园4号楼	010-83938766	100123
苏州市姑苏新型建材有限公司	江苏省苏州市三香路三香弄1号（三香园西侧）	0512-6826448	215004
温州市长城防水材料厂	浙江省温州市鹿城区鹿城路195弄11号	0577-88711918	325005
格雷斯中国有限公司	上海市徐家汇路430号205室	021-64720697-115	200025

二、贴必定防水卷材

该产品是以沥青、SBS 和 SBR 等弹性体材料为基料,并掺入增塑、增粘材料和填充材料,以聚乙烯膜、铝箔为上表面材料或无上表面覆盖层(双面自粘),底表面或上下表面覆涂硅隔离防粘材料制成的自行粘结的防水卷材。

1. 产品特点

①超强粘结力,自粘施工,安全可靠。避免胶水粘贴的不稳定性和火烤的火灾隐患;

②卷材搭接三道保险:胶粘胶(双面胶条内密封)、胶粘膜和外密封膏;

③独特的上下表面隔离纸(带)分离,确保卷材缘的双面胶条不被污染;

④延伸性能好,可抵御基层一般变形、裂缝等不利现象;

⑤寿命长,耐候性能优良。能适应炎热和寒冷地区的气候变化。采取特别措施可在 −10℃ 进行施工;

⑥极强的基层"自锁水"性能,可将因卷材破损引起的渗漏限制在局部范围内,避免导致防水层整体失效;

⑦极具特色的"自愈"功能,能自行愈合较小的穿刺破损,可自动填塞愈合较小的基层裂缝。

2. 质量指标(表 3-19)

贴必定 N 类防水卷材质量指标(GB 23441—2009) 表 3-19

序号	项 目		指 标				
			PE		PET		D
			Ⅰ	Ⅱ	Ⅰ	Ⅱ	
1	拉伸强度	拉力(N/50mm)≥	150	200	150	200	—
		最大拉力时延伸率(%)≥	200		30		—
		沥青断裂延伸率(%)≥	250		150		450
		拉伸时现象	拉伸过程中,在膜断裂前无沥青涂盖层与膜分离现象				—
2	钉杆撕裂强度(N)≥		60	110	30	40	
3	耐热性		70℃滑动不超过2mm				
4	低温柔性(℃)		−20	−30	−20	−30	−20
			无裂纹				
5	不透水性		0.2MPa,120min 不透水				—
6	剥离强度(N/mm)≥	卷材与卷材	1.0				
		卷材与铝板	1.5				
7	钉杆水密性		通过				
8	渗油性(张数)≤		2				
9	持粘性(min)≥		20				

续表

序号	项目		指标				
			PE I	PE II	PET I	PET II	D
10	热老化	拉力保持率（%）≥	80				
		最大拉力时延伸率（%）≥	200		300		400（沥青层断裂延伸率）
		低温柔性（℃）	-18	-28	-18	-28	-18
			无裂纹				
		剥离强度 卷材与铝板（N/mm）≥	1.5				
11	热稳定性	外观	无起鼓、皱褶、滑动、流淌				
		尺寸变化率（%）≤	2				

3. 适用范围

主要适用于铁路、地铁、隧道、桥面及各种地下工程的非外露的防水防渗工程。

4. 施工方法

（1）施工前的准备

①贴必定基层处理剂（溶剂型）；

②贴必定基层处理剂（水性）；

③贴必定密封膏；

④贴必定双面自粘胶带；

⑤大压辊；

⑥小压辊。

（2）基层处理

①基面要求坚固、平顺、光滑、干燥、无灰尘油污等；

②必要时在混凝土和砂浆面上涂刷基层处理剂，并待其干燥后方可铺贴卷材。

（3）施工要点

①铺贴卷材时应用橡胶板或压辊将卷材下空气排出，并压实卷材；

②卷材搭外边缘应用贴必定专用密封膏密封；

③节点部位应按规范和设计要求增设附加层；

④卷材收头原则上应采用金属压条固定，并用贴必定专用密封膏密封。

5. 使用注意事项

（1）施工

①贴必定卷材、密封膏和基层处理剂应存放于阴凉干燥、通风良好的室内，避免阳光直射，避免受潮，且应配备必要的消防设备。卷材应架空卧式码放（不超过五层）；

②贴必定粘贴完毕后应及时隐蔽，避免长时间的日晒及人为破坏；

③当施工间歇较长或现场环境灰尘较多时，宜采用贴必定基层处理剂清洁卷材搭接部

位，再进行下一步施工；

④未使用完的基层处理剂和密封膏应立即密封保存，防止失效。

（2）包装

卷材应有卷芯并以粘胶带或纸包装、盒包装。

（3）运输

运输中应平放，不得倾斜或交叉横压，防止日晒雨淋。

（4）贮存

①应在干燥、通风的环境下贮存，防止日晒雨淋。不同类别、规格的卷材应分别堆放。卷材应平放，堆放高度不宜超过5层；

②在正常条件下，贮存期自生产之日起为1年。

6. 部分生产厂家联系方法

生产厂家或经销单位	联 系 地 址	电　　话	邮　编
深圳市卓宝建筑工程有限公司	广东省深圳市福田区莲花北村富莲大厦3栋304室	0755-83166906	518000
上海北蔡防水材料厂	上海浦东新区北蔡北艾路91号	021-58911596	201204

三、必坚定防水卷材

该产品永久地紧贴着基层，不需其他工具、机械及其他物质的辅助，亦能形成连续的防水膜层，而且十分均匀，因为卷材的厚度是在工厂内控制而不是在工地形成，因此，在建筑物各种应力作用下必坚定仍保持柔软、不易老化、不龟裂及不碎的状态。必坚定是一块双层隔水卷材，一面是坚实、柔韧、防水的聚乙烯薄膜，另一面是黏稠的橡胶化沥青，并附有使用时一揭即开的底纹。每卷必坚定防水卷材长20m、宽1.0m。

1. 防水卷材规格（表3-20）

必坚定防水卷材产品规格　　　表3-20

防水卷材之基本用途	防水卷材厚度（mm）	每卷长度（m）	每卷宽度（m）	每卷质量（kg/卷）	每卷实际用量（m²/卷）
必坚定2000号防潮用	1.0	30	1	41	28
必坚定3000号通常用途	1.5	20	1	38	18.5
必坚定6000号特别防水用途	1.6	20	1	41	18.5
必坚定5300号特别防水用途	1.6	20	1	40	18.5

2. 质量指标（表3-21）

必坚定防水卷材质量指标（企业指标）　　　表3-21

性　　能	数　　值			
	2000号	3000号	6000号	5300号
颜　　色	深灰黑	深灰黑	深灰	黑
弯曲性（将防水卷材于25mm圆轴弯成180°角，-43℃）	无影响	无影响	无影响	无影响
最低拉力强度（MPa）（聚乙烯层）	40.000	40.0000	40.000	50.000
最低扯断伸长率（%）	150	300	300	100
在裂缝上重复伸张100次（-32℃）		无影响	无影响	
最低抗损坏力（防水卷材受圆钝物体撞击）	250N	250N	490N	900N
直角撕裂强度（N/mm）	32	32	44	
最低水压受力（kg）	5	60	60	

必坚定不会因日久而出现硬化或脆化等问题；可填补建筑物出现的收缩裂缝；在多种气温及环境条件下，其柔韧程度亦足可持续抵受一般基质移动。必坚定防水卷材可永久完全贴着于建筑物基质上，卷材与基质之间天衣无缝，防止水分渗入。

3. 适用范围

主要适用于铁路、地铁、隧道、桥面及各种地下工程的非外露的防水防渗工程。

4. 施工方法

（1）自动密封修补

防水卷材的橡胶沥青黏质会自动密封表面因受到外力破坏的小洞。

（2）冷施工

揭起底纸后，必坚定防水卷材即自动粘贴，因而不会带来像其他防水系统在施工时产生的有害气体和火险。必坚定安全可靠，适用于所有建筑环境。必坚定防水卷材厚度均按统一标准制造，厚度不会因施工质量而有异。每块必坚定都有压边衔接接口，使卷材之间接口紧贴，形成永久性密封，防止水渗。

5. 部分生产厂家联系方法

生产厂家或经销单位	联系地址	电　话	邮　编
格雷斯中国有限公司	上海市徐家汇路430号205室	021-64720697-115	200025
青岛必坚定高分子建材有限公司	山东省即墨市青威路668号	0532-82521998	266201

四、易贴宁自粘防水卷材

该产品分为无胎型和有胎型两个品种。

无胎型易贴宁自粘防水卷材是以高掺量高分子聚合物和优质氧化沥青为基料的无胎体自粘防水卷材，卷材覆盖面采用高强聚乙烯膜或铝箔为表面材料，双面自粘卷材表面无膜，自粘面采用防水粘隔离层。无胎型自粘卷材。执行国家行业标准 JC840-1999。

有胎型易贴宁自粘防水卷材是以高分子聚合物改性沥青为基料，采用聚酯毡为胎体，以聚乙烯膜或铝箔或彩砂为表面材料，底面采用防粘隔离层的自粘性防水卷材。有胎型易贴宁自粘防水卷材执行国家行业标准 JC898-2002。

1. 产品特点

①防水性能好。该产品是以高分子聚合物和优质氧化沥青为基料，同时表面采用具有防水性能的高强聚乙烯膜，能够有效地阻止水及潮气的渗透；

②粘结密封性好。特制的橡胶自粘层可保证卷材与基层、卷材与卷材、卷材与其他种类防水材料的粘接密封，形成整体密闭防水层，克服了因涂刷胶粘剂不均匀而影响卷材铺贴质量的问题，可确保滴水不漏；且自粘卷材与基层全面牢固粘结，可有效防止串水现象；

③使用寿命长。具有很好的耐酸碱腐蚀性及其他化学介质侵蚀的性能，材料稳定性好，使用寿命长；

④施工简便。冷施工，无需加热，安全性好；无需使用粘结剂，自粘结性能好，卷材直接铺贴在基层上，即可与基层粘结牢固，施工简便，提高工效，节约费用；

⑤具有抗穿刺自愈性和延展性。特制的橡胶自粘层具有蠕变性，即使在施工过程中卷材不慎被刺破，也可自行愈合；能适应基层的收缩变形和结构的微小沉降；

⑥符合环保要求。该产品及其配套材料不含有毒、易燃溶剂，不需加热施工，不会对施工环境造成污染，施工符合环保要求。

2. 产品规格（表3-22）

易贴宁自粘防水卷材规格型号　　　　　　　　表3-22

表面材料	HDPE	铝箔	双面自粘	细砂
型号（无胎）	YTN-400PE	YTN-400AL	YTN-400N	YTN-400S
厚度（mm）	1.2			
	1.5			
	2.0			
表面材料	HDPE	铝箔	双面自粘	细砂
型号（聚酯胎）	YTN-500PE	YTN-500AL	YTN-500N	YTN-500S
厚度（mm）	1.5			
	2.0			
	3.0			

3. 适用范围

①适用于铁路、桥面、地铁、高铁、隧道等防水工程；

②也适用于工业与民用建筑的屋面、地下室、构筑物等防渗、防潮工程和一般防腐工程；

③聚乙烯膜面自粘卷材、细砂面自粘卷材适用于非外露式防水工程；铝箔面自粘卷材适用于外露式防水工程。该系统还适用于木结构屋面、金属结构屋面的防水工程。

4．施工方法

（1）施工前准备工作

①防水基面必须坚硬、平整、干燥、清洁、表面无尖利物品；

②转角部位应抹成八字形或圆弧形。

（2）基层处理

基层应牢固平整，无裂缝，不松动，不起砂，基层和突出屋面的结构相连接的角一律做钝角或光滑圆角，基层与檐口、天沟排水口、沟脊等处转角做或圆弧形。

（3）铺贴方法

自粘橡胶沥青防水卷材施工前应将基面处理干净，揭去隔离膜，就可以直接冷粘到已涂好冷底油的基面上，并挤出空气，压紧压实。

①施工操作温度不能低于标准规定的指标；

②聚乙烯膜覆面的自粘卷材不能裸露在阳光下使用。

5．使用注意事项

（1）施工

①五级或五级以上风时不得施工，气温低于5℃时不宜施工；

②严禁在雨天、雪天施工。施工中途下雨、下雪，应做好已铺卷材周边的防护工作。

（2）运输

运输中应平放，不得倾斜或交叉横压，防止日晒雨淋。

（3）贮存

应在干燥、通风的环境下贮存，防止日晒雨淋。不同类别、规格的卷材应分别堆放。卷材应平放。堆放高度不宜超过5层。

6．部分生产厂家联系方法

生产厂家或经销单位	联系地址	电话	邮编
杭州金汤建筑防水有限公司	浙江省杭州市秋涛北路87号C座4F	0571-86033656	310020
陕西雁翎防水材料有限公司	陕西省西安市大明宫凤城一路	13909271929	710000

五、EVA自粘防水卷材

EVA自粘防水卷材采用合成高分子EVA复合片材、高聚物、改性优质沥青为基料，复合而成的新型具有优良防水性能的合成高分子防水卷材，兼有高分子防水卷材和自粘防水卷材的防水性能，一层卷材，两道设防，大大提高了防水层的防水效果。EVA自粘防水卷材可分为无胎基（N类）和聚酯胎基（PY类）。

1．产品特点

①低温及潮湿环境条件下可施工；

②粘接密封性好，具有抗穿刺自愈性，延伸率高，产品无毒无味，符合环保要求。

2. 产品规格

(1) N类单位面积质量、厚度（表3-23）

EVA自粘防水卷材N类单位面积质量、厚度的规格尺寸（GB 23441—2009） 表3-23

厚 度 规 格		1.2	1.5	2.0
上表面材料		PE、PET、D	PE、PET、D	PE、PET、D
单位面积质量（kg/m³） ≥		1.2	1.5	2.0
厚度（mm）	平均值 ≥	1.2	1.5	2.0
	最小单值	1.0	1.3	1.7

(2) PY类单位面积质量、厚度（表3-24）

EVA自粘防水卷材PY类单位面积质量、厚度的规格尺寸（GB 23441—2009） 表3-24

厚 度 规 格		2.0		3.0		4.0	
上表面材料		PE、D	S	PE、D	S	PE、D	S
单位面积质量（kg/m³） ≥		2.1	2.2	3.1	3.2	4.1	4.2
厚度（mm）	平均值 ≥	2.0		3.0		4.0	
	最小单值	1.8		2.7		3.7	

3. 质量指标

(1) EVA自粘防水卷材N类（表3-25）

EVA自粘防水卷材N类的物理性能（GB 23441—2009） 表3-25

序号	项 目			指 标				
				PE		PET		D
				Ⅰ	Ⅱ	Ⅰ	Ⅱ	
1	拉伸强度	拉力（N/50mm）	≥	150	200	150	200	—
		最大拉力时延伸率（%）	≥	200		30		—
		沥青断裂延伸率（%）	≥	250		150		450
		拉伸时现象		拉伸过程中，在膜断裂前无沥青涂盖层与膜分离现象				—
2	钉杆撕裂强度（N）		≥	60	110	30	40	—
3	耐热性			70℃滑动不超过2mm				
4	低温柔性（℃）			−20	−30	−20	−30	−20
				无裂纹				
5	不透水性			0.2MPa，120min不透水				—

续表

序号	项目		指标				
			PE		PET		D
			Ⅰ	Ⅱ	Ⅰ	Ⅱ	
6	剥离强度（N/mm）≥	卷材与卷材	1.0				
		卷材与铝板	1.5				
7	钉杆水密性		通过				
8	渗油性（张数）≤		2				
9	持粘性（min）≥		20				
10	热老化	拉力保持率（%）≥	80				
		最大拉力时延伸率（%）≥	200		300		400（沥青层断裂延伸率）
		低温柔性（℃）	-18	-28	-18	-28	-18
			无裂纹				
		剥离强度 卷材与铝板（N/mm）≥	1.5				
11	热稳定性	外观	无起鼓、皱褶、滑动、流淌				
		尺寸变化率（%）≤	2				

（2）EVA自粘防水卷材PY类（表3-26）

EVA自粘防水卷材PY类的物理性能（GB 23441—2009） 表3-26

序号	项目		指标	
			Ⅰ	Ⅱ
1	可溶物含量（g/m²）≥	2.0mm	1300	—
		3.0mm	2100	
		4.0mm	2900	
2	拉伸性能	拉力（N/50mm）≥ 2.0mm	350	—
		3.0mm	450	600
		4.0mm	450	800
		最大拉力时延伸率（%）≥	30	40
3	耐热性		70℃无滑动、流淌、滴落	
4	低温柔性（℃）		-20	-30
			无裂纹	
5	不透水性		0.3MPa, 120min 不透水	

续表

序号	项目		指标	
			Ⅰ	Ⅱ
6	剥离强度（N/50mm） ≥	卷材与卷材	1.0	
		卷材与铝板	1.5	
7	钉杆水密性		通过	
8	渗油性（张数） ≤		2	
9	持粘性（min） ≥		15	
10	热老化	最大拉力时延伸率（%） ≥	30	40
		低温柔性（℃）	-18	-28
			无裂纹	
		剥离强度 卷材与铝板（N/mm） ≥	1.5	
		尺寸变化率（%） ≤	1.5	1.0
11	自粘沥青再剥离强度（N/mm） ≥		1.5	

4. 适用范围

适用于工业与民用建筑的屋面、地下室、隧道、桥梁、水渠、堤坝、人防工程、军事设施等防水、防渗、防潮工程。

5. 施工方法

同四、易贴宁自粘防水卷材中的4。

6. 使用注意事项

（1）施工

①防水基面如有积水、积雪、冰霜时不得施工；

②操作温度不能低于低温指标，不能裸露在阳光下使用；

③施工结束后必须进行全面检查，对达不到施工要求的应采取补救措施；

④施工人员上岗时必须配戴安全帽、工作服，不准穿钉鞋、高跟鞋和纹底鞋。若遇危险部位，工人必须佩戴安全带。

（2）包装

卷材应有卷芯并以粘胶带或纸包装、盒包装。

（3）运输与贮存

①运输与贮存时，不同类型、规格的产品应分别堆放，不应混杂。避免日晒雨淋，注意通风。贮存温度不应高于45℃，卷材平放贮存时码放高度不超过五层，立放贮存时单层堆放。

②运输时防止倾斜或侧压，必要时加盖苫布。

③在正常运输、贮存条件下，产品贮存期自生产之日起至少为一年。

7. 部分生产厂家联系方法

生产厂家或经销单位	联系地址	电 话	邮 编
湖南耐渗工程塑胶有限公司	湖南省醴陵市孙家湾工业园	13352899388	412200
广州丽天防水补漏工程有限公司	广东省肇庆市星湖大道95区东湖三路中源名都第三幢首层	0758-2187518	526000

第四节　其他防水卷材

一、HDPE 土工膜

该产品采用优质聚乙烯原生树脂，主要成分为97.5%的高密度聚乙烯，约2.5%的炭黑、抗老化材料、抗氧剂、紫外线吸收剂、稳定剂等辅料，经三层共挤技术制成。

1. 产品特点

①具有强度高，延伸性能较好，变形模量大；

②耐酸碱、抗腐蚀，耐老化，防渗性能好等。

2. 产品规格

厚度：1.0~2.5mm。

宽度：4~6m。

重量：200~1500g/m²。

3. 性能指标（表3-27）

HDPE 土工膜性能指标（GB 18173.1—2006）　　表3-27

项　　目			种　　类		适用试验条目
			树 脂 类		
			FS1	FS2	
断裂拉伸强度（N/cm）	常温	≥	100	60	6.3.2
	60℃	≥	40	30	
胶断伸长率（%）	常温	≥	150	400	
	-20℃	≥	10	10	
撕裂强度（N）		≥	20	20	6.3.3
不透水性（0.3MPa, 30min）			无渗漏		6.3.4
低温弯折温度（℃）		≤	-30	-20	6.3.5
加热伸缩量（mm）	延伸	≤	2	2	6.3.6
	收缩	≤	2	4	
热空气老化（80℃×168h）	断裂拉伸强度保持率（%）	≥	80	80	6.3.7
	扯断伸长率保持率（%）	≥	70	70	

续表

项目			种类 树脂类		适用试验条目
			FS1	FS2	
耐碱性 [10% Ca(OH)$_2$ 常温 × 168h]	断裂拉伸强度保持率（%）	≥	80	80	6.3.8
	扯断伸长率保持率（%）	≥	80	80	
臭氧老化（40℃×168h）/200×10^{-8}			—	—	6.3.9
人工候化	断裂拉伸强度保持率（%）	≥	80	80	6.3.10
	扯断伸长率保持率（%）	≥	70	70	
粘合性能（片材与片材）	（N/mm）（标准试验条件）	≥	1.5	1.5	6.3.11
	浸水保持率（常温×168h）(%)	≥	70	70	
复合强度（FS2型表层与芯层）（N/mm）			—	1.2	6.3.13

注：1. 人工气候老化和粘合性能项目为推荐项目。
2. 非外露使用可以不考核臭氧老化、人工老化、加热伸缩量、60℃断裂拉伸强度性能。

4. 适用范围

适用于水利、市政、建筑、交通、地铁、隧道工程建设中的防渗，隔离，补强，防裂加固等工程。

5. 施工方法

（1）基层

清理、平整基层，清除一切尖角杂物，欠坡回填夯实、富坡削坡挖平，为复合土工膜提供工作面。

（2）施工要点

①为了施工方便，保证拼接质量，复合土工膜应尽量采用宽幅，减少现场拼接量，施工前应根据土工膜幅宽、现场长度需要，在铺设现场内裁剪，并拼接成符合要求尺寸的块体，卷在钢管上，人工搬运到工作面铺设；

②复合土工膜是在薄膜的一侧或两侧贴上土工布，形成复合土工膜。其形式有一布一膜、二布一膜、两膜一布等；

③土工布作为土工膜的保护层，使保护防渗层不受损坏。为减少紫外线照射，增加抗老化性能，最好采用埋入法铺设；

④施工中，首先要用料径较小的砂土或黏土找平基面，然后再铺设土工膜。土工膜不要绷得太紧，两端埋入土体部分呈波纹状，最后在所铺的土工膜上用细砂或黏土铺一层10cm厚左右过渡层，砌上20~30cm厚块石（或混凝土预制块）作防冲保护层。施工时，应尽力避免石块直接砸在土工膜上，最好是边铺膜边进行保护层的施工。复合土工膜与周边结构物连接应采用膨胀螺栓和钢板压条锚固，连接部位要涂刷乳化沥青（厚2mm）粘结，以防该处发生渗漏。

(3) 施工注意事项

复合土工膜的接缝处理是一个关键工序,直接影响防渗效果。一般接缝方式有:

①搭接:搭接宽度宜大于15cm;

②热焊:宜用于稍厚的土工膜基材,焊缝搭接宽度不小于5cm(不推荐胶接,长时间水浸泡易开胶,防渗效果差)。

根据多年实践证明,土工膜厚度不小于0.25mm,太薄可能产生气孔,且易在施工中受损而降低防渗效果。土工膜施工中,特别要注意做到铺设不宜过紧,不得打皱,拼接要牢固。要严格按技术规范施工,把好准备、铺设、拼接、检验和回填等五道质量关。

6. 部分生产厂家联系方法

生产厂家或经销单位	联 系 地 址	电 话	邮 编
上海宽若实业发展有限公司	上海市七莘路2927号陈家塘别墅12号	021-6479 8881	201101
上海圣羽环保材料有限公司	上海市闵行区虹中路786弄3号1F	021-6406 6231	200000
上海盈帆环境保护有限公司	上海市嘉定区黄渡镇邓家角工业园区	021-59732870	200000
山东省陵县华龙化纤有限公司	山东省陵县东关开发区	0534-8423018	253500
仪征市金美林建设材料有限公司	江苏省仪征市永丰路95号	0514-83434691	211400

二、EVA土工膜

该产品是以合成树脂(EVA)为基料,加入抗氧剂、紫外线吸收剂、色母等辅料而制成的防水防渗材料。

1. 产品特点

①延伸率大;

②低温性能好;

③柔软易施工。

2. 产品规格

厚度:Ⅰ型0.2~1.0mm;Ⅱ型1.0~2.5mm;

宽度:Ⅰ型3000~7000mm。

3. 质量指标(表3-28)

4. 适用范围

主要用于地铁工程、防空洞、挡水坝、人工湖、工业防水等工程。

5. 施工方法

同一、HDPE土工膜中的5。

EVA 土工膜性能指标（GB 18173.1—2006） 表 3-28

项 目			指 标 树脂类			适用试验条目
			JS1	JS2	JS3	
断裂拉伸强度（MPa）	常温	≥	10	16	14	6.3.2
	60℃	≥	4	6	5	
扯断伸长率（%）	常温	≥	200	550	500	
	−20℃	≥	15	350	300	
撕裂强度（kN/m）		≥	40	60	60	6.3.3
不透水性（30min 无渗漏）			0.3MPa 无渗漏			6.3.4
低温弯折温度（℃）		≤	−20	−35	−35	6.3.5
加热伸缩量（mm）	延伸	≤	2	2	2	6.3.6
	收缩	≤	6	6	6	
热空气老化（80℃×168h）	断裂拉伸强度保持率（%）	≥	80	80	80	6.3.7
	扯断伸长率保持率（%）	≥	70	70	70	
耐碱性［饱和 Ca(OH)$_2$ 溶液常温×168h］	断裂拉伸强度保持率（%）	≥	80	80	80	6.3.8
	扯断伸长率保持率（%）	≥	80	90	90	
人工候化	断裂拉伸强度保持率（%）	≥	80	80	80	6.3.10
	扯断伸长率保持率（%）	≥	70	70	70	
粘合剥离强度（片材与片材）	（N/mm）（标准试验条件）	≥	1.5			6.3.11
	浸水保持率（常温×168h）（%）	≥	70			

注：1. 人工气候老化和粘合性能项目为推荐项目。
2. 非外露使用可以不考核臭氧老化、人工老化、加热伸缩量、60℃断裂拉伸强度性能。

6. 部分生产厂家联系方法

生产厂家或经售单位	联系地址	电 话	邮 编
北京市塑料制品厂	北京市大兴区兴华中路1号	010-69241782	102600
青岛神州防水装备有限公司	山东省青岛市城阳区正阳路618号启城尚都B座2-501	0532-80653260	266108

三、聚乙烯复合土工膜

该产品是以涤纶无纺布为基材，采用单层或多层不同类型的土工膜经过热融、压花贴合制成的复合土工膜，依据复合的结构可分为一布一膜、两布一膜等。

1. 产品特性

①土工织物替代颗粒做 PE 膜的保护层，降低了等级配合要求，且平面排水作用好，

具有优异的防水、排水性能；

②摩擦系数大，防止覆盖层滑移；

③抗拉、抗撕裂、抗顶破穿刺力强度高；

④耐环境应力开裂性能强；

⑤抗老化性能好，适应环境温度范围宽；

⑥耐化学腐蚀、无毒，应用范围广；

⑦土工膜与土体接触面上的孔隙压力及浮脱力易于消散；

⑧可采用热风焊接，施工方便。

2. 产品规格

①聚乙烯土工膜：幅宽 3.00~10.00m；厚度 0.20~1.50mm。

②聚乙烯复合膜：幅宽 400m（四面预留搭接边）；膜厚 0.15~1.00mm（质量 100~850g/m²）；

③品种有一布一膜、二布一膜。幅宽可以使接缝减少，施工方便，防渗效果好，节省材料，减少工程投资等。

3. 质量指标

①强度高：由于采用了先进的成型工艺和科学的原材料配方，聚乙烯土工膜和复合土工膜的物理力学性能指标满足水利、土木、交通等工程设计要求，适应各种工作条件和环境。

②抗老化、耐久性好，适应环境温度范围大：由于聚乙烯材料特性和生产工艺中添加了抗老化剂，适应环境温度的变化，可在 -60~60℃使用，当采用填埋及覆盖条件下，使用寿命可达 30~50 年。

③抗穿刺强度高，摩擦系数小：在一般工作条件下不易被刺破。聚乙烯复合土工膜的织物层起着垫层、过滤层和保护层作用，同时膜上加糙纹，摩擦系数加大，与饱和砂时，摩擦系数 f 可达 0.28，土工布与饱和砂摩擦系数 f 可达 0.40。抗拉、撕裂、顶破等各项物理力学指标较高。

④耐腐蚀、无毒：由于聚乙烯材料特性，其产品耐酸碱、耐腐蚀，在温度为 85℃ pH = 13 的 NaOH 溶液中浸泡一周基本无变化；在 5% 的酸溶液中浸泡一周基本无变化。聚乙烯无毒性，可代替 PVC、沥青及油毡等物品，可广泛应用于水库、供水、鱼池、游泳池等工程。

⑤价格低：聚乙烯土工膜的单位面积价格约为 PVC 塑膜、玻璃丝等价格的 1/3~1/2。应用聚乙烯土工膜可大大降低防渗工程造价。

4. 适用范围

广泛应用于土工、堤坝、水库、公路、铁路、建筑、工业污染废料、废水的防渗处理。

5. 施工方法

①基槽开挖前若水渠、水库上生长有芦苇杂草，应用化学除草剂先灭芦苇杂草后施工，目前使用的有 60% 的茅草枯湿性粉剂，每亩面积上用量 3~4kg，加水 40~30kg 后用喷雾喷洒植株叶面，一二个月后待芦苇根部腐烂后再开挖铺膜。另外，有的用芦根内滴废柴油的办法灭苇。

②基槽开挖必须按照设计的断面尺寸及高程施工,误差≤±5cm,基槽开挖合格与否是保证防渗质量的关键,必须检验合格,才得铺膜。

③基槽表面要求平整。树根、苇根等杂物必须清除干净,以免刺破薄膜,超挖部分要回填后夯实平整。

④开挖办法,有"大开膛"、"一边倒"、"中心开花"等,斗农渠因断面较小可采用"大开膛"法,即在断面上挖基铺膜、回填等工序一次施工;干、支渠断面较大,一次性开挖土方倒运较远,采用"一边倒"、"中心开花"等办法。

⑤为了防止土工膜的下滑,在基槽两边渠堤上各做宽15cm的平台,以便压膜,或者采取防滑齿槽措施,水库也应采取连接槽形式。

⑥接缝:土工膜的接缝方法有多种,国外有多种焊接方法,我国已经研制出焊条焊接法,可以满足任何工程的焊接。

a. 焊接:采用专用焊接机(热楔式、热风式),沿接缝宽度10cm内焊1~2道焊缝,一般适用于厚度0.3mm土工膜,水库防渗工程中一般采用这种焊接机,由北京水科院龙翔水利水电研究所研制的热楔式焊接机,效果好,其焊缝强度可大于母材,厚度<0.3mm时可采用电烙铁或电熨斗焊接,北京天汉新技术研究所研制的焊条法焊接机可用作垃圾掩埋场用;

b. 搭接:搭接宽度大于20cm,其形式有几种,一般用于渠道。

c. 粘结:目前聚乙烯土工膜的粘结材料国内已有多种产品,一般效果不如焊接,但仍能满足工程需要,特别较薄时,更有效的粘结材料正在研制。

6. 使用注意事项

①铺接前,请对基槽进行检验,不符合设计要求者应修补,在外裸露的苇根要除掉。新建渠道铺膜,先放水浸渠,然后整修,随后在渠床上洒水湿润,以保证土工膜紧贴在基土上,铺膜时不宜拉得太紧,应有3%~5%的松动度,要均匀地铺,不折皱,从一端向另一端铺,可挤出空气,以免产生小气泡。

②土工膜铺好后,回填土要轻放,由一边向另一边依次回填,不得含杂草、树根等,回填土要分层填实,整实后的边坡要削光铲平,第一次夯实时填土厚度应不小于30cm,以防损坏薄膜。

③施工时,不允许穿高跟鞋和带铁钉的鞋,工具不得放在膜料上,第一次放水先小后大,逐步加大水量,停水时要逐步减少,不能猛涨骤落,损坏边坡。对渠道、水库防渗管理应用时,渠道停水时要及时修补回填,保护层应完整。

7. 部分生产厂家联系方法

生产厂家或经售单位	联系地址	电话	邮编
泰山塑料股份有限公司	山东省泰安市东湖路18号	0538-8222432	271000
山东天鹤塑胶股份有限公司	山东省淄博市临淄区辛店南一路2号	0533-7119226	255400
仪征市金美林建设材料有限公司	江苏省仪征市永丰路95号	0514-83434691	211400

第四章 防水涂料

防水涂料是由合成高分子聚合物、高分子聚合物与沥青、高分子聚合物与水泥为主要成膜物质，加入各种助剂、改性材料、填充材料等加工制成的溶剂型、水乳型或粉末型的涂料。该涂料涂刷在铁路路面、桥面、建筑物的屋顶、地下室、卫生间、浴室和外墙等需要进行防水处理的基层表面上，可在常温条件下形成连续的、整体的、具有一定厚度的涂料防水层。

防水涂料是在常温下呈无固定形状的黏稠液态高分子合成材料，经涂布后，通过溶剂的挥发或水分的蒸发或反应固化后在基层面上形成坚韧的防水膜的材料的总称。

防水涂料的基本性能特点如下：

(1) 防水涂料在常温下呈黏稠状液体，经涂布固化后，能形成无接缝的防水涂膜。

(2) 防水涂料特别适宜在立面、阴阳角、穿结构层管道、凸起物、狭窄场所等细部构造处进行防水施工，固化后，能在这些复杂部件表面形成完整的防水膜。

(3) 防水涂料施工属冷作业，操作简便，劳动强度低。

(4) 固化后形成的涂膜防水层自重轻，对于轻型薄壳等异型屋面大多采用防水涂料进行施工。

(5) 涂膜防水具有良好的耐水、耐候、耐酸碱特性和优异的延伸性能，能适应基层局部变形的需要。

(6) 涂膜防水层的拉伸强度可以通过加贴胎体增强材料来得到加强，对于基层裂缝、结构缝、管道根部等一些容易造成渗漏的部位，极易进行增强、补强、维修等处理。

(7) 防水涂膜一般依靠人工涂布，其厚度很难做到均匀一致，所以施工时，要严格按照操作方法进行重复多遍地涂刷，以保证单位面积内的最低使用量，确保涂膜防水层的施工质量。

目前防水涂料一般按涂料的类型和成膜物质的主要成分进行分类。

根据涂料的液态类型，可把防水涂料分为溶剂型、水乳型、反应型三种。

(1) 溶剂型防水涂料。

在这类涂料中，作为主要成膜物质的高分子材料溶解于有机溶剂中，成为溶液。高分子材料以分子状态存于溶液（涂料）中；

该类涂料具有以下特点：通过溶剂挥发，经过高分子物质分子链接触、搭接等过程而结膜；涂料干燥快，结膜较薄而致密；生产工艺较简易，涂料贮存稳定性较好；易燃、易爆、有毒，生产、贮存及使用时要注意安全；由于溶剂挥发快，施工时对环境有污染。

(2) 水乳型防水涂料。

这类防水涂料作为主要成膜物质的高分子材料以极微小的颗粒（而不是呈分子状态）稳定悬浮（而不是溶解）在水中，成为乳液状涂料。

该类涂料具有以下特性：通过水分蒸发，经过固体微粒接近、接触、变形等过程而结膜；涂料干燥较慢，一次成膜的致密性较溶剂型涂料低，一般不宜在5℃以下施工；贮存期一般不超过半年；可在稍为潮湿的基层上施工；无毒，不燃，生产、贮运、使用比较安全；操作简便，不污染环境；生产成本较低。

（3）反应型防水涂料。

在这类涂料中，作为主要成膜物质的高分子材料系以预聚物液态形状存在。多以双组分或单组分构成涂料，几乎不含溶剂。

此类涂料具有以下特性：通过液态的高分子预聚物与相应物质发生化学反应，变成固态物（结膜）；可一次性结成较厚的涂膜，无收缩，涂膜致密；双组分涂料需现场按配合比准确配料，搅拌均匀，才能确保质量；价格较贵。

第一节　聚氨酯防水涂料

聚氨酯（PU）防水涂料亦称聚氨酯涂膜防水材料，是以聚氨酯树脂为主要成膜物质的一类高分子防水材料。

聚氨酯防水涂料是由异氰酸酯基（-NCO）的聚氨酯预聚体和含有多羟基（-OH）或氨基（-NH_2）的固化剂以及其他助剂的混合物按一定比例混合所形成的一种反应型涂膜防水材料。产品执行国家标准《聚氨酯防水涂料》（GB/T 19250-2003）或"客运专线桥梁混凝土桥面防水层暂行技术条件"（科技基函［2005］101号）。

这种涂料属橡胶系，其甲组分由甲苯二异氰酸酯、二苯基甲烷二异氰酸酯与丙二醇醚、丙三醇醚等原料在加热搅拌下，经过氢转移的加成聚合反应制成。乙组分主要是胺类固化剂或羟基类固化剂，加入适量的液体填料以及增塑剂、防霉剂、填充剂、促进剂等，在加热搅拌条件下制成的一种混合物。辅助材料有二甲苯、乙酸乙酯、二月桂酸二丁基锡、苯磺酰氯、石渣等。我国聚氨酯防水涂料大量生产和应用始于80年代初，至今已在全国各地大量生产和应用。

一、高铁专用聚氨酯防水涂料

高铁专用聚氨酯防水涂料是一种非焦油型无溶剂高强度聚氨酯防水涂料，其中以异氰酸酯基封端的预聚体（A组分），是采用二苯基甲烷二异氰酸酯（MDI）替代价格昂贵、易挥发、毒性大的甲苯二异氰酸酯（TDI），不但降低了生产成本，而且有利于工业安全防护和工人身体健康。

1. 产品特点

①固化前为无定型黏稠状液态物质，在任何复杂的基层表面均易施工，对端部收头容易处理，防水工程质量易于保证；

②借化学反应成膜，几乎不含溶剂，体积收缩小，易做成较厚的涂膜，涂膜防水层无接缝，整体性强；

③冷施工作业，操作安全；

④涂膜具有橡胶弹性，延伸性好，拉伸强度和撕裂强度均较高；

⑤对在一定范围内的基层裂缝有较强的适应性。

2. 性能指标（表4-1）

第一节 聚氨酯防水涂料

高铁专用聚氨酯防水涂料性能指标（科技基函［2005］101号） 表 4-1

序号	项目		指标	试验方法
1	拉伸强度（MPa）		≥6.0	
2	拉伸强度保持率	加热处理（%）	≥100	
3		碱处理（%）	≥70	
4		酸处理（%）	≥80	
5	断裂伸长率	无处理（%）	≥450	GB/T 19250
6		加热处理（%）	≥450	
7		碱处理（%）	≥450	
8		酸处理（%）	≥450	
9	低温弯折性	无处理	≤-35℃，无裂纹	
10		加热处理		
11		碱处理		
12		酸处理		
13	表干时间（h）		≤4	
14	实干时间（h）		≤24	GB/T 19250
15	不透水性（0.4MPa，2h）		不透水	
16	加热伸缩率（%）		≥-4.0，≤1.0	
17	耐碱性［饱和Ca(OH)$_2$溶液，500h］		无开裂、无起皮剥落	GB/T 9265
18	固体含量（%）		≥98	
19	潮湿基面粘结强度（MPa）		≥0.6	
20	与混凝土粘结强度（MPa）		≥2.5	GB/T 19250
21	保护层混凝土与固化聚氨酯防水涂料粘结强度（MPa）		≥0.5	
22	撕裂强度（N/mm）		≥35.0	GB/T 529
23	与混凝土剥离强度（N/mm）		≥3.5	GB/T 2790

3. 适用范围

适用于有碴、无碴铁路混凝土桥面防水层等。

4. 施工方法

（1）基层要求

①基层要符合设计要求，其表面要抹平压光，不允许有凹凸不平、松动和起砂掉灰等缺陷存在；排水口部位应低于整个防水层，以便排除积水；

②所有管件或排水口等必须安装牢固，接缝严密，收头圆滑，不得有任何松动现象；

③施工时，基层应基本干燥，含水率不大于9%。

（2）施工要点

①对特殊部位的处理，应在底涂料固化4h后，铺贴一层胎体增强材料，固化后再进行整体防水层施工；

②施工流程，涂刷底层涂料→特殊部位处理→第一道防水层施工→第二道防水层施工→面层保护层施工；

③底层涂料的配制，将高铁专用聚氨酯防水涂料的甲组分和专供底层涂料使用的乙组分按1:(3~4)（质量比）的配合比混合后用电动搅拌器搅拌均匀；也可以将聚氨酯涂料的甲、乙两组分按规定比例混合均匀，再加入一定量的稀释剂搅拌均匀后使用。应当注意，必须用聚氨酯涂料的配套稀释剂；

④一般在基面上涂刷一遍即可。小面积的涂布可用油漆刷进行。大面积涂布时，先用油漆刷将复杂部位均匀地涂刷一遍，然后再用长柄辊刷进行大面积涂布施工，涂刷时，应以满涂、薄涂为佳，涂刷要均匀，不得过厚或过薄，不得露白见底，应符合设计要求的厚度。底层涂料涂布后应干燥24h以上，才能进行下一道工序施工；

⑤待复杂部位的涂料干燥固化后，便可进行第一道涂料涂刮施工，将已搅拌均匀的拌合料分散倾倒于涂刷面上，用塑料或橡胶刮板均匀地刮涂一层涂料。刮涂时，要求均匀用力，使涂层均匀一致，不得过厚或过薄，涂刮厚度一般以1.0~1.2mm左右为宜，涂料的用量为1.3~1.4kg/m²左右。开始刮涂时，应根据施工面积大小，形状和环境，统一考虑涂刮顺序和施工退路。

⑥待第一道涂料固化24h后，再在其上刮涂第二道防水涂料。涂刮的方法与第一道相同。第二道防水涂料厚度为1mm左右，涂料用量约为1.2kg/m²左右，涂刮的方向应与第一道涂料的方向垂直；

⑦当防水层需要铺贴玻璃纤维或化纤无纺布等胎体增强材料时，则应在涂刮第二道涂料前进行粘贴，铺贴方法可采用湿铺法或干铺法；

⑧为了增强防水层与水泥砂浆保护层或其他贴面材料的水泥砂浆之间的粘结力，在第二道涂料未固化前，在其表面稀撒干净的石渣一层。当采用浅色涂料保护层时，不应稀撒石渣；待涂膜固化后，便可进行刚性保护层施工或其他保护层施工。

5. 使用注意事项

（1）施工

①当涂料黏度过大，不便进行涂刮施工时，可少量加入稀释剂。所用稀释剂必须是聚氨酯配套稀释剂或配方，不得使用其他稀释剂；

②配料量应严格按产品说明书上的要求进行配料，以免影响涂膜固化；

③施工温度0℃以上为宜，不能在雨天、雾天施工；

④施工环境应通风良好，施工现场严禁烟火；

⑤涂层施工完毕，尚未达到完全固化前，不允许踩踏，以免损坏防水层；

⑥聚氨酯防水涂料的颜色应采用除黑色外的其他颜色；

⑦聚氨酯防水涂料对搅拌、施工时间、人工涂刷技术要求较高，控制不好时涂膜内易存留气泡，为保证聚氨酯防水涂料的涂膜质量，应优先采用机械喷涂的方法施工，喷涂后10min可达到表干，提高了施工效率；

⑧随季节的变化，聚氨酯涂料的干固时间略有不同，夏季相对短一些，配制好的涂料如果已经开始凝结，则不得使用。

(2) 包装、运输与贮存

①产品应采用密闭的容器包装。运输途中防止日晒、雨淋，禁止接近热源；

②产品应储存于荫凉、干燥、通风处，储存最高温度不应高于40℃，最低温度不应低于5℃；

③未启封产品的有效期为1年。

6. 部分生产厂家联系方法

生产厂家或经售单位	联系地址	电话	邮编
苏州特艺奥立克建材科技工业有限公司	江苏省苏州市吴中区东吴工业园	0512-65610188	215128
仪征市金美林建设材料有限公司	江苏省仪征市永丰路95号	0514-83434691	211400
山东汉邦新型材料有限公司	山东省济南市文化东路80号	0531-82610588	250014
常熟佳发化学有限责任公司	江苏省常熟市东南开发区富春江路东端	0512-52521273	211400
安徽省安庆市大成防水材料有限责任公司	安徽省安庆市北郊工业园	0556-4801588	246116
河北金坤工程材料有限公司	河北省任丘市工业区	0317-3389900	062550
淮安利安科技发展有限公司	江苏省淮安市清河新区珠海东路1号	13852357981	223200
苏州非矿院防水材料设计研究所	江苏省苏州市三香路999号	0512-68601732	215004

二、多组分聚氨酯防水涂料

该产品是以聚氨酯树脂为主要成膜物质的一类高分子防水材料。

1. 产品特点

同一中的1。

2. 质量指标（表4-2）

多组分聚氨酯防水涂料质量指标（GB/T 19250—2003）　　表4-2

序号	项目		Ⅰ	Ⅱ
1	拉伸强度（MPa）	≥	1.9	2.45
2	断裂伸长率（%）	≥	450	450
3	撕裂强度（N/mm）	≥	12	14
4	低温弯折性（℃）	≤	-35	
5	不透水性（0.3MPa，30min）		不透水	
6	固体含量（%）	≥	92	

续表

序号	项目			I	II
7	表干时间（h）		≤	8	
8	实干时间a（h）		≤	24	
9	加热伸缩率（%）		≤	1.0	
			≥	-4.0	
10	潮湿基面粘结强度a（%）		≥	0.50	
11	定伸时老化	加热老化		无裂纹及变形	
		人工气候老化b		无裂纹及变形	
12	热处理	拉伸强度保持率（%）		80～150	
		断裂伸长率（%）	≥	400	
		低温弯折性（℃）	≤	-30	
13	碱处理	拉伸强度保持率（%）		60～150	
		断裂伸长率（%）	≥	400	
		低温弯折性（℃）	≤	-30	
14	酸处理	拉伸强度保持率（%）		80～150	
		断裂伸长率（%）	≥	400	
		低温弯折性（℃）	≤	-30	
15	人工气候老化b	拉伸强度保持率（%）		80～150	
		断裂伸长率（%）	≥	400	
		低温弯折性（℃）	≤	-30	

a. 仅用于地下工程潮湿基面时要求。
b. 仅用于外露使用的产品。

3. 适用范围

①适用于各种地下建筑、厨房、厕所、浴室、卫生间的防水工程；污水池的防漏；地下管道的防水、防腐蚀等；

②也适用于铁路车站房屋及隧道、涵洞等建筑的防水工程。

4. 施工方法

同一高铁专用聚氨酯防水涂料中的4。

5. 使用注意事项

（1）施工

①当涂料黏度过大，不便进行涂刮施工时，可少量加入稀释剂。所用稀释剂必须是聚氨酯配套稀释剂或配方，不得使用其他稀释剂；

②配料量应严格按产品说明书上的要求进行配料，以免影响涂膜固化；

③施工温度0℃以上为宜，不能在雨天、雾天施工；

④施工环境应通风良好，施工现场严禁烟火；
⑤涂层施工完毕，尚未达到完全固化前，不允许踩踏，以免损坏防水层。

（2）运输与贮存

①运输和贮存时，不同类型、规格的产品应分别堆放，不应混杂；
②避免日晒雨淋，禁止接近火源，防止碰撞，注意通风；
③贮存温度不应高于40℃。在正常运输、贮存条件下，贮存期自生产日起至少为6个月。

6. 部分生产厂家联系方法

生产厂家或经售单位	联系地址	电话	邮编
苏州特艺奥立克建材科技工业有限公司	江苏省苏州市吴中区东吴工业园尹西路1号	0512-65610188	215128
保定市北方防水工程公司	河北省保定市建国路西端泽园小区11号	0312-2177674	071000
绍兴市橡胶有限公司	浙江省绍兴市解放南路	0575-88062180	312000
太仓市金马防水材料厂	江苏省太仓市沙溪镇直塘村26组	0512-53250928	215417
上海远盛建筑防水材料厂	上海市奉贤区金汇镇金建村	021-57483372	200000
西安通瑞新材料开发有限公司	陕西省西安市科技路39号亚美大厦聚福阁902	029-88320840	710000
北京市京辰工贸公司延庆橡胶厂	北京市延庆县城西延庆农场	010-61112423	102100
淮安利邦化工有限公司	江苏省淮安市清河新区珠海东路1号	0517-83944330	223001
项城市彩虹防水材料有限公司	陕西省西安市未央区朱宏路中段	029-6520929	710000
青岛中建鲁青实业总公司	山东省青岛市重庆中路525号	0532-4820517	266043
浙江省嵊州市科技化工有限公司	浙江省嵊州市三王工业区	0575-3051731	312455
浙江金华市胜总建筑防水有限公司	浙江省金华市婺州街510号	0579-82385252	321017
浙江湖州三联防水有限公司	浙江省湖州市建设路97-12	0572-2503080	313000
鄂尔多斯市鑫玉建筑防水工程有限责任公司	内蒙古鄂尔多斯市鄂西街祥泰小区4号楼103室	0477-8372880	017000

三、单组分聚氨酯防水涂料

该产品是以异氰酸酯、聚醚为主要原料，配以各种助剂制成的反应型柔性防水涂料。施工时预聚体中的游离-NCO吸收空气中的湿气进行固化成膜。该产品具有良好的物理性能，粘结力强，常温湿固化，产品无毒无味。

1. 产品特点

①产品具有高强度、高延伸率、高固含量；

②单组分聚氨酯防水涂料形成的防水层是无接缝的整体涂膜，防水效果优异；

③不含煤焦油、石油树脂、沥青及有机溶剂，对人体和环境无污染，可以做成各种颜色，美化环境；

④单组分聚氨酯防水涂料施工方便，克服了双组分聚氨酯防水涂料需计量搅拌的缺点，保证了产品质量稳定和工程的防水效果；

⑤可适用构造复杂的建筑防水施工，对基层（如混凝土、石材、木材、金属等）的粘结力强；

⑥该产品耐候性、耐老化性能优异，使用寿命不少于十年。

2. 质量指标（表4-3）

单组分聚氨酯防水涂料材料质量指标（GB/T 19250—2003） 表4-3

序 号	项 目			Ⅰ	Ⅱ
1	拉伸强度（MPa）		≥	1.9	2.45
2	断裂伸长率（%）		≥	550	450
3	撕裂强度（N/mm）		≥	12	14
4	低温弯折性（℃）		≤	−40	
5	不透水性（0.3MPa，30min）			不透水	
6	固体含量（%）		≥	80	
7	表干时间（h）		≤	12	
8	实干时间[a]（h）		≤	24	
9	加热伸缩率（%）		≤	1.0	
			≥	−4.0	
10	潮湿基面粘结强度[a]（%）		≥	0.50	
11	定伸时老化	加热老化		无裂纹及变形	
		人工气候老化[b]		无裂纹及变形	
12	热处理	拉伸强度保持率（%）		80~150	
		断裂伸长率（%）	≥	500	400
		低温弯折性（℃）	≤	−35	
13	碱处理	拉伸强度保持率（%）		60~150	
		断裂伸长率（%）	≥	500	400
		低温弯折性（℃）	≤	−35	

续表

序号	项目		I	II
14	碱处理	拉伸强度保持率（%）	80～150	
		断裂伸长率（%）≥	500	400
		低温弯折性（℃）≤	-35	
15	人工气候老化[b]	拉伸强度保持率（%）	80～150	
		断裂伸长率（%）≥	500	400
		低温弯折性（℃）≤	-35	

a. 仅用于地下工程潮湿基面时要求。
b. 仅用于外露使用的产品。

3. 适用范围
① 适用于建筑物的地下室、墙面、屋面、卫生间；
② 也适用于铁路火车站房的层面、隧道及涵洞等。

4. 施工方法
① 基层必须干净、干燥、平整、坚实，不允许有浮灰、起砂等现象。
② 施工时将单组分聚氨酯按要求搅拌均匀，用橡胶刮板涂刷厚度以1.5～2mm为宜，分两次涂刷较好，和玻璃纤维布配合使用效果更好。一般情况下，涂料宜控制在30min内涂完。
③ 裂缝、节点处铺贴3～4mm厚双面刮涂料的玻纤布或涤纶布。
④ 如要求快速固化，或天冷（14℃以下）施工时可加入少量单组分聚氨酯厂方供应的催化剂。

5. 使用注意事项
（1）施工
① 施工温度0℃以上为宜，不能在雨天、雾天施工；
② 施工环境应通风良好，施工现场严禁烟火；
③ 涂层施工完毕，尚未达到完全固化前，不允许踩踏，以免损坏防水层。
（2）包装、运输与贮存
① 包装为每桶10kg、20kg，可根据用户要求另行包装；
② 运输过程中严禁烟火。不得曝晒；
③ 该产品应贮存在通风、干燥、阴凉处，保存期为6个月。

6. 部分生产厂家联系方法

生产厂家或经售单位	联系地址	电话	邮编
淮安利邦化工有限公司	江苏省淮安市清河新区珠海东路1号	0517-83944330	223001
苏州特艺奥立克建材科技工业有限公司	江苏省苏州市吴中区东吴工业园尹西路1号	0512-65610188	215128

续表

生产厂家或经售单位	联系地址	电话	邮编
胜利油田大明新型建筑防水材料有限责任公司	山东省东营市西四路283号	0546-8703957	257073
上海汇丽(集团)防水材料厂	上海市浦东周南北一红桥车站北首	021-58155397	201321
河北强凌防水材料开发有限公司	河北省高碑店团结东路17号	0312-2831818	074000
沈阳防水总公司沈阳化学建材厂	辽宁沈阳市于洪区沈新路124号	024-5812919	110141

四、地下建筑聚氨酯防水涂料

该产品是以带有异氰酸基(-NCO)的化合物为主剂(A液)和以无机材料及经特殊加工的硫化剂为固化剂(B液)构成的双组分新型高分子涂膜防水材料。

使用时，产品按一定比例均匀混合后，涂刷在混凝土的表面，数小时后经化学反应得到一层橡胶状的防水层牢固地粘附在混凝土基面上。

1. 产品特点

①能在潮湿环境乃至湿饱和的混凝土基面上使用，粘附力强，确保地下工程质量；
②液态冷作业，防水涂膜的整体性好，操作方便，施工安全；
③材料延伸率大，能克服混凝土开裂带来的渗透，抗渗性能好。

2. 质量指标

与多组分聚氨酯防水涂料中的表4-2同。

3. 适用范围

适用于地下混凝土结构建筑物内外防水层，包括地下室、地下车库、隧道、水池等防水；也可用在浴室、厨房、屋面等防水。

4. 施工方法

(1) 基层

①混凝土基层面必须平整、无灰、干净；表面无游离水；
②混凝土基层要求：混凝土的龄期应达7d以上，对水浸雨淋的基面须晾干，表面无游离水。

(2) 施工要点

①配料：取主剂(A液)：固化剂(B液)=1:3混合后，经手持电动搅拌器充分搅拌均匀后方可使用，搅拌时间不少于2min；
②涂抹防水层：用橡皮刮板或刷子将混合料均匀地涂刷在防水基层上。涂层厚度一般为1.5~2mm，分3~4次涂刷。对垂直面的涂刷，应由下而上将涂料均匀抹在墙面上。对阳角、裂缝、各节点部位应加贴一层涤纶布做加强处理，施工缝用涤纶布做成倒Ω形进行加强处理；
③外墙保护层设置：在涂抹最后一层防水层时，随即粘贴一层麻布片，待防水层固化

后，抹 1:3 水泥砂浆作保护层。也可以在最后一层防水层固化后砌砖墙保护；

④防水层厚度与用料：涂刷 3 次防水层平均厚度约 1.5mm，用量约 2.0kg；涂刷 4 次防水层平均厚度约 2.0mm，用量约 3.3kg；涂刷 5 次防水层平均厚度约 2.5mm，用量约 4.0kg。

5. 使用注意事项

（1）施工

①混凝土须养护后方可作防水施工；

②喷灯加热的潮湿基面，待温度恢复到常温时才能施工；

③在潮湿基面上涂刷，三天内尽量避开强烈阳光照射，以防潮气蒸发，使未能形成强度的涂膜起鼓。发现起鼓，只要割除气泡晒干，再涂"湿克威"不影响防水效果；

④涂刷温度宜在 5~35℃ 时施工，超过此温度范围应采取相应的措施。

（2）运输与贮存

①运输和贮存时，不同类型、规格的产品应分别堆放，不应混杂；

②避免日晒雨淋，禁止接近火源，防止碰撞，注意通风；

③贮存温度不应高于 40℃。在正常运输、贮存条件下，贮存期自生产日起至少为 6 个月。

6. 部分生产厂家联系方法

生产厂家或经售单位	联系地址	电话	邮编
上海湿克威防水材料有限公司	上海市浦东新区云莲路 327 号	021-58457255	200126
西安通瑞新材料开发有限公司	陕西省西安市科技路 39 号亚美大厦聚福阁 902	029-88320840	710000
北京市京辰工贸公司延庆橡胶厂	北京市延庆县城西延庆农场	010-61112423	102100
淮安利邦化工有限公司	江苏省淮安市清河新区珠海东路 1 号	0517-83944330	223001
项城市彩虹防水材料有限公司	陕西省西安市未央区朱宏路中段	029-6520929	710000
青岛中建鲁青实业总公司	山东省青岛市重庆中路 525 号	0532-4820517	266043

五、非焦油型石油沥青聚氨酯防水涂料

该产品是一种双组分反应型固化成膜的高分子防水涂料。产品无毒，对环境无污染，防水性能良好。A 组分是带有 -NCO 基团的聚醚预聚物，B 组分是以 100 号石油沥青为主要基料再加以表面活性剂、填料、固化剂、催化剂等含有 -OH 和 -NH$_2$ 基团的黑色稠状液。使用时，将 A、B 两组分按 1:2 重量比例混合，经数小时后固结成既富有弹性、坚韧，又有耐久性的整体涂膜防水层。

1. 产品特点

①涂膜层具有橡胶的特性，延伸性大，富有弹性，能适应基层微量变形；

②耐热老化、耐腐蚀、水密性高、防水性能极佳；

③施工周期短，维修容易；冷作业施工，常温固化，操作方便，涂层整体无接缝，防水效果好；

④具有较好的自粘性，适宜旧屋面的返修，新老涂层能融为一体，不脱层；

⑤附着力强，对混凝土基面、木材、金属、陶瓷表面有极强粘附力；

⑥延伸性大、不起泡、不起壳，特别适宜地下工程的防水。

2. 性能指标

同二、多组分聚氨酯防水涂料中的表4-2。

3. 适用范围

（1）适用于隧道、地铁防水工程。

（2）也适用于建筑物屋面、地下室、厕浴间、沟池的防水，也能有效地用于防水卷材接缝隙处、收头和特殊部位的密封处理及嵌缝堵漏材料。旧屋面的返修防水。

4. 施工方法

（1）基层

①将基层泥土、浮尘、结构表面水泥浆及老化部分、油污必须清除干净；

②低凹破损处修平，基面要平整、干燥。

（2）施工要点

①在作好施工准备工作后，将A组分（黄色预聚体）与B组分（黑色固化液）按1:2重量比例混合，搅拌均匀即可以使用。搅拌器具必须干燥，清洁；

②将混合均匀的胶料用棕刷、橡胶刮板涂刷在基面上，涂膜厚度一般为1.5~2.5mm，分2~3次涂刷；

③甲、乙料混合后应及时使用（一般控制在20min以内）。

5. 使用注意事项

（1）施工

①当涂料黏度过大，不便进行涂刮施工时，可加入少量稀释剂。所用稀释剂必须是聚氨酯配套稀释剂或配方，不得使用其他稀释剂；

②配料量应严格按产品说明书上的要求进行配料，以免影响涂膜固化；

③施工温度0℃以上为宜，不能在雨天、雾天施工；

④施工环境应通风良好，施工现场严禁烟火；

⑤涂层施工完毕，尚未达到完全固化前，不允许踩踏，以免损坏防水层；

⑥该涂料需在现场随配随用，混合料必须在4h以内用完，否则会固化而无法使用；

⑦用过的器皿及用具应清洗干净；

⑧涂料易燃、有毒。应避日光直射。

（2）运输与贮存

①运输严防日晒雨淋，注意防火，防止碰撞，保持包装完好无损；

②A、B两组分应密封贮放于阴凉、干燥、通风的仓库内，避免强烈日光照射；

③A、B两组分切忌较长时间暴露在空气中，以防自聚；

④严禁与水接触，防止失效；自生产之日起，产品的贮存期为6个月。

6. 部分生产厂家联系方法

生产厂家或经售单位	联系地址	电 话	邮 编
上海市隧道工程公司防水材料厂	上海市南汇区康沈路2403号	021-68128490	201318
淮安利邦化工有限公司	江苏省淮安市清河新区珠海东路1号	0517-83944330	223001
苏州特艺奥立克建材科技工业有限公司	江苏省苏州市吴中区东吴工业园尹西路1号	0512-65610188	215128

六、911非焦油聚氨酯防水涂料

该产品是在原非焦油型的基础上增添了几种新原料,使产品性能进一步完善,适用范围更广,粘结强度能大于0.5MPa,涂膜不鼓泡、不脱层,性能独特,是优质环保建材。

1. 产品特点

①常温施工,工艺简便、安全可靠;

②耐热耐寒,耐油耐磨,耐大气老化,耐腐性强;

③粘结强度高,延伸性好,能制成无接缝橡胶状弹性体。

2. 性能指标

同二、多组分聚氨酯防水涂料中的表4-2。

3. 适用范围

特别适用于地下工程防水,能在潮湿基面正常施工(不能有明水)。

4. 施工方法

(1) 基层处理

基层表面必须清洁,低凹破损处必须修整,要求平整干燥。

(2) 配料

在做好基层准备工作后,将A液(透明淡黄色)与B液(黑色)按1:2比例混合搅拌3~5min,待拌均匀后即可使用。

(3) 涂刷

将混合均匀的液料用棕刷或橡胶刮板刷在基层上,涂层厚度参照设计要求。

(4) 涂刷间隔时间

根据气温掌握前次固化后再涂后一次(一般在4~6h)。

5. 使用注意事项

(1) 施工注意

配料必须根据施工面积及劳动力情况决定配液数量,配拌好的涂液必须掌握在30min内用完。液料桶开启后剩余部分必须密封保存,严禁水分及其他杂物混入桶内。

(2) 包装

采用塑料桶包装,每90kg为一组(A液30kg、B液60kg),也可根据用户要求另行包装。

(3) 运输

本产品为非易燃易爆品,能安全运输。

(4) 贮存

A、B 组分应贮存在室内通风干燥处,切勿长时间暴晒阳光下,以防自聚;A 组分存放期从出厂日期计算为 6 个月,B 组分 1 年。

6. 部分生产厂家联系方法

生产厂家或经售单位	联系地址	电　话	邮　编
无锡市新区特种防水建材厂	江苏省无锡市锡山区 312 国道无锡机场路口	0510-85320709	214135
南京耐渗建筑防水材料有限公司	江苏省南京市湖南路 109 号	13776695293	210000

七、SDP 聚氨酯防水涂料

该产品是带有异氰酸基(-NOC)的化合物为主剂(称为 A 液)和以非焦油为填料的固化剂(称为 B 液)所构成的双组分反应型高分子涂膜防水材料。防水性能极佳,施工方便,修补容易。

1. 产品特点

(1) 使用方便,施工时只需将 A:B=1:2 均匀混合后按设计要求分数次涂刷在需要防水的基层上即可;

(2) 常温下硫化,施工时不需要加温,不含溶剂,能避免引起火警,减少环境污染和对人体危害;

(3) 液体施工,整体防水效果好;

(4) 成膜后延伸率大,富于弹性,耐寒、耐热、耐老化、耐药性能好,气密、水密性高防水性能极佳;

(5) 固化期短,施工后 4h 固化,方便下道工序进行,缩短工期;

(6) 附着力强、粘结力大:对混凝土、木材、金属、陶瓷等表面有极强的附着力和粘结力;

(7) 维修容易,只需对漏水部分局部修补,仍可达到原有防水效果,省时、省力、费用低。

2. 性能指标

同二、多组分聚氨酯防水涂料中的表 4-2。

3. 适用范围

适用于各种地下隧道、轨道的防水和地铁站台的防水。

4. 施工方法

(1) 基层

基层表面必须清洁,低凹破损处必须修整,要求平整干燥。

(2) 施工要点

① 将主剂(A 液)和副剂(B 液)按 1:2 比例均匀混合后,涂刷在需要防水的基层上。数小时后,经反应得到一种富于弹性体的整体化橡胶状防水层;

② 将混合均匀的胶料用棕刷、橡胶刮板涂刷在基面上,涂膜厚度一般为 1.5~

2.5mm，分 2~3 次涂刷。

5. 使用注意事项

（1）施工

①施工温度 0℃以上为宜，不能在雨天、雾天施工，原材料严禁与水接触；

②施工环境应通风良好，施工现场严禁烟火。

（2）运输与贮存

①运输和贮存时，不同类型、规格的产品应分别堆放，不应混杂；

②避免日晒雨淋，禁止接近火源，防止碰撞，注意通风。贮存温度不应高于 40℃；

③在正常运输、贮存条件下，贮存期自生产日起至少为 6 个月。

6. 部分生产厂家联系方法

生产厂家或经售单位	联系地址	电话	邮编
上海北蔡防水材料厂	上海市浦东新区北蔡安建路91号	021-58918910	201204
苏州特艺奥立克建材科技工业有限公司	江苏省苏州市吴中区东吴工业园尹西路1号	0512-65610188	215128

八、ST 沥青聚氨酯防水涂料

该产品为二液反应型的液态涂膜防水材料，使用时只需将两种组分以一定的配比混合均匀后，涂在需要防水的基面上，数小时后，经反应得到一种富有弹性的无接缝的整体涂膜防水层。

1. 产品特点

（1）涂膜层具有橡胶的特性，延伸性大，富有弹性，能适应基层微量变形，耐热老化、耐腐蚀、水密性高，防水性能极佳；

（2）粘结力强，不起泡、不起壳，特别适宜地下工程的防水；

（3）具有较好的自粘性，适宜旧屋面的返修，新老涂层能融为一体，不脱层；

（4）附着力强：对混凝土基面、木材、金属、陶瓷表面有极强的粘附力；

（5）冷作业施工，常温固化，操作方便，防水整体效果好；

（6）施工周期短，维修容易。

2. 性能指标

同二、多组分聚氨酯防水涂料中的表 4-2。

3. 适用范围

适用于轨道交通卷材防水的接缝处、收头和特殊部位的密封处理。也适用于各种交通轨道车站的屋面及地面的防水。

4. 施工方法

（1）基层

将泥土、浮尘、结构表面水泥浆及老化部分、油污清除干净，低凹破损处修平。基成面要平整、干燥。

(2) 施工要点

①在作好施工准备工作后,将 A 液琥珀色预聚体与 B 液黑色固化液按 1∶2 重量比例混合,搅拌均匀后即可以使用。搅拌器具必须干燥、清洁;

②将混合均匀的胶料用橡胶刮板涂刷在基面上,涂膜厚度一般为 1.5～2.5mm,分 2～3 次涂刷;

③A、B 料混合后应及时使用(一般控制在 20min 以内)。角部、接缝处一定要涂刷均匀、饱满,分仓缝采用粘贴维涤纶布呈倒 Ω 形柔性节点,薄弱部位加贴维纶布以增加强度。

(3) 保护层设置

①非上人屋面:表面涂刷银灰色保护涂料应在涂膜固化后进行;表面用 40～80 目云母片作保护层,应在涂刮最后涂料时,边涂边均匀撒布云母片。

②上人屋面在防水层上可用水泥砂浆做保护层。

5. 使用注意事项

(1) 施工

①当涂料黏度过大,不便进行涂刮施工时,可加入少量稀释剂。所用稀释剂必须是聚氨酯配套稀释剂或配方,不得使用其他稀释剂;

②配料量应严格按产品说明书上的要求进行配料,以免影响涂膜固化;

③施工温度 0℃ 以上为宜,不能在雨天、雾天施工;

④施工环境应通风良好,施工现场严禁烟火;

⑤涂层施工完毕,尚未达到完全固化前,不允许踩踏,以免损坏防水层;

⑥未使用完的 A、B 组分,桶盖应密闭,切忌长时间暴露在空气中,以防自聚。

(2) 运输与贮存

①该产品为易燃品,运输及使用过程中应注意防火,并远离热源。

②该产品应在阴凉、干燥、避免强力光射的库房内保存,在未开启的容器中,A 组分保存期为 8 个月,B 组分为 12 个月。

6. 部分生产厂家联系方法

生产厂家或经售单位	联系地址	电话	邮编
绍兴市橡胶有限公司	浙江省绍兴市环城北路 1 号	0575-5153459	312000
苏州特艺奥立克建材科技工业有限公司	江苏省苏州市吴中区东吴工业园尹西路 1 号	0512-65610188	215128

九、彩色聚氨酯弹性防水胶

该产品由甲乙双组分组成,可按用户要求加工成各种颜色,使用时将甲乙组分按比例混合均匀,用橡胶刮板涂刮于施工面上,数小时后得一富有弹性的橡胶状防水层。

1. 产品特点

(1) 具有整体性好;

(2) 抗拉强度大、弹性好、粘结力强、冷施工;

(3) 耐高低温耐老化、无污染、色彩艳丽等。

2. 性能指标

同二、多组分聚氨酯防水涂料中的表4-2。

3. 适用范围

①适用于各种地下建筑、厨房、厕所、浴室、卫生间的防水工程；污水池的防漏；地下管道的防水、防腐蚀等；

②也适用于铁路车站房屋及隧道、涵洞等建筑的防水工程。

4. 施工方法

(1) 基层

①施工基层应平整，表面要求找平压光，不得有空鼓、起砂、开裂；

②凡和基层连接的管件，卫生设备和地漏等必须安装牢固，接缝严密，基层要求含水率小于9%，有保温层的层面应设置排气管和排气道。

(2) 施工要点

①基层验收后，基面清扫干净；

②甲乙料按包装说明上的配合比混合后，用电动搅拌均匀。搅拌时间5min，每次配好的料应在20min内用完；

③先仔细处理板缝、穿墙管、雨水管、阴阳角等节点处。先涂防水胶一遍，再粘贴化纤无纺布一遍，宽度不小于25mm，再在上面涂一道防水胶，要求粘贴严密，不得空鼓、起皱。

④把搅匀的防水胶按涂层要求用刮板涂刮，涂层厚度以1.5~2mm为宜；

⑤具体施工参照施工规定。

5. 使用注意事项

(1) 施工

①施工现场通风良好，严禁烟火；

②施工人员不得穿带铁钉的鞋，未完全固化前，不得进入现场；

③不得在雨天露天施工。

(2) 包装与贮存

①甲、乙组分均用塑料桶包装。甲料每桶净重20kg，乙料每桶30kg；

②甲乙组分贮存期均为一年，存放于荫凉处，注意密封保存。

6. 部分生产厂家联系方法

生产厂家或经售单位	联系地址	电话	邮编
青岛中建鲁青实业总公司	山东省青岛市重庆中路947号	0532-4820517	266064
苏州特艺奥立克建材科技工业有限公司	江苏省苏州市吴中区东吴工业园尹西路1号	0512-65610188	215128

十、水固化聚氨酯防水涂料

该产品是环保生态型防水密封涂料，为纯聚醚型无溶剂涂料。加水后固化在基面形成一层致密、坚固、柔韧的防水膜，施工方便，无任何污染。技术指标高于聚氨酯防水涂料 GB/T 19250-2003 标准要求，本品具有高性能、多用途、无污染的优点，技术水平居国内领先，是聚氨酯防水涂料的革命性新产品。

1. 产品特点

（1）施工时加水，涂膜固化迅速，属高分子反应固化型产品，无溶剂、无莫卡（MOCA）固化后无毒无味；

（2）其独特的产品特性，可适用于潮湿基面使用，与基层粘结力强，涂膜抗拉强度高，延伸性大，防水层整体性好，适应基层开裂变形能力强。固体含量高，比重小，单位面积用量少；

（3）优异的耐寒耐热（-40~95℃），耐化学腐蚀。优良的耐老化和防霉性。自流平，施工方便，一次施工可达所需厚度，大面积施工可使用机械喷涂。

2. 性能指标

同二、多组分聚氨酯防水涂料中的表4-2。

3. 适用范围

适用于水利工程及地铁、隧道、桥梁、地下建筑的防水防渗和密封。

4. 施工方法

（1）基层

①混凝土基层要求密实、平整、无尘土、无油污、无起砂、无明水，有裂缝等缺陷应先进行修复；

②阴阳角做成圆弧，再涂一道基层处理剂；

③金属面层需进行除锈、磨光处理，再涂一道基层处理剂。

（2）施工要点

①使用时按比例加入20%的洁净水，用机械搅拌均匀约3min即可进行施工，根据工程情况可采用辊涂、刮涂或大面积机械喷涂法施工；

②阴阳角、穿墙管、裂缝及变形缝等细部处理要涂刷附加层，可用聚酯布或玻纤布作加强层处理。如果需要可在涂料中添加30%的粉料；

③涂料施工质量达到规范设计要求，验收合格后再做保护层施工；

④1mm厚度用料量约为1.05kg，推荐用量：2mm厚约2.1kg/m^2。

5. 使用注意事项

（1）施工

①0℃以上即可施工；

②加水后的涂料要求在30min内用完。

（2）贮存与运输

①产品应密封存放于通风阴凉的仓库内；

②开盖未使用完的涂料要密封保存；

③运输时避免日晒雨淋，粉料注意防潮，防止包装破损；

④贮存期为6个月，过期产品经检验合格后仍可使用。

6. 部分生产厂家联系方法

生产厂家或经售单位	联系地址	电　　话	邮　编
长春吉通高新建材开发推广中心	吉林省长春市二道区吉盛小区 2－42 栋 2 号	0431－4975887	130000
淮安利邦化工有限公司	江苏省淮安市清河新区珠海东路 1 号	0517－83944330	223001
苏州特艺奥立克建材科技工业有限公司	江苏省苏州市吴中区东吴工业园尹西路 1 号	0512－65610188	215128

第二节　喷涂聚脲防水涂料

喷涂聚脲防水涂料是由异氰酸酯封端的预聚物（简称 A 组分）与氨基化合物组分（简称乙组分）反应生成的高聚物，采用喷涂施工工艺使两组分混合、反应生成的弹性体防水涂料。

甲组分是异氰酸酯单体、聚合体、衍生物、预聚物或半预聚物。预聚物或半预聚物是由端氨基或端羟基化合物与异氰酸酯反应制得。异氰酸酯既可以是芳香族的，也可以是脂肪族的。

乙组分是由端氨基树脂和氨基扩链剂等组成的胺类化合物时，通常称为喷涂（纯）聚脲防水涂料；乙组分是由端羟基树脂和氨基扩链剂等组成的含有胺类的化合物时，通常称为喷涂聚氨酯（脲）防水涂料。

在建筑防水、防湿滑、防腐、耐磨、耐热及装饰等工程中有广阔的应用前景，可用于建筑屋面、外墙及地下防水，防水围堰以及污水处理池、游泳馆、隧道、巷道等的防水处理，以及渗漏治理和裂纹修补，适合防滑要求较高的运动场、游泳池及水（海）上动物表演馆等建筑的地面、通道、楼梯和防滑路面等工程部位使用，可在跨海大桥、海岸钢结构等工程中应用，还适用于道路路面、飞机跑道等耐磨工程，以及建筑装饰及抢修等工程。

一、单组分聚脲防水涂料

单组分聚脲防水涂料为异氰酸酯封端物质与特殊环状叔胺基类封端物质混合的组合物。封端环状叔胺基暴露于空气中后，在水分中质子酸作用下，形成仲胺基团物质，仲胺基团与异氰酸酯形成脲基，反应过程无催化剂，也没有羟基物质与 NCO 反应。组合物中，NCO 和封闭仲胺基团（实为环状亚稳态的叔胺基）当量比按约 1∶1 左右设计。通常状态下，异氰酸酯与解除封闭的仲胺基 HNR—与 NCO 形成脲基—NR—CO—NH—交联点。这种单组分聚脲可以称之为一类特殊的聚氨酯，也可以称之为高力学性能聚氨酯。尽管其可手涂也可喷涂，但其完全不同于（双组分）喷涂聚脲弹性体。

1. 产品特点

（1）本体强度大于 4.0MPa；

（2）延伸率大于 300%；

（3）粘附性良好（粘结基层材料后于水中浸泡 28d）；

（4）吸水率较低；

(5) 良好的抗氧化性；

(6) 优良的抗紫外线（耐气候交变）。

2. 性能指标（表4-4）

单组分聚脲防水涂料的性能指标（企业标准）　　表4-4

组　　分	单　组　分
密度（g/mL）	1.10
表干时间（h）	5
低温弯折性（℃）（-30℃，5h）	无裂纹
固化速率（mm/24h）	1.0
拉伸强度（MPa）	19.7
断裂伸长率（%）	561.3
潮湿基面粘结强度（MPa）	2.1
不透水性（0.3MPa，30min）	无渗漏
硬　　度	86
人工气候老化　拉伸强度保持率（%） 　　　　　　　断裂伸长率（%）	88.5 771.7

3. 适用范围

适用于高速铁路路面、桥面、隧道等防水工程。

4. 施工方法

(1) 基层处理

基层处理是非常重要的。对于混凝土基层，先检查其含水率、表面坚固程度、平整度、排水坡度。疏松的部分，应用砂磨机或摩擦材料去掉。对于有孔洞或表面十分粗糙部位，应用树脂Primer E（或者Primer EW）与细砂调拌成浆，将孔洞或粗糙部分填补找平，使表面保持平整、坚实，并符合排水坡度。金属表面应作除锈处理后，再涂布防锈漆或底涂剂。塑料表面有油脂、脱模剂，应用丁酮等溶剂去除表面油脂和脱模剂，对于表面有石蜡的工程塑料，应用机械方法磨去表面层石蜡。

(2) 底涂剂

混凝土表面经基层处理后，选用合适的底涂剂涂布。对于小于9%含水率以下混凝土，建议使用Primer H和Primer HF底涂剂。对于大于9%含水率的混凝土建议使用Primer E和Primer EW底涂剂。对于大于12%含水率的混凝土，建议使用Primer E底涂剂。对于原基层为沥青、SBS、APP、PVC、CPE等柔性材料表面，建议使用Primer B底涂料。对于陶瓷釉面和玻璃面，建议选用C020M活化剂处理。

(3) 细部处理

①对于女儿墙阴角，应用无纺布蘸取单组分聚脲液体粘贴，再在无纺布上涂布聚脲；

②对于管根应用无纺布作加强,用聚脲作粘贴;

③对于水落口,先用无纺布一半剪成条状,然后将无纺布粘贴于水落口内,条状无纺布沿周边粘贴,并用无纺布在水落口周边作加强。

(4) 聚脲涂布

①水平面施工:底涂剂干燥后,应直接在其上涂布单组分聚脲 PUA。对于水平面(或小于 5% 坡度的坡面),可直接将聚脲倒到地面,倒于地面前,应计算面积所需聚脲的量,最好按每桶涂布多少面积划出将要涂布区域,然后数量与面积相对应。将单组分聚脲倒于地面时,应倒成弧线状,然后将涂料用带定位高度(如1mm、1.5mm、2mm)的齿形刮板刮平,刮匀。横向和纵向都要刮到,聚脲将会自动淌平。也可使用硬质毛刷涂布。最后用专用辊筒 SJK0010 在液面上反复来回滚动,纵向和横向各滚动两遍,以使空气泡排尽。施工人员站立于未施工区。在未固化前(约12h前),人员不可在单组分聚脲上踩踏,但确需进入聚脲液体状的区域,则就该穿上钉鞋 SJK0030 进入未固化区域。因单组分聚脲未固化,液体可自动流平愈合鞋钉孔眼。即将固化,或刚刚半固化,禁止穿钉鞋踩踏,应穿平底 PP 或 PE 塑料鞋或者在鞋底套上 PE 防粘鞋套;

②垂直面施工:垂直面施工时,应选用非下垂型(即触变型)单组分聚脲。用特制滚筒 SJK0020 将单组分聚脲涂布到立面墙上(坡度大于5%的坡面)。也可用硬质毛刷或刮板涂布。根据每桶涂布区域面积控制用量。不建议使用自流平型单组分聚脲于立面墙上,否则会垂流。垂直面建议一次涂布厚度不大于1mm,原则上,建议涂布两遍,达到规定厚度。按设计要求涂布厚度,详见《单组分聚脲防水涂料技术规程》。

(5) 施工工具

①硬质毛刷;

②刮板;

③辊筒;

④消泡辊筒;

⑤工具用完时,应用丁酮或环己烷或 120 号溶剂油清洗。不可用乙醇(酒精)清洗。

5. 使用注意事项

(1) 施工

①下雨天下雪天不得涂布;

②风力超过 5 级大风不得于室外涂布,防止扬沙污染;

③正在涂布过程突然下雨。如下雨表面会有麻点,待天晴后应用涂料覆盖。如下大雨,表面出现凹凸不平,应重新涂布。已经表干后下雨,雨水不会影响其质量;

④不得在低于 +5℃ 环境或超过 40℃ 环境下施工;

⑤在低于 +5℃ 环境下会结冻,可将其加热升温(烘箱或电热带或电炉)。温度升高后其会熔化,可以重新使用,不影响质量。

(2) 保护

产品固化后,无需保护层,为防水耐磨一体化,可供行人、车辆通行;

为暴露型,无须保护层。可用于不常上人的屋面、墙面以及卷材搭接的细部防水等;

用于窗台洞口的防水,参照 SJK1208 说明书;

在涂料施工后、固化前,应用 PE 薄膜在其上方作防护,防止砂粒、硬物破坏未固化涂层。

（3）安全须知

该品严禁吞食。施工时应戴手套，避免接触眼睛和皮肤。接触皮肤时应用干净布条擦去，并用丁酮擦洗，然后用清水清洗。接触眼睛时就立即用布条擦去，并用大量清水冲洗，并去医院处置。不得将涂料弃置于下水道，要置于儿童不能接触的地方。施工现场禁止抽烟和有明火。

（4）包装

产品用带盖的铁桶或塑料桶密闭包装，不同组分的包装应有明显区别。

（5）运输与贮存

运输与贮存时，不同类型、规格的产品应分别堆放，不应混杂。避免日晒雨淋，禁止接近火源，防止碰撞，注意通风。贮存温度宜为10~40℃。

在正常贮存、运输条件下，贮存期自生产日起不少于6个月。

6. 部分生产厂家联系方法

生产厂家或经售单位	联系地址	电话	邮编
北京森聚柯高分子材料有限公司	北京石景山区五里坨隆恩寺路	010-88906957	100042
青岛佳联化工新材料有限公司	山东省青岛市惠水路16号	0532-80923001	266100
张家港市福明防水防腐材料有限公司	张家港省级开发区长兴西路（制造）长安北路149号（销售）	0512-58693499	215600

二、喷涂聚脲防水涂料

喷涂聚脲弹性体技术的发展经历了聚氨酯、聚氨酯脲和聚脲三个阶段。以上三种体系的A组分是基本相同的，均为芳香族或脂肪族的预聚物和半预聚物，区别在于乙组分。喷涂聚氨酯的乙组分由端羟基树脂和端羟基扩链剂组成，并含有用于提高反应活性的催化剂；喷涂聚氨酯/脲的乙组分既可以是端羟基树脂，也可以是端胺基树脂和胺扩链剂组成，一般含有用于提高反应活性的催化剂。而喷涂聚脲的乙组分必须是由端氨基树脂和端氨基扩链剂组成，并且不含任何羟基成分和催化剂。

由于端氨基化合物与异氰酸酯组分的反应活性极高，无需任何催化剂，即可在室温或低温下瞬间完成反应，从而有效地克服了聚氨酯和聚氨酯/脲弹性体在施工过程中，因环境温度和湿度的影响而发泡，造成材料性能急剧下降的致命缺点。

1. 产品特点

（1）快速固化，可在任意曲面喷涂成型不流挂，5s凝胶，10min即可达到步行强度；

（2）对水分、湿度不敏感，施工时不受环境温度、湿度的影响；

（3）100%固含量，不含VOC，属新型环境友好型材料；

（4）优异的物理性能，拉伸强度高、伸长率好，经受冷热交替和应力变化后不易开裂；

（5）涂层连续、致密、无接缝，抗渗透性强，防水、防渗漏效果极佳；

(6) 与底材附着力好，不起泡，不空鼓；

(7) 耐候性好，户外长期使用不粉化、不开裂、不脱落；

(8) 施工后不需要维护，节省了昂贵的维护费用。

2. 性能指标（表4-5）

喷涂聚脲防水涂料的性能指标（GB/T 23446—2009） 表4-5

序号	项目			技术指标	
				I型	II型
1	固体含量（%）		≥	96	98
2	凝胶时间（s）		≤	45	
3	表干时间（s）		≤	120	
4	拉伸强度（MPa）		≥	10.0	16.0
5	断裂伸长率（%）		≥	300	450
6	撕裂强度（N/mm）		≥	40	50
7	低温弯折性（℃）		≤	-35	-40
8	不透水性			0.4MPa，2h不透水	
9	加热伸缩率（%）	伸长	≤	1.0	
		收缩	≤	1.0	
10	粘结强度（MPa）		≥	2.0	2.5
11	吸水率（%）		≤	5.0	

3. 适用范围

(1) 适用于隧道防水、桥梁防水、屋面和地下工程防水；

(2) 也适用于防腐工程、耐磨地坪工程。

4. 施工方法

(1) 基层要求

基层要求无油脂、蜡、明水、霜、冰、涂灰等。基层结实，无疏松层；

(2) 底涂剂

沥青、干燥混凝土（含水率小于9%）无需底涂剂。高于9%含水率，以及钢板等表面需底涂剂。

(3) 使用方法

将A和B混合后，搅拌约1min，直接倒于基层上，然后用刮板刮平即可。在凝胶时间以前，有自动流平的功能。按面积取用适当的量倒于地面上，即可达到相应厚度。

5. 使用注意事项

(1) 施工

①该品严禁吞食；

②施工时应戴手套，避免接触眼睛和皮肤。接触皮肤时应用干净布条擦去，并用丁酮擦洗。然后用清水清洗。接触眼睛时立即用布条擦去，并用大量清水冲洗，并去医院

处置；
③不得将涂料弃置于下水道，要置于儿童不能接触的地方；
④不得掺入水泥砂浆中混合使用；
⑤不得在环境湿度在97%以上施工。
⑥施工现场禁止抽烟和有明火。
（2）包装
产品用带盖的铁桶或塑料桶密闭包装，不同组分的包装应有明显区别。
（3）运输与贮存
运输与贮存时，不同类型、规格的产品应分别堆放，不应混杂。避免日晒雨淋，禁止接近火源，防止碰撞，注意通风。贮存温度宜为 10～40℃。

在正常贮存、运输条件下，贮存期自生产日起不少于 6 个月。

6. 部分生产厂家联系方法

生产厂家或经售单位	联系地址	电话	邮编
北京森聚柯高分子材料有限公司	北京石景山区五里坨隆恩寺路	010-88906957	100042
青岛佳联化工新材料有限公司	山东省青岛市惠水路16号	0532-80923001	266100
张家港市福明防水防腐材料有限公司	张家港省级开发区长兴西路（制造）长安北路149号（销售）	0512-58693499	215600
北京瑞迪明新型建筑材料开发有限公司	北京市大兴区魏善庄工业区	010-69258722	102611
广州秀珀化工有限公司	广东省广州市番禺区钟村镇谢石路72号秀珀工业园	020-34772182	511495
北京市大禹王防水工程集团	北京市大兴区西红门宏福东路11号	010-60259045	100000
北京中通新型建筑材料有限公司	北京市西四环南路46号国润商务大厦1501	010-63819525	100071
北京深思融信科技有限公司	北京市西城区白云路1号白云大厦1006室	010-63466705	100045
大连细扬防水工程集团	辽宁省大连市西岗区新开路89号金广大厦29层	0411-83787416	116001
北京东方雨虹防水技术股份有限公司	北京市顺义区杨镇曾庄顺平南路	010-61442501	101309
爱蒲聚氨酯（安徽）有限公司	安徽省合肥市包河区南淝河路新港卫乡物流园	13866173690	230001
天津市禹红建筑防水材料有限公司	天津市北辰区铁东路天秀道18号	022-86818288	300000
一山聚氨酯（上海）有限公司	上海市闵行区莘庄工业区华宁路3740-60	021-64895407	201108

续表

生产厂家或经售单位	联系地址	电　话	邮　编
江苏久久防水保温隔热工程有限公司	江苏省仪征市解放东路41号	0514-83433032	211400
雅保化工（上海）有限公司	上海市瑞安广场2208室淮海中路333号	021-61038666	200021
北京金鲁蒙科技开发有限公司	北京市海淀区增光路27号院2号二单元703室	010-68471427	100037
上海汇城建筑装饰有限公司	上海市平凉路1500弄2号410	021-65731743	200090

第三节　环氧树脂防水防腐材料

双酚A型的环氧树脂分子中含有羟基、醚基及活泼的环氧基极性基团，因此具有独特的高粘结能力，能对金属和非金属的许多不同材质进行粘结，故有万能胶之称。环氧树脂在固化时没有副产物产生，因而收缩率小，与固化剂反应交联成立体网状结构，故机械强度高、力学性能好。固结体中又含有稳定的苯环、醚键，因而在化学溶剂中稳定，含有脂肪性羟基的环氧树脂与碱不起作用，所以，环氧树脂已广泛用作胶粘剂和防水防腐材料。

一、高渗透改性环氧防水涂料

高渗透性材料一般是指能渗入微米级的微细裂缝与孔隙或可灌入渗透系数$K \leqslant 10^{-6}$cm/s软弱含泥地层的材料。最早研究的领域是上个世纪发展起来的化学灌浆材料方面，针对的是水电大坝基础的断层破碎带中低渗透性（$K \leqslant 10^{-6}$cm/s）软弱泥化夹层；因当时所有的化学灌浆材料均无法灌入这样的地层，所以国内外这方面的研究都试图研制出一种高渗透性、高强度、固结体无污染的新化灌浆材，使其能灌入这样的低渗透性断层夹泥，将其固结改性，即由土性变为岩性，满足工程设计要求，以便用化灌的方法替代传统的开挖回填方法，达到省工、省时、节省大量投资的目的。

添加了改性剂的环氧材料，既保留了双酚A环氧树脂粘结强度高、力学性能好、收缩性小、耐老化、耐水、耐酸、耐碱、耐溶剂、耐油和抗冲磨的优良性能；又通过改性，克服了环氧树脂的脆性、憎水性、黏度大可灌性差的弱点，价格也相对便宜了。

1. 产品特点

①涂刷渗入后与基底形成厚度2mm以上的防渗层，不仅防渗效果可靠，而且这一层的强度也大大提高，耐戳穿力极强，无须再在上面作保护层；

②具有优良的耐老化性和抗腐蚀性，对钢筋混凝土有极强的保护作用。最早1992年应用作屋面防水的工程已18年多，珠江隧道工程用作防水也已十余年，至今使用良好；

③施工方便，可在潮湿面上施工，并且对施工的混凝土结构面干燥度无特殊要求；

④固结体无毒，不产生污染；

⑤价格相对便宜，由于无需作找平层、保护层，直接在屋面结构和地下室外墙涂刷，

因此，单位防水工程综合造价降低，且保用10～15年，所以具有理想的性价比；
⑥能渗入木材中使木材的力学性能大大提高，防水和耐腐蚀性优良。

2. 性能指标

（1）物理性能（表4-6）

高渗透改性环氧防水涂料的物理性能（Q/KH 02—2005） 表4-6

项　目	指　标
净含量负偏差	符合《定量包装商品计量监督规定》
外　观	琥珀色至浅棕色的液体；固体则呈棕黑色
密度（20℃）[①]（g/mL）	1.03±0.02

① 指在包装密封良好状态下的测试数值。

（2）力学性能及防水性能（表4-7）

高渗透改性环氧防水涂料的力学性能及防水性能（Q/KH 02—2005） 表4-7

项　目	指　标
胶砂体的抗压强度（MPa）	≥50
粘结强度（干/湿）（MPa）	≥5/≥4
透水压力比（%）	≥300

注：胶砂体是防水涂料和砂按1L∶1.75kg的比例混合而成，砂为120目的石英砂。

（3）涂层耐酸、碱腐蚀及耐水性能（表4-8）

高渗透改性环氧防水涂料的涂层耐酸、碱腐蚀及耐水性能（Q/KH 02—2005） 表4-8

项　目	指　标		
	酸、碱溶液及浓度（腐蚀时间：室温下14d）		
	1% HCl 溶液	Ca(OH)$_2$ 饱和溶液	蒸馏水
重量变化率/%	≤1	≤1	≤1

（4）冻融循环试验（表4-9）

高渗透改性环氧防水涂料的冻融循环试验（Q/KH 02—2005） 表4-9

项　目	指　标
冻融循环前后的重量变化率（%）	≤4

3. 适用范围

从上述性能介绍可看出，这种高渗透改性环氧防水涂料是集防水、防腐、补强三位一体的新材料，其适用工程和用量如下：

（1）房屋及地下室工程：适用于防水等级为Ⅰ、Ⅱ级的屋面多道防水设防中的一道非外露防水设防（用量 0.35~0.4kg/m²）；防水等级为Ⅲ、Ⅳ级的非外露屋面防水设防（用量 0.4kg/m²）；地下防水工程中防水等级为Ⅰ、Ⅱ级的多道防水设防中的一道（用量 0.4kg/m²）；厕浴间防水（用量 0.3kg/m²）。

（2）桥面工程：适用于铁路桥梁、高速铁路桥梁、地铁高架路桥面Ⅱ级防水设防中的一道非外露设防（用量 0.45~0.5kg/m²）；公路桥梁非外露防水设防（用量 0.5kg/m²）。

（3）地铁工程：明挖车站、出入口结构顶板防水、桩头防水、区间大开挖地段主体结构的顶板和边墙防水（用量 0.45~0.5kg/m²）。

（4）水库大坝工程：混凝土结构防水或蜗壳防渗层的防水（用量 0.5kg/m²）；输水渠（管）道防水（用量 0.4~0.5kg/m²）。

4. 施工方法

按照产品说明书上的施工方法进行施工。

5. 使用注意事项

（1）包装

用符合要求的金属或塑料桶装，1kg/桶、2kg/桶、5kg/桶、10kg/桶、15kg/桶，或按客户合同包装。

（2）运输

要求轻搬轻放，防止碰撞，运输过程中应防止日晒雨淋，不得在露天堆放，不得接近热源、火源。

（3）贮存

产品仓库堆放应有垫架，堆放整齐，不得靠墙，仓库还应有良好通风，保持0℃以上。保质期：2年。

6. 部分生产厂家联系方法

生产厂家或经售单位	联 系 地 址	电 话	邮 编
广州科化防水防腐补强有限公司	广东省广州市先烈中路80号汇华大厦2605室	020-37636175	510070
广州市金科化灌有限公司	广州市黄埔大道中路临编98号（员村白水塘11-12号首层）	020-85617490	510000
中科院广州化学研究所	广东省广州市先烈中路81号大院39-1	020-85231287	510070

二、高渗透改性环氧防水与粘结双功能界面胶粘剂

改性环氧界面胶粘剂是为了改善不同材质间的粘结效果而研发的胶粘剂，它具有粘结

力强的性能,底涂能渗入混凝土毛细管或微细裂隙,固结后形成一定厚度的不透水增强层,既具防水功能又提高了该层混凝土的力学强度,耐戳穿力强。面涂可经受180度以上高温并将混凝土和沥青混凝土牢固粘结,其粘结强度和抗剪强度均在5MPa以上,性能远远超过改性沥青乳液。

1. 产品特点

(1) 渗透能力强,可渗入混凝土内深达2mm以上形成一个犬牙交错的不规则固结层,此固结层强度比原混凝土高30%以上,防水能力强,能有效保护下面的混凝土结构;

(2) 粘结力强,该界面胶粘剂底涂能渗入混凝土中形成上述的固结层后,面涂可和被粘的介质(如新混凝土或沥青混凝土路面)粘结为一体,粘结力学强度均能满足工程要求,且耐老化、耐水、耐腐蚀、抗冻融性能优良;

(3) 该材料固结前有一定的亲水性,对潮湿的混凝土也具有渗透固结的特性,可在潮湿混凝土面上施工,固结后形成疏水层;

(4) 胶粘剂固结体无毒,不产生污染。

2. 性能指标(表4-10)

高渗透改性环氧防水与粘接双功能界面胶粘剂的性能(Q/KH 05—2006)　　表4-10

序　号	试　验　项　目	技　术　指　标
1	胶砂体的抗压强度(MPa)	≥60
2	胶砂体的抗剪切强度(MPa)	≥30
3	冻融系数(%)	≥96
4	粘结强度　干/湿(MPa)	≥5/4
5	透水压力比(%)	≥350
6	初始黏度(MPa·s)	2.50~5.40

注:1. 在南方使用的工程,施工方在材料抽样送检时可以不做冻融系数检测。
　　2. 施工前工程单位送检必检项目为序号2、4、5项。

3. 适用范围

①大桥桥面、高速公路混凝土路面与沥青混凝土路面之间的粘结;

②新旧混凝土之间的粘结,大体积混凝土构件浇筑,特别是水库大坝坝体分段浇筑时新旧混凝土之间的粘结,消除冷缝;

③混凝土梁、柱、板补强时原混凝土结构与钢板或碳纤维之间的粘结与防水;

④水库大坝泄洪洞、水垫塘、溢流面使用环氧砂浆作保护层时原混凝土结构与环氧砂浆之间的胶粘剂。

4. 施工方法

按照产品说明书中的要求进行施工。

5. 使用注意事项

(1) 包装

用符合要求的金属或塑料桶装，10kg/桶、15kg/桶、20kg/桶、150kg/桶，或按客户合同包装。

（2）运输

要求轻搬轻放，防止碰撞，运输过程中应防止日晒雨淋，不得在露天堆放，不得接近热源。

（3）贮存

产品仓库堆放应有垫架，堆放整齐，不得靠墙，仓库还应有良好通风，保持0℃以上。保质期：2年。

6. 部分生产厂家联系方法

生产厂家或经售单位	联系地址	电　话	邮　编
广州科化防水防腐补强有限公司	广东省广州市先烈中路80号汇华大厦2605室	020-37636175	510070
广州市金科化灌有限公司	广州市黄埔大道中路临编98号（员村白水塘11-12号首层）	020-85617490	510000
中科院广州化学研究所	广东省广州市先烈中路81号大院39-1	020-85231287	510070

第四节　铁路钢桥用涂料

一、特制环氧富锌防锈底漆

该产品是采用水性环氧树脂乳液为基料，将超细锌粉分散于乳液中，以AB-HGF作为固化剂配制而成，分A、B、C三组分包装。该品属于电化学保护涂料，具有很强的阴极保护作用，防锈性能优异。涂料不含挥发性有机溶剂，低VOC，可直接用水稀释，施工方便无污染，常温固化，涂膜干燥快，机械性能好，最新一代高性能环保型防锈底漆、适用于铁路桥梁、修造船、集装箱、海洋钢结构、铁塔；石油、化工等行业钢结构设备的防锈底漆。

1. 产品特点

（1）直接用水稀释，漆膜干燥迅速；

（2）不含挥发性有机溶剂，极低的VOC；

（3）漆膜坚韧致密，机械强度高；

（4）干膜含锌量高，防锈性能优异；

（5）良好的耐油耐水性。

2. 性能指标（表4-11）

3. 施工方法

（1）基层处理

①需涂装的钢材表面除去油污，再以喷砂（抛丸）至GB 8923—88的Sa2—Sa2—2.5级，除去铁锈；

特制环氧富锌防锈底漆性能指标　　　　　　　　　　表4-11

序号	项目		技术指标
1	外观		A组分为乳白色流体；B组分为乳白色流体；C组分为灰色粉末
2	干膜含锌量（%）≥		80
3	溶剂		水
4	干燥时间	表干（min）≤	15
		实干（h）≤	12
		完全固化（d）	7
5	抗冲击性（kg/cm²）≥		50
6	柔韧性（mm）≤		1
7	附着力（级）≤		1
8	硬度（H）≥		3
9	耐盐水（3%NaCl溶液）（21d）		无脱落，生锈等现象
10	耐盐雾（级）（1000h）≤		2

②局部修补层表面要求打磨至 GB 8923—88 的 S+3 级。

（2）施工要点

①涂料采用无气喷涂、有气喷涂、刷涂；

②涂料配比：A:B:C=4:1:24（质量比）混合时，将固料加入液料中，充分搅拌 5~15min 后，用 100 目筛网过滤，使用时要经常搅拌；

③混合后的涂料，适用时间 6h（20℃），超过适用期的成品涂料，严禁加水稀释后使用；

④一般不用稀释剂，如有特殊要求，可向生产单位咨询；

⑤工具清洗可用清水进行清洗；

⑥配套涂料：可与氟碳涂料、氯化橡胶、聚氨酯涂料配套使用。

4. 使用注意事项

（1）施工注意事项

①该产品施工温度在 5~40℃，空气相对湿度不超过 85%；

②工作表面温度高于露点温度 3℃以上；

③涂料万一不小心触及眼睛，立刻用清水洗净，并到医院就诊；

④若溅到皮肤，可用香皂和清水或被认可的洁肤晶洗净。

（2）包装

该产品 A 组分采用白色塑料桶包装，每桶 25kg；B 组分采用深色塑料桶包装，每桶 5kg；C 组分采用铁桶包装，每桶 50kg。

（3）运输

该产品属非危险品，在运输时按照非易燃品规定进行运输。

(4）贮存

该产品 A 组分、B 组分、C 组分可贮存在通风干燥的库房内，B 组分需避光保存；A 组分、C 组分有效贮存期为 12 个月，B 组分有效贮存期为 6 个月。

5. 部分生产厂家联系方法

生产厂家或经售单位	联 系 地 址	电 话	邮 编
浙江安邦新材料发展有限公司	浙江省海宁市对外综合开发区新二路	0573-7966887	314422
上海仲钰实业发展有限公司	上海浦东新区航南公路800号	021-64667669	200000

二、云铁环氧防腐涂料

该产品由水性环氧树脂乳液、鳞片状云母氧化铁、防腐添加剂、固化剂 AB-HGF 等配制而成，分 A、B 双组分包装。涂料不含挥发性有机溶剂，低 VOC，可直接用水稀释，施工方便，无污染，常温固化。该品经涂刷后可获得屏蔽性很高的涂层，因为大量的鳞片状颜料成膜后，能平行定向重叠排列，类似鱼鳞般的搭接结构，因此有很好的封闭性能和防腐蚀性能。作为防腐蚀涂层的中间漆，与环氧富锌底漆等配套使用，以增强涂层之间的封闭性和防腐性能。

1. 产品特点

（1）水可稀释性；

（2）极低的 VOC，不含挥发性有机溶剂；

（3）可获得较厚的涂层，漆膜物理机械性能优异；

（4）层间附着力优异；

（5）很好的封闭性能；

（6）优异的防腐蚀性能。

2. 性能指标（表 4-12）

云铁环氧防腐涂料性能指标（企业指标）　　　　表 4-12

序 号	项 目		技 术 指 标
1	干燥时间	表干（h）　≤	1
		实干（h）	24
		完全固化（d）	7
2	抗冲击性（kg/cm^2）		50
3	柔韧性（mm）　≤		1
4	附着力（级）　≤		1
5	硬度（H）　≥		3
6	耐 3% NaCl 溶液（21d）		无脱落，生锈等现象
7	耐盐雾（600h）（级）　≤		2
8	密度（A 组分）（g/cm^3）		1.30~1.70

3. 施工方法

①除去基面上的油污、灰尘及水迹等杂物，坚硬、平整、洁净、干燥，含水率8%以下，湿度80%以下；

②刮腻子（施工质量很好的地面可不进行此步施工），用刮板涂刮于地面坑凹凸不平处；干燥20h后（环境温度25℃）进行磨平、清洁；

③施工可采用刷涂、滚涂、喷涂等方法；

④组分配比（质量比）A∶B＝6∶1；

⑤施工时如发现涂料太稠可适当加入清水。

4. 使用注意事项

（1）施工注意事项

①施工场所应注意通风良好；

②施工结束后及时清洗工具；

③涂布时发现砂粒或其他杂质时应立即清除；

④施工时涂料避免接触皮肤。

（2）包装

该产品底涂A组分采用白色塑料桶包装，每桶25kg；B组分采用深色塑料桶包装，每桶5kg。

（3）贮存

A组分、B组分可存放在通风干燥的库房内，B组分需避光保存；A组分的有效贮存期为12个月，B组分的有效贮存期为6个月。

5. 部分生产厂家联系方法

生产厂家或经售单位	联系地址	电 话	邮 编
浙江安邦新材料发展有限公司	浙江省海宁市对外综合开发区新二路	0573－7966887	314422
廊坊市东化防腐工程有限公司	河北省廊坊市建设南路288号	0316－2662460	065000

三、钢结构防锈阻锈氟碳涂料

该产品是采用非水性改性树脂、高分子交联线性共聚物和多元醇、偶联剂、磷化液等组成，适用于各行业翻砂铸件、铸钢设备与发生锈蚀的各种机械、压力容器、集装箱、船舶、港口设施、管道、油罐、铁塔、锅炉、桥梁、农机车辆门窗等一切钢铁构件的防锈作业底漆。

1. 产品特点

（1）涂刷在带蚀钢铁金属表面后，涂料与铁锈进行微化学反应，形成配位络合物和保护摸；

（2）对锈蚀钢铁、钢材有极好的附着力；

（3）与各类面漆有优良的兼容性能；

（4）不影响焊接和切割；

(5) 无毒,不含苯类溶剂、甲醛等毒物、对人体无害、无三废;
(6) 可带氧化膜作业,省略打磨喷砂工艺,节省施工成本,减轻劳动强度,缩短作业周期;
(7) 防锈性能高于传统底漆数倍,是传统底漆的新一代替代品。

2. 性能指标(表4-13)

钢结构防锈阻锈氟碳涂料性能指标　　　　　表4-13

序　号	项　　　　目		指　　标
1	密度约（g/cm³）		0.98
2	干膜厚度（μm）		20
3	干燥时间（h）	表　干	1
		实　干	8
4	闪　点（℃）		88
5	干膜硬度（级）		2H
6	理论用量（g/m²）		80

3. 施工方法

(1) 基层处理

①除去钢件表面的灰沙、焊渣、浮锈和其他附着物,用砂纸、钢丝刷简单除锈即可涂刷;

②对表面平整度要求较高的钢件则除锈面须平整。

(2) 施工要点

①施工采用喷涂、刷涂、滚涂、浸涂;

②如施工时材料很稠可用专用稀释剂进行稀释;

③每1kg产品可涂面积约12.5m²,涂刷一道;

④与油性、醇酸、酚醛、氯化橡胶、环氧和环氧沥青等各类面漆配套使用。

4. 使用注意事项

(1) 施工注意事项

①施工时应保持通风,杜绝明火;

②涂刷时应注意钢材表面情况和大气环境,钢材表面受雨水或冰雪影响时,不能涂刷;

③不能作为防锈面漆使用,不用涂两道;

④浸泡法使用容器为耐酸容器,浸泡时间视锈蚀情况不超过1min。

(2) 包装

该产品有10kg桶装和20kg桶装。

(3) 贮存

该产品有效贮存期为20个月。如超出保质期,不结硬块,经搅拌涂浆正常仍可使用。

5. 部分生产厂家联系方法

生产厂家或经售单位	联系地址	电　话	邮　编
上海衡峰氟碳材料有限公司	上海市赤峰路63号4楼	021-65045727	200000
北京紫禁城漆业有限公司	北京通州区潞城镇甘棠开发区	010-61522593	100000

四、丙烯酸脂肪族聚氨酯面漆

该漆在传统的丙烯酸树脂防腐涂料的基础上，采用中外公认的长寿型脂肪族聚氨酯固化剂、耐候颜料、特种助剂，经先进工艺制备而成的一种双组分涂料。底漆为A型，面漆为B型，清漆为C型，铝粉漆为D型。

1. 产品特点

①耐候性极佳，漆膜坚硬，附着力好，光亮丰满；
②有较好的耐磨、酸、水、油、热等性能。

2. 性能指标（表4-14）

丙烯酸脂肪族聚氨酯面漆性能指标　　　　　表4-14

项　目		指　标	试验方法
颜色及外观		符合标准样板，漆膜平整光滑	目　测
黏度（涂-4杯）(s) ≥		80	GB/T 1723—1993
细度（um） ≤		30	GB/T 1724—1989
干燥时间（h）	表干 ≤	1	GB/T 1728—1989
	实干 ≤	12	
固体含量（%） ≥		55	GB/T 1725—1989
附着力（级）		1	GB/T 1720—1989
柔韧性（mm） ≤		1	GB/T 1731—1993
耐候性（经沿海地区12个月天然曝晒后测定）		漆膜颜色变化，≤4级 粉化，≤3级 裂纹，≤2级	GB/T 1767—1979 GB/T 1766—1995
耐10% H_2SO_4		常温3个月无变化，色变浅	GB/T 1763—1989

3. 适用范围

可用于各种金属、硬塑表面作装饰性涂装，适合多种环境，包括海上设施、化工和石化厂、铁路桥梁、公路桥梁等。

4. 施工方法

（1）开桶搅拌：打开桶后将涂料彻底搅拌至桶底无沉积物无色差即可涂覆；
（2）表面处理要求：保持表面干燥、无油污、灰尘等异物，并在6h内涂装；

(3) 配比：甲∶乙 = 5∶1（重量比）；
(4) 涂装方法：无气喷涂、空气喷涂、刷涂、滚涂均可；
(5) 理论涂布率：干膜厚度 60~80μm 条件下，0.20~0.25kg/m²；
(6) 稀释剂用量：根据施工情况可适当添加专用稀释剂，用量为 5%~15%；
(7) 最后一道面漆涂装完工后，须自然固化 7d 后才能投入使用。如果环境温度低于 10℃时，应适当延长。

5. 使用注意事项
(1) 包装：铁桶密封包装，每桶净重 15kg，稀释剂净重 10kg；
(2) 有效期为 1 年，超过有效期，经检验合格可照常使用。

6. 部分生产厂家联系方法

生产厂家或经售单位	联系地址	电话	邮编
成都旭日星源科技发展有限公司	成都市高新区创业路 2 号	028-85188757	610041
上海仲钰实业发展有限公司	上海浦东新区航南公路 800 号	021-64667669	200000

第五节　聚甲基丙烯酸甲酯（PMMA）防水涂料

一、PMMA 防水涂料

铁路、公路桥梁等混凝土桥面防水层是提高桥梁耐久性的重要技术手段，既有桥梁由于桥面防水失效造成桥面板渗水、钢筋锈蚀的事例很多，直接影响到梁部结构的使用寿命。聚甲基丙烯酸甲酯（PMMA）防水层源自欧洲和北美、韩国成熟铁路防护体系，按照国内要求调整设计。

1. 产品特点
(1) 不需要混凝土保护层，通常适用于各种不规则的基面；
(2) 耐磨、耐久性能好；
(3) 流平性、固化性好；
(4) 施工方便，周期较短；
(5) 便于检查和修补等。

2. 性能指标（表 4-15）

3. 适用范围

该产品是公路桥梁、城际轨道、高速铁路、客运专线等交通工程较理想的防水防护材料。

4. 施工方法
(1) 产品组成

①喷涂（SG）防水涂料：SG-A 组分与 SG-B 组分，比例 1∶1，固化剂 SG-C 加入 SG-B 组分中，添加剂比例 3%~4%；

PMMA 防水涂料的性能指标（企业指标） 表 4-15

项　　目		指　　标	执行标准
拉伸强度（MPa） ≥		11.0	GB/T16777
断裂伸长率（%） ≥		135	
固体含量（%） ≥		95	
工作时间（min） ≤	5℃	30	
	40℃	10	
固化时间（min） ≤	5℃	60	
	40℃	30	
与混凝土粘结强度（MPa） ≥		2.5	
邵氏硬度（D） ≥		50	GB/T 2411

②滚涂（HG）防水涂料：固化剂 HG-C 加入 HG-A 中，比例 1.5%～2%。

（2）产品应用

①PMMA 防水涂料的颜色可采用除黑色外的其他颜色；

②PMMA 防水层上不需要制作保护层；

③在施工 PMMA 防水涂料之前，应在处理好的混凝土表面涂刷一道低粘度漆或者 PMMA 树脂基层处理剂，以起封闭混凝土和提高防水膜和底层的粘结强度；

④喷涂（SG）防水涂料 SG-A 组分与 SG-B 组分的比例为 1:1，在喷涂机械内搅拌混合，未连接到喷涂设备之前，不能在其他容器内混合 A 组分与 B 组分。固化剂可加入 SG-B 组分中，添加比例为 1.5%～2.5%；

⑤滚涂（HS）防水涂料，固化剂 C 添加比例为 1.5%～2.5%；

⑥施工温度范围为 5～40℃，在施工时不作防水系统的位置应先作临时保护；

⑦防水涂料施工应连续施工，若因天气等问题造成防水膜喷涂中断，则应预留出搭接位置约 50mm 宽；第一层施工后半小时即可施工下一层。当下一层施工搭接该位置时，如因搁置时间已超过 24h，则搭接位置应用丙酮擦拭涂层表面；

⑧PMMA 防水涂料膜最小厚度要求：1.5～2mm；

⑨PMMA 防水涂料用量：1mm 干膜厚度用量为 1.3～1.5kg/m²；2mm 干膜厚度用量 2.6～3.0kg/m²；3mm 干膜厚度用量 3.6～4.5kg/m²；

⑩防水涂料应涂刷均匀，无漏喷、无气泡，施工完成后，用测厚仪检查涂层厚度。

5. 使用注意事项

（1）施工

施工区不得明火作业、吸烟、饮食。

（2）包装、运输及贮存

①一般情况下，未启封产品的有效期为一年；

②产品采用密闭容器包装，运输途中防止日晒雨淋，禁止接近热源或食品；

③产品应储存于阴凉、干燥、通风处，免受阳光直射。储存温度不宜高于 40℃，最

低温度不应低于0℃。

6. 部分生产厂家联系方法

生产厂家或经售单位	联系地址	电话	邮编
星瑞倍斯特（北京）应用科技有限公司	北京市朝阳区洛娃大厦A座1706	010-64398865	100120
广州秀珀化工股份有限公司	广东省广州市番禺钟村谢石路72号秀珀工业园	020-34772182	511495
北京森聚柯高分子材料有限公司	北京市石景山五里坨隆恩寺路100042-02信箱	010-88906957	100042
北京建工华创工程技术有限公司	北京市西直门北大街甲43号金运大厦A座	010-62295033	100044
北京东方雨虹防水技术股份有限公司	北京市顺义区杨镇曾庄顺平南路	010-61441089	101309
南京耐渗建筑防水材料有限公司	江苏省南京市湖南路109号6-704室	025-86433931	210000

二、PMMA 防水砂浆

该产品是在PMMA防水涂料里添加适当的石英砂、碳酸钙、细石子等填料及多种化学助剂，改善了现今普通砂浆的性能及施工性，尤其是环保性，显著提高了抗压强度、抗拉强度、抗弯强度等性能，可代替一般高强砂浆。

1. 产品特点

（1）具有提高结构强度，优越的防水性、施工性和耐久性；

（2）耐磨性及耐冲击性卓越。

2. 性能指标（表4-16）

PMMA 防水砂浆的性能指标　　　　表4-16

项目		指标	执行标准
拉伸强度（MPa）	≥	5.0	KSF 2423-06
抗压强度（MPa）	≥	60.0	KSF 2405-05
抗弯强度（MPa）	≥	10.0	KSF 2408-00
与混凝土粘结强度（MPa）		2.5~3.0	GB/T 16777-2008
施工厚度（mm）	≥	4.0	按设计要求

3. 适用范围

适用于需要超高强的铁路、公路、机场跑道铺装、水下结构、土木工程。

4. 施工方法

①PMMA 防水砂浆的颜色可采用除黑色外的其他颜色；
②PMMA 防水砂浆上不需要制作保护层；
③在施工 PMMA 防水砂浆之前，应对混凝土表面施工一道低粘度漆或者 PMMA 基层处理剂，以起封闭混凝土和提高防水膜和底层的粘结强度；
④PMMA 防水砂浆 A 组分与 B 组分的比例为 1:2 或根据设计强度调整，混合后应搅拌均匀；
⑤施工温度范围为 5~40℃，在施工时不作防水系统的位置应先作临时保护措施；
⑥防水砂浆施工应连续施工，若因天气等问题造成防水砂浆施工中断，则应预留出搭接位置约 50mm 宽；第一层施工后 30~45min 即可施工下一层。当下一层施工搭接该位置时，如因搁置时间已超过 24h，则搭接位置应用丙酮擦拭涂层表面。

5. 使用注意事项

同一中的 5。

6. 部分生产厂家联系方法

生产厂家或经售单位	联系地址	电话	邮编
星瑞倍斯特（北京）应用科技有限公司	北京市朝阳区洛娃大厦 A 座 1706 室	010-64398865	100120
南京耐渗建筑防水材料有限公司	江苏省南京市湖南路 109 号 6-704 室	025-86433931	210000

第五章 防水混凝土

防水混凝土是以调整混凝土的配合比，掺外加剂或使用新品种水泥等方法提高自身的密实性、憎水性和抗渗性，使其满足抗渗压力大于0.6MPa的不透水性混凝土。

防水混凝土一般可分为普通防水混凝土、外加剂防水混凝土和膨胀水泥防水混凝土三大类。

用防水混凝土与采用卷材防水等相比较，防水混凝土具有以下特点：
①兼有防水和承重两种功能，能节约材料，加快施工速度；
②材料来源广泛，成本低廉；
③在结构物造型复杂的情况下，施工简便，防水性能可靠；
④渗漏水时易于检查，便于修补；
⑤耐久性好；
⑥可改善劳动条件。

不同类型的防水混凝土具有各不相同的特点，应根据使用要求加以选择。各种类型的防水混凝土的适用范围：

普通防水混凝土：适用于一般工业、民用建筑及公共建筑的地下防水工程。

外加剂防水混凝土：适用于北方高寒地区，抗冻性要求较高的防水工程及一般防水工程，不适于压缩强度>20MPa或耐磨性要求较高的防水工程。

减水剂防水混凝土：适用于钢筋密集或捣固困难的薄壁型防水构筑物，也适用于对混凝土凝结时间（促凝或缓凝）和流动性有特殊要求的防水工程（如泵送混凝土工程）。

三乙醇胺防水混凝土：适用于工期紧迫，要求早强及抗渗性较高的工程及一般防水工程。

膨胀水泥防水混凝土：适用于地下工程和地上防水构筑物、山洞、非金属油罐和主要工程的后浇缝。

第一节 普通防水混凝土

普通防水混凝土又称结构自防水混凝土，是以调整配合比的方法来达到提高自身密实度和抗渗性要求的一种混凝土。

混凝土是一种非匀质性材料，其内部有许多大小不同的微细孔隙，水的渗透就是通过这些孔隙和裂隙进行的。混凝土的透水性与孔隙大小、孔隙的连通程度（即造成毛细管通路）有关。

一、普通防水混凝土的防水原理

混凝土是一种非匀质性材料，从微观结构上看属于多孔结构，其体内分布着许多大小不等的微细孔隙，因而它通常是渗水的。普通防水混凝土是在普通混凝土的基础上发展起来的，两者的不同点在于普通混凝土是根据结构所需的强度要求配制的，而普通防水混凝土除了结构强度要求外，还应根据结构所需的抗渗要求而进行配制。

水泥在水化过程中，其中多余水分蒸发后，将在混凝土中遗留下孔隙，剩余水分愈多，蒸发后留下的毛细孔越粗，渗水的可能性也就越大。毛细孔的数量多少和大小与水灰比、水泥水化程度和养护条件均有着直接的关系。在混凝土中，由于骨料和水泥的相对密度以及颗粒大小不一致，在重力作用于下，会产生不同程度的相对沉降，以致形成沉降缝隙；而砂浆和骨料之间变形的不一致，又将会出现接触孔，这两种孔隙又往往是连通的，并且比毛细管大。如果混凝土的配比不当，水泥浆贫瘠，则不足以填满粗细骨料之间的孔隙，这样，大气中的水和地下水均会通过混凝土中余留下来的孔隙渗入。

普通防水混凝土则根据混凝土防水抗渗性能主要与混凝土内部孔隙的形成以及孔隙的分布特征有关这一特点，从材料配制和施工两个方面着手来抑制和减少混凝土内部孔隙的生成，改变孔隙的形状和大小特征，堵塞混凝土内部的透水通路，使混凝土不依赖其他附加的防水措施，仅靠提高混凝土自身的密实性来达到防水的目的。具体而言，普通防水混凝土采用较小的水灰比，适当增加水泥用量和砂率，合理地使用自然级配，限制最大骨料粒径和确保施工质量，从而使水泥砂浆不仅填充和粘结粗骨料，而且在粗骨料周围形成一定数量和质量（浓度）的砂浆包裹层，这样，就能减少混凝土的孔隙率，改变孔隙特征，抑制各孔隙之间的连贯，从而仅靠提高本身的密实度来增强混凝土的抗渗能力，以满足工程使用上的防水防渗要求。

1. 原材料

（1）水泥：配制普通防水混凝土用的水泥必须满足国标 GB 175—2007 规定，此外还应符合下列要求：

①抗水性好、泌水性小、水化热低，并具有一定的抗侵蚀性；

②防水混凝土选用的水泥强度等级不应低于 32.5 级，当采用 32.5 水泥时，必须掺外加剂并经试验合格后方可使用；

③过期、受潮结块及掺入有害杂质的水泥均不得使用，并不得将不同品种或强度等级的水泥混合使用；

④在不受侵蚀性介质和冻融作用时，宜采用普通硅酸盐水泥、火山灰质硅酸盐水泥、粉煤灰硅酸盐水泥，如采用矿渣硅酸盐水泥，则必须掺用外加剂以降低泌水率；

⑤在受冻融作用时应优先选用普通硅酸盐水泥，不宜采用火山灰质硅酸盐水泥和粉煤灰硅酸盐水泥；

⑥根据不同使用要求选用不同品种水泥。

（2）骨料：防水混凝土用的砂、石材质要求除应符合现行《普通混凝土用砂质量标准及检验方法》和《普通混凝土用卵石质量标准及检验方法》的规定外，对砂石颗粒组成不作特殊要求，可参照普通混凝土的规定。矿渣碎石的坚固性，应符合原冶金工业部制定的《矿渣应用规程》的规定。

（3）水：不含有害物质的洁净水。

（4）其他材料

①防水混凝土可根据工程需要掺入引气剂、减水剂、密实剂等外加剂，其掺量和品种应经试验确定。

②防水混凝土可掺入一定数量的磨细粉煤灰或磨细砂、石粉等，粉煤灰掺量不应大于20%；磨细砂、石粉的掺量不宜大于5%。粉细料应全部通过0.15mm筛孔。

2. 防水混凝土配制

（1）配制原则

普通防水混凝土的配制原则是：提高砂浆不透水性，增大石子拨开系数，在混凝土粗骨料周边形成足够数量和良好质量的砂浆包裹层，并使粗骨料彼此隔离，有效地阻隔沿粗骨料互相连通的渗水孔网。

（2）防水混凝土配合比设计

普通防水混凝土配合比一般采用绝对体积法设计。设计时应考虑以下要求：

①首先满足抗渗性要求，同时考虑抗压强度、施工和易性和经济性等方面要求。必要时还应满足抗侵蚀性、抗冻性或其他特殊要求。

②根据工程要求，由混凝土的抗渗性、耐久性、使用条件确定水泥品种。由混凝土强度决定水泥强度等级，但水泥强度等级不宜低于32.5级，水泥用量不应小于320kg/m³。当掺用活性粉细料时，水泥用量不得少于280kg/m³。

③依据工程要求的抗渗性和施工和易性及强度要求确定水灰比。

④根据结构条件（如结构截面大小、钢筋布置的稀密等）和施工方法（运输、浇捣方法等）综合考虑决定用水量。

⑤防水混凝土的砂率不得小于35%，具体数值可根据砂、石粒径，石子孔隙率加以选定。

对于钢筋稠密、厚度较小、埋设件较多等不易浇捣施工的混凝土工程，亦可将砂率提高到40%左右。

⑥在防水混凝土砂率及最小水泥用量均已确定的情况下，还应对灰砂比进行验证，此时灰砂比对抗渗性的影响更为直接，它可直接反映水泥砂浆的浓度以及水泥包裹砂粒的情况，灰砂比以1:2～1:2.5为宜。

3. 防水混凝土的主要性能

（1）反复承受压力水作用下的抗渗性

普通防水混凝土在反复经受水压作用下仍能保持良好的抗渗性能。

（2）耐热性

在常温下具有较高抗渗性的普通防水混凝土，加热至100℃后，其抗渗性会降低。当温度超过250℃时，混凝土的抗渗能力急剧下降。因此，普通防水混凝土的使用温度不宜超过100℃。

二、普通防水混凝土的物理力学性能

普通防水混凝土的物理力学性能，除了应突出其抗渗性外，其他与普通混凝土基本相同，主要包括强度、抗渗性、耐热度和弹性模量等。

1. 强度

普通防水混凝土其组成与普通混凝土基本相同，故其抗压强度与抗拉强度规律也基本相同，当水泥用量和砂率不变时，防水混凝土的抗压强度和抗拉强度，亦随水灰比的变动而发生变化。

2. 抗渗性

普通防水混凝土在反复经受水压力作用下仍能保持良好的抗渗性能（表5-1）。

普通防水混凝土在反复经受水压力作用下的抗渗性　　　　表5-1

水灰比	水泥用量（kg/m³）	砂率	透水试件顺序	试件总龄期（d）	两次抗渗试验间隔日期（d）	同一试件抗渗压力（MPa）		
0.6	320	45	第一次	60	—	0.4	0.6	0.4
			第二次	74	14	0.8	1.0	0.6
			第一次	74	—	0.8	0.8	0.6
			第二次	101	27	1.3	2.0	>2.0

从表5-1中可以看出，普通防水混凝土的第二次抗渗性并不比第一次抗渗性低，且有随两次试验时间间隔的延长，抗渗性随之提高的趋向。普通防水混凝土工程中的细小裂缝的自愈，潮点及轻微渗漏现象的消失，均说明普通防水混凝土具有稳定可靠的抗渗性。此外，在一定压力水作用下，当外部压力与混凝土内部阻力平衡或渗水量等于蒸发量时，透水高度并不随时间延长而增加。因此在压力水中持续6个月的试件，其透水高度并不比持续3个月的抗渗试件高。

3. 耐热性

在常温下具有较高抗渗性的普通防水混凝土，加热至100℃后，其抗渗性会降低。当温度超过250℃时，混凝土的抗渗能力急剧下降，参见表5-2。因此，普通防水混凝土的使用温度不宜超过100℃。

不同温度对防水混凝土抗渗性的影响　　　　表5-2

温　度（℃）	抗渗压力（MPa）
常　温	1.8
100	1.1
150	0.8
200	0.7
250	0.6
300	0.4

4. 弹性模量

弹性模量是反映混凝土变形的指标，它与混凝土的组成材料骨料与水泥的变形性质有关系，普通防水混凝土的弹性模量。则要比普通混凝土稍低，（表5-3）。

普通防水混凝土的静力弹性模量　　　　表5-3

抗压强度（MPa）	轴心抗压强度（MPa）	弹性模量（MPa）
23.3	16.7	26700
27.2	19.9	29200

三、普通防水混凝土的配制

普通防水混凝土虽说是在普通混凝土的基础上发展起来的，但两者配制的原理是不同的，即普通混凝土是根据结构所需要的强度进行配制的，普通防水混凝土则是根据结构所需要的抗渗等级要求进行配制的。

普通防水混凝土的配合比设计原则是：以提高砂浆不透水性为根本目的，增大石子拨开系数，在混凝土粗骨料周边形成足够数量和质量良好的砂浆包裹层，并使粗骨料彼此间隔离，有效地阻隔沿粗骨料互相连通的渗水孔网；在配制时，应采取较小的水灰比，适当地增加水泥用量和砂率，合理使用自然级配，限制最大骨料粒径，以减少混凝土的孔隙率，抑制孔隙间的连通，使混凝土具有足够的密实性、可靠的防水性。

(一) 组分

普通防水混凝土其主要组分是胶凝材料：水泥、细骨料（砂）、粗骨料（石子）、水。

1. 水泥

配制普通防水混凝土用的水泥除须满足国家标准 GB 175—2007 的规定以外，还要求其抗水性能好，泌水性小、水化热低，并具有一定的抗侵蚀性。选用的水泥强度等级应在 32.5 级以上，过期或受潮结块以及掺入有害杂质的水泥均不得使用。

防水混凝土水泥品种选择见表 5-4。

防水混凝土水泥品种选择　　　　　　　　　　　　　　表 5-4

水泥品种	普通硅酸盐水泥	火山灰质硅酸盐水泥	矿渣硅酸盐水泥
优　点	早期及后期强度都较高，在低温下强度增长比其他水泥快，泌水性小，干缩率小，抗冻耐磨性好	耐水性强，水化热低，抗硫酸盐侵蚀能力较好	水化热低，抗硫酸盐侵蚀性能也优于普通硅酸盐水泥
缺　点	抗硫酸盐侵蚀能力及耐水性比火山灰水泥差	早期强度低，在低温环境中强度增长较慢，干缩变形大，抗冻和耐磨性差	泌水性和干缩变形大，抗冻和耐磨性均较差
适用范围	一般地下和水中结构及受冻融作用及干湿交替的防水工程，应优选采用本品种水泥，含硫酸盐地下侵蚀时不宜采用	适用于有硫酸盐侵蚀介质的地下防水工程，受反复冻融及干湿交替作用的防水工程不宜采用	必须采取提高水泥研磨细度或掺入外加剂的办法减少或消除泌水现象后，方可用于一般地下防水工程

2. 骨料

防水混凝土用的砂、石等骨料，其材质要求（表 5-5）。

防水混凝土砂、石材质要求　　　　　　　　　　　　　　表 5-5

项目名称	砂						石		
筛孔尺寸 (mm)	0.16	0.315	0.63	1.25	2.50	5.0	5.0	$1/2 D_{max}$	$D_{max} \leq 40mm$
累计筛余 (%)	100	70~95	45~75	20~55	10~35	0~5	95~100	30~65	0~5

续表

项目名称	砂	石
含泥量	≤3%，泥土不得呈块状或包裹砂子表面	≤1%，且不得呈块状或包裹石子表面
材质要求	1. 宜选用洁净的中砂，内含一定的粉细料 2. 颗料坚实的天然砂或由坚硬的岩石粉碎制成的人工砂	1. 坚硬的卵石、碎石（包括矿渣碎石）均可 2. 石子粒径宜为5~40mm

当以矿渣碎石为粗骨料时，矿渣碎石的坚固性则应符合冶金部制定的《矿渣应用规范》的规定见表5-6。

矿渣碎石的坚固性要求　　　　　　　　　　　　　表5-6

混凝土强度等级	经硫酸钠溶液5次浸泡烘干循环后的质量损失（%）≤
C40	3
C30~C20	5
C15	10

防水混凝土常用的粗骨料品种有卵石和碎石，这两种粗骨料是密实的，不透水的。它们的表面状态不同，混凝土拌合物的和易性也不相同。碎石表面由于较为粗糙，且多棱角，其与水泥的粘着力则比卵石要优越得多，一般而言，对混凝土强度及抗渗性均有利，但由于碎石表面的特点，要获得与卵石混凝土同样的和易性，每立方米混凝土则需多用10~20kg的水泥，用水量也随之增加，故对抗渗性未必有利。若在相同配比情况下，当砂率较低时，碎石防水混凝土抗渗性略低于卵石防水混凝土；若提高砂率，则两种骨料配制的混凝土的抗渗性相近。经有关专家的试验表明，在相同条件下用碎石配制的防水混凝土其和易性均比用卵石配制的防水混凝土差，故要想获得良好的和易性和抗渗性，必须适当地增加水泥用量及砂率。石子品种对防水混凝土抗渗性的影响见表5-7。

石子品种对防水混凝土抗渗性的影响　　　　　　　　　表5-7

水灰比	水泥用量（kg/m³）	砂浆（%）	石子品种	坍落度（cm）	抗压强度（MPa）	抗渗压力（MPa）
0.50	400	51.5	卵石	6.2	21.7	>2.5
			碎石	1.1	26.8	2.3
0.55	382	51.5	卵石	7.5	20.8	>2.6
			碎石	3.3	27.7	2.5
0.60	333	51.5	卵石	5.4	21.4	1.4
			碎石	2.3	23.3	0.9
0.50	340	32	卵石	1.07	27.2	>2.5
			碎石	0.1	31.4	1.2

续表

水灰比	水泥用量（kg/m³）	砂浆（%）	石子品种	坍落度（cm）	抗压强度（MPa）	抗渗压力（MPa）
0.55	327	32	卵石	5.0	30.3	1.0
			碎石	0.53	30.8	0.8
0.60	300	32	卵石	11.05	25.0	1.2
			碎石	0.35	25.6	0.8

注：石子最大粒径为30mm。

为了控制混凝土中的孔隙，减少分层离析，必须限制石子的最大粒径，由于混凝土在硬化过程中，石子不会收缩，而周围的水泥砂浆则产生收缩，故可造成石子与砂浆变形不一致。石子粒径越大，其周边越长，与砂浆收缩的差值越大，越易使砂浆与石子界面间产生微细的裂缝，因此防水混凝土的石子粒径不宜过大，最大粒径应不大于40mm。

在防水混凝土中可以掺入适量的细粉料，以达到填充一部分微小的空隙，改善混凝土的抗渗性，掺量的多少应根据混凝土中的水泥用量、水泥强度等级、砂中小于0.15mm颗粒数量的多少及混凝土要求的抗渗等级而定。常用的细粉料其品种主要有磨细砂、石粉和防水性能好的火山灰等。细粉料的含量对防水混凝土抗渗性的影响见表5-8。

细粉料含量对防水混凝土抗渗性的影响 表5-8

细粉料含量（%）	水用量（kg/m³）	水泥用量（kg/m³）	坍落度（cm）	抗压强度（MPa）	抗渗压力（MPa）
0	205	350	5.0	26.4	1.0
2.9	210	350	5.5	26.0	1.2
5.7	215	350	8.1	21.3	2.2
8.5	220	350	8.8	20.8	2.8

注：1. 河砂中原有粒径小于0.15mm的细粉料为1.5%，折合占骨料总质量的0.95%。
　　2. 水泥为42.5级火山灰质硅酸盐水泥。
　　3. 所用细粉料为磨细砂。

3. 水

普通防水混凝土应采用无侵蚀性的洁净的水。

（二）配合比的设计

1. 设计原则

普通防水混凝土配合比一般采用绝对体积法设计，设计时应考虑以下原则。

（1）首先满足工程所需的抗渗性要求，同时考虑工程所需的抗压强度，必要时还应满足抗侵蚀性、抗冻性及其他的特殊要求，还应考虑到施工的和易性和经济性等方面的要求。

（2）根据工程要求和结构特点，由混凝土的抗渗性、耐久性、使用条件及材料来源情况确定水泥品种；由混凝土强度决定水泥强度等级，但水泥强度等级不宜低于32.5MPa，水泥用量不得小于300kg/m³,当掺用活性粉细料时,其水泥用量不得少于280kg/m³。

(3) 防水混凝土所采用的骨料应优先使用当地的砂、石材料,但其质量必须符合国家标准,满足工程要求。

2. 设计步骤

(1) 确定水灰比

主要依据工程要求的抗渗性和施工和易性,其次考虑强度要求。

由于抗渗要求的水灰比比强度要求的水灰比小,因此往往防水混凝土的强度会超过设计要求。水灰比选择见表5-9。

普通防水混凝土的水灰比选择 表5-9

抗渗等级	水 灰 比	
	C20~C30 混凝土	C30 以上混凝土
P6~P8	0.6	0.55
P8~P12	0.55	0.50
P12 以上	0.5	0.45

混凝土水灰比的大小是一个至关重要的技术参数,它对混凝土硬化后孔隙的大小和数量起着决定性的作用,直接影响着混凝土的密实性。从理论上讲,混凝土水化反应所需的水量大约为水泥用量的25%左右,所以,在用水量能满足水化反应的前提下,水灰比越小,混凝土的密实性越好,其强度和抗渗性也越好,但就当前的施工条件,若水灰过小,则会给浇筑和振捣带来很大的难度,如达不到质量要求,反而会增加施工孔隙,这对混凝土的抗渗性显然是不利的。若水灰比过大,水化反应结束后,水分蒸发会留下许多渗水通道,混凝土的抗渗性也将随之降低。

(2) 确定用水量

根据结构条件(如结构截面的大小、钢筋布置的稀密等)和施工方法(运输、浇捣方法等)综合考虑,按普通混凝土配合比设计的用水量表决定用水量,可选择坍落度后(表5-10),再根据选定的坍落度通过试拌来确定混凝土的用水量。普通防水混凝土拌合用水量的选用见表5-11,最后根据试配结果确定用水量。

普通防水混凝土坍落度的选择 表5-10

结 构 种 类	坍 落 度(mm)
厚度≥25cm 结构	20~30
厚度<25cm 或钢筋稠密的结构	30~50
厚度大的少筋结构	<30
大体积混凝土或立墙	沿高度逐渐减小坍落度

混凝土拌合用水量参考表（单位：kg/m³） 表5-11

坍落度（mm） \ 砂率（%）	35	40	45
10~30	175~185	185~195	195~205
30~50	180~190	190~200	200~210

注：1. 表中石子粒径为5~20mm，若石子最大粒径为40mm，用水量应减少5~10kg/m³；表中石子按卵石考虑，则用水量应增加5~10kg/m³。
2. 表中采用火山灰质硅酸盐水泥，若采用普通硅酸盐水泥，则用水量可减少5~10kg/m³。

（3）计算确定水泥的用量

水泥的用量可以根据用水量与水灰比的关系按下式计算确定：

$$m_{co} = \frac{m_{eo}}{W/C}$$

式中 m_{co}——每1m³混凝土的水泥用量（kg/m³）；

m_{eo}——每1m³混凝土的水用量（kg/m³）；

W/C——混凝土所要求的水灰比；

W——每1m³混凝土的用水量（kg）；

C——每1m³混凝土的水泥用量（kg）。

计算所得的水泥用量应考虑到防水混凝土的特点，其用量不小于300kg/m³。

在水灰比有一定的限值后，水泥用量和砂率对混凝土的抗渗性有比较明显的影响，足够的水泥用量和适宜的砂率可以使混凝土中有一定数量和质量的水泥砂浆，使混凝土具有良好的抗渗性。试验证明，防水混凝土的抗渗性，随着水泥用量的增加而提高，当水泥用量不小于300kg/m³时，抗渗等级则可以稳定在P8以上。

（4）选用砂率

防水混凝土的砂率不得小于35%，具体的数值可根据砂石粒径、石子空隙率（表5-12）加以选定。对于钢筋稠密、厚度较小、埋设件较多等不易浇捣施工的混凝土工程，亦可将砂率提高到40%左右。

普通防水混凝土砂率的选择 表5-12

砂子细度模数（MK）	平均粒径（mm）	砂率（%） 石子空隙率（%）				
		30	35	40	45	50
0.70	0.25	35	35	35	35	35
1.18	0.30	35	35	35	35	36
1.62	0.35	35	35	35	36	37
2.16	0.40	35	35	36	37	38
2.71	0.45	35	36	37	38	39
3.25	0.50	36	37	38	39	40

注：本表是按石粒径为5~30mm计算的，若采用5~20mm石时，砂率可增加2%。

石子空隙率可按下式计算：

$$n_{\mathrm{g}} = \left(1 - \frac{\rho_{\mathrm{gm}}}{\rho_{\mathrm{g}}}\right) \times 100\%$$

式中　n_{g}——石子的空隙率（%）；

　　　ρ_{gm}——石子的质量密度（t/m³）；

　　　ρ_{g}——石子的表观密度（t/m³）。

防水混凝土主要以抗渗性为设计标准，它所采用的砂率不同于普通混凝土，故应采用较高的砂率，因为所组成的水泥砂浆，不仅要填充石子的空隙，而且还要包裹在石子表面，成为具有一定厚度的砂浆层，但是，普通防水混凝土砂率的选择，必须和水泥用量相适应。

（5）计算粗细骨料的用量

根据砂、石骨料种类的级配情况，结合防水混凝土的技术要求（表5-13和表5-14）计算粗细骨料用量，可采用绝对体积法计算混凝土的配合比，即假设混凝土组成材料绝对体积的总和等于混凝土的体积，从而得到以下方程式：

配制普通防水混凝土的技术要求　　　　　　　　　　　　　　　　　表5-13

项　　目	技　术　要　求
水灰比	0.5～0.6
坍落度（mm）	30～50
水泥用量（kg/m³）	320
含砂率	35%。对于厚度较小、钢筋稠密、埋设件较多等不易浇捣施工的工程可提高到40%
骨　料	粗骨料最大粒径≤40mm；采用中砂或细砂

配制矿渣碎石防水混凝土的技术要求　　　　　　　　　　　　　　　表5-14

项　　目	要　　求
水泥用量（kg/m³）	最低用量：普通硅酸盐水泥：330 矿渣水泥：360
水　灰　比	0.5～0.6，另增加矿渣润湿水应以控制适宜坍落度为宜
坍落度（mm）	10～30
砂　率（%）	37～42
灰　砂　比	1:2～1:2.5
骨　料	大小矿渣搭配使用，适当掺用部分5～25mm小粒径矿渣

$$\frac{m_{\mathrm{co}}}{\rho_{\mathrm{c}}} + \frac{m_{\mathrm{wo}}}{\rho_{\mathrm{w}}} + \frac{m_{\mathrm{sg}}}{\rho_{\mathrm{sg}}} = 1000$$

①根据选用的砂率，按照下式计算砂石的混合密度：

$$\rho_{sg} = \rho_s \beta_s + \rho_g (1 - \beta_s)$$

式中 ρ_{sg}——砂石混合密度（t/m³）；

ρ_s——砂的表观密度（t/m³）；

ρ_g——石子的表观密度（t/m³）；

β_s——砂率。

②计算砂石的总用量：

$$m_{sg} = \rho_{sg}\left(1000 - \frac{m_{wo}}{\rho_w} - \frac{m_{co}}{\rho_c}\right)$$

式中 m_{sg}——砂石总用量（kg/m³）；

m_{wo}——每1m³混凝土水的用量（kg/m³）；

ρ_w——水的密度（t/m³）；

m_{co}——每1m³混凝土的水泥用量（kg/m³）；

ρ_c——水泥密度（t/m³），一般取2.9~3.1。

③分别计算砂、石用量：

$$m_{so} = m_{sg}\beta_s$$

$$m_{go} = m_{sg} - m_{so}$$

式中 m_{so}——每1m³混凝土的砂用量（kg/m³）；

m_{go}——每1m³混凝土的石子用量（kg/m³）；

m_{sg}——砂石总用量，kg/m³。

β_s——砂率。

通过以上公式计算出普通防水混凝土的初步配合比，然后再在此基础上进行试配调整，直到满足设计要求为止。

（6）灰砂比的验证

在防水混凝土最小水泥用量及砂率均已确定的情况下，还应对灰砂比进行验证，此时灰砂比对防水混凝土的抗渗性的影响则更为直接，它可以直接反映水泥砂浆的浓度以及水泥包裹砂粒的情况，灰砂比以1:2~1:2.5为宜。

当最小水泥用量确定后，灰砂比的大小也影响着防水混凝土的抗渗性，灰砂比的大小，不仅影响水泥包裹砂子的情况，而且关系着水泥砂浆是否具有抗渗性。如果灰砂比过大，则水泥含量大，砂子数量小，往往易出现不均匀收缩和过大收缩现象，使混凝土的抗渗性降低。如果灰砂比偏小，由于砂子数量过多，混凝土拌合物则表现为干涩而缺乏黏性，使混凝土的密实性同样不高。因此，只有选用适宜的灰砂比时，对提高防水混凝土的抗渗性才是有利的。

（7）确定配合比

混凝土的质量配合比为：

$$水泥:砂:石子 = m_c : m_s : m_g$$

或

$$1 : \frac{m_s}{m_c} : \frac{m_g}{m_c}$$

（8）试拌校正

称量：试配时应采用工程中实际使用的原材料，砂、石骨料的称量均应以干燥状态为基准，如骨料含水，应在用水量中扣除骨料中超过的含水量值，骨料称量也应相应地增加。

试样：按已计算出的配合比称量进行试拌，以检定混凝土拌合物的性能，如试拌得出的混凝土拌合物坍落度不能满足要求，或黏聚性和保水性性能不好，或含气量不符合规定要求时，则应在保证水灰比不等的条件下相应调整用水量或含砂率，直至符合要求为止，然后提出供检验混凝土强度用的基准配合比。

试配：用以检验混凝土强度及抗渗性能时的试配，应采用3个不同的配合比，其中1个为试拌调整后的基准配合比，另两个配合比的水灰比值。应较基准配合比分别增加及减少0.05，其用水量应与基准配合比相同，但砂率值可作适当调整。

试件制作：在制作混凝土强度试块时，尚需检验每个配合比拌合物的坍落度、黏聚性、保水性、含气量及拌合物密度，并以此结果作为代表这一配合比的混凝土拌合物性能。

为了检验混凝土强度，每种配合比至少制作1组（3块）抗压试块，1组（6块）抗渗试块，以鉴定其强度指标及抗渗性能。

(9) 配合比的确定

由试验中得出的各水灰比（水灰比的倒数）值时的抗压强度值，用作图法或计算法求出与试配强度相对应的水灰比值，并结合抗渗试验值进行核实后以确定配合比。最后确定的配合比必须满足抗渗值与强度值两项指标。

(三) 参考配方

[配方5-1] 普通防水混凝土

成分	用量（质量份）
普通硅酸盐水泥（42.5级）	360
水	185
砂（砂率：36%）	659
石子粒径（5~40mm）	1172
混凝土强度等级 C20	
抗渗等级 P6	
坍落度 3~5mm	

[配方5-2] 普通防水混凝土

成分	用量（质量份）
普通硅酸盐水泥（42.5级）	380
水	180
砂（砂率：35%）	634
石子粒径（5~40mm）	1177
混凝土强度等级 C30	
抗渗等级 P8	
坍落度 3~5mm	

[配方5-3] 普通防水混凝土

成分	用量（质量份）
普通硅酸盐水泥（52.5级）	310
水	189
砂（砂率：41%）	794
石子粒径（5~40mm）	1144
混凝土强度等级 C20	
抗渗等级 P10	
坍落度 3~5mm	

[配方5-4] 普通防水混凝土

成分	用量（质量份）
普通硅酸盐水泥（42.5级）	360
水	190
砂（砂率：41%）	800
石子粒径（5~20mm）	415
混凝土强度等级 C20	
抗渗等级 P12	

四、防水混凝土的养护

加强养护对普通防水混凝土是极为重要的，是使防水混凝土获得一定抗渗性的必要条件。表5-15列出了养护方式对防水混凝土的抗渗性能的影响。

养护方式对防水混凝土抗渗性能的影响　　　　表5-15

养护方式	水灰比	砂率（%）	坍落度（cm）	抗压强度（MPa）	抗渗压力（MPa）
标准养护28d	0.60	45	3.5	29.3	>2.2
标准养护14d后，在水中14d	0.60	45	4.5	29.6	>2.0
标准养护14d后，在空气中放4d	0.60	45	4.0	30.6	1.2
标准养护28d后	0.50	35	7.1	—	>3.5
在室内空气中28d	0.50	35	6.4	—	<0.4
蒸汽养护	0.50	—	3.3	1.71	0.4

从表中可以看出，当在水中或潮湿环境中养护时，可以延缓水分的蒸发速度，而且随着水泥水化的不断深入，水化生成的胶体和晶体体积将不继增大，它将填充一部分原来水占据的空间，阻塞水分蒸发的毛细管通道，破坏彼此连通的网状毛细管体系，或使毛细管变得细小，因而可以增加混凝土的密实性，提高混凝土的抗渗性。当混凝土浇筑完毕后，立即放在干燥的空气中，此时游离水则通过表面迅速蒸发，在混凝土中形成彼此连通的毛细管网系，形成渗水的通道，因而混凝土的抗渗性能急剧降低。

防水混凝土并不适宜用蒸汽养护，因为在蒸汽养护时会使毛细管径受蒸汽的压力而扩张，使混凝土的抗渗性能降低。

第二节 外加剂防水混凝土

外加剂防水混凝土是在普通混凝土拌合物中掺入少量的有机或无机物外加剂来改善混凝土的和易性，提高密实性和抗渗性，以适应工程需要的一系列防水混凝土的总称。外加剂防水混凝土的主要品种有减水剂防水混凝土、引气剂防水混凝土、三乙醇胺早强防水混凝土、密实剂防水混凝土（包括氯化铁防水混凝土、硅质密实剂防水混凝土）、膨胀剂防水混凝土等。

外加剂防水混凝土所用的外加剂，根据其基本物质可分为有机物外加剂、无机物外加剂以及混合物外加剂三类。常用的有机物外加剂品种有减水剂、加气剂、三乙醇胺早强防水剂，常用的无机物外加剂品种有氯化铁防水剂、硅质密封剂等，常用的混合物外加剂有无机混合物系、有机混合物系和无机-有机物的混合物。

对外加剂防水混凝土所用的外加剂（防水剂）在物理和化学方面的要求如下：

①在水泥凝结硬化过程中，能把砂浆表面的毛细管封闭，能减少混凝土拌合物中的水滴空隙，能减少干燥收缩，增大伸缩能力，抑制混凝土产生裂缝，加入外加剂后不会降低砂浆的强度，有黏附性；

②能促进砂浆的凝固和硬化，由于砂浆的水化反应，能使可溶性物质固化，并生成憎水性的物质，对混凝土中所配置的钢筋不会产生腐蚀，且对混凝土拌合物的稳定性和持久性没有大的影响。

一、减水剂防水混凝土

减水剂防水混凝土是指在混凝土拌合物中掺入适量的不同类型减水剂，以提高其抗渗能力为目的的一类防水混凝土，称减水剂防水混凝土。

采用减水剂可减少混凝土的拌合用水量，从而则可减少混凝土的孔隙率，增加混凝土的密实性和抗渗性，也可在不增加混凝土拌合用水的条件下，大大提高混凝土的坍落度，从而在满足特殊施工要求的同时，保持混凝土具有一定的抗渗性。采用减水剂配制的防水混凝土，应用在工程中除了具有较高的抗渗性能外，还具有良好的和易性，可调的凝结时间以及推迟水化热峰值出现等特点，因而特别适用于钢筋稠密的薄壁建筑物、滑模、泵送、大型设备基础混凝土，水工混凝土以及要求高强、早强的各种防水混凝土工程。

减水剂防水混凝土的主要技术经济效果表现在以下几个方面：

①在保持混凝土和易性不变的情况下，用水量可以减少10%～20%，相对的混凝土强度可提高10%～30%，其抗渗性能则可提高1倍左右；

②在保持水灰比不变、水泥用量不变的情况下，可增加混凝土坍落度8～15cm，同时抗渗性能及强度均不降低，甚至有所提高。

（一）减水剂防水混凝土的防水原理

在普通混凝土中掺入适量的减水剂后，所以能提高其抗渗性和具备防水能力，其主要原因如下所述。

（1）由于减水剂是一种表面活性剂，对水泥颗粒具有极强的分散作用，使水泥颗粒表面形成一层稳定的水膜，借助于水的润滑作用，混凝土拌合物的和易性显著增加。因此，混凝土掺减水剂后，在满足一定施工和易性能条件下，可以降低拌合水的用量，从而减少了自由水蒸发而留下的毛细管体积，提高了混凝土的密实性，自然也提高了混凝土的抗渗性。

（2）减水剂溶于水中后，离解为阴离子和金属阳离子，阴离子吸附于水泥颗粒的表面，使之带负电荷而互相排斥，使水泥颗粒彼此分离，均匀地分布于混凝土拌合物中，从而改变了混凝土孔结构的分布情况，使混凝土中的孔径及总孔隙率显著地减小。

（3）如在混凝土拌合物中加入了木质素磺酸钙、MF等加气型减水剂，又可起到加气剂的作用，即在混凝土中产生微小封闭的气泡，从而降低了泌水率，堵塞孔隙的通道，有利于提高混凝土的抗渗性。

（二）减水剂防水混凝土的物理力学性能

国家标准《混凝土外加剂》（GB 8076—1997）中规定了掺减水剂混凝土的性能指标，就减水剂的防水混凝土而言，其物理力学性能主要有以下几个方面。

1. 抗渗性

采用减水剂配制的防水混凝土，由于降低了混凝土的拌合水用量，改善了混凝土拌合物的和易性和降低了泌水率，从而使混凝土的抗渗性有显著的提高。

减水剂防水混凝土之所以有良好的抗渗性，首先依靠减少拌合用水的用水量，其次适当的含气量对提高抗渗性起到了辅助作用，因而掺入MF、木钙等引气型减水剂较NNO等非引气型减水剂的抗渗性能好。表5-16为掺NNO及其复合剂的混凝土的抗渗性能，表5-17为掺MF及木钙的混凝土的抗渗性能。

掺入NNO及其复合剂的混凝土的抗渗性能 表5-16

外加剂		水 泥		水灰比	坍落度（cm）	抗渗性	
品种	掺量（%）	品种	用量（kg/m³）			抗渗强度（MPa）	渗透高度（cm）
—	0	52.5级普通水泥	300	0.6	1~3	0.8	—
NNO	1		264			1.5	
—	0		281	0.62		0.8	
NNO	0.8		287	0.45		>1.2	6.8
—	0	52.5级矿渣水泥	350	0.55	6	0.8	—
NNO-F	0.8		360	0.55	15.5	0.9	
NNO-F	0.5		360	0.55	10.5	0.8	
—	0		380	0.5	0.3	1.7	
NNO-F	0.8		380	0.5	15	1.7	
NNO-F	0.5		407	0.49	16	1.4	—

注：NNO-F为用工业萘及甲萘酚副产品废硫酸合成的。

掺 MF 及木钙的混凝土的抗渗性能 表 5-17

外加剂		水 泥		水灰比	坍落度（cm）	抗 渗 性	
品种	掺量（%）	品种	用量（kg/m³）			抗渗强度（MPa）	渗透高度（cm）
—	0	52.5级矿渣水泥	380	0.54	5.2	0.6	—
木钙	0.25		380	0.48	5.6	3.0	
—	0	52.5级普通水泥	350	0.57	3.5	0.8	—
MF	0.5		350	0.49	8	1.6	
木钙	0.25		350	0.51	3.5	>2.0	10.5

2. 抗压强度

减水剂掺入混凝土后，可减少其用水量，改善其和易性，降低泌水率，增加混凝土的密实度，不但提高了混凝土的抗渗性，强度也有了大幅度提高。即使在不减少用水量而获得大坍落度混凝土的情况下，也因为混凝土拌合物和易性的改善、泌水率降低，混凝土的强度仍有增大。

3. 泌水性

混凝土拌合物泌水性的大小，对硬化后的混凝土的抗渗性有很大的影响。不同品种的减水剂均有降低混凝土拌合物泌水率的效果，尤其是掺加具有引气作用的减水剂，可以使混凝土拌合物的泌水率降低58%~78%，效果极为显著，这就可使减水剂防水混凝土的抗渗性大幅度地提高。

几种减水剂对泌水率的影响见表5-18。

各种减水剂对泌水率的影响 表 5-18

减水剂		水灰比	坍落度（cm）	泌水率（%）	降低泌水率（%）
品　种	掺量（%）				
—	0	0.51	0	4.87	
NNO	0.5	0.51	3.5	3.81	21
MF	0.5	0.51	16.5	2.05	58
木钙	0.25	0.51	3.5	1.17	76

注：按混凝土的配合比为1:1.85:3.29进行试验；42.5级矿渣水泥。

4. 水化热

在水利工程和大型设备基础工程等大体积混凝土中，水泥水化热过高会使混凝土内部升温过快，在其冷却过程中，则往往会因内外温差而引起混凝土的开裂，减水剂可以使水泥水化热峰值推迟出现，并在混凝土达到一定强度后才遇降温收缩，这有助于避免混凝土裂缝，保证防水的效果。

5. 抗冻剂

在高寒地区的室外使用防水混凝土，除要求有高抗渗性外，还应有很好的抗冻性能，在这些地区，抗冻性能是影响混凝土耐久性的更重要的指标。现采用的引气型减水剂或掺入加气剂的复合型减水剂配制的防水混凝土，在抗渗、防冻两个方面均取得了良好的效果，在抗冻性能方面大大优于不掺外加剂的普通防水混凝土。

（三）减水剂防水混凝土的配制

1. 组分

配制减水剂防水混凝土时，对原材料的质量有一定的要求。

水泥除一般采用普通硅酸盐水泥外，也可采用矿渣水泥配制。使用的水泥应泌水性小，水化热较低，水泥强度等级不得低于42.5级。

采用减水剂配制防水混凝土时，其减水剂的选择原则应根据混凝土的施工工艺、工程结构和对混凝土的抗渗性、强度等性能要求以及施工时的气温条件和减水剂的来源状态等多方面的因素来考虑，对抗冻性要求较高的防水混凝土，还可以与引气剂复合使用或选用引气减水剂以获得较好的抗渗、抗冻效果。由于水泥和减水剂的品种均较多，因此在选用减水剂前，还应对现场所用的水泥进行试配后再确定。

减水剂种类的选择，是配制减水剂防水混凝土的关键所在，NNO减水剂是一种高效能分散剂，其减水率为12%～20%，增强性提高一倍，但价格较贵；MF减水剂的加气作用和分散效果比NNO更佳，是配制减水剂防水混凝土首选的外加剂；木钙减水剂兼有加气的作用，但分散效果不及MF和NNO，其减水率一般为10%～15%，增强作用为10%～20%，对抗渗性的提高明显，且有缓凝作用，宜应用于夏季施工，价格低廉，是应用最为广泛的一种减水剂；糖蜜减水剂性能与木钙减水剂基本上相似，但其掺量比木钙少。减水剂的掺量见表5-19。

不同品种减水剂的适宜掺量　　　　表5-19

种　类	适宜掺量（占水泥质量分数）（%）	备　注
木钙糖蜜	0.2～0.3	掺量不大于0.3%，否则将使混凝土强度降低及过分缓凝
NNO、MF	0.5～1	在此范围内只稍微增加混凝土造价，而对混凝土其他性能无大影响
JN	0.5	
UNF-5	0.5	外加0.5%三乙醇胺，抗渗性能好

配制减水剂防水混凝土所用的砂为中砂，水为饮用水。

2. 配合比的设计

（1）掺外加剂混凝土的设计方法

混凝土外加剂品种虽多，用途虽广，但从配合比设计方法来划分，仅分为减水性外加剂和非减水性外加剂两类。减水性外加剂即减水剂或某某减水剂（如早强减水剂、缓凝减水剂、引气减水剂等）；非减水剂外加剂即专用性外加剂（引气剂、早强剂等）。

掺用外加剂混凝土配合比的设计，应先按普通混凝土配合比设计得出基准混凝土配合比，如系掺用减水性外加剂，则应从基准混凝土配合比的用水量按其减水率一部分用水量开始设计；如系掺用非减水性外加剂，可以按基准混凝土配合比开始设计，通常采用实验法确定外加剂掺量,因外加剂用量不多,故原有配合比不必调整。

(2) 减水剂防水混凝土配合比的设计

减水剂防水混凝土的配制可遵循普通防水混凝土的一般规定,其不同点在于视工程需要而调节水灰比。减水剂防水混凝土配合比设计一般采用绝对体积法,考虑以下原则:

①水泥用量由混凝土强度而定,水泥用量一般为 350kg/m³ 左右;

②砂率不低于35%,对钢筋稠密、厚度较小、埋设件较多等不易浇捣施工的工程,可将砂率提高到40%左右;

③确定水灰比主要依据抗渗要求和施工和易性,其次考虑强度要求,一般控制在 0.5~0.6 范围,抗渗等级要求大于 P12,强度要求大于 30MPa,水灰比可降到 0.45~0.5。

按施工需要调节水灰比,当满足施工和易性和坍落度的前提下,应尽量降低水灰比,水灰比越小,抗渗性越好(表5-20)。

水灰比与抗渗性能的关系　　　　表5-20

水灰比	0.4~0.5	0.55	0.60
抗渗等级	≥P12	≥P8	≥P6

由上述三项控制数即可按绝对体积法计算其配合比。

(3) 减水剂的掺量

减水剂的掺量见表5-19。减水剂在实际使用时,不宜完全依照产品说明书推荐的最佳掺量,应从施工实际所用材料和施工条件,进行配合比试验,求得适宜掺量,并在施工中严格控制,其误差宜控制在1%以内。减水剂掺入时严禁将干粉直接加入,应将干粉先溶于60℃左右的热水中,制成20%浓度的溶液水再掺加入混凝土中。

(4) 坍落度

由于减水剂对水泥有高度的扩散作用,从而使混凝土的和易性得到显著改善,在相同的配合比情况下,掺入减水剂比不掺减水剂的防水混凝土坍落度明显增大,其增大值随减水剂的品种、掺量和水泥品种而异,一般情况混凝土坍落度增大值(表5-21)。

不同品种减水剂对混凝土坍落度的影响　　　　表5-21

减水剂的品种	坍落度增大值(mm)
NNO、MF、JN、FDN、UNF	100~150
木钙及糖蜜	80~100

坍落度增大值还与不掺减水剂混凝土的原始坍落度有关,故掺有减水剂的防水混凝土,其最大施工坍落度可不受50mm的限制,但也不宜过大,以50~100mm为宜。当工程需要混凝土坍落度80~100mm时,可不减少或稍减少拌合用水量;当要求坍落度30~50mm时,可大大减少拌合用水量。

(5) 掺合料

当混凝土内掺入粉煤灰,由于粉煤灰中含有一定量的碳,能降低减水效果,故应调整减水剂的掺量。

3. 参考配方

[配方 5-5] 减水剂防水混凝土

成分	用量（kg/m^3）
水泥（42.5 级）	330
砂	742.5
石子	1214.4
水	168.3
M 型减水剂	0.825

抗渗等级　P8

混凝土强度等级　C30

坍落度 30～50mm

[配方 5-6] 减水剂防水混凝土

成分	用量（kg/m^3）
水泥（42.5 级）	320
砂	704
石子	1376
水	166.4
MF 型减水剂	1.6

抗渗等级　P10

混凝土强度等级　C30

坍落度　70～90mm

[配方 5-7] 减水剂防水混凝土

成分	用量（kg/m^3）
水泥（42.5 级）	300
砂	615
石子	1236
水	165
JN 型减水剂	1.5

抗渗等级　P10

混凝土强度等级　C30

坍落度　90～110mm

[配方 5-8] 减水剂防水混凝土

成分	用量（kg/m^3）
水泥（42.5 级）	300
砂	660
石子	1290
水	180

NNO 型减水剂　　　　　　　　　　　　1.5

抗渗等级　P8

混凝土强度等级　C30

坍落度　70~90mm

[配方 5-9]　减水剂防水混凝土

成分	用量（kg/m³）
水泥（42.5 级）	380
砂	699.96
石子	104.88
水	182.4
粉煤灰	60.8
（AT）型减水剂	2.66

水灰比　0.48

坍落度　175mm

抗渗等级　P15

渗透高度　63mm

[配方 5-10]　减水剂防水混凝土

成分	用量（kg/m³）
水泥（42.5 级）	340
砂	693.6
石子	1081.2
水	180.2
减水剂（AT）	2.66

水灰比　0.53

坍落度　160mm

抗渗等级　P15

渗透高度　96mm

[配方 5-11]　减水剂防水混凝土

成分	用量（kg/m³）
水泥（42.5 级）	300
砂	645
石子	1314
水	165
减水剂（JN）	1.5

水灰比　0.55

坍落度　13mm

抗渗等级　P20

渗透高度　32mm

[配方 5-12]　减水剂防水混凝土

成分	用量（kg/m³）
水泥（42.5级）	300
砂	645
石子	1314
水	165
减水剂（NNO）	1.5

水灰比 0.55

坍落度 14mm

抗渗等级 P20

[配方5-13] 减水剂防水混凝土

成分	用量（kg/m³）
水泥（42.5级）	380
砂	709.8
石子	1311
水	182.4
木钙减水剂	0.95

水灰比 0.48

坍落度 56mm

抗渗等级 P20

[配方5-14] 减水剂防水混凝土

成分	用量（kg/m³）
水泥（42.5级）	390
砂	709.8
石子	1201.2
水	166.14
减水剂（MF）	1.95

水灰比 0.426

坍落度 100~120mm

抗渗等级 P30

渗透高度 42mm

[配方5-15] 减水剂防水混凝土

成分	用量（kg/m³）
水泥（42.5级）	410
砂	644.93
石子	1250.09
水	166.05
减水剂（MF）	1.95

水灰比 0.405

坍落度 100~120mm

抗渗等级 P30

渗透高度 22mm

二、引发剂防水混凝土

引发剂防水混凝土是在混凝土中掺入微量（占水泥质量万分之几至十万分之几）引气剂配制而成的一类防水混凝土。

（一）引气剂防水混凝土的防水原理

引气剂是一种具有憎水作用的表面活性物质，其可以显著地降低混凝土拌合用水的表面张力，通过搅拌，可使混凝土拌合物中产生大量微小、均匀密闭的气泡，从而改善了和易性，减少了泌水和分层离析，最终在混凝土的结构组成中产生密闭的气泡。在含气量为5%的1m³混凝土中，直径为50～200μm的气泡数量可高达数百亿个，约每隔0.1～0.3mm就有一个气泡存在。这些密闭、稳定和均匀的微小气泡的阻隔，使毛细孔变得细小、曲折、分散，从而减少了渗水通道。

引气剂还可增加黏滞性，弥补混凝土结构的缺陷，从而提高了混凝土的密实性、抗渗性以及对冷热、干缩、冻融交替的抵抗能力。

（二）引气剂防水混凝土的性能

引气剂防水混凝土的主要性能特征如下：

1. 抗渗性

引气剂防水混凝土中适宜的气泡组织是提高防水混凝土抗渗性和耐久性的重要因素，当水泥用量较低而含气量适宜时，引气剂防水混凝土的抗渗等级可以提高。当混凝土的含气量为3%～6%，水灰比为0.6时，其抗渗等级则可达P18～P22。

2. 抗冻性

由于引气剂防水混凝土抗渗能力较强，水不易渗入，从而减少了混凝土冻胀破坏的可能。更主要的是混凝土中引入了无数微小的密闭气孔，提高了混凝土的变形能力，吸收和减少了由于干燥、冻融交替作用所产生的体积变化和内应力，提高了混凝土的抗冻胀破坏的性能。引发剂防水混凝土的抗冻性最高可为普通混凝土的3～4倍。故在寒冷地区的防水混凝土工程及遭受冷冻的水利、港口、道路、桥梁等混凝土工程，使用引气剂防水混凝土是最为适宜的。

3. 抗压强度

引气剂防水混凝土的早期强度增长较慢，7d后强度增长比较正常。本品的抗压强度随含气量增加而降低，一般含气量增加在保持和易性不变的情况下可减少拌合用水量，从而可补偿部分强度损失。通常每增加1%含气量，水灰比可降低0.01～0.02。在调整水灰比及砂率后，抗压强度降低值从原来的3%～5%减少到2%左右。在这种混凝土中，强度可不降低或稍有增加。

4. 弹性模量

加入引气剂后，混凝土的静弹性模量稍有降低，含气量每增1%，弹性模量约降低3%。

从以上性能可见，本品适用于抗渗、抗冻要求较高的防水混凝土工程，特别适用于恶劣自然环境工程。

（三）引气剂防水混凝土的配制

引气剂防水混凝土是在混凝土拌合物中掺入微量（占水泥质量万分之几到十万分之

几）引气剂配制而成的一类防水混凝土。影响引气剂防水混凝土的因素很多，归纳起来可分为两类，一类是原材料方面的因素，另一类则是工艺方面的因素，其关键是在于含气量的多少。

1. 组分

水泥采用普通硅酸盐水泥，也可使用砂渣水泥或火山灰质水泥，后两种水泥加入引气剂后，其抗渗、抗冻性均比不掺者提高，但仍略差于普通硅酸盐水泥配制的引气剂防水混凝土。

砂宜采用中砂或粗砂，以采用细度模数在 2.6 左右的砂为好。石子级配（表 5-22），无特殊要求，其最大粒径不宜大于 40mm。水采用饮用水。

引气剂防水混凝土的配制要求   表 5-22

项　目	要　求
引气剂掺量（%）	以使混凝土获得 3%～6% 的含气量为宜，松香酸钠掺量约为 0.01%～0.03%，松香热聚物掺量约为 0.1%
含气量（%）	以 3%～6% 为宜，此时拌合物容重降低不得超过 6%，混凝土强度降低值不得超过 25%
坍落度（mm）	30～50
水泥用量（kg/m³）	≥250，一般为 280～300，当耐久性要求较高时，可适当增加用量
水灰比	≤0.65，以 0.5～0.6 为宜，当抗冻性耐久性要求高时，可适当降低灰比
砂率（%）	28～35
灰砂比	1:2～1:2.5
砂石级配	粒径（10～20）:（20～40）=30:70 或自然级配

2. 配合比的设计

引气剂防水混凝土的配制要求见表 5-22。

(1) 引气剂的掺量

引气剂防水混凝土的质量与含气量密切相关，而含气量的多少主要取决于引气剂的掺量。掺量的不同会引起混凝土内部结构的差别并影响混凝土的各种性能。加气剂的掺量有一个适宜的范围，在这个范围内，混凝土内气泡比较细小、均匀，混凝土结构也比较均匀，加气剂的作用能得到充分发挥，使混凝土获得较高的抗渗性；掺量过大、过小均为导致结构物组织不良，性能下降。引气剂防水混凝土的含气量以 3%～6% 为宜，此时松香酸钠的掺量约为水泥量的 1/10000～3/10000，松香热聚物掺量约为水泥量的 1/1000。

(2) 水灰比

水灰比对引气剂混凝土的抗渗性有着显著的影响，水灰比不仅决定着混凝土内部毛细管网的数量及大小，而且对形成的气泡数量与质量也有很大的影响。

(3) 砂的粒径

砂子的粒径越细，加气混凝土中气泡越小，采用细砂对抗渗性越有利，但用水量和水泥用量相应要增加，使混凝土收缩性增大，因此，在实际工程中可因地制宜，采用细砂或中砂，尤以细度模数2.6左右的砂子为好。砂粒径对混凝土抗渗性的影响见表5-23。

砂粒径对混凝土抗渗性的影响　　　　　表5-23

砂的特性		坍落度（mm）	含气量（%）	拌合物堆积密度（kg/m³）	抗渗等级
中砂:细砂	细度模数（MK）				
100:0	2.88	90	9.1	2300	P 0.6
50:50	2.335	95	7.35	2320	P 0.8
0:100	1.79	87	7.1	2360	P 1.0

（4）水泥品种和灰砂比

由于加气剂水泥品种有良好的适应性，故普通水泥、砂渣水泥、火山灰质水泥均可采用。

灰砂比决定了混凝土的黏滞性，水泥所占比例越大，混凝土黏滞性越大，含气量越小；反之，如果增加砂子比例，则物料摩擦机会增加，混凝土的含气量增加。

引气剂对水泥品种的适应较好，只要掌握合宜的含气量，即可保证混凝土的各项性能。

一般水泥用量为250~300kg/m³，砂率为28%~35%，砂子的细度模在2.6左右为宜，参考以上数值可用绝对体积法得到配合比。在工程应用时，经现场试配并局部调整以满足工程要求和施工条件要求。

3. 参考配方

[配方5-16] 引气剂防水混凝土

成分	用量（kg/m³）
水泥（42.5级）	300
砂	540
石子（粒径5~40mm）	1238
水	160
松香酸钠	0.15
氯化钙	0.225

混凝土强度等级　C15

坍落度　30~50mm

抗渗等级　P6

[配方5-17] 引气剂防水混凝土

成分	用量（kg/m³）
水泥（42.5级）	340

砂	640
石子（粒径5~40mm）	1210
水	170
松香酸钠	0.17
氯化钙	0.225

混凝土强度等级　C20

坍落度　30mm

抗渗等级　P8

4. 拌合、振捣和养护

掺入引气剂的防水混凝土其含气量受搅拌时间的影响较大，一般情况下，从搅拌开始，含气量将随搅拌时间的增加而增加，当搅拌到2~3min时含气量达到最大值；如继续进行搅拌，则含气量开始下降，适宜的搅拌时间应通过试验确定，在通常情况下，较普通混凝土的搅拌时间稍长，约需2~3min。

各种振动都会降低混凝土的含气量，振动时间越大，含气量则损失越大，为了保证混凝土有一定的含气量，同时又保证混凝土能振捣密实，振捣时间不应过长或过短。当采用振动台或平板式振捣器，振捣时间不宜超过30s；使用插入式振捣器时，振捣时间不宜超过20s。

养护条件下也是影响引气剂防水混凝土性能的重要因素之一，尤其是对混凝土的抗渗性影响更为重要。混凝土的硬化需要在一定的温度和湿度条件下进行，低温条件对引气剂防水混凝土的强度和抗渗性不利，如果在5℃的温度条件下养护，该混凝土将失去抗渗能力，在冬期施工时应注意温度的影响。在养护湿度足够大的情况下，对引气剂防水混凝土的抗渗性有利，在适宜温度的水中养护，可使防水混凝土获得最佳的抗渗性能。混凝土初凝后须覆盖草包，及时洒水，保持草包湿润，养护时间不少于两周。

三、三乙醇胺防水混凝土

在混凝土拌合物中掺入适量的三乙醇胺，以提高其抗渗性能为目的的而配制的混凝土称之为三乙醇胺防水混凝土。

（一）三乙醇防水混凝土的防水原理

依靠三乙醇胺的催化作用，在早期生成较多的水化产物，部分游离水结合成为结晶水，相应地减少了毛细管通路和孔隙，从而提高了混凝土的抗渗性，且具有早强作用。当三乙醇胺和氯化钠、亚硝酸钠等无机盐复合时，三乙醇胺不仅能促进水泥自身的水化，还能促进氯化钠、亚硝酸等无机盐与水泥的反应，所生成的氯铝酸盐等络合物会体积膨胀，能堵塞混凝土内部的孔隙和切继毛细管通路，增大混凝土的密度性，有利于抗渗性和早期强度的提高。

（二）三乙醇胺防水混凝土的性能

三乙醇胺防水混凝土的主要性能特征如下：

1. 抗渗性

在混凝土中掺入单一的三乙醇胺早强剂或三乙醇与氯化钠复合剂，可显著地提高混凝土的抗渗能力，其抗渗压力可提高3倍以上，（表5-24）。

三乙醇胺防水混凝土的抗渗性 表 5-24

序号	水泥品种	配合比 水泥:砂:石	水灰比	水泥用量 (kg/m³)	早强防水剂含量（%） 三乙醇胺	早强防水剂含量（%） 氯化钠	抗压强度 (MPa)	抗渗压力 (MPa)
1	52.5级普通水泥	1:1.60:2.93	0.46	400	—	—	35.1	1.2
2					0.05	0.5	46.1	>3.8
3	42.5级矿渣水泥	1:2.19:3.50	0.60	342	—	—	27.4	0.7
4		1:2.19:3.50		334	0.05	—	26.2	>3.5
5		1:2.66:3.80		300			28.2	>2.0

注：序号为1、2、5的砂子细度模数为2.16~2.71，石子粒级为20~40mm；序号为3、4的石子粒级为5~40mm。

2. 抑制钢筋锈蚀

在三乙醇胺配方中加入亚硝酸钠阻锈剂，可抑制钢筋的锈蚀。

（三）三乙醇胺防水混凝土的配制

1. 组分

水泥：可采用普通硅酸盐水泥，对要求低水化热的防水工程则宜采用矿渣水泥；

砂：中砂

石子：对石子级配无特殊要求；

三乙醇胺：工业品，纯度为70%~80%，在配制溶液时应折算为100%纯度后计量。

2. 配合比的设计

三乙醇胺防水混凝土的配制要求如下。

（1）三乙醇胺早强防水剂对混凝土具有早强、增强和密实作用，因此，当设计抗渗压力为0.8~1.2MPa时，水泥用量以300kg/m³为宜（表5-25）。

水泥用量对三乙醇胺防水混凝土抗渗性影响 表 5-25

配合比 水泥:砂:石	水灰比	水泥用量 (kg/m³)	砂率（%）	早强防水剂含量（%） 三乙醇胺	早强防水剂含量（%） 氯化钠	抗压强度 (MPa)	抗渗压力 (MPa)
1:2.40:3.62	0.58	320	41	0.05	0.5	26.6	2.4
1:2.60:3.80	0.62	300	41	0.05	0.5	26.1	2.2
1:2.82:4.09	0.66	280	41	0.05	0.5	24.0	1.8
1:3.08:4.46	0.69	260	41	0.05	0.5	25.4	1.8

注：1. 巢湖水泥厂42.5级矿渣水泥。
2. 砂子细度模数为2.16~2.71，石子粒径为20~40mm。

（2）砂率必须随着水泥用量的降低而相应地提高，使混凝土有足够的砂浆量，以确保其抗渗性（表5-26）。当水泥用量为280~300kg/m³时，砂率以40%左右为宜，掺三乙醇胺早强剂后，灰砂比可以小于普通防水混凝土1:2.5限值。

第二节 外加剂防水混凝土

三乙醇胺防水混凝土砂率选用表　　　表 5-26

配合比 水泥:砂:石	水灰比	水泥用量 （kg/m³）	砂率（%）	早强防水剂含量（%）		抗压强度 （MPa）	抗渗压力 （MPa）
				三乙醇胺	氯化钠		
1:1.84:4.07	0.58	320	31	0.05	0.5	28.2	2.2
1:2.12:3.80			36			27.6	2.2
1:2.40:3.62			41			26.6	2.4
1:2.00:4.38	0.62	300	31	0.05	0.5	21.6	0.6
1:2.30:4.08			36			23.9	1.2
1:2.60:3.80			41			26.1	2.2
1:2.50:4.41	0.66	280	36	0.05	0.5	27.7	0.4
1:2.82:4.09			36			24.0	1.8

（3）对石子级配无特殊要求，只要在一定水泥用量范围内并保证有足够的砂率，无论采用哪一种级配的石子，都可以使混凝土有良好的密实度和抗渗性（表 5-27）。

不同石子级配下三乙醇胺防水混凝土的抗渗性　　　表 5-27

不同粒级（mm）				水泥品种和强度 等级（MPa）	水灰比	水泥用量 （kg/m³）	砂率 （%）	三乙醇胺 （%）	抗渗压力 （MPa）
5~15	5~25	20~40	5~40						
含量（%）									
—	—	100	—	矿渣水泥42.5	0.6	300	40	—	0.6
—	—	100	—					0.05	2.4
—	—	—	100	普硅水泥42.5	0.5	380	38		1.4
—	—	—	100	矿渣水泥42.5				0.05	>3.0

（4）三乙醇胺早强剂对不同品种的水泥的适应性较强，特别能改善矿渣水泥的泌水性和黏滞性，明显提高其抗渗性。因此，对要求低水化热的防水工程，以使用矿渣水泥为好。

（5）在混凝土中掺入单一的三乙醇胺或三乙醇胺与氯化钠复合剂，可显著提高混凝土的抗渗性能，其抗渗压力可提高三倍以上。

（6）三乙醇胺溶液应随拌合水一起掺合均匀后再投入搅拌机，一般以 50kg 或 100kg 水泥计算，加入定量的三乙醇胺溶液，水泥 50kg 约加 2kg 三乙醇胺溶液。

（7）三乙醇胺对不同水泥品种的反应是不同的，在施工中如调换水泥品种时，则应重新做配合比试验。

3. 参考配方

[配方 5-18] 三乙醇胺防水混凝土

成分　　　　　　　　　　　　　　用量（kg/m³）

矿渣水泥（42.5 级）　　　　　　　334

砂	731.46
石子	1169
水	200.4
三乙醇胺	0.167

砂率 38%

抗压强度 26.2MPa

抗渗压力 >3.5MPa

[配方5-19] 三乙醇胺防水混凝土

成分	用量（kg/m³）
矿渣水泥（42.5级）	320
砂	768
石子	1158.4
水	185.6
三乙醇胺	0.16
氯化钠	1.6

砂率 41%

抗压强度 26.4MPa

抗渗压力 2.4MPa

[配方5-20] 三乙醇胺防水混凝土

成分	用量（kg/m³）
矿渣水泥（42.5级）	300
砂	798
石子	1140
水	180
三乙醇胺	0.15

砂率 41%

抗压强度 28.2MPa

抗渗压力 >2.0MPa

[配方5-21] 三乙醇胺防水混凝土

成分	用量（kg/m³）
矿渣水泥（42.5级）	300
砂	630
石子	1230
水	165
三乙醇胺	1.15
氯化钠	0.5
亚硝酸钠	3

砂率 39%

抗压强度 28.2MPa

抗渗压力　2.1MPa

四、密实剂防水混凝土

密实剂防水混凝土是指在混凝土拌合物中加入少量氯化铁防水剂配制而成的一类具有高抗渗性能和密实度的混凝土。

（一）氯化铁防水混凝土

氯化铁防水混凝土是指在混凝土拌合物中加入少量氯化铁防水剂配制而成的一类具有高抗渗性能和密实度的混凝土。

1. 氯化铁防水混凝土的防水原理

氯化铁防水剂在掺入混凝土中后之所以能起到防水抗渗作用，究其原因主要有以下几个方面。

（1）氯化铁防水剂的主要成分是氯化铁、氯化亚铁和硫酸铝，在掺入混凝土拌合后，在与水泥发生水化的过程中所析出的氢氧化钙反应，生成氢氧化铁、氢氧化亚铁、氢氧化铝等不溶于水的胶体，这些胶体填充在混凝土和水泥砂浆的孔隙内，增加了混凝土的密实性，提高了其抗渗性，这是氯化铁防水剂能提高混凝土和水泥砂浆防水性能的主要原因。

（2）在掺加了氯化铁防水剂之后，生成氢氧化铁、氢氧化铝等胶状物，混凝土的泌水率将大幅度地下降，使混凝土内的孔隙率随之减小，而密实度则增加，从而提高了抗渗性。氯化铁防水剂对水泥泌水率的影响见表5-28。

氯化铁防水剂对水泥率的影响　　　　　表5-28

水泥品种	42.5级普通水泥			42.5级矿渣水泥			42.5级火山灰质水泥		
固体防水剂掺量（%）	0	1	2	0	1	2	0	1	2
泌水率（%）	19.4	14.8	10.9	28.7	15.8	14.4	24.4	15.7	12.3

注：固体防水剂1%相当于液体防水剂3%左右。

（3）氯化铁防水剂中的氯化铁、氯化亚铁等成分与水泥在水化过程时析出的氢氧化钙作用，在生成胶状氢氧化铁、氢氧化亚铁的同时，还生成了新生态的氯化钙，其对水泥熟料矿物具有激活作用，使其加速水化，并与硅酸二钙、铝酸三钙和合成氯硅酸钙和氯铝酸钙晶体，从而进一步提高了混凝土的密实性和不透水性。

（4）氯化铁防水剂中的硫酸铝与水泥水化生成的氢氧化钙作用，在生成氢氧化铝胶体的同时，还生成硫酸钙，而硫酸钙又能与水泥中的 C_3A 和水反应生成水化硫铝酸钙结晶，并出现微小的体积膨胀，这也增加了混凝土内部的密实度。

2. 氯化铁防水混凝土的性能要求

（1）抗渗性

用氯化铁防水剂可配制出抗渗等级达P40的防水混凝土和抗渗等级达P30的抗油混凝土，这是几种常用外加剂防水混凝土中抗渗性能最好的一种。氯化铁防水混凝土的抗渗性见表5-29。

（2）抗压强度

氯化铁防水剂不仅是一种很好的防水剂，而且具有早强和增强的作用。其原因就是新生态的氯化钙激活水泥熟料矿物，加速水化反应，并与硅酸二钙、铝酸三钙和水合成氯硅酸钙和氯铝酸钙和硫酸钙晶体，增加了混凝土的密实性，从而提高了混凝土的抗压强度。

氯化铁防水混凝土的抗渗性　　　　　　表 5-29

水泥品种	混凝土配合比			水灰比	固体防水剂掺量（%）	龄期（d）	抗渗性		抗压强度（MPa）
	水泥	砂	碎石				抗渗强度（MPa）	渗水高度（cm）	
32.5 级普通水泥	1	2.95	3.5	0.62	0	52	1.5	2~3①	22.5
	1	2.95	3.5	0.62	0.01	52	4.0		33.3
	1	2.95	3.5	0.60	0.02	28	>1.5		19.9
	1	1.90	2.66	0.46	0.02	28	>3.2	6.5~11①	50.0
32.5 级矿渣水泥	1	2.5	4.7	0.6	0	14	0.4	—	12.8
	1	2.5	4.7	0.45	0.15	14	1.2		
42.5 级矿渣水泥	1	2	3.5	0.45	0	7	0.6	—	—
	1	2	3.5	0.45	0.03②	7	>3.8		21.6
	1	1.61	2.83	0.45	0.03②	28	>4.0		29.3

① 试块用汽油作抗渗试验。
② 为液体防水剂量。

由于新生态的氯化钙激活水泥熟料矿物的过程是一个比较持久的过程，因而氯化铁防水剂能够持续地提高混凝土的抗压强度。

（3）抗钢筋锈蚀性

混凝土中钢筋的锈蚀属于电化学腐蚀过程，氯离子对钢筋的腐蚀要在水和氧同时存在的条件下才能进行，在氯化铁防水混凝土中，由于生成了大量的氢氧化铁胶体，使混凝土的密实性提高，水和氧的进入十分困难，对抑制钢筋的锈蚀创造了条件，同时在钢筋周围生成一层氢氧化铁胶膜，保护了钢筋，这与直接掺入氯化钙的混凝土不同，因为后者不能生成胶体和形成胶膜，不能保护钢筋。但在掺入氯化铁防水剂的混凝土中，新生态的氯化钙除了与水泥结合外，还剩余少量的氯离子，可形成对钢筋锈蚀的条件，经测定，在掺入3%液体氯化铁防水剂的硬化砂浆中，剩余的氯离子的含量为水泥质量的0.224%，依据规定，这样的含量在普通钢筋混凝土工程中是允许的。在氯化铁防水混凝土中，所存在着防止钢筋锈的有利和不利因素，需通过试验和测试来鉴别其对钢筋发生锈蚀的具体影响。

（4）干缩性

氯化铁防水剂中各组分对混凝土（水泥）干缩的影响差别很大（表 5-30），氯化铁增加干缩最大，氯化亚铁次之，而硫酸铝还具有减少干缩的作用，但总体对混凝土还是具有增大干缩的不良作用。由于过多的干缩会引起混凝土裂缝，所以，在制备氯化铁防水剂时，应当根据防止产生裂缝的要求，调节好氯化铁防水剂的组分，即一方面控制氯化铁和氯化亚铁所占的比例，另一方面可以掺入适量的硫酸铝或明矾。

氯化铁防水剂中各组分对砂浆干缩率的影响　　　　表 5-30

编　号	外加剂名称	不同龄期砂浆干缩率（%）		
		14d	28d	60d
缩 1	0	0.17	0.42	0.68
缩 2	氯化铁	0.31	0.66	0.96
缩 3	氯化亚铁	0.17	0.45	0.78
缩 4	氯化钙	0.22	0.43	0.59
缩 5	氯化铝	0.17	0.42	0.78
缩 6	盐酸	0.19	0.39	0.61
缩 7	硫酸铝	0.03	0.28	0.47
缩 8	氯化铁防水剂	0.31	0.68	0.90
缩 9	加有10%明矾的氯化铁防水剂	0.23	0.50	0.66
缩 10	加有10%硫酸铝的氯化铁防水剂	0.25	0.48	0.69

注：1. 所有外加剂皆配制成相对密度为1.3的溶液，掺量为2%。
　　2. 盐酸相对密度1.16。
　　3. 氯化铁防水剂系指用硫铁矿渣和工业盐酸两者作用所得。

（5）凝结时间

由于氯化铁防水剂的组成不同，故对混凝土的凝结时间影响也不同，氯化铁对水泥有促凝作用，氯化亚铁对水泥则有缓凝作用，硫酸铝对凝结时间的影响则不显著，由此可知，氯化铁防水剂的各组分比例不同，对凝结时间的影响是完全不同的，故我们在使用时除了要说明书外，更应预先进行测定。

（6）耐腐蚀性

在混凝土中掺入氯化铁防水剂后，其密实性提高，因此混凝土的抗冻性和耐腐蚀性都有所提高；氯化铁防水混凝土具有耐油性，适宜建造轻柴油或食用油等贮罐。

此外，氯化铁防水剂与水泥作用时的反应为放热反应，混凝土加氯化铁防水剂后早期（3d或7d）升温较大，在大体积混凝土施工时应引起重视，以避免产生温度裂缝。

3. 氯化铁防水混凝土的配制

氯化铁防水混凝土的配制与普通混凝土基本相同。

（1）组分

普通硅酸盐水泥、矿渣水泥均可获得优良的抗渗性能；采用中砂；石子级配及种类无特殊要求，同普通防水混凝土，拌合用水采用饮用水。

氯化铁防水剂其外观为深棕色溶液，市场上有成品出售，但应注意，不能将化学试剂的氯化铁误作氯化铁防水剂使用。作为防水剂的氯化铁，其质量要求有以下几点：

①相对密度应大于1.4，其中氯化铁和氯化亚铁的比例应在1:1~1:3范围内，其有效含量应不少于400g/L；

②pH值为1~2；

③硫酸铝占氯化铁溶液质量应不大于5%。

(2) 配合比的设计

氯化铁防水混凝土的配制见表5-31。并应注意以下一些问题。

氯化铁防水混凝土配制要求　　　　表5-31

项目		技术要求
水灰比	≤	0.55
水泥用量（kg/m³）	≥	310
坍落度（mm）		30~50
防水剂掺量（%）		以3%为宜，掺量过多对钢筋锈蚀及混凝土干缩有不良影响。如果采用氯化铁砂浆抹面，掺量可增至3%~5%

① 氯化铁防水剂掺量一般以3%为宜，含量过多对钢筋锈蚀、混凝土干缩和凝结时间都有影响，掺量少了则达不到效果；

② 氯化铁防水混凝土设计抗渗等级不宜低于P18，但也不必过高，水泥用量增加过多，对提高抗渗性并无显著效果；

③ 从保持抗渗性出发，根据有关试验资料，工作环境温度不宜超过100℃。

(3) 参考配方

[配方5-22] 氯化铁防水混凝土

成分	用量（质量份）
矿渣硅酸盐水泥（32.5级）	1
砂	1.90
石子	2.66
水	0.46
氯化铁防水剂	0.02
抗压强度	50MPa
抗渗压力	3.2MPa

配制要求：① 水灰比不大于0.55；② 水泥用量不小于310kg/m³；③ 坍落度30~50mm；④ 防水剂掺量以水泥用量的3%为宜，如采用氯化铁砂浆抹面，其掺量可增至3%~5%。

[配方5-23] 氯化铁防水混凝土

成分	用量（质量份）
矿渣硅酸盐水泥（32.5级）	1
砂	2.5
石子	4.7
水	0.45
氯化铁防水剂	0.015
氯化钠	1.6
抗渗压力	1.2MPa

配制要求：同配方 5-22。

[配方 5-24] 氯化铁防水混凝土

成分	用量（质量份）
矿渣硅酸盐水泥（42.5 级）	1
砂	1.61
石子	2.83
水	0.45
氯化铁防水剂	0.02
氯化钠	1.6

抗压强度　29.3MPa

抗渗压力　>4.0MPa

配制要求：同配方 5-22。

(4) 施工要点

①氯化铁防水剂使用前需用量应正确计算，并用 80% 以上的拌合水稀释，搅拌均匀后方可拌入混凝土中，严禁将氯化铁防水剂直接注入水泥或骨料中；

②配料要准确，采用机械搅拌，进料时先注入拌合水及水泥，然后方可再注入氯化铁水溶液，以免搅拌机遭受腐蚀，搅拌时间不小于 2min；

③施工缝要用 10~15mm 厚防水砂浆胶结，防水砂浆的质量配合比为水泥∶砂∶氯化铁防水剂 =1∶0.5∶0.03，水灰比为 0.55；

④氯化铁防水混凝土的养护极为重要，不同的养护条件下其抗渗性截然不同（表 5-32）；蒸养时应控制温度不超过 50℃，升温速度不要超过 6~8℃/h；自然养护时，浇灌 8h 后，即用湿草袋等盖上，夏季要提前一些，24h 后定期浇水养护 14d，特别是前 7d，要保持混凝土充分湿润。

不同养护制度对抗渗性的影响　　表 5-32

液体氯化铁防水剂掺量（%）	养护温度（℃）	养护时间（d）	蒸汽加热 温度（℃）	蒸汽加热 时间（h）	抗渗压力（MPa）
0	10	3			0
3	10	3			0.1
0	25	3			0~0.1
3	25	3			>1.5
3	20	一天后脱模蒸养	60	4	>1.5
0	20	一天后脱模蒸养	100	4	0.1~0.2
3	20	一天后脱模蒸养	100	4	0.5

注：试件厚度为 3cm。

(二) 硅质密实剂防水混凝土

硅质密实剂防水混凝土是指在混凝土拌合物中掺入微量 JJ91 硅质密实剂配制而成的

一类具有防水性能的混凝土。

1. 硅质密实剂是用有机硅与无机活性硅经聚合反应制得的粉状材料,将其掺入混凝土内使混凝土内具有微膨胀性、密实性和憎水性,从而起到抗渗防水的作用。

2. 硅质密实剂防水混凝土的性能

在混凝土中掺入3%的JJ91硅质密封剂即可配制出抗渗等级为P15的防水混凝土。

JJ91硅质密实剂防水混凝土的配制方法与自防水混凝土的配制方法基本相同,混凝土的配合比应按设计要求严格控制。

原材料要求水泥采用低于42.5级普通硅酸盐水泥,不宜采用矿渣水泥,禁止使用含火山灰质水泥;宜用中、粗砂,含泥量不应大于2%;石子采用碎石时,其含泥量不应大于1%;硅质密实剂应符合行业标准《砂浆、混凝土防水剂》(JC 474-2008)中一等品的技术要求。

硅质密实剂防水混凝土的抗渗等级应≥P15,施工中应从严控制坍落度,确保抗渗性能,应严格控制混凝土的拌合时间,确保搅拌均匀;施工缝可采用钢板止水带及防水砂浆两道设防,防水砂浆应掺入3% JJ91硅质密实剂,其厚度为30mm、宽50mm,分三次刮涂;变形缝应采用橡胶止水带或铝板止水带作为主要防水措施,将水位控制在300～500mm以下。

第三节 膨胀混凝土

膨胀混凝土是一类特种混凝土,它包括采用各种膨胀水泥制作的膨胀水泥混凝土和在施工现场采用掺加各种膨胀剂配制而成的膨胀剂混凝土。

配制膨胀混凝土一般有两种途径,即采用膨胀水泥和膨胀剂。各种膨胀水泥和膨胀剂按其膨胀组分或膨胀产物的不同,可分为硫铝酸盐类、氧化钙类、氧化镁类、氧化铁类及发泡类等。应用于建筑防水工程的膨胀水泥和膨胀剂主要是硫铝酸盐类,包括自应力硅酸盐水泥、自应力铁铝酸盐水泥、低热微膨胀水泥、明矾石膨胀水泥、明矾石膨胀剂等。

膨胀混凝土的各种物理性能与普通混凝土的各种物理性能有着不同程度的差别,这些差别是由于膨胀所引起的。

根据膨胀值的不同,可将膨胀混凝土分为补偿收缩混凝土、自应力混凝土等类别。补偿收缩混凝土的功能和目的是在于减少或者避免混凝土因体积收缩而引起的开裂,自应力混凝土的功能和目的是在于提高构件或制品的承载与工作能力。两者的区别和适用范围见表5-33。

补偿收缩混凝土与自应力混凝土的区别与适用范围 表5-33

项　目	补偿收缩混凝土	自应力混凝土
功能	是以限制膨胀来补偿限制收缩,达到减少或防止开裂的目的	是以承受荷载为主要目的,同时也有减免混凝土裂缝的功能
膨胀能	只需具有足够补偿限制收缩的膨胀能,因此通常比自应力混凝土要小,一般膨胀率在0.05%～0.08%之间	为了有效地承受荷载,要求具有较大的膨胀能

第三节 膨胀混凝土

续表

项 目	补偿收缩混凝土	自应力混凝土
自应力值	要求较低，一般小于1.0MPa	要求具有较高的自应力值，一般大于2MPa，常用值为3.0~6.0MPa
配筋率	同普通混凝土的配筋率	配筋率要比补偿收缩混凝土高，且要选择最适宜的配筋率（即最佳配筋率）
应用范围	应用于屋面防水、地下防水、梁柱接头、大体积混凝土、地脚螺栓锚固、设备底座灌浆及构件补强等	目前仅使用于管、板、壳等三向或双向配筋的薄壁构件和制品

膨胀防水混凝土是膨胀水泥防水混凝土和膨胀剂防水混凝土的统称，与膨胀混凝土基本相同，属于补偿混凝土范畴，故亦称之为补偿收缩防水混凝土。

一、补偿收缩混凝土

补偿收缩混凝土是一种适度膨胀的混凝土，即以其膨胀来抵消混凝土的全部或大部分收缩，因而避免或大大减轻了混凝土的开裂；此外还具有良好的抗渗性和较高的强度，是一种比较理想的结构抗渗材料。

补偿收缩混凝土既可以采用普通骨料，也可以采用轻质骨料；既可用于现浇混凝土结构，也可用于预制构件和装配整体式结构。考虑到它不仅能抗裂，而且具有良好的抗渗性和早期强度高等特点，因而已广泛用于地下建筑、屋面工程、楼地面工程、液气贮罐、路面、机场、接缝和接头中，其应用范围还会迅速地扩大，将来在许多方面补偿收缩混凝土会取代普通混凝土。

（一）补偿收缩混凝土的防水原理

补偿收缩混凝土是依靠水泥本身水化过程中形成或者在掺入微量膨胀剂后形成大量膨胀性柱状或针状的结晶水化物——水化硫铝酸钙，又称"钙矾石"，它的固相体积可增大1.22~1.75倍，使混凝土产生一定的膨胀能，这些膨胀能在相邻物体、基础或钢筋的约束下，转变为自应力，使混凝土处于受压状态，从而提高了混凝土的抗裂能力。同时，钙矾石在生成的过程中，不断填充、堵塞、切断连通的毛细孔道，改善了混凝土的孔隙结构，使大孔减小，孔隙率降低，抗渗性提高。

（二）补偿收缩混凝土的主要性能

补偿收缩混凝土的性能应满足《混凝土外加剂应用技术规范》（GB 50119—2003）对其提出的要求（表5-34）。

补偿收缩混凝土的性能　　　　表5-34

项 目	限制膨胀率（×10^{-4}）	限制干缩率（×10^{-4}）	抗压强度（MPa）
龄 期	水中14d	水中14d，空气中28d	28d
性能指标	≥1.5	≤3.0	≥25

注：本表摘自GB 50119—2003。

1. 限制膨胀率

膨胀混凝土在物理力学性能方面，与普通混凝土相比较，有着不同程度的差别，这些差别都是由于其膨胀特性所引起的，如膨胀随着限制的有无及大小，可分为自由膨胀与不同程度的限制膨胀。为了充分发挥材料的作用，有必要掌握膨胀混凝土性能的特殊性，也就是不同于普通混凝土性能的主要方面。

在限制条件下的膨胀混凝土，尤其是限制程度很小的补偿收缩混凝土，有些物理力学性能一般同于或略优于普通混凝土，因此当前用量最大的补偿收缩混凝土可以按照普通混凝土的规程使用。在自由膨胀条件下，膨胀对于混凝土性能的影响最为明显，当膨胀剂的掺加量在一定范围内逐渐增加时，其自由膨胀率也随之增加，而抗压、抗拉、抗折等强度却随之下降；当其掺合量超过一定限度（即自由膨胀率超过一定值）后，各种强度下降的速率骤增。所以在没有适当的限制下，膨胀混凝土的各种强度均低于普通混凝土，当自由膨胀大到使混凝土结构发生显著的破坏时，各种性能迅速恶化，只有在适当的限制条件下，膨胀才能产生各种所需的功能和某些特性。强度是混凝土的基本力学性能，其他的许多力学性能，如弹性模量、粘结力、抗冲耐磨及抗疲劳等与强度一样，随着自由膨胀率的增加而下降，并在自由膨胀较大时，各种性能迅速恶化。抗渗性、抗冻性、抗硫酸盐等耐久性，也会因自由膨胀率的增加而下降，并且在膨胀较大时迅速地恶化。因此，我们在建筑工程中所使用的膨胀混凝土，多数是有一定限制条件的，我们必须着重研究膨胀混凝土的限制膨胀率和在不同限制程度下的主要技术性能，才能取得较好的效果。

在实际的建设工程中，除了试验室的不配筋试件和自应力混凝土构件及构筑物的部分保护层以外，几乎所有的膨胀混凝土均处于不同程度的限制状态之下，而且膨胀混凝土必须在适当的限制程度时才能发挥其功能。所谓适当的限制程度有两种涵义，其一是与混凝土所具有的膨胀能相适应的、能够得到最佳性能或某种功能所要求的性能的限制数量和方式，即配筋率、限制部位、分布及方向等；其二是满足工程要求或符合使用的条件，如荷载、抗裂、抗渗等限制数量和方式。

限制膨胀率是补偿收缩混凝土的一项重要性能。在进行补偿收缩混凝土设计时，可采用"试验－估算"的方法，并进行试验和调整。影响补偿收缩混凝土限制膨胀率的因素很多，一般来说，除了水泥与骨料的品种和性能外，影响混凝土限制膨胀率的因素还有限制程度（配筋率）、自由膨胀率、水泥用量、水灰比、膨胀剂掺量、养护条件、外加剂、拌合及捣实方法等。

2. 强度

适当限制不仅能够提高各种强度，而且与强度相关的各种性能，同样也因限制而得到提高，但超过一定程度后就不再继续增长；当膨胀能与限制程度不相适应时，强度将有所下降。工程实践证明，只要限制比较适宜，强度一般均能超过20MPa。普通混凝土的水灰比法则同样适用于补偿收缩混凝土，在水泥级别和配合比相近的条件下，补偿收缩混凝土的各种强度指标均与普通混凝土接近，但由于使用不同的膨胀剂，补偿收缩混凝土的早期或后期强度则有所差别。

我国常用的明矾石膨胀水泥混凝土，当水灰比为0.52、水泥用量为350kg/m³时，28d的抗压强度大于30MPa，后期强度还会有较大的增长，6个月的强度为28d强度的150%，在限制条件下还能增加10%左右。

3. 抗渗性

适当限制膨胀率能使膨胀混凝土的密实性显著提高,并能减少孔隙率,改善孔隙结构,抗渗性能也随之改善,膨胀能较大的混凝土在高限制的条件下,其密实性增加尤为显著,因此能在防水工程中发挥其优良的抗渗功能。与抗渗透性密切相关的各种耐久性(如抗渗性、抗冻性等)也同样随着限制程度的增加而得到提高。膨胀混凝土在适当限制条件下,或因膨胀水泥及膨胀剂的属性,或因限制方式、方法的不同,能够得到某些特殊的性能和功能,施工中应该有意识地发挥这些特性。

4. 和易性

由于膨胀水泥的需水量一般高于普通水泥,早期水化作用进行较快,因此其流动性低于单位用水量相同的普通混凝土,此外,不论是使用膨胀水泥的混凝土还是掺入膨胀剂的混凝土,其拌合物的坍落度损失均较大,这使补偿收缩混凝土常具有较好的粘聚性,所以泌水率低。

5. 变形

补偿收缩混凝土的干缩性能与强度等级相同的普通混凝土相近,即干燥速率与干缩率均与普通混凝土相近,限制程度不同的补偿收缩混凝土的干缩-变形曲线也基本相似,呈现近似平行的曲线组,只有当限制程度很大时,干缩率才能略见减少。

6. 耐久性

在限制条件下,补偿收缩混凝土的密实性、抗渗性均高于普通混凝土,因此抗冻融循环、浸溶、碳化等耐久性均可得到改善。加入引气剂后,改善抗冻性的效果与普通引气剂混凝土相同。

(三)补偿收缩混凝土的配制

1. 组分

(1)水泥

水泥的用量对于膨胀率影响很大,在配制混凝土时,必须严格控制水泥的称量,误差不得超过1%;如直接掺加膨胀剂,对膨胀剂的称量其误差不得超过0.5%;为保证补偿收缩作用的发挥,每立方米混凝土中水泥的用量不应少于280kg。水泥的风化程度对膨胀有显著的影响,在正常情况下,贮存期不得超过90d,超过时需通过膨胀率试验后才能使用。

(2)骨料

骨料不仅要选择适宜的品种,而且还要选择适宜的级配,确保骨料坚固洁净,符合国家标准提出的要求。有些骨料对膨胀率和干缩率有不利影响,如砂岩类骨料会降低膨胀率,海砂会加大干缩率;采用间断级配的骨料,有利于提高膨胀性能,采用轻骨料拌制的混凝土,具有很好的发展前景。

(3)拌合水

拌合水量应比相同坍落度的普通混凝土多10%~15%,但用水量的增加会增大水灰比,使混凝土的膨胀率减小和干缩率增加,因此,在施工工艺允许的条件下,尽量减少用水量,必要时可掺加一定量的高效减水剂或者超塑化剂。

(4)外加剂

补偿收缩混凝土掺加外加剂必须慎重,同一外加剂在不同补偿收缩混凝土中会产生不同的效果，不论加何种外加剂，都必须通过试验后才能正式应用于工程。

补偿收缩混凝土中最常用的外加剂是减水剂和超塑化剂，其应用于某些膨胀水泥混凝土中，不仅可以减低水灰比，改善拌合物的和易性，而且还可以提高早期强度和限制膨胀率，效果良好。如在明矾石膨胀水泥混凝土中，掺加水泥质量0.5%的MF萘系减水剂，则可以减低水灰比10%，并可以改善和易性，提高早期强度和稍微增加限制膨胀率。

氯化钙快硬剂如掺加量超过1%，将会显著减少膨胀率和增加干缩率，一般不宜使用；缓凝剂一般也不宜使用，掺量略多就会显著减少膨胀率和增加干缩率，在干燥环境下，可通过试验适量掺加，以延缓混凝土的初凝，但必须严格控制掺量。

2. 配合比设计

补偿收缩混凝土的配合比设计要点如下：

（1）进行补偿收缩混凝土配合比设计时，可以采用试配法，即首先通过3~4个水灰比找出强度和水灰比的关系曲线，再根据要求的强度来选定水灰比，然后按照选定的水泥用量（不少于280kg/m³）来计算加水量，最后再根据选定的砂率（可略低于普通混凝土）来计算试配用的混凝土配合比。进行试配时，要核对坍落度，并制作强度试件、自由膨胀率试件和限制膨胀率试件，当强度和膨胀率均符合设计要求时，再经过现场试拌进行调整，便可确定工程采用的配合比。

（2）在进行配合比设计时，除了限制膨胀率这一影响补偿收缩性能的关键问题外，还需注意自由膨胀率的因素，自由膨胀率对限制膨胀率有一定的影响。其自由膨胀率对限制膨胀率的比值在2~10之间，视水泥种类、限制程度和龄期等而变化。自由膨胀率太大时，混凝土的强度和耐久性会显著降低，在钢筋混凝土中甚至会使钢筋保护层脱落。所以为了保证补偿收缩混凝土的性能，对自由膨胀率应适当地加以控制。

3. 参考配方

[配方5-25] 补偿收缩混凝土（泵送）

成分	用量（kg/m³）
62.5级明矾石膨胀水泥	450
砂	630
石子	1220
水	193
MF减水剂	2.25

混凝土强度等级　C30

坍落度　100~120mm

[配方5-26] 补偿收缩混凝土

成分	用量（kg/m³）
62.5级明矾石膨胀水泥	450
砂	630
石子	1220
水	193
MF减水剂	2.25

混凝土强度等级　C30
坍落度　100~120mm

[配方5-27] 补偿收缩混凝土

成分	用量（kg/m³）
普通水泥	378
砂	669
石子	1091
水	208
UEA膨胀剂	52

混凝土强度等级　C35
坍落度　60~80mm

[配方5-28] 补偿收缩混凝土（泵送）

成分	用量（kg/m³）
普通水泥	368
砂	655
石子	1155
水	187
UEA膨胀剂	50

混凝土强度等级　C30
坍落度　120~160mm

[配方5-29] 补偿收缩混凝土（泵送）

成分	用量（kg/m³）
普通水泥	348
砂	700
石子	1141
水	181
UEA膨胀剂	48

混凝土强度等级　C25
坍落度　120~160mm

4. 补偿收缩混凝土的施工要点

(1) 混凝土浇筑前，应检查模板尺寸、强度和稳定性，接缝应严密，不得漏浆。

(2) 严格控制配合比，并按施工现场变化情况，及时调整配合比。

(3) 混凝土拌制宜采用机械搅拌，搅拌时间要比普通混凝土的搅拌时间延长30s以上；采用自落式搅拌机要延长1min以上。搅拌时间的长短，以拌合均匀为准。

(4) 补偿收缩混凝土，施工时若温度超过30℃或混凝土运输、停放时间超过30~40min，应在搅拌时采取加大坍落度措施，混凝土搅拌后，不得随意加水。

(5) 补偿收缩混凝土浇筑温度不宜高于35℃，施工温度不宜低于5℃时，当施工温度低于5℃时，应采取保温措施。使用UEA混凝土不能用于长期处于温度在80℃以上的工程，否则因钙矾石晶体转变而使强度下降。

(6) 浇筑完的混凝土，应避免阳光直射，及时用草袋等覆盖，常温下 8~12h 进行浇水养护，养护时间不少于 14d，使混凝土经常保持湿润状态。也可用塑料薄膜覆盖，或喷涂养护剂的方法养护。

冬期施工时，可采用保温棉被或草袋等覆盖，以保温保湿。

二、补偿收缩防水混凝土

补偿收缩防水混凝土包括膨胀水泥防水混凝土和膨胀剂防水混凝土。

膨胀水泥防水混凝土是以膨胀水泥为胶结材料配制而成的一类防水混凝土，其防水机理主要是依靠膨胀水泥水化后产生一定的体积膨胀来补偿混凝土的干缩变形，从而达到密实混凝土，提高抗渗性的目的，同时还改变了混凝土的应力状态，使混凝土处于受压状态，从而也提高了混凝土的抗裂能力。

在混凝土拌合物中掺入一定量的膨胀剂，产生适量的体积膨胀以弥补混凝土收缩，使混凝土具有抗裂、抗渗性能的一类混凝土称之为膨胀剂防水混凝土。

1. 补偿收缩防水混凝土的防水原理

普通混凝土在硬化的过程中，常会发生体积收缩，从而使混凝土产生微裂缝，这不仅使混凝土的整体性遭到破坏，使其抗渗、抗冻、强度等一系列性能发生下降，而且还会使外界侵蚀性介质进入混凝土内部，造成混凝土腐蚀和钢筋锈蚀。收缩是水泥混凝土固有的缺陷之一，轻则可使混凝土引起裂缝，导致渗漏水，重则不利于安全，诱发事故。外加剂防水混凝土的基本防水原理是以生成某种胶凝物体，减少或堵塞混凝土在硬化过程中产生的毛细孔隙，降低孔隙率来达到防水的目的，但不能补偿混凝土和水泥砂浆的收缩，故无法防止因收缩而产生的裂缝。

膨胀防水混凝土在水泥水化硬化过程中，生成体积增大的钙矾石或氢氧化钙等结晶体，而这种针状或柱状的钙矾石在结晶发育时，往往向阻力小的孔隙中生长、发育，尤其在硬化后期，水化硅酸钙、氢氧化钙和钙矾石交织在一起，可形成非常致密的水泥石结构，从而提高了混凝土的抗渗性。

采用膨胀水泥配制钢筋混凝土，在约束膨胀的情况下，由于混凝土膨胀而张拉钢筋，被张拉的钢筋对混凝土本身产生了压缩应力，称之为化学自应力，这一自应力能大致抵消由于混凝土收缩所产生的拉应力，从而达到了补偿收缩和抗裂防渗的效果。

膨胀防水混凝土由于密实性与抗裂性好，可适用于屋面、地下防水工程、钢筋混凝土油罐、主要工程的后浇缝及修补等。

2. 补偿收缩防水混凝土的物理力学性能

补偿收缩防水混凝土的主要物理力学性能要求如下。

（1）抗渗性

补偿收缩防水混凝土是依靠水泥本身的水化反应和结晶膨胀而提高抗渗能力的，其抗渗性能在相同级别和水泥用量的条件下，补偿收缩防水混凝土的抗渗等级远高于普通水泥防水混凝土。其抗渗性能的比较见表 5-35。

硫铝酸钙型防水混凝土具有一定的胀缩可逆性，如在雾室中养护 14d 后放在干空气中养护 90d，约束膨胀率将从 0.64mm/m 下降到 0.33mm/m，此时再放回到水中，又会产生膨胀。这一特性则十分有利于补偿收缩防水混凝土微细裂缝的愈合，非常适合用于水中或地下防渗工程。

膨胀水泥防水混凝土的抗渗性 表 5-35

水泥品种	水泥用量 (kg/m³)	配合比 水泥:砂:石	水灰比	养护时间 (d)	抗渗介质	抗渗强度 (MPa)	恒压时间 (h)	渗透高度 (cm)
明矾石膨胀水泥	360	1:1.61:3.91	2.50	28	水	3.6	8	13
	350	1:2.13:3.20	2.52	28	汽油	1.0	16.8	1~2
	380	1:1.82:2.83	2.52	20	水	2.5	11	13~14
CSA 水泥	400	1:1.73:2.66	2.52	28	水	3.0	11	1.5~2.5
普通水泥	370	1:2.08:3.12	2.47	28	水	1.2	8	12~13

（2）抗裂性

补偿收缩防水混凝土在硬化初期产生体积膨胀，在约束条件下，它通过水泥石与钢筋的粘结，使钢筋张拉，被张拉的钢筋对混凝土本身产生压缩应力（称为化学预应力或自应力）。当混凝土中产生 0.2~0.7MPa 的自应力值时，可大致抵消由于混凝土干缩和徐变时产生的拉应力，即补偿收缩防水混凝土的拉应变接近于零，或小于 0.1~0.2MPa，从而达到补偿收缩并具有抗裂防渗的效果。一般混凝土的拉应变值为 0.4~0.6MPa。由于补偿收缩防水混凝土的拉应变值小于容许极限拉伸变形值，因而不会出现裂缝，保证了混凝土的抗渗性能。

（3）强度

补偿收缩防水混凝土的抗压强度、抗拉强度、抗压弹性模量以及限拉伸变形等力学性能见表 5-36。

膨胀水泥防水混凝土力学性能[①] 表 5-36

水泥品种	强度 (MPa) 抗压	强度 (MPa) 抗拉	抗压弹性模量 ×10⁴ (MPa)	与钢筋粘结强度 (28d) (MPa)	极限拉伸变形值 (mm/m)
明矾石膨胀水泥	31~37	2.2~2.8	3.5~3.65	2.7~3.2	0.14~0.154
CSA 水泥	27	2.2	3.75~3.85	2.4~2.5	—
石膏矾土膨胀水泥	36	3.5	3.50~4.10	4.0~2.5	—
普通水泥	—	—	2.67~3.20	2.5~3.0	0.08~0.10

① 本表数值是在自由膨胀下测定，如在约束条件下膨胀，其数值会相应提高。

（4）和易性

膨胀水泥的需水量比普通水泥多，早期的水化作用进行亦较快，因此其流动度低于相同加水量的普通混凝土，在施工过程中流动度随时间的增加其降低也较快，坍落度的损失较大，故在施工中应特别注意，以免造成施工困难。

（5）耐高温性能

凡是以生成矾石为膨胀源的膨胀水泥，在温度高于 80℃ 时，易发生晶体转化，导致孔隙率增大，强度下降，抗渗性降低，故处于高温环境中的防水工程，应慎重选用膨胀水泥。

3. 补偿收缩防水混凝土的配制

（1）组分

①水泥

补偿收缩防水混凝土中的水泥胶结料可以使用膨胀水泥，也可采用一定掺量的膨胀剂与普通水泥或矿渣水泥一起搅拌配制混凝土。所采用的膨胀剂和膨胀水泥的主要品种见表5-37。所采用的膨胀水泥除表5-37中所列的外，还可以用氧化镁型、铁型和铝型膨胀水泥。

膨胀剂及膨胀水泥的主要品种 表5-37

品 种	配 方	膨胀源	固相体积膨胀倍率	商品名称	
				膨胀水泥	膨胀剂
硫铝酸钙型	在水泥中加入一定数量的以下任何一组分均可： 1. 矾土水泥+石膏 2. 明矾石+石膏 3. 明矾石+石膏+石灰 4. 无水硫铝酸钙	水化硫铝酸钙（钙矾石）$3CaO \cdot Al_2O_3 \cdot 3CaSO_4 \cdot 32H_2O$	1.22~1.75倍	石膏矾土膨胀水泥 硅酸盐膨胀水泥 明矾石膨胀水泥 硫铝酸钙膨胀水泥	U型膨胀剂、钙矾石、复合膨胀剂
氧化钙型	在硅酸盐水泥中加入以下任何一组分即可： 1. 3%~5%过烧石灰 2. 生石灰+有机酸抑制剂	氢氧化钙 $CaO + H_2O \rightarrow Ca(OH)_2$	0.98倍	浇筑水泥	脂膜石灰膨胀剂

②骨料和水：骨料和水的要求同普通混凝土

③外加剂：掺硫铝酸钙类或氧化钙类膨胀剂的混凝土，不宜使用氯盐类外加剂，可以使用各种缓凝剂、缓凝减水剂、普通减水剂及高效减水剂、缓凝高效减水剂、泵送剂及防冻剂与膨胀剂复合。

（2）配合比设计

补偿收缩防水混凝土的配合比设计与普通混凝土配合比设计相同，所用的膨胀剂和水泥质量之和为每立方米混凝土的水泥用量，铁屑膨胀剂的质量则不计入水泥用量内。要求水灰比不大于0.60，每立方米水泥用量不少于350kg，配合比设计参考见表5-38

水泥及膨胀剂的用量，由于膨胀剂的性质不同，它们对混凝土性能的影响亦有所不同，故一般规定每立方米混凝土中水泥与膨胀剂的总用量为350~380kg，其中各种膨胀剂为内掺量（替换水泥率），因品种不同而掺量不同，明矾石膨胀剂的规定掺量为水泥质量的15%~20%；U型膨胀剂和复合膨胀剂规定其内掺量（替换水泥率）为10%~14%。原则上U型膨胀剂与五大水泥均适用，但是为了确保混凝土质量，宜用52.5级普通硅酸盐水泥、42.5级普通或矿渣水泥；火山灰质水泥和粉煤灰水泥要经试验后方可确定。U型膨胀剂的加入量，应根据工程的要求和选用的水泥级别而定（表5-39）。

膨胀水泥防水混凝土的配制要求　　　　　　　　　　　　　　　　　　　表5-38

项　　目	技　术　要　求
水泥用量（kg/m³）	350~380
水　灰　比	0.5~0.52 0.47~0.5（加减水剂后）
砂　率（%）	35~38
砂　子	宜用中砂
坍落度（mm）	40~60
膨胀率（%）	<0.1
自应力值（MPa）	0.2~0.7
负应变（mm/m）	注意施工与养护，尽量不产生负应变，最多不大于0.2%

UEA膨胀剂掺量参考表　　　　　　　　　　　　　　　　　　　表5-39

使　用　条　件	水泥强度等级	UEA掺量（%）
砂浆	52.5级	6~10
	42.5级	6~8
高配筋混凝土	52.5级	10~14
	42.5级	10~12
低配筋混凝土	52.5级	8~12
	42.5级	8~10

(3) 参考配方

[配方5-30] 补偿收缩防水混凝土

成分	用量（kg/m³）
明矾石膨胀水泥	360
砂	579.6
石子	1407.6
水	180

抗渗压力　3.6MPa

[配方5-31] 补偿收缩防水混凝土

成分	用量（kg/m³）
明矾石膨胀水泥	380
砂	691.6

| 石子 | 1075.4 |
| 水 | 197.6 |

抗渗压力　2.5MPa

[配方5-32] 补偿收缩防水混凝土

成分	用量（kg/m^3）
硫铝酸盐膨胀水泥（CSA）	400
砂	692
石子	1064
水	208

抗渗压力　3.0MPa

[配方5-33] 补偿收缩防水混凝土

成分	用量（kg/m^3）
普通硅酸盐水泥（52.5级）	227.8
明矾石膨胀剂	40.2
砂	608.36
石子	1058.6
水	152.76

抗渗压力　2.0MPa

水泥用量　$268kg/m^3$

[配方5-34] 补偿收缩防水混凝土

成分	用量（kg/m^3）
普通硅酸盐水泥（52.5级）	225.25
明矾石膨胀剂	39.75
砂	606.06
石子	1051.79
水	156.35

抗渗压力　2.6MPa

水泥用量　$265kg/m^3$

[配方5-35] 补偿收缩防水混凝土

成分	用量（kg/m^3）
矿渣水泥（42.5级）	274.55
明矾石膨胀剂	48.45
砂	581.4
石子	994.84
水	158.27

抗渗等级　P7

水泥用量　$323kg/m^3$

[配方5-36] 补偿收缩防水混凝土

成分	用量（kg/m³）
普通硅酸盐水泥（52.5级）	257.55
明矾石膨胀剂	45.45
砂	636.3
石子	999.9
水	181.8

水泥用量 303kg/m³

[配方5-37] 补偿收缩防水混凝土

成分	用量（kg/m³）
普通硅酸盐水泥（52.5级）	315.04
UEA膨胀剂	42.96
砂	576.38
石子	1020.3
水	157.52
木钙减水剂	30.788

水泥用量 358kg/m³

[配方5-38] 补偿收缩防水混凝土

成分	用量（kg/m³）
普通硅酸盐水泥（52.5级）	271.04
UEA膨胀剂	36.96
砂	646.8
石子	1056.44
水	141.68
木钙减水剂	30.8

水泥用量 308kg/m³

[配方5-39] 补偿收缩防水混凝土

成分	用量（kg/m³）
普通硅酸盐水泥（42.5级）	332.64
UEA膨胀剂	45.36
砂	589.68
石子	960.12
水	181.44
木钙减水剂	30.618

水泥用量 378kg/m³

三、微膨胀混凝土

在建设工程中，混凝土结构的缺陷修补、装配式结构接头灌缝等有防水抗渗要求的混凝土结构的修补，都需要微膨胀混凝土。我国的水泥品种系列中有各种具有微膨胀性能的特种水泥，但施工或建设单位如不贮存这类水泥，必须时可自行配制微膨胀混凝土。

1. 组分

微膨胀混凝土由水泥、砂石、拌合水、膨胀剂和外加剂组成。

水泥应优先选用早强型硅酸盐水泥，其 3d 抗压强度值可达 28d 抗压强度值的 52% 以上，适当提高试配等级，即可在短期内获得所需的强度；如采用其他品种的水泥，也可在混凝土内加入早强剂或高效减水剂，以提高混凝土的早期强度。

石子应优先选用较大粒径的，通常采用机碎石比采用卵石配制的混凝土强度要高些，抗渗效果要好些，石子颗粒级配合理，含泥量不应大于 1%。

砂以采用中粗砂为宜，用于接头灌筑或结构修补的混凝土，通常设计强度等级较高，因此水泥用量也较多，为了使混凝土易于捣固，必须采用较大的砂率。砂、石应符合要求，不得含有成块状的泥团。

拌合水采用普通自来水，施工中控制坍落度，坍落度大的混凝土在硬化过程中将会产生较大的收缩，给工程带来不利的影响，因此要控制单位用水量。坍落度以不大于 3cm 为宜，由于作为膨胀剂的铝粉其颗粒极细，密度较小，当混凝土的坍落度过大时，铝粉将集中漂浮在混凝土拌合物表面，势将会降低其作用。

膨胀剂可采用铁粉或铝粉，铝粉较易得到，铝粉在与水泥中的碱骨料反应时释放气体，可使所拌混凝土体积膨胀，这个反应从混凝土加水拌合开始直至凝固。如果掺量控制适当，可利用其微膨胀作用，使新老混凝土紧密连成一体，又不致显著降低混凝土的强度，在用作防水工程修补时，也可保证新老混凝土接合面密实不透水。用作微膨胀外加剂的铝粉，其细度要求能全部通过 4900 孔/cm^2 的标准筛，含铝量应在 96% 以上。工业用铝粉往往含有油脂，应用于混凝土工程施工时，必须脱脂，脱脂可采用烘烤法或洗涤法。烘烤法只需将铝粉放置于 180~200℃ 的温度下烘烤 4h 即可，但铝粉系易燃品，烘烤时应注意安全，与火花或明火应保持距离，并严格控制温度，如着火应用砂子扑灭。洗涤法系将铝粉放置于容器内，加入少量热水，同时加入铝粉质量三分之一的洗衣粉，充分搅拌直至铝粉均匀沉淀于水中即可，此法简单又安全。

施工期如已进入初冬，尚需加入硫酸钠、亚硝酸钠等外加剂，掺量一般为水泥质量的 2%。

2. 参考配方

[配方 5-40] 掺铝粉微膨胀混凝土

成分	用量（kg/m^3）
52.5 级硅酸盐水泥	452
中粗砂	628
石子	1170
水	190
铝粉（膨胀剂）	0.0452

如果施工期已进入初冬，需加入以下外加剂：硫酸钠按水泥量 2% 掺入；亚硝酸钠按水泥量 2% 掺入。

采用人工拌合，拌合用水应略加热，坍落度按 3cm 控制。

四、自应力混凝土

自应力混凝土是用特制的自应力水泥，按一定比例加入砂、石子、水和适宜的外加剂配制而成的，经过湿养护，混凝土发生一定的体积膨胀，带着其中的配置钢筋一起伸长，张拉了钢筋,在钢筋中建立了拉应力,而本身却受到钢筋弹性回缩给予的压应力。因此,凡是不借助外力,用自身膨胀来张拉钢筋达到预应力目的的混凝土称为自应力混凝土或化学预应力混凝土。

自应力混凝土与补偿收缩混凝土一样,同属于膨胀混凝土范畴,同时自应力混凝土也是一种预应力混凝土,但自应力混凝土与补偿收缩混凝土又存在着功能、膨胀能、自应力值、配筋率和应用范畴的不同;与预应力混凝土所产生的预应力的能源不同。

自应力混凝土多应用于制造自应力混凝土压力管,可用作为输水、输气、输油的管道。

第四节　细石混凝土

混凝土楼地面面层的做法有细石混凝土面层和水泥砂浆面层之分。

由于细石混凝土是掺入减水剂、防水剂等外加剂配制而成的细石混凝土,浇筑成具有抗渗性能的混凝土防水层统称之为普通细石混凝土防水层,用于屋面时则称之为普通细石混凝土防水屋面。

对于屋面细石混凝土刚性防水层,要求其有足够的强度以及密实性,表面压光,分格合理,分格缝密封严密,这样细石混凝土防水层的质量就可以得到保证了。我国细石混凝土屋面防水有两种形式,其一是传统的板端分格、配筋的防水层,其二是小块体(1~1.5m分格)不配筋的细石混凝土防水层。

一、细石混凝土的配制

刚性防水层所用细石混凝土应按照防水混凝土的要求进行配制。细石混凝土不得使用火山灰质水泥,当采用矿渣硅酸盐水泥时,应采用减少泌水性的措施,粗骨料含泥量不应大于1%,细骨料含泥量不应大于2%,混凝土水灰比不应大于0.55,每立方米混凝土水泥用量不得少于330kg,含砂率宜为35%~40%,灰砂比宜为1:2~1:2.5,混凝土强度等级不应低于C20,水灰比不大于0.55,对于一般屋面,抗渗等级不宜小于P6,防水层厚度不宜小于40mm。

掺减水剂和其他外加剂的混凝土应用机械搅拌,搅拌时间应比不掺外加剂时延长30s以上,同时应将减水剂预溶成一定浓度的溶液(以20%为宜),再掺入拌合水中,以便使减水剂在混凝土拌合物中均匀分布,溶液中的水应从拌合水中扣除。某些粉状减水剂(如SL、N型等)可直接掺加,但必须先与水泥和骨料干拌30s以上,再加水搅拌不少于3min。

掺防水剂配制的细石混凝土,防水剂的用量按内掺法计算,并采用机械搅拌,投料顺序为石子、砂、水泥、防水剂、水。干料投入完毕后,搅拌30s以后再加水,加水后搅拌时间应比不加防水剂的混凝土延长0.5~10min,干粉防水剂宜配制成一定浓度的溶液后再掺加,溶液中的水应从拌合用水中扣除。

根据上述要求,为了确保防水混凝土的质量,提倡在混凝土中采用掺加外加剂来提高细石混凝土的抗渗性能,如采用减水剂、膨胀剂、防水剂和渗透剂。最普遍有效的是掺加多功能复合型膨胀剂,它将减水、膨胀、早强、密实、防水性能集于一体,具有抗裂、防渗双重的作用。减水剂常用的有本质素磺酸盐减水剂、糖蜜复合早强减水剂、NNO减水剂、MF减水剂等；膨胀剂主要有UEA、AEA、CEA等，均系复合型外加剂；防水剂品种，无机类常用的有氯化铁、无机铝盐、三乙醇胺等，有机类常用的有氯丁胶乳、有机硅、丙烯酸乳液、EVA乳液等。

细石混凝土防水层的参考配合比如下：

[配方5-41] 细石混凝土防水层

成分	用量（kg/m³）
42.5级普通硅酸盐水泥	380
砂	653.6
石子（粒径为5~15mm）	1086.8
水	209
坍落度 10~20mm	

[配方5-42] 细石混凝土防水层

成分	用量（kg/m³）
42.5级普通硅酸盐水泥	420
砂	630
石子（粒径为5~15mm）	1050
水	214.2
坍落度 20~40mm	

[配方5-43] 细石混凝土防水层

成分	用量（kg/m³）
42.5级普通硅酸盐水泥	340
砂	710.6
石子（粒径为5~15mm）	1071
水	166.6
坍落度 30~50mm	

[配方5-44] 细石混凝土防水层

成分	用量（kg/m³）
42.5级普通硅酸盐水泥	380
砂	558.6
石子（粒径为5~15mm）	1311
水	182.5
木钙减水剂	0.25
抗渗等级 P30	

[配方5-45] 细石混凝土防水层

成分	用量（kg/m³）
42.5级普通硅酸盐水泥	410
砂	643.7
石子（粒径为5~15mm）	1250.5

水	168.1
MF减水剂	0.5

抗渗等级　P30

坍落度　100~120mm

[配方5-46] 细石混凝土防水层

成分	用量（kg/m³）
42.5级普通硅酸盐水泥	325
砂	585
石子（粒径为5~15mm）	1300
水	165.75
防水剂	5

二、细石混凝土刚性防水层的施工

1. 作用条件

（1）原材料和机具

各种原材料以复查品种、质量、规格符合要求，并落实数量。施工机具运转良好。

（2）技术条件

技术负责人应对分部工程进行技术交底，工人经过培训考试合格。混凝土配合比设计、试配结束，强度等级、抗渗性等各项指标满足设计要求。

（3）结构层

结构层应经验收合格，并且板面应清理干净。其具体要求如下：

①现浇整体式结构层表面应平整、坚实，局部超高部分要凿平，过低部分用细石混凝土或1:2.5水泥砂浆填平；

②装配式预制板应安装平稳，板缝按要求用细石混凝土填实，当相邻板高差较大时，应用1:2.5水泥砂浆局部找平；

③屋面、天沟、檐沟、水落口等处坡度符合设计要求，标高必须准确。

（4）气象条件

天气预报24h内气温不低于5℃，亦不高于32℃；36h内无雨；施工作业时间内无五级以上大风。

2. 操作要点

（1）先做好找平层、隔离层

找平层和隔离层施工完毕后，应注意对其加强保护；混凝土运输不能直接在隔离层表面进行，应采取垫板等措施；绑扎钢筋时不得扎破表面；浇捣混凝土时更不能损坏隔离层。

（2）防水层施工

①绑扎钢筋网片

a. 钢筋（或钢丝）要调直，不得有弯曲、锈蚀和油污。

b. 钢筋网片可绑扎或点焊成型，绑扎钢筋端头后做弯钩，搭接长度必须大于30倍钢筋直径，冷拔低碳钢丝的搭接长度必须大于250mm。绑扎网片的钢丝应弯到主筋下，防止丝头露出混凝土表面引起锈蚀，形成渗漏点。焊接成型时搭接长度不应小于25倍钢筋直径。同一截面内，钢筋接头不得超过钢筋面积的四分之一。

c. 钢筋网片的位置应处于防水层的中偏上，但保护层厚度不应小于15mm。

d. 分格缝处钢筋应断开，使防水层在该处能自由伸缩。

e. 钢筋直径、间距应满足设计要求，当设计无明确要求时，可采用$\emptyset_4^b@150\sim200$。

为保证钢筋位置准确，可在隔防层上满铺钢筋，然后绑扎成型，再按分格缝位置剪断并弯钩。

②安放分格缝木条和支边模

a. 分格缝木条应按缝的宽度和防水层厚度加工或选用，一般上口宽度30mm，下口宽度20mm。木条应质地坚硬，规格正确。

b. 分格缝木条和边模在使用前应先浸泡，并刷一道废机油或脱模剂。也可以在木条两侧覆贴塑料板，即增加木条刚度，又能减少木条取出时混凝土的摩擦阻力，保证分块边角整齐美观。

c. 为保证分格缝位置准确，应在隔离层上弹线定位，再用水泥素灰或水泥砂浆固定木条，要求尺寸、位置正确。

③浇筑防水层混凝土

a. 混凝土搅拌时应按设计配合比投料，各种原材料必须称量准确。

b. 运送混凝土的器具应严密，不可漏浆；运送过程中应防止混凝土分层离析；料车不能直接在找平层、隔离层和已绑扎好的钢筋网片上行走。

c. 混凝土的浇捣应按先远后近、先高后低的原则，逐个分格进行。一个分格缝内的混凝土必须一次浇捣完成，不得留施工缝。

d. 手推车内的混凝土应先倒在铁板上，再用角锹铺设，不能直接往隔离层上倾倒。如用浇灌斗吊运时，倾倒高度不应高于1m，且宜分散倒于屋面，不能过于集中。

e. 混凝土铺设前应先标出浇筑厚度，再用靠尺刮铺平整，保证防水层的厚度一致。铺设时边铺边提钢筋网片，使其处于正确位置，不得贴靠屋面板或有露筋现象。盖缝式分格缝上部的反口直立部分和屋面泛水亦应和防水板块同时浇筑，不留施工缝。

f. 混凝土从搅拌出料至浇筑完毕的间隔时间不宜超过2h。

④混凝土振捣、收光和养护

a. 防水混凝土宜用高频平板振捣器振捣，捣实后再用质量为40~50kg、长600mm左右的辊筒来回碾压，直至混凝土密实和表面泛浆为止。在分格缝处，宜在两边同时铺设混凝土后再振捣，以避免分格条变位。

b. 在浇捣过程中，用2m靠尺随时检查，并把表面刮平，便于抹压。

c. 混凝土振捣、碾压泛浆后，按设计厚度要求抹平压实，使表面平整，符合排水要求。待收水初凝后，取出分格条，用铁抹子进行第一次抹光，并用水泥砂浆修补分格缝边缘的缺损部分，使之平直整齐。

d. 终凝前进行第二次抹光，使混凝土表面平整、光滑、无抹痕。抹光时不得在表面洒水、撒干水泥或加水泥浆。必要时还应进行第三次抹光。

e. 混凝土终凝（一般在浇筑后12~24h）后即应进行养护。一般可采用淋水或覆盖草帘、砂、锯末等，使其保持充分湿润，有条件时也可以采用蓄水养护，养护时间不得少于14d，养护期间禁止上人踩踏，避免防水层受到损坏。

屋面泛水应严格按设计要求施工,如设计无明确要求时,墙体迎水面的泛水高度不应小于240mm,非迎水面不宜小于180mm。通气管等迎水面泛水高度不小于150mm,非迎水面不小于120mm。泛水与防水层一次浇捣完成,转角处要做成圆弧或钝角。

(3) 分格缝施工

分格缝的嵌填应待防水层混凝土干燥并达到设计强度后进行,其作法大致有盖缝式、灌缝式和嵌缝式三种,盖缝式只适用于屋脊分格缝和顺水流方向的分格缝。

分格缝施工步骤如下:

①浇筑防水层时,分格缝两侧做成高出防水层表面约120~150mm的直立反口。

②防水层混凝土硬化后,用清缝机或钢丝刷清理分格缝内的浮砂、尘土等物,再用吹尘器吹干净。

③缝内用沥青砂浆或水泥砂浆填实。

④用黏土盖瓦盖缝。盖瓦只能单边用水泥纸筋灰填实,不能两边填实,以免盖瓦粘结过牢,当防水层热胀冷缩时被拉裂。盖瓦应从下而上进行,每片瓦搭接尺寸不少于30mm,檐口处伸出亦不少于30mm。

当反口高度较低时,可在反口顶部坐灰,使盖瓦离开防水层表面一定距离。

第六章 纤维混凝土

混凝土已经成为当今建筑上一种常用材料,但是其抗拉、抗弯、抗冲击、抗爆以及韧性等性能比较差。为了改善混凝土的这些性能,人们研究发明了纤维混凝土。纤维混凝土又称为纤维增强混凝土,是以水泥净浆、砂浆或混凝土作为基材,以非连续的短纤维或连续的长纤维作为增强材料,均匀地掺和在混凝土中而形成的一种增强材料。就目前情况看,纤维混凝土,特别是钢纤维混凝土已经成功地应用在许多混凝土工程上,如一些水利、交通、军工、矿山等行业的混凝土工程。纤维混凝土因其具有良好的抗拉、抗弯、韧性、不易裂缝,所以在轨道交通、桥梁、公路、隧道等防水工程上使用,又因其具有良好的抗疲劳和抗冲击性能,人们正研究将其用于多震灾地的抗震建筑上,使之为人类做出更大贡献。

纤维混凝土虽然有普通混凝土不可相比的长处,但是也具有许多问题,比如:施工和易性较差,搅拌、浇筑和振捣时会发生纤维成团和折断,粘结性能较差,另外,纤维的价格较高,工程成本较高等。

第一节 钢纤维混凝土

在普通混凝土中掺入适量的钢纤维而制成的混凝土,称为钢纤维混凝土或钢纤维增强混凝土。将抗拉强度高的钢纤维加入混凝土中,能显著提高混凝土对塑性收缩、温度、应力等因素导致的非结构性裂缝的抗裂能力,有效提高混凝土的抗渗能力。

一、钢纤维混凝土对原材料的要求

(一)钢纤维混凝土对钢纤维的要求

因为钢纤维混凝土被破坏时,往往是钢纤维被破坏,所以钢纤维混凝土中的钢纤维要有较好的韧性,不宜使用易脆断的钢纤维。为使钢纤维能均匀分布于混凝土中,钢纤维必须具有合适的尺寸、形状。较合适的钢纤维的尺寸是:断面积为 $0.1 \sim 0.4 mm^2$,钢纤维太粗或太短,混凝土的强化特性较差;如果过长或过细,搅拌时容易结团。水泥混凝土增强用钢纤维主要技术指标见表6-1。

水泥混凝土增强用钢纤维主要技术指标   表6-1

材料名称	相对密度	直径 $\times 10^{-3}$ (mm)	长度 (mm)	软化点/熔点 (℃)	弹性模量 $\times 10^{-3}$ (MPa)	抗拉强度 (MPa)	泊桑比
低碳钢纤维	7.8	250~500	20~50	500/1400	200	400~1200	0.3~0.33
不锈钢纤维	7.8	250~500	20~50	550/1400	200	500~1600	—

(二)钢纤维混凝土对基体混凝土的要求

配制钢纤维混凝土一般使用 42.5 级、52.5 级的普通硅酸盐水泥，配制高强度的钢纤维混凝土可使用 62.5 级以上的硅酸盐水泥或明矾石水泥。砂的粒径一般为 0.15~5mm，卵石或碎石的最大粒径一般不宜大于 15mm，对于钢纤维喷射混凝土则不宜大于 10mm。

为了使纤维混凝土拌合物具有良好和易性，使短纤维可均匀地分布于其中，在浇筑时混凝土应无离析、泌水现象并应易于捣实，混凝土的砂率一般不应低于 50%，其单位体积水泥用量应适当增加，较之未掺纤维的混凝土高 10% 左右。

钢纤维混凝土宜选用优质的减水剂，但是严禁添加氯盐。

二、钢纤维混凝土的物理力学性能

钢纤维混凝土的抗拉强度随纤维掺量的增加而提高，达到最高拉力值后并不发生脆断而仍具有一定的承载与变形能力。在钢纤维掺量的许可范围内，钢纤维混凝土的抗拉强度比未掺纤维的混凝土提高 30%~50%。

当钢纤维的体积掺量不大于 0.5% 时，钢纤维混凝土达到初裂荷载后，其承载能力开始下降。当钢纤维体积掺量较大时，钢纤维混凝土在达到初凝之后，仍可以继续提高承载能力。如果钢纤维掺量适宜，钢纤维混凝土比未掺纤维的混凝土的抗弯极限强度可提高 50%~100%。

掺加钢纤维可使混凝土的抗压强度提高 15%~25%，抗冲击强度可提高 2~9 倍。以上这些良好的抗拉、抗弯、抗冲击性能，显著增加了钢纤维混凝土使用寿命，并且即使在受拉、受弯过程中多处出现裂缝，钢纤维混凝土仍旧具有相当高的变形能力，此种变形能力即是我们所讲的"韧性"。

钢纤维混凝土还有极好的耐疲劳、耐磨、耐久性能。

三、钢纤维混凝土的配合比设计

钢纤维混凝土的配制最重要的问题是如何将钢纤维均匀地分散在混凝土中。钢纤维混凝土的配合比大多根据抗拉强度及抗弯强度确定，并且是以大量的实验数据为基础的。根据抗拉强度和抗弯强度设计钢纤维混凝土的配合比时，应该把重点放在纤维的掺入量上，其次是水灰比。这是因为纤维的掺入量不仅支配弯曲强度和拉伸强度，而且影响纤维混凝土的韧性和抗裂性等性能，还影响钢纤维混凝土拌合物的施工和易性。

（一）技术要求

配制钢纤维混凝土的主要技术要求见表 6-2。

配制钢纤维混凝土的技术要求 表 6-2

项　　目	技　术　要　求
水　灰　比	0.45~0.53
水泥用量（kg/m³）	360~400
钢纤维体积掺率（%）	0.5~2.0
用水量（kg/m³）	200~240
砂　率（%）	45~50
坍落度（mm）	10~20
膨胀率（%）	0.02~0.04
外加剂掺量	通过试验确定

1. 钢纤维掺量

钢纤维混凝土的强度主要取决于水灰比和纤维的含量。对于每一种规格的钢纤维与每一种混凝土组分，均存在一个最大的纤维掺量。钢纤维的掺量多以体积率表示，即 $1m^3$ 钢纤维混凝土中的钢纤维所占体积的百分数，一般为 0.5%~2.0%，最大不可以超过 3%。刚性屋面防水层混凝土的钢纤维体积率宜为 0.8%~1.2%，不宜大于 1.5%。

2. 水灰比

钢纤维混凝土的水灰比宜选用 0.45~0.53。对于以耐久性为主要要求的钢纤维，水灰比不得大于 0.50。钢纤维的平均间隔越小（即钢纤维含量多），混凝土的水灰比越小。

3. 用水量

钢纤维混凝土单位体积用水量见表 6-3，但是要注意：坍落度变化范围 10~50mm 时，每增减 10mm，单位用水量相应增减 7kg；钢纤维体积掺率每增减 0.5%，单位用水量相应增减 8kg；钢纤维长径比每增减 10，单位用水量相应增减 10kg。钢纤维混凝土单位体积用水量也可以通过试验或根据已有经验确定。

钢纤维混凝土单位体积用水量 表 6-3

拌合物条件	骨料品种	骨料最大粒径（mm）	用水量（kg/m³）
钢纤维长径比为 50，钢纤维体积掺率为 0.5%，坍落度为 20mm，水灰比为 0.5~0.6，中砂	碎石	10~15	235
		20	220
	卵石	10~15	225
		20	205

4. 骨料粒径及砂率

钢纤维混凝土所用骨料的最大粒径，对其抗弯强度有较大的影响，必须从混凝土的强度角度来确定。当钢纤维掺量为 1% 左右时，其影响较小，达到 1.8% 时其影响变得十分明显，在粗骨料粒径为 15mm 时，能获得最高的抗弯强度；而在最大粒径为 25mm 时，钢纤维不能均匀地分布于混凝土中，使得钢纤维的增强效果差，从而抗弯强度降低。一般当纤维含量为 2% 时，粗骨料的最大粒径为钢纤维长度的 1/2；当纤维含量为 2% 时，粗骨料的最大粒径为钢纤维长度的 1/3~2/3。但是粗骨料最大粒径均不应该超过 15mm。

钢纤维在混凝土中的分散度对强度有影响，并且砂率也是影响钢纤维混凝土的稠度，从而影响拌合物和易性的主要因素。实验表明：从强度方面考虑，砂率一般控制在 60%~70% 比较适宜。

（二）配合比设计方法及步骤

钢纤维混凝土的配合比设计应采用试验-计算法，并参考下面步骤进行。

（1）确定试配强度。钢纤维混凝土的强度采用双控标准，即由抗压强度和抗拉强度或由抗压强度和抗折强度确定。

（2）根据试配抗压强度确定水灰比。确定钢纤维混凝土水灰比的方法与普通混凝土相同。

（3）确定钢纤维体积率及掺量。钢纤维体积率应由试配抗拉强度或抗折强度确定。

(4) 根据坍落度等因素确定单位体积用水量，如掺用外加剂时应考虑外加剂影响。

(5) 确定合理砂粒。

(6) 按绝对体积法或假定质量密度法计算材料用量，确定试配配合比。

(7) 试配和调整。试配配合比确定后，通过拌合试验是否满足施工要求，若不满足则应在保持水灰比和钢纤维体积率不变的条件下，调整用水量或砂率，直到满足要求为止，并据此确定用于强度试验的基准配合比。

(8) 强度试验。每种强度试验至少应采用三种不同配合比。

抗压强度：一种为基准配合比，另两种配合比的水灰比应比基准配合比分别减少和增加 0.05。

抗拉强度或抗折强度：一种为基准配合比，另两种配合比的钢纤维体积率应比基准配合比增加或减少 0.2%。

改变水灰比或钢纤维体积率时，单位体积用水量应保持不变，可通过调整砂率来保持拌合物坍落度不变。

(9) 根据试配和强度试验结果确定施工配合比。

对钢纤维补偿混凝土，还应进行膨胀率和收缩率等项试验。

四、配制和施工

(一) 搅拌

(1) 钢纤维混凝土施工时应采用机械搅拌，以强制式搅拌机为宜。当钢纤维体积率较高、拌合物稠度较大时，强制式搅拌机的一次搅拌量不宜超过搅拌机额定容量的 70%。

(2) 搅拌钢纤维混凝土的各种材料的质量，应按施工配合比和一次搅拌量计算确定，其称量偏差不得超过表 6-4 的规定。

钢纤维混凝土材料称量允许偏差　　表 6-4

材料名称	钢纤维	水泥、混合物	粗、细骨料	水	外加剂
允许偏差（%）	±2	±2	±3	±1	±2

(3) 钢纤维混凝土搅拌时投料顺序和方法，应以搅拌过程中钢纤维不结团，并保证一定的生产率为原则，并通过试验或根据经验确定。搅拌时间应通过现场搅拌试验确定，并应较普通混凝土规定的搅拌时间延长 1~2min。

采用强制式搅拌机时，可将钢纤维及石子投入搅拌机内干拌 1min，使钢纤维分散在石子中，再将水泥、砂投入搅拌机中搅拌 1min，最后往转动着的搅拌机内加水，湿拌约 1.5min。

当采用钢纤维以外的材料湿拌，在拌合过程中边搅边加入钢纤维的搅拌方式时，宜采用钢纤维分散机投放钢纤维。

(4) 对于零星工程采用人工搅拌时，应遵守以下规定：在平滑的铁板上或其他不渗水的平板上搅拌；宜先将水泥和砂干拌均匀，再加石子继续干拌，边拌边分散加入钢纤维，干料混合均匀再加水搅拌，直至均匀为止。

(二) 运输、浇筑和振捣

(1) 钢纤维混凝土的运输宜采用易于卸料的搅拌运输车、翻斗车或其他运送器具。

坍落度在 80mm 以上的钢纤维混凝土，可同普通混凝土一样用混凝土搅拌车运送；坍落度在 50~80mm 的钢纤维混凝土可用铲斗、皮带运输机等运输。

与普通混凝土一样，钢纤维混凝土也可用泵送，但泵送时混凝土中的钢纤维具有按泵送方向排列的倾向，必须引起注意。

（2）钢纤维混凝土运输时间不宜超过 30min，如在浇筑之前发现有分层离析或过干现象，应进行二次搅拌。

（3）在一个规定连续浇筑的区域内，钢纤维混凝土浇筑施工过程不得中断，以保证钢纤维分布均匀。刚性防水层可采用平板振动器捣固。

由于振捣作用，钢纤维会出现与模板表面平行、与重力作用方向垂直、与振动方向平行及振捣棒周围的钢纤维按振捣棒的插入方向排列等倾向，且振动频率越高或振动时间越长，这些倾向也越强。振捣过程中应避免振捣方法不当或振捣时间过长而产生的对钢纤维分布和取向不利的影响。

防水层钢纤维混凝土浇筑后，其表面收光和养护与普通细石混凝土相同。

五、钢纤维混凝土的使用

钢纤维混凝土的成本较高，为此必须使之用于最能发挥专长的领域，以抵偿其成本。不同施工方法的钢纤维混凝土的应用见表 6-5。

钢纤维混凝土的应用　　　　　　表 6-5

施工方法		应用领域	特性要求	优　点
喷射法		隧道衬砌、护坡加固、矿山地下巷道，水渠以及某些构筑物或建筑物的修复	抗裂、抗渗，抗冲击，抗剪，抗冻融	省去挂网、焊接等工序，加快施工进度；降低喷射层厚度；延长使用寿命；有可能降低造价
泵送灌注法		地下铁道壳体及下水道	抗裂、耐地面动载，耐疲劳，抗渗	加快掘进速率；减轻工人体力劳动，有可能降低造价
普通浇灌法	道路工程	行车道、高速公路的砌筑；飞机场的驻机场地面与飞机跑道；桥梁面板；铁路高架路床；某些工业厂房地面	抗裂，耐磨，耐疲劳，抗冲击，抗冻融	降低路面厚度；增大伸缩裂缝间距；降低维修费用；延长使用寿命
	防爆、防震工程	防爆构筑物，核试验构筑物及火箭发射场地；原子能反应堆压力容器；重型机器的基础；抗震建筑物的梁柱结合部	抗裂，抗剪，抗爆炸荷载，抗冲击	提高安全度，延长使用寿命
	水利工程	海洋结构物、溢洪道，泄水道	抗裂，抗冲刷，抗气蚀，抗冲击	延长使用寿命；提高总的经济效益
	窑炉工程	高温窑炉衬砌、炉门等	抗热震性，不碎裂，耐磨，抗冲击	延长窑炉运转期；降低成本，增加产量
预制品	建筑工程	外墙板，间隔墙板，预制楼梯段	抗裂，抗震，抗冲击	简化制造工艺；提高安全度
	土木工程	离心管、矩形涵洞、高速公路遮声壁板、破浪堤构件	抗裂，抗冲击	简化制造工艺；提高安全度

2. 部分生产厂家联系方法

生产厂家或经售单位	联系地址	电话	邮编
上海贝卡尔-二钢有限公司	上海浦东新区外高桥保税区日樱北路555号	021-50460610	200131
重庆宜筑商贸有限公司	重庆市江北区华唐路2号（农垦大厦）7-20号	023-67766220	400020
保定伟业新能源模盒模具机械厂	河北保定清苑县河北保定城东闫庄工业区	03128101231	071100

第二节 聚丙烯纤维混凝土

聚丙烯纤维混凝土是将切成一定长度的聚丙烯纤维均匀地分布于砂浆或普通混凝土的基材中，用以增强基材的物理力学性能的一种复合材料。在混凝土中掺入适量的聚丙烯纤维可以显著提高混凝土的抗渗性能。聚丙烯纤维均匀地分布在混凝土中，有效地阻止粗细骨料的沉降，降低了混凝土的泌水率，减少了混凝土中的总空隙率，提高了混凝土的密实性。同时加入聚丙烯纤维后，混凝土的抗拉强度提高，减少了塑性裂缝的出现，避免了渗漏水的隐患，因此聚丙烯混凝土也用在防水工程中。其特点是化学稳定性较好；纤维表面具有憎水性、分散性，在混凝土中拌合不易结团，拌合物和易性好；不与混凝土中的任何组分发生化学反应；成本低廉等。

一、聚丙烯纤维混凝土的原料

聚丙烯纤维混凝土对水泥没有什么特殊要求，采用42.5级或52.5级硅酸盐水泥或普通硅酸盐水泥即可；所用的粗骨料、细骨料与普通混凝土相同，细骨料可用细度模数为2.3~3.0的中砂或3.1~3.7的粗砂，粗骨料可用最大粒径不超过10mm的碎石或卵石。

聚丙烯纤维混凝土不同的成型工艺对配料的要求有所不同，见表6-6。

聚丙烯纤维混凝土不同成型工艺的配料要求　　　　表6-6

成型工艺	聚丙烯膜裂纤维	水泥	骨料	外加剂	灰集比	水灰比
搅拌法	细度=6000~13000旦尼尔 切短长度=40~70mm 体积掺率=0.4%~1%	42.5级、52.5级、硅酸盐水泥或普通硅酸水泥	细骨料粒径≤5mm 粗骨料粒径≤10mm	减水剂或高效减水剂适量	砂浆： 水泥：砂=1:(1~1):3 混凝土： 水泥：砂：石子=1:2:(2~1):2:4	0.45~0.50
直接喷射法	细度=4000~12000旦尼尔 切短长度=20~60mm 体积掺率=2%~6%		$d_{max}=2mm$		水泥：砂=1:(0.3~1):0.5	0.32~0.40

二、聚丙烯纤维混凝土的物理力学性能

因为聚丙烯裂纤维的拉伸强度极高，一般可达 400～500MPa，但是弹性模量却很低，所以聚丙烯纤维混凝土具有抗拉强度高但弹性模量低的特性。在较高应力作用下，聚丙烯纤维混凝土与普通混凝土相比，其抗压、抗拉、抗弯、抗剪、耐热、耐磨、抗冻等性能几乎没有提高，一般还将会随着含纤率、长径比的增大而降低。

但是当聚丙烯纤维掺量较小的情况下，混凝土的抗冲击性能会大大提高。

聚丙烯纤维混凝土硬化后的物理力学性能见表 6-7。

聚丙烯纤维混凝土硬化后的物理力学性能 表 6-7

项　目	性　能　特　点
抗拉强度	用喷射法制得的混凝土极限强度可达 7.0～10.0MPa
抗弯强度	体积掺率为 1% 左右时，抗弯强度提高不超过 25% 体积掺率为 5% 左右时，用喷射法，抗弯极限强度可达 25MPa
抗冲击强度	体积掺率为 2% 时，抗冲击强度提高 10～20 倍 体积掺率为 5% 时，用喷射法，抗冲击强度可达 3.0～3.51MPa/cm^2
抗收缩性	体积掺率为 1% 左右时，收缩率降低约 75%
耐火性	体积掺率为 1% 左右时，耐火等级与普通混凝土相同
抗冻性	经 25 次冻融，无龟裂、分层现象，质量和强度基本无损失
耐久性	英国建筑研究院曾将体积掺率为 4.4% 的聚丙烯纤维混凝土试件在 60℃ 的水中浸泡一年，未发现试件抗弯极限强度与抗冲击强度有明显的下降

三、聚丙烯纤维混凝土的使用

聚丙烯纤维混凝土可用于制作预制品，也可用于现场浇筑。预制品可用于非承重挂板、水孔盖板、下水管、化粪池等；现浇可用于停车场、车库及路面、加固河堤等。

聚丙烯纤维混凝土一般采用普通转筒式搅拌机进行搅拌，可采用两种加料方法：一是先将砂、石、水泥、水混拌均匀后再加入纤维搅拌至纤维在混凝土中分散均匀为止，约需 3～5min；二是将砂、石、水泥、纤维干拌均匀后加水搅拌，约比普通混凝土搅拌时间长 1～2min。纤维混凝土运输时间应该加以控制，一般由搅拌站运至工地不超过 30min。聚丙烯纤维混凝土初凝、终凝时间均较普通混凝土稍长，易在终凝前进行修抹，以防纤维外露。

第七章 防水砂浆

砂浆是由胶凝材料、细骨料、掺合料和水,以及根据需要加入的外加剂,按一定的比例配制而成的建筑工程材料,在建筑工程中起着粘结、衬垫和传递应力的作用。

砂浆按胶凝材料的不同,可分为水泥砂浆、聚合物水泥砂浆、沥青砂浆、石灰砂浆、水玻璃砂浆、硫磺砂浆等;砂浆按其用途可分为砌筑砂浆和抹灰砂浆。砌筑砂浆是指应用于砌筑砖、石、砌块等砌体的砂浆;抹灰砂浆是指以薄层涂抹在建筑物表面的砂浆,抹灰砂浆按用途可分为一般抹灰砂浆、装饰砂浆、防水砂浆、保温隔热砂浆、耐腐蚀砂浆等多种。

第一节 外加剂防水砂浆

外加剂防水砂浆是指在水泥砂浆中掺入各种防水剂配制而成的一类防水砂浆。

防水剂是一种由各种无机或者有机化学原料组成的外加剂。在水泥砂浆中掺入占水泥质量3%~5%的无机盐或金属皂类防水剂,在砂浆凝结硬化过程中,产生不溶性物质,填充砂浆中的微小空隙和堵塞毛细孔通道,切断或减少渗水通道,增加了砂浆的密封性,提高了砂浆的不透水性和抗渗能力,一般可承受水压0.4MPa以下。如在水泥砂浆中掺入占水泥质量10%的抗裂防水剂,利用其微膨胀作用,则可提高砂浆的抗裂与抗渗能力,其抗渗压力最高可达3MPa以上。

一、氯化物金属盐类防水砂浆

氯化物金属盐类防水砂浆是在混凝土砂浆中掺入氯化物金属盐类防水剂配制而成的一类砂浆防水材料。

(一) 氯化物金属盐类防水砂浆的防水原理

氯化物金属类防水剂加入水泥砂浆中后,能够与水泥反应,使砂浆在凝结硬化过程中,生成新的化合物,增加砂浆的密实性,氯硅酸钙、氯铝酸钙等化合物是一种胶体的物质,填补了砂浆中的空隙,从而提高了这类防水砂浆的防水抗渗性能。

(二) 氯化物金属盐类防水砂浆的配制

1. 氯化铁防水砂浆的配制

(1) 组分

水泥 32.5~42.5级普通硅酸盐水泥或矿渣硅酸盐水泥;

砂子 粒径为0.5~0.3mm的中砂。

(2) 配制

氯化铁防水剂的掺量一般为水泥质量的3%~5%。

防水净浆的配制先将防水剂放入容器中,缓慢地加水并搅拌均匀,然后加入水泥,充分搅拌均匀即成。防水砂浆的配制,先将防水剂加入拌合水中搅拌均匀,同时将水泥和砂干拌均匀，然后将溶有防水剂的拌合水加入水泥和砂中，搅拌1~2min即成。防水净浆和防水砂浆应随拌随用，避免凝固失效。

（3）物理力学性能

氯化铁防水砂浆是几种常用外加剂防水砂浆中抗渗性能最好的一种，早期具有相当高的抗渗能力（表7-1）。

氯化铁防水砂浆早期（3d）抗渗性 表7-1

水泥品种与强度等级	质量配合比			水灰比	试件厚度（cm）	抗渗压力（MPa）
	水泥	砂子	液体防水剂			
42.5级矿渣水泥	1	2	0	0.5	3	0.1
	1	2	0.01	0.5	3	0.5
	1	2	0.03	0.5	3	>1.5
42.5级普通水泥	1	2	0	0.5	3	0.1
	1	2	0.03	0.5	3	>1.5

2. 防水砂浆的配制（表7-2）

防水砂浆的配制方法 表7-2

配合比		备注
质量比	体积比	
防水浆占水泥质量的3%~7%	防水砂浆 防水浆:水:水泥:黄砂=1:5:8:3 防水净浆 防水浆:水:水泥=1:5:8	配制时，按表列体积比先用水将防水浆稀释后，再加水泥、黄砂调匀

3. 参考配方

[配方7-1]　氯化铁防水砂浆（防水净浆）

成分	用量（质量份）
水泥	1
水	0.35~0.39
氯化铁防水剂	0.03

[配方7-2]　氯化铁防水砂浆（底层用）

成分	用量（质量份）
水泥	1
中砂	2
水	0.45
氯化铁防水剂	0.03

[配方7-3]　氯化铁防水砂浆（面层用）

成分	用量（质量份）
水泥	1
中砂	2.5
水	0.5~0.55
氯化铁防水剂	0.03

[配方7-4] 氯化物金属盐类防水砂浆（净浆）

成分	用量（质量份）
水泥	8
水	5
氯化物金属盐类防水剂	1

[配方7-5] 氯化物金属盐类防水砂浆（砂浆）

成分	用量（质量份）
水泥	8
砂	3
水	5
氯化物金属盐类防水剂	1

（三）氯化物金属盐类防水砂浆施工

氯化物金属盐类防水砂浆适用于修补大面积渗漏的地下室、水池等工程。

基层表面应平整、坚实、粗糙。

采用抹压法工艺施工，可先在基层涂刷一层防水净浆、[其配合比为（质量比）：水泥：水=1:0.4]，随后分层铺抹防水砂浆，每层的厚度应控制在5~10mm，各层叠加总厚度不宜小于20mm，每层均应抹压密实，待下一层养护凝固后再铺抹上一层。

采用扫浆法工艺施工，在基层上先薄摊一层防水浆净，随即用刷子往复涂擦，然后分层铺刷防水砂浆，须待第一层防水砂浆经养护凝固后方可再铺刷第二层，每层厚度约10mm，两层铺刷的方向应相互垂直，最后将防水砂浆表面扫出条纹。

氯化铁防水砂浆施工，可先在基层上涂刷一道防水净浆，然后抹底层砂浆，其厚为12mm，可分两次抹压，第一次要用力抹压使其与基层结合成一体，底层第一遍砂浆凝固前用木抹子均匀搓成麻面，待阴干后再抹压第二遍砂浆。底层砂浆抹完约12h后，即可抹面层砂浆，其厚度为13mm。亦可分两次抹压，抹压前先在底层砂浆上涂刷一道防水净浆，随涂刷随抹第一遍面层砂浆，其厚度不应超过7mm，第一遍面层砂浆阴干后方可再抹第二遍面层砂浆，并在凝固前分次抹压密实。

施工温度应不低于5℃，不高于35℃，不宜在雨天、烈日暴晒下施工，以免防水层被冲走或水分蒸发过快，表面出现裂缝。

必须在结构变形或沉陷趋于稳定后施工，为抵抗裂缝，可在防水层内增设金属网加固，防水层不宜用于干旱、严寒、温差较大地区的大面积施工。

防水层施工后8~12h，即应覆盖湿草袋，夏季更要提前，24h后即应定期浇水养护至少14d，自然养护温度不应低于5℃。

二、金属皂类防水砂浆

金属皂类防水砂浆是指在普通混凝土砂浆中加入金属皂类防水剂配制而成的一类刚性

防水材料。

（一）金属皂类防水砂浆的防水原理

以拒水性物质为基料的金属皂类防水剂包括可溶性金属皂类防水剂（因系浆液，又称避水浆）和不溶性金属皂类防水剂（如钙铝皂，因系固体粉末，又称防水粉）两大类，这种防水剂具有塑化作用，可降低水灰比，掺入水泥砂浆中后，使水泥质点和浆料间形成憎水性吸附层和生成不溶性物质，可充填砂浆中的微小空隙和堵漏毛细管通道，切断和减少渗水孔道，增加砂浆的密实性，使砂浆具有防水的性能，但由于拒水性物质本身是非胶凝性的，会使砂浆强度显著降低，因此其掺加量不宜过多，一般为水泥质量的1%~2%。

（二）金属皂类防水砂浆的配制

1. 金属皂类防水砂浆的配制（表7-3）

金属皂类防水剂的配制方法 表7-3

项目		要求和说明					
原材料	硬脂酸	工业品，凝固点54~58℃，皂化值200~220					
	碳酸钠	工业品，纯度约99%，含碱量约82%					
	氨水	工业品，相对密度0.91，含NH_3约25%					
	氟化钠	工业品					
	氢氧化钾	工业品					
	水	自来水或饮用水					
配合比（质量比）（%）		配方	硬脂酸	碳酸钠	氨水	氟化钠	氢氧化钾	水
		1	4.13	0.21	3.1	0.005	0.82	91.735
		2	2.63	0.16	2.63	—		94.58
用具及工具		铁锅两口及加热用具、搅拌用木棒、温度计、0.6mm孔筛等					
配制方法和步骤		1. 按配合比称取所需的材料 2. 将硬脂酸放在锅内加热熔化 3. 在另一锅内将1/2用量的水加热至50~60℃后，依次加入碳酸钠、氢氧化钾和氟化钠搅拌至溶解，并保持恒温 4. 将熔化好的硬脂酸慢慢加入并迅速搅拌均匀，此时将产生大量气泡，要防止溢出 5. 全部硬脂酸加入后，再将另一半水加入拌匀制成皂液 6. 待皂液冷却至30℃以下时，加入氨水搅拌均匀 7. 用0.6mm筛孔的筛子过滤皂液，除去块粒和浮沫，将滤液装入非金属密闭容器中，置于阴凉处备用					

采用避水浆来配制防水砂浆，宜用32.5级硅酸盐水泥或矿渣水泥，其配比为水泥:中砂=1:2，避水浆按所用水泥质量的1.5%~5.0%掺合。在拌合防水砂浆时，将所需质量的避水浆先倒入桶内，再逐渐加水，按定量的水边加边搅拌直至搅拌均匀。

2. 金属皂类防水砂浆的参考配方

[配方7-6] 金属皂类防水砂浆（防水净浆）

成分　　　　　　　　　　　　　用量（质量份）

水泥	1
水	0.4
金属皂类防水剂	0.04

[配方7-7] 金属皂类防水砂浆（防水砂浆）

成分	用量（质量份）
水泥	1
砂子	2～3
水	0.40～0.50
金属皂类防水剂	0.04～0.05

防水净浆应采用机械搅拌，以保证水泥浆的匀质性，拌制时要严格掌握水灰比，水灰比过大，砂浆易产生离析现象，水灰比过小则不易施工。拌制砂浆时，先将水泥和砂投入砂浆搅拌机内干拌均匀（色泽一致），然后再加入防水剂与定量用水配制成的混合液，搅拌1～2min即可。每次搅制的防水净浆和防水砂浆应在初凝前用完。

第二节 聚合物水泥防水砂浆

聚合物水泥防水砂浆是由水泥、砂和一定量的橡胶乳或树脂乳液以及稳定剂、消泡剂等助剂经搅拌混合均匀而制成的一类刚性防水材料。

聚合物水泥防水砂浆是在水泥砂浆中掺入一定量的聚合物，如有机硅、氯丁胶乳、丙烯酸酯乳液等，使砂浆具有良好的抗渗、抗裂与防水性能。如将有机硅防水剂掺入水泥砂浆后，在水和空气中二氧化碳的作用下，能生成甲基硅氧烷，进一步缩聚成网状甲基硅树脂防水膜，渗入基层内可堵塞水泥砂浆内部的毛细孔，增加密实性，提高抗渗性，从而起到防水作用。又如树脂类聚合物掺入砂浆中后，由于其能均匀地分布在砂浆内部细粒骨料的表面，在一定温度条件下凝结，使水泥、骨料、聚合物三者相互形成一个完整的网络膜，封闭住砂浆空隙的通路，从而阻止了介质的浸入，使砂浆的吸水率大大减少，而抗渗能力则相应地得到了提高。

可与水泥掺合使用的聚合物品种繁多，有天然和合成橡胶胶乳、热塑性和热固性树脂乳液、水溶性聚合物等。聚合物水泥砂浆的各项性能在很大程度上取决于聚合物本身的特性及其在砂浆中的掺入量，掺入量低，砂浆的性能则达不到要求，掺入量高，则不仅仅是造价高，而且粘结性及干缩均向劣化方向发展，因此，从实用、价廉、防水效果的角度出发，聚合物及其聚合物水泥砂浆应符合质量要求。

一、有机硅防水砂浆

有机硅防水砂浆是在水泥砂浆之中掺入有机硅防水剂配制而成的一类刚性防水材料。

有机硅防水剂是由甲基硅醇钠或高沸硅醇钠为基料，在水和CO_2作用下，生成甲基硅氧烷并进一步缩聚成高分子聚合物-甲基网状树脂膜（即防水膜）的一种防水剂。有机硅防水剂使用方便，既可掺合于水泥砂浆中构成有机硅防水砂浆，又可直接在建筑物表面喷涂，构成防水层。有机硅防水剂中的小分子有机硅聚合物被空气中的二氧化碳分解成甲基硅酸，并很快聚合成不溶于水的甲基聚硅醚防水膜而具有防渗作用。有机硅防水剂的配合比见表7-4。

第七章 防水砂浆

有机硅防水剂用料配合比　　　　　　　　　　表 7-4

中性有机硅防水剂配比（质量比）	有机硅表面喷涂防水剂配比
有机硅：硫酸铝：水 1:0.4:4.5 1:5:0.4	有机硅：水 1:9（质量比） 1:11（体积比）

有机硅防水砂浆的配制方法如下：

将防水剂和水按比例混合均匀配制成溶液，称之为硅水，硅水有碱性和中性之分（表 7-5 和表 7-6）。

碱性硅水的配合比　　　　　　　　　　表 7-5

质　量　比		体　积　比		用　途
防水剂	水	防水剂	水	
1	7~9	1	9~11	防水砂浆、抹防水层

中性硅水的配合比　　　　　　　　　　表 7-6

质　量　比			用　途
防水剂	水	硫酸铝或硝酸铝	
1	7~9	0.4~0.5	防水砂浆、抹防水层

将水泥和砂按一定比例干拌均匀后，再按一定比例加入硅水搅拌均匀即成有机硅防水砂浆，其配合比见表 7-7。

有机硅防水砂浆的配合比　　　　　　　　　　表 7-7

层　次	硅水配合比 防水剂：水	砂浆配合比 水泥：砂：硅水	材　料　要　求
结合层水泥浆膏	1:7	1:0:0.6	水泥：最好选用42.5级普通硅酸盐水泥 砂：以选用颗粒坚硬、表面粗糙、洁净的中砂为宜。砂的粒径为1~2mm 水：一般饮用水即可 有机硅防水剂：相对密度以1.21~1.25为宜，pH值为12
底层防水砂浆	1:8	1:2:0.5	
面层防水砂浆	1:9	1:2.5:0.5	

表 7-7 中各层砂浆的水灰比以满足施工要求为准，若水灰比过大，砂浆则易产生离析，而水灰比过小则不易施工。因此，严格掌握水灰比对保证施工质量十分重要。

将配制好的有机硅：水 =1:7 调匀的硅水喷涂或刷在基层面上 1~2 道，应随拌随用，用力刮抹在潮湿不积水的基层面上，第一层刮 1mm，第二层抹 1mm，保持均匀粘结牢固，待初凝时方可再抹底层水泥砂浆。

按配合比配制底层水泥防水砂浆，应认真计量，搅拌均匀，方可粉抹在初凝的水泥浆面上，掌握抹灰的力度，控制抹灰的厚度在 6mm 以内，处理好阴角的圆弧、阳角的钝角，粉平粉直，压实压密，并用木抹子拉成小毛。

按配合比配制而成的面层水泥砂浆，应精确计量，搅拌均匀，方可粉抹在终凝后的底层水泥砂浆面上，间隔时间夏季为24h，冬季为48h，控制抹灰的厚度在6mm以内，抹压平整，表面用铁抹子抹压密实和光滑。

待防水层施工完成后，隔24h进行湿养护，保持面层湿润达14d，防止防水砂浆层中的水分过早蒸发而出现干缩裂缝，也可喷涂养护液进行封闭养护。

基层过于潮湿和雨天不能施工，防止喷涂的硅水被雨水冲走，以影响防水效果。有机硅防水剂耐高低温性较好，故可在冬期进行施工。有机硅防水剂为强碱性材料，经稀释后虽碱度已大大降低，但使用时仍要注意避免与人体皮肤接触，施工人员特别要注意保护好眼睛。

穿墙管道处做有机硅防水砂浆防水层，应将管道按设计要求的位置固定，并在其周围剔凿深 $1 \sim 8mm$、宽3mm的槽沟，用细石防水混凝土（配合比为:水泥:砂:豆石:硅水 = 1:2:3:0.5）填实槽内捣实，待凝固后再用防水砂浆（其配合比为:水泥:砂:硅水 = 1:2:0.5，硅水的配合比为：有机硅防水剂:水 = 1:9）分层抹入槽内压实即可。

有机硅防水剂防水层的施工要点见表7-8。

有机硅防水剂防水层的施工要点　　　　　　　　　　　表7-8

项　目	操作要点和要求
新建屋面防水施工	1. 按有机硅防水剂:水 = 1:8 配制有机硅水备用 2. 预制板用油膏嵌缝，在油膏上用有机硅水:水泥 = 1:2.5的水泥砂浆抹成宽100mm，高 $20 \sim 30mm$ 覆盖 3. 水泥砂浆硬化后，屋面满刷有机硅水两遍 4. 待第二遍有机硅水稍干后，刷水泥素浆一道，厚1mm。素浆配比为水泥:建筑胶:水 = 1:1:0.13 (0.5~0.6) 5. 素浆干后接着再刷有机硅水一遍 6. 最后刷砂浆一道，厚1mm。砂浆配比为水泥:细砂:108胶:水 = 1:1:0.13:0.5
墙面防水施工	1. 新建房屋墙面干燥后，直接用有机硅水喷涂两遍，其中间隔以第一遍未完全干燥为宜。喷涂时不得漏喷，有机硅水配合比为有机硅防水剂:水 = 1:8 2. 对旧房屋墙面，先用108胶:水泥:中性有机硅水 = 0.2:1:0.5的水泥胶浆修补裂缝，清除表面尘土、浮皮等，待裂缝修补处干燥后喷涂1:8 有机硅水两遍 中性有机硅配合比为有机硅防水剂:水硫酸:铝 = 1:6:0.5，pH值调至 $7 \sim 8$

二、丙烯酸酯共聚乳液防水砂浆

丙烯酸酯共聚乳液防水砂浆是在水泥砂浆中掺入丙烯酸酯共聚乳液配制而成的一类刚性防水材料。

丙烯酸酯乳液具有良好的减水性能，将其掺入水泥砂浆中可以大大改善砂浆的和易性，在相同的流动度下，掺入丙烯酸酯乳液的水泥砂浆比不掺入乳液的水泥砂浆可减水35%~43%；该防水砂浆有很高的抗裂性，如在砂浆中掺入12%（聚灰比）乳胶，收缩变形减小，极限伸长率增加1倍以上，抗裂性系数可增加50倍以上；砂浆粘结强度可提高1倍以上；丙烯酸酯共聚乳液防水砂浆的抗渗性亦比普通水泥砂浆有显著提高，如聚合物掺量为12%，灰砂比为1:1时，其抗渗能力则可提高1.5倍。

丙烯酸酯共聚乳液防水砂浆由一定比例的水泥、砂、丙烯酸酯共聚乳液以及适量的稳定剂和消泡剂经混拌均匀而成。

丙烯酸酯乳液其固体含量一般为50%左右，丙烯酸酯乳液掺入量一般为水泥的10%~25%（即聚灰比为10%~25%），作为防水材料掺量以12%较为适宜。

配制丙烯酸酯共聚乳液防水砂浆，其水泥应采用强度等级为42.5级普通硅酸盐水泥或其他各种硅酸盐水泥；砂宜采用细砂，严禁混入大于8mm颗粒的砂；水宜用饮用水。

防水砂浆的配合比：

[配方7-8]　丙烯酸酯共聚乳液防水砂浆

成分	用量（质量份）
水泥	1
砂	2~3
丙烯酸酯共聚乳液	0.3~0.5

聚合物掺量为0.3%~0.5%时，当丙烯酸酯乳液的固体含量为50%，则实际聚合物掺量为水泥用量的15%~25%。

丙烯酸酯共聚乳液防水砂浆在配制时，将混合乳液按需要的聚灰比（约12%）加入已干拌均匀的灰砂内拌合，使流动度达到180~200mm左右，若砂浆仍太干，可适当增加少量的水以满足施工要求。

丙烯酸酯共聚乳液防水砂浆的施工方法与普通水泥砂浆的施工方法基本一样，但其养护方法则稍有不同，要求早期（一般在7d）潮湿养护以利于水泥水化，后期干燥养护以利聚合物成膜，采用这种干湿混合养护工艺得到的砂浆性能最好，这是各种类型的聚合物砂浆需共同注意问题。

三、阳离子氯丁胶乳防水砂浆

阳离子氯丁胶乳防水砂浆是采用一定比例的水泥、砂并掺入水泥量10%~20%（以固体含量计）的阳离子氯丁胶乳，一定量的稳定剂、消泡剂和适量的水，经搅拌混合均匀配制而成的一种具防水性能的聚合物水泥砂浆。氯丁胶乳水泥砂浆的主要技术指标要求见表7-9。

氯丁胶乳水泥砂浆的主要技术指标　　　　表7-9

项　　目		指　　标
抗拉强度（28d）（MPa）		5.3~6.7
抗弯强度（28d）（MPa）		8.3~12.5
抗压强度（28d）（MPa）		34.8~40.5
粘结强度（28d）（MPa）	粗　糙　面	3.6~5.8
	光　滑　面	2.5~3.8
干缩值（28d）		$(7.0~7.3) \times 10^{-4}$

第二节 聚合物水泥防水砂浆

续表

项　　目		指　　标
吸水率（%）		2.6～2.9
抗渗强度等级		1.5以上
抗冻性（冻融50次，冻-15～-20℃、4h，融15～20℃、4h，为一循环）	抗压强度（28d）（MPa）	33.4～40.0
	抗弯强度（28d）（MPa）	8.3～10.4
	抗拉强度（28d）（MPa）	4.4～5.6

阳离子氯丁胶乳防水砂浆由于乳液均匀地分散在材料中骨料的表面上，在一定温度条件下，逐步完成交链，使橡胶、骨料、水泥三者相互形成橡胶骨料网络膜，封闭了材料中的毛细孔道，从而使砂浆起到防水抗渗的作用。水泥采用42.5级普通硅酸盐水泥，砂以粒径在3mm以下，并以过筛的洁净中砂为宜，水则采用饮用水。阳离子氯丁胶乳其性能要求见表7-10。

阳离子氯丁胶乳防水砂浆适用于地下建筑物和铁路隧道及建筑物裂缝的修补等工程。

阳离子氯丁胶乳的主要性能　　　　表7-10

项　　目	指　　标
外　　观	白色乳状膜
pH 值	3～5，用醋酸调节
含 固 量（%）	约50
相 对 密 度	>1.085
转子黏度计（Pa·s）	0.0124
薄球黏度计（Pa·s）	0.00648
硫化胶抗张强度（MPa）	>150
硫化胶伸长率（%）	>750
含 氯 量（%）	35

氯丁胶乳防水砂浆的配合比：

[配方7-9]　阳离子氯丁胶乳水泥净浆

成分	用量（质量份）
普通硅酸盐水泥	100
阳离子氯丁胶乳	30～40
复合助剂	适量
水	适量

复合助剂主要为稳定剂和消泡剂，稳定剂用于减少或避免胶乳在搅拌过程中产生析出及凝聚现象，消泡剂则可减少或消除由于胶乳中的稳定剂和乳化剂的表面活化影响产生的

大量气泡。

[配方7-10]　阳离子氯丁胶乳防水砂浆

成分	用量（质量份）
普通硅酸盐水泥	100
中砂（粒径在3mm以下）	100~300
阳离子氯丁胶乳	25~50
复合助剂	适量
水	适量

[配方7-11]　阳离子氯丁胶乳防水砂浆

成分	用量（质量份）
普通硅酸盐水泥	100
中砂（粒径在3mm以下）	200~250
阳离子氯丁胶乳	20~50
复合助剂	13~14
水	适量

阳离子氯丁胶乳防水砂浆的配制工艺可先根据配方将阳离子氯丁胶乳装入桶内，然后加入复合助剂及一定量的水，混合搅拌均匀即成混合乳液。按配方将水泥和砂干拌均匀后，再将混合乳液加入，用人工或机械搅拌均匀，即可使用。

氯丁胶乳防水砂浆的人工拌合，必须在灰槽或铁板上进行，切不可在水泥地面上进行，以免胶乳失水，成膜过快而失去稳定性。

氯丁胶乳防水砂浆的施工要点见表7-11。

氯丁胶乳防水砂浆的施工要点　　　表7-11

项　目	操作要点和要求
涂刷结合层	在处理好的基层上，用毛刷、棕刷、橡胶刮板或喷枪把胶乳水泥净浆均匀涂刷在基层表面上，不得漏涂
铺抹胶乳砂浆防水层	待结合层的胶乳水泥净浆涂层表面稍干（约15min）后，即可铺抹防水层砂浆。因胶乳成膜较快，胶乳水泥砂浆摊开后，应迅速顺着一个方向，边抹平边压实，一次成活，不得往返多次抹压，以防破坏胶乳砂浆面层胶膜 铺抹时，按先立墙后地面的顺序施工，一般垂直面抹5mm厚左右，水平面抹10~15mm厚，阴阳角加厚抹成圆角
涂刷保护层或罩面层	胶乳水泥砂浆凝结时间比普通水泥砂浆慢，20℃时初凝约4h，终凝约8h，凝结后防水层不吸水。因此设计要求做水泥砂浆保护层或罩面时，必须在防水层初凝后进行。一般垂直墙面保护层厚5mm，水平地面保护层厚20~30mm
养　护	氯丁胶乳水泥砂浆应采取干湿结合养护方法 1. 龄期2d前不洒水，采取干养护，使面层砂浆接触空气，较早形成胶膜。如过早浇水养护，养护水会冲走砂浆中的胶乳而破坏胶网膜的形成。此间砂浆所需的水化用水主要从胶乳中得到补充 2. 2d以后再进行10d左右的洒水养护

第二节 聚合物水泥防水砂浆

续表

项 目	操作要点和要求
注意事项	1. 对于干燥基层，施工前应适当进行湿润处理，以提高胶乳水泥砂浆与基层的粘结力 2. 胶乳水泥砂浆中的胶乳在空气中凝聚较快，应随拌随用，拌合后的砂浆必须在1h内用完 3. 胶乳水泥砂浆以拌匀为原则，不允许长时间进行强烈搅拌 4. 夏季气温较高时，砂子、水泥、胶乳应避免阳光曝晒，以防拌制的砂浆因胶乳凝聚太快而失去和易性

四、环氧树脂防水砂浆

环氧树脂防水砂浆是由环氧树脂、固化剂、增塑剂、稀释剂及填料按一定比例配制而成的一类防水材料，是最早应用于水工混凝土建筑物修补的材料之一，现已开发出了潮湿水下环氧树脂防水砂浆和弹性环氧树脂防水砂浆等改性环氧树脂防水砂浆修补材料。

配制环氧砂浆的常用组分见表7-12。

配制各类环氧砂浆的常用组分　　　　表7-12

环氧树脂	固化剂	增塑剂	稀释剂	填料
E-51 618号 E-44 6101号 E-42 634号	间苯二胺 乙二胺 聚酰胺树脂600号 T-31（水下） 810（水下） MA（水下） 酮亚胺（水下） CJ-915（弹性）	邻苯二甲酸二丁酸 邻苯二甲酸二辛酸	活性： 环氧丙烷苯基醚690号 环氧丙烷丁基醚501号 甘油环氧树脂662号 乙二醇二缩水甘油醚669号 非活性： 丙酮、二甲苯	水泥 石粉 石棉粉 砂

环氧砂浆具有强度高、弹性模量低、极限拉伸大等优点，但其热膨胀系数大（$25 \times 10^{-6} \sim 30 \times 10^{-9} \text{℃}^{-1}$），温度剧烈变化时能使环氧砂浆与老混凝土脱开，另一个缺点是材料易老化，适用于温度变化较小，日光不易照到部位的修补。

弹性环氧砂浆有两种，一种是采用柔性固化剂（室温下固化），既保持环氧树脂的优良的粘结力，又表现出类似橡胶的弹性行为，固化过程中放热量低而平缓，固化后产物弹性模量低，伸长率大。另一种是以聚硫橡胶作为改性剂，使弹性环氧砂浆的伸长率增大到25%~40%，但抗拉强度大幅度降低，28d抗压强度仅17~19MPa。

环氧砂浆材料用于潮湿面粘结或水下必须使用潮湿水下环氧固化剂，常用的水下固化剂有MA、酮亚胺、T-31等水下环氧固化剂。

水下修补裂缝还迂碰到低温条件，故需采用由低温水下环氧固化剂配制的低温水下环氧砂浆，在低温水下条件时，其与混凝土粘结强度可达2MPa以上，本身抗拉强度为16MPa左右，常温水下与混凝土粘结强度为3MPa左右，干燥条件下粘结强度为4~4.5MPa。

环氧砂浆的参考配方如下：

[配方7-12] 环氧砂浆

成分	用量（质量份）
634号环氧树脂（主剂）	100
304号不饱和树脂（增塑剂）	30
690号活性溶剂（稀释剂）	20
间苯二胺（固化剂）	16
石英粉（填料）	375~600
砂（<0.6mm，细骨料）	125~200

[配方7-13] 环氧砂浆

成分	用量（质量份）
6101号环氧树脂（主剂）	100
600号聚酰胺树脂（固化剂）	15
690号环氧丙烷苯基醚（稀释剂）	10
邻苯二甲酸二丁酯（增塑剂）	10
石棉粉（填料）	10
水泥（填料）	200
砂（细骨料）	400

[配方7-14] 弹性环氧砂浆

成分	用量（质量份）
618号环氧树脂（主剂）	100
聚硫橡胶（增弹剂）	20
MA固化剂（潮湿水下环氧固化剂）	15
CJ-912固化剂（柔性固化剂）	64
石英粉（填料）	700
砂（细骨料）	2100

[配方7-15] 水下环氧砂浆

成分	用量（质量份）
6101号环氧树脂	100
酮亚胺	20
水	5
水泥	200
砂子	400

第三节 高分子益胶泥

高分子益胶泥俗称干拌砂浆，是在生产厂中先将水泥，经筛选烘干的细砂和多种树脂粉末搅拌均匀配制而成粉料，包装成袋，在施工现场将其与水搅拌而形成的一种单组分、多功能、无味、无毒的厚糊状高分子防水材料。

一、高分子益胶泥的防水原理

高分子益胶泥的内部孔洞为球状或近似球状的闭合孔洞,故不会形成连通的毛细管通道,具有良好的抗渗性,能有效防止水分进入结构层或水泥砂浆找平层。

二、高分子益胶泥的类型及性能

高分子益胶泥可分为两类,即粘结型和防水型,粘结型其特点是粘结力强,保水性好,能应用于粘贴面砖、大理石等饰面,能有效地阻止水分进入结构层或水泥砂浆找平层,阻止水泥水化引起的返碱吐白现象;防水型其作用主要应用于防水,其抗渗能力强,粘结力大,防水效果好,其3mm厚涂层的主要技术性能如下:

抗渗等级:$\geqslant 1.5$MPa;

抗拉强度:$\geqslant 1.5$MPa;

抗压强度:$\geqslant 16$MPa;

凝结时间:初凝$\geqslant 1$h;终凝$\leqslant 10$h。

三、高分子益胶泥的配制

高分子益胶泥是由进口高分子材料辅以普通硅酸盐水泥、粉砂,经科学配比精制而成,材料配比为:高分子益胶泥:洁净水 = (3.3~4):1。一般100kg益胶泥加入水25~30kg,搅拌均匀成厚糊状即可使用。

四、高分子益胶泥的使用范围及施工

高分子益胶泥适用于内外墙面、楼地面、地下室、游泳池、厕浴间、贮水池等部位的防水,抗渗装饰工程的各种面砖、板材的粘贴。

益胶泥与水混合后,用人工或机械搅拌成厚糊状(坍落度为100~200mm),搅拌均匀后需放置5~10mm,在清理好的基层上稍用劲刮涂1~2mm厚的胶泥作为防水界面层,随即在上铺刮2~3mm厚益胶泥作为防水层,对于水位较高、渗透压力较大的工程,应采取迎水面、背水面双面防水或多道设防处理。

第八章 密封材料

第一节 聚硫密封胶

该产品是以液态聚硫橡胶为主要基料并添加多种化学助剂经特殊高分子合成工艺制作而成,是一种无毒级的防水密封材料。产品具有冷施工、操作简便、成膜后无接头形成、延伸性好、抗渗、无毒、无污染、粘结性好,并起到密封、隔声、防水、阻尼、抗震和节能保温等作用。特别适用于水利工程和市政工程的贮水构筑物的伸缩缝和穿墙管件、预埋件及钢模拆模后的螺栓孔洞防水堵漏密封。聚硫密封胶是国际上公认的唯一能长期在水中工程保持原性能并且无毒无污染的理想的防水密封材料。双组分聚硫密封胶已列入中国工程建设标准化协会标准(CECS)《混凝土贮液构筑物变形缝设计规程》。

该品广泛用于建筑工程中的混凝土伸缩、沉降等变形缝的粘结密封。适用于水泥、胶木、聚氯乙烯、玻璃、各种金属或非金属的粘合,具有良好的耐水、耐油、耐大气老化、密封性。该产品属无毒级产品,特别适用于水厂净配水池接缝和滤池间接缝、钢模螺栓眼的密封防水。同时适用于污水处理厂的污水池伸缩缝密封防水。

一、PG-321聚硫密封胶

该产品是以液态聚硫橡胶为主要基料并添加多种化学助剂经特殊高分子合成工艺制作而成,是一种无毒级的防水密封材料。产品具有优良的粘结性,并起到密封、隔声、防水、阻尼、抗震和节能保温等作用。

1. 产品特点
(1) 具有良好的水密性和气密性;
(2) 耐油、耐溶剂、耐久、抗腐蚀;
(3) 无毒性;
(4) 使用寿命长等。

2. 性能指标(表8-1)

PG-321聚硫密封胶性能指标(JC/T 483—2006)　　　表8-1

序号	项目	技术指标		
		20HM	25HM	20LM
1	密度(g/cm^3)	规定值±0.1		
2	适用期(h)	≥2		
3	表干时间(h)	≤24		

第一节 聚硫密封胶

续表

序号	项目		技术指标		
			20HM	25HM	20LM
4	流变性	下垂直（N型）(mm)	≤3		
		流平性（L型）	光滑平整		
5	弹性恢复率（%）		≥70		
6	拉伸模量	23℃	>0.4 或 >0.6		≤0.4 和 ≤0.6
		-20℃			
7	定伸粘结性		无破坏		
8	浸水后定伸粘结性		无破坏		
9	冷拉-热压后粘结性		无破坏		
10	质量损失率（%）		≤5		

注：适用期允许采用供需双方商定的其他指标值。

3. 施工方法

（1）基层处理

①首先将基面清理干净，要求基面平整、干燥；

②如基面有起砂或高低不平等现象应重新抹上水泥砂浆进行修整并达到规定的水泥砂浆强度等级；

③如基面潮湿应用喷灯烤干施工界面后再用钢丝刷刷一遍，以清除烘烤后掉下的水泥屑及尘土；

④为了使施工面周围整齐美观及防止污染周边，可在接缝两侧粘贴隔离带，材料可用牛皮纸、玻璃胶带、压敏胶带。

（2）施工做法

①将聚硫密封胶A组分和固化剂B组分以10∶（1~2）（质量比）的比例严格计算，将两个组分充分搅拌混合均匀，人工搅拌时间不少于8min，用手提电钻或手枪钻搅拌不少于5min，以采用机械搅拌方法为宜，搅拌时间只能多不能少，否则搅拌不均匀造成局部固化不完全而达不到密封防水效果。B组分应根据气温作适量调整，一般夏季用1份，冬季用1.2份，春秋季用1.1份，配制好的材料应在2h内用完，否则慢慢固化变稠造成施工困难和降低性能，应注意用多少配多少，否则配多了用不完造成浪费；

②将充分搅拌均匀的该产品刮入缝内并压平，嵌缝工作分两遍进行，第一遍先刮入缝两侧，第二遍再将缝内填满压平，另外也可将该产品装入密封专用胶管中，用施胶枪将胶挤出施工，发现气泡应及时施胶修补；

③施工完毕后应对接缝进行全面检查，及时修补孔洞和将界面隔离纸揭去。应特别注意该品固化前的保护，避免在充分固化前损坏。该品表干时间为2h，但70%强度要在7d后达到，因此试水必须在10d才能进行。

4. 使用注意事项

(1) 施工

①雨天或混凝土表面有霜、露时不得施工。局部有水渍,急于施工时,可用喷灯烘干;

②施工结束后在表干时间内,应避免雨淋,以免起泡;

③混合后的物料一般要求在涂敷期内用完,时间过长会影响粘结强度;

④施工机具用完后应及时用丙酮或甲苯清洗干净。

(2) 包装

①产品基胶用镀锌铁桶或塑料筒包装,硫化胶用塑料袋或内筒隔离装于基胶包装筒内,也可采用两组分分别包装。小包装或相应的基胶和硫化胶可用纸箱或木箱集装,以防组分散失;

②包装上应有防雨淋、不倒置标志,包装箱内应附有产品合格证和使用说明书。

(3) 运输

①产品不易燃,无爆炸危险,可按一般非危险品运输;

②运输中严防日晒雨淋,禁止接近热源,防止碰撞挤压,保持包装完好无损。

(4) 贮存

①产品应贮存于阴凉、干燥、通风的仓库中,桶盖必须盖紧;

②在不高于27℃的条件下自生产之日起贮存期为6个月。

5. 部分生产厂家联系方法

生产厂家或经售单位	联系地址	电话	邮编
苏州特艺奥立克建材科技工业有限公司	江苏省苏州市吴中区东吴工业园尹西路1号	0512-65610188	215128
衡水大众橡塑有限公司	河北省衡水市红旗南大街烈士凌园西临	0318-2171111	053000

二、YJL聚硫建筑密封防水材料

1. 产品特点

(1) 良好的施工性能,可用于较潮湿基层和长期浸水部位的密封粘结;

(2) 使用范围广,对大多数金属及非金属材料均具有良好的粘结性;

(3) 可于室温固化,固化速度可控制,对建筑材料无腐蚀;

(4) 低模量,高延伸,弹性大,能适应较大位移,可在连续伸缩、振动及温差变化条件下长期使用;

(5) 正常情况下使用寿命可达20年。

2. 产品性能

(1) 外观

该产品分为N类(非下垂型)和L类(自流平型)两类。N类为膏状体,A组分为白色膏状,B组分为黑色膏状,双组分单包装;L类为黏稠体,A组分为白色,B组分为黑色,双组分双包装。用时A、B组分充分搅匀,呈深灰色,固化后呈深灰色橡胶状弹性体;

（2）配比

出厂时 A、B 组分已按重量比 10:1 配好，使用前搅匀即可。

3. 施工方法

①施工表面必须坚固、清洁、无油污、无明水。有渗漏的地下构筑物应视情况，先注浆堵漏或用刚性速凝材料堵漏，经检查无渗漏后进行密封材料施工；

②为保证该材料在过于潮湿的混凝土或多孔材料基面及油污基面的粘结强度和密封防水效果，可选用配套供应的基层处理剂与底涂料。基层处理剂为双组分化学反应固化型，使用前按 1:1 重量比混匀，然后在欲嵌填聚硫密封材料的界面上用毛刷仔细涂刷一道。待基层处理剂干燥后再用毛刷涂一道底涂，约 1h 后可嵌填聚硫密封材料；

③厂家按使用配比配套供应，使用前应充分搅匀。用机械搅拌，也可人工混合，均应注意避免混入气泡；

④将混匀的密封材料用刮刀或挤出仔细嵌入缝中，用力压实，并使之与缝壁粘结牢固，不得留有空隙，不得裹入空气，施工之后立即用工具进一步修整，防止形成气泡和孔洞；

⑤残余密封材料可在未固化前用丙酮、二甲苯等溶剂清除。

4. 使用注意事项

（1）包装

N 类双组分、单包装，L 类双组分、双包装，每组包装 5.5～7.7kg，以塑料桶或铁桶包装，两组一纸箱。

（2）运输

该产品运输过程中 A、B 组分不得混合，属非易燃品，可按通常方法运输。

（3）贮存

贮于 25℃以下阴凉干燥处，贮存期半年。

5. 部分生产厂家联系方法

生产厂家或经售单位	联系地址	电话	邮编
北京奇正建筑新技术公司	北京市海淀区西土城路 33 号	010－62225599－3048	100088
苏州特艺奥立克建材科技工业有限公司	江苏省苏州市吴中区东吴工业园尹西路 1 号	0512－65610188	215128

三、SGJL-851Ⅱ型聚硫密封胶

1. 产品特点

该产品具有优异的耐油、耐水、耐大气老化、耐酸碱、耐高温低温、耐湿、耐冲击等性能，在低温下柔性依然良好，而且透气率低，弹性高，使用寿命长。

2. 性能指标

同一、PG-321 聚硫密封胶中表 8-1。

3. 使用方法

①将待密封基材表面的灰尘及油污清除干净。

②将 A 组分（白色基膏）与 B 组分（黑色硫化膏）按规定比例混合均匀。
③一般按 A:B = 10:1 配制。若气温降低，可适当加大 B 组分的用量。
④混合后的物料一般要求在涂敷期内用完，时间过长会影响粘结强度。

4. 使用注意事项

（1）施工

表干时间为涂敷期的 2 倍，一般 24h 后基本固化，如需检测强度，应在 7 日后进行。

（2）运输

该产品可按非危险品运输

（3）贮存

贮存应注意防潮、防晒。

5. 部分生产厂家联系方法

生产厂家或经售单位	联系地址	电话	邮编
河南省永丽化工有限公司	河南省郑州市丰产路 27 号	0371 – 5957162	450002
苏州特艺奥立克建材科技工业有限公司	江苏省苏州市吴中区东吴工业园尹西路 1 号	0512 – 65610188	215128

四、BW2000 聚硫建筑密封膏

该产品是以液态聚硫橡胶为主要基料并添加多种化学助剂经特殊高分子合成工艺制作而成，是一种无毒级的防水密封材料，广泛适用于建筑工程中混凝土伸缩、沉降等变形缝的粘结密封，适用于水泥结构、胶木、聚氯乙烯、玻璃幕墙及各种金属结构的粘合。特别适用于水厂净配水池接缝和滤池、滤板、钢模螺栓眼的密封防水，同时也适用于污水处理厂的污水池伸缩密封防水和净水、污水箱涵接头密封防水。

1. 产品特点

（1）具有优良的耐水、耐油、耐老化、耐腐蚀的特性；

（2）密封性好、粘结力强、弹性好、使用寿命长等。

2. 性能指标

同一、PG-321 聚硫密封胶中表 8-1。

3. 施工方法

（1）将基面清理干净，要求基面干燥；

（2）分别将双组分按 A:B = 10:(1～1.2) 倒入容器中，充分搅拌均匀；

（3）用刮刀将聚硫膏刮入缝内并压平，（嵌缝工作分两次进行，第一遍先刮缝两侧，第二遍再将缝内填满压平），另外可将聚硫膏装入密封膏专用管中，用施膏枪将膏直接挤入缝内压平，发现起泡应及时修补。

4. 使用注意事项

（1）施工

①双组分聚硫建筑密封膏甲、乙组分混合后，混合料逐渐变稠，超过适用期就不能使用。使用时的环境温度对密封膏的固化起相当大的作用，气温越高适用期越短，气温过低

时固化速度变慢，施工温度以 5～35℃为宜；

②使用时，嵌密封材料是二面对接，不是三面都粘，比例要适当。

（2）贮存

①聚硫建筑密封膏贮存时要避免太阳直晒，宜放在阴凉干燥处；

②在 5～26℃环境温度下可贮存 6 个月，时间过久会影响其物理及使用性能。

5. 部分生产厂家联系方法

生产厂家或经售单位	联系地址	电　话	邮　编
常州华安建材有限公司	江苏省常州市东门外遥观镇唐桥	0519-8701349	213102
苏州特艺奥立克建材科技工业有限公司	江苏省苏州市吴中区东吴工业园尹西路1号	0512-65610188	215128

第二节　聚氨酯密封胶

聚氨酯密封胶是一种高分子化学反应型密封材料。其甲组分是含有异氰酸酯基（—NCO）的预聚体，乙组分是含有活性氰化合物等的复合固化剂，两者混合常温固化后生成伸长率很高的弹性密封材料，是目前性能价格比较高的防水密封材料，适用于混凝土墙板、贮水池、游泳池、窗框、水落管等接缝部分的防水密封，混凝土构件裂缝的修补；工业与民用建筑的地下室、伸缩缝、沉降缝的密封处理；混凝土、铝、砖、木、钢材之间的粘结。

一、ALK992 水泥混凝土路面桥梁接缝材料

1. 产品特点

（1）冷作业施工；

（2）与混凝土具有良好的粘结强度；

（3）能在稍潮湿的基层上施工；

（4）有较大的延伸率；

（5）有良好的低温柔性（-30℃不开裂）；

（6）耐高温性能（100℃不流淌）。

2. 性能指标（表 8-2）

ALK992 水泥混凝土路面桥梁接缝材料性能指标（JC/T 482—2003）　　表 8-2

序号	项目		技术指标		
			20HM	25LM	20LM
1	密度（g/cm^3）		规定值±0.1		
2	流变性	下垂度（N 型）(mm)	≤3		
		流平性（L 型）	光滑平整		

续表

序号	项目		技术指标		
			20HM	25LM	20LM
3	表干时间（h）		≤24		
4	挤出性①（mL/min）		≥80		
5	适用期②（h）		≥1		
6	弹性恢复率（%）		≥70		
7	拉伸模量（MPa）	23℃	>0.4 或 >0.6		≤0.4 或 ≤0.6
		-20℃			
8	定伸粘结性（%）		无 破 坏		
9	浸水后定伸粘结性		无 破 坏		
10	冷拉-热压后的粘结性		无 破 坏		
11	质量损失率（%）		≤7		

①此项仅适用于单组分产品。
②此项仅适用于多组分产品，允许采用供需双方商定的其他指标值。

3. 施工方法
①先将缝隙内杂质清理干净；
②嵌入聚乙烯（PE）泡沫条或聚苯乙烯（PS）泡沫板；
③将 A、B 两个组分混合搅拌 3min 以上（如采用手工搅拌时间必须保持 5min 以上）；
④用刮刀或大容量嵌缝枪将 FK992 弹性胶泥施工于缝内，如用刮刀时应先将料刮于缝两侧，然后再将中间填满，弹性胶泥平面要低于混凝土高度 2mm；
⑤施工完后在 48h 之内应注意避雨措施；
⑥弹性胶泥施工后 7d 达到强度的 70% 左右，可以通车运输。

4. 使用注意事项
（1）施工
该产品有效期为 6 个月，当产品有效期超过 6 个月时，经检测符合标准的仍可使用。
（2）运输
该产品为非危险品，可按一般非危险品运输。
（3）贮存
该品应存放在阴凉避雨的地方。

5. 部分生产厂家联系方法

生产厂家或经售单位	联系地址	电话	邮编
苏州特艺奥立克建材科技工业有限公司	江苏省苏州市吴中区东吴工业园尹西路1号	0512-65610188	215128
浙江奥邦防水防腐材料工程有限公司	浙江省长兴槐坎工业园	13587278888	313119

二、JS 聚氨酯道路嵌缝胶

1. 产品特点

(1) 冷施工，施工方便。

(2) 温度稳定性好，具有良好的高温稳定性和低温韧性，夏季不发软、不挤出，冬季气温低时不脆裂。

(3) 稠度适中，可灌性好，适应施工要求。

(4) 粘结性能好，与缝两侧的混凝土粘结牢固。

(5) 弹性恢复率好，适应混凝土板胀缩变形。

(6) 具有良好的耐久性和抗老化性。

2. 性能指标

同一、ALK992 水泥混凝土路面桥梁接缝材料中表 8-2。

3. 施工方法

(1) 缝内清理

在嵌缝前，应做好混凝土板缝的清理工作，可先用铁钩之类工具勾出遗留在缝内的砂石、砂土等杂物，尔后再用空压机的高压气流将缝内的灰土或杂物吹净，同时应将清出的垃圾集中运走，以防再次落入缝内。在清理同时，应保持缝内干燥，且要及时灌缝施工。

(2) 配料

在清好缝后，先将 B 组分搅拌均匀，然后将 A 组分（淡黄色）与 B 组分按 1:2 重量比混合搅拌均匀后即可使用。拌料可以在 B 组分容器内进行，1 桶 A 组分和 1 桶 B 组分混合，拌料一定要均匀。A、B 两组分混合后应及时使用，一般控制在半小时内用完。

(3) 施工

①缝道应保持干燥，无尘土、杂物；

②先在清理过的缝壁用刷子涂刷嵌缝胶专用底涂料胶粘剂为双组分，重量比为甲组分:乙组分 = 1:1.5（体积比为甲组分:乙组分 = 1:2），甲、乙组分须搅拌均匀后使用；

③涂刷底涂料后，可用配套工具灌缝枪灌缝，即将搅拌均匀的料倒入灌缝枪内，然后边灌缝边移动，灌注高度：一般控制低于平面 1mm 左右；

④灌缝深度应依照设计要求，缝道过深可预先填泡沫塑料条或细砂至设计标高，然后再进行灌注嵌缝施工；

⑤施工工具要及时清理，以免堵塞。

4. 使用注意事项

(1) 施工

①施工温度 5℃以上，雪雾天不能施工。

②A、B 两组分料在施工时，切忌较长时间暴露在空气中，以防自聚，严禁与水接触，谨防失效。

(2) 包装

铁桶包装：A 组分为 10kg/桶；B 组分为 20kg/桶，A、B 组分包装要密封。

底涂料：甲组分为 10kg/桶，乙组分为 15kg/桶。

(3) 运输

该产品属一般化工产品，可按非危险品运输，避免日晒雨淋和撞跌，防止包装破损。
（4）储存

A、B 料须贮存于阴凉、干燥通风仓库内，防日晒雨淋，自生产之日起产品储存期为六个月。

5. 部分生产厂家联系方法

生产厂家或经售单位	联系地址	电话	邮编
上海市隧道工程公司防水材料厂	上海市浦东新区张江镇江欣路 501 号	021－58558510	201203
苏州特艺奥立克建材科技工业有限公司	江苏省苏州市吴中区东吴工业园尹西路 1 号	0512－65610188	215128

三、M950 聚氨酯道路嵌缝胶

该产品是一种双组分聚氨酯橡胶弹性体为主体的新型高分子道路填缝密封材料。具有优良的延伸性，弹性及低温柔性，冷施工、自流平、耐老化，与混凝土粘结力好。主要用于水泥混凝土公路、机场跑道、停机坪、堆场、广场、停车场等伸缩缝的嵌缝密封。

1. 产品特点

甲组分为琥珀色黏稠液体，乙组分为黑色黏稠液体。产品的技术性能指标达到和超过国家交通部《公路水泥混凝土路面设计规范》（JTJ012—94）中常温施工填缝料的有关规定。

2. 性能指标

同一、ALK992 水泥混凝土路面桥梁接缝材料中表 8-2。

3. 施工方法

（1）接缝处理

①接缝表面须干燥、干净、无浮灰。灌缝前须用钢丝刷将缝的两个侧面刷一遍，然后用空气压缩机吹去缝内的杂物和浮灰（或用漆刷刷净）；

②对于过深的缝隙应填嵌泡沫弹性背衬带，留出的缝深应不超过 2cm；

③在缝的端头和交叉处进行封头，以免漏料。

（2）配料

①先将乙组分上下搅拌均匀，然后将甲、乙组分以甲:乙 = 1:2（重量比）的比例配料，用搅拌机充分搅拌均匀；

②本产品的甲、乙组分一旦配合在一起，约在 4h 后黏度将增大而难以施工，故一次配料量应根据施工进度，作好估计，以免浪费。

（3）灌缝

①将搅拌均匀的胶灌入专用的嵌缝枪内进行灌缝。一般胶平面低于混凝土路面 1～3mm。嵌入缝的胶应密实、均匀，不得有断头或空洞，否则应及时修补；

②施工完毕，用二甲苯清洗搅拌器和灌缝工具。

（4）产品用量

每 1kg 嵌缝胶可嵌填标准缝（宽×深＝1cm×1cm）约 6m 长（以上用量，不计损耗及接缝尺寸变形等因素）。

4. 使用注意事项

（1）施工

雨、雪天气禁止施工，切忌施工后 10h 内有雨；甲组分的桶盖一经开口，应从速用完，以免吸湿失效。打开而未用完的桶应加盖密封，并用嵌缝胶封口，以备下次使用。

（2）运输

运输中严防日晒雨淋，保持包装完好无损。本产品按可燃液体运输。

（3）贮存

本产品应密封贮存在阴凉干燥处，切忌潮湿环境。贮存温度为 5~35℃。甲料贮存期为自生产之日起半年，乙料为两年。

5. 部分生产厂家联系方法

生产厂家或经售单位	联系地址	电话	邮编
上海汇丽（集团）防水材料厂	上海市浦东周南北一红桥车站北首	021-58155397	201321
苏州特艺奥立克建材科技工业有限公司	江苏省苏州市吴中区东吴工业园尹西路 1 号	0512-65610188	215128

第三节 其他密封材料

一、上隧牌 STM-盾尾密封油膏

该产品是盾构法施工隧道中盾构掘进机的钢丝型盾尾的主要配套材料之一，主要起密封、防水、润滑、防蚀保护作用。上海隧道工程股份有限公司吸收国内外先进技术，于 20 世纪 80 年代中期开发、研制并生产了上隧牌 STM-秆尾密封油膏。这是一种新型密封性材料，经上海市建筑科学研究院测试，主要技术性能达到国外同类产品水平，高于国内同类产品水平。

该品是以半干性油为主剂，加入其他改性剂、防蚀剂、填充剂等添加材料而制得的盾尾专用密封剂。

1. 产品特点

①无毒、无气味，不污染环境；

②性能优良，密封性好，在盾构推进过程中具有防止泥水和压浆渗入的作用；

③有润滑盾尾作用，对盾尾有防蚀和减少磨损的效果；

④可泵性好，用泵注入，施工安全方便。

2. 性能指标（表 8-3）

3. 使用注意事项

（1）包装

25kg 大口塑料桶包装，包装桶盖紧密封。

上隧牌 STM-盾尾密封油膏性能指标（企业指标） 表8-3

项　目	指　标
外　观	灰色米色带纤维均匀膏状物
针入度（mm）(23±2)℃	≥240
挥发性（%）[5h×(80±2)℃]	≤2.5
下垂值[5h×(50±2)℃]	不流淌
水冲损失量（0.02MPa×19min）	0
可泵性（中号牛油枪）	可打出油脂

（2）运输

属非危险品，按一般化工物品运输，避免雨淋、曝晒和挤压、撞跌、破坏包装，保持包装完好无损。

（3）贮存

产品不露天存放，须贮存在干燥通风阴凉的仓库内；自生产之日起，产品储存期六个月。

4. 部分生产厂家联系方法

生产厂家或经售单位	联 系 地 址	电　话	邮　编
上海市隧道工程公司防水材料厂	上海市浦东新区张江镇江欣路501号	021-58558510	201203

二、自粘性橡胶密封条

该产品是以特种橡胶、防老剂和无机填料等材料经混炼后压延成橡胶条，适用于拼装式隧道衬砌的接缝防水；各种管道接缝的密封；水渠、贮水槽、卫生洁具与墙面等接缝密封防水；金属门窗、铝合金瓦楞板、玻璃、塑料、陶瓷等材料的接缝或裂缝的密封。

1. 产品特点

（1）材料无毒，无气味，使用十分简便，保管容易；

（2）黏性好，延伸率大，密封效果极佳；

（3）有良好的耐候性、耐久性及耐腐蚀性。

2. 性能指标（表8-4）

自粘性橡胶密封条性能指标（企业指标） 表8-4

项　目	指　标
粘结强度（MPa）	≥0.49
抗拉强度（MPa）	≥0.98
延伸率（%）	≥100

第三节 其他密封材料

续表

项　　　目	指　　　标
5%盐酸溶液浸泡（7d）	0（体积膨胀率）
5%烧碱溶液浸泡（%）（7d）	<5（体积膨胀率）

3. 施工方法

（1）先将需要密封部位清理干净，无浮灰，表面干燥；

（2）将自粘性橡胶一面顺缝铺开，用力摁平；

（3）取下隔离纸，上面做上装饰层或保护层即可。

4. 使用注意事项

存放时，上面切勿重叠，以防材料自粘。

5. 部分生产厂家联系方法

生产厂家或经售单位	联系地址	电　话	邮　编
上海北蔡防水材料厂	上海市浦东开发区北蔡北艾路91号	021-8849524	201204
深圳市炬科橡胶制品有限公司	深圳市平湖岐岭村任屋路81号盛通平湖工业园B栋	0755-61268656	518000

第九章 防 水 剂

第一节 有机硅防水剂

有机硅防水剂经喷涂（或涂刷）在建筑物墙体上，即形成肉眼看不到的一层物质，并能渗入墙内数毫米，这种有机硅涂膜具有透气功能和强烈的憎水性，且做到墙面不渗漏，不改变外墙本色。当雨水吹打在建筑物上或遇湿气时，即呈水珠自然流淌，阻止水分侵入，又因基底材料的毛细孔未封闭，墙体内的潮气仍可透过防水物质无障碍地向外散发，达到了既能防水又能透气的目的，从而保持建筑物墙面的完整和美观。

一、有机硅外墙防水剂

该产品是由甲基硅醇钠或高沸硅醇钠为基材，在水和CO_2作用下，生成甲基硅氧烷并进一步缩聚成高分子聚合物——甲基网状树脂膜（即防水膜）的一种防水剂。

1. 产品特点

（1）产品使用方便，既可掺合于水泥砂浆中构成有机硅防水砂浆，又可直接在建筑物表面喷涂，构成防水层；

（2）喷刷在建筑物表面，如各种贴面、花岗岩、大理石外墙贴马赛克等可防止冻溶脱盐白花不良现象发生，并有保色和抗污染功能；

（3）具有无毒无刺激、无污染，可随身携带，喷刷均可，不需热施工，减少了污染，改善了劳动条件等。

2. 性能指标（表9-1）

有机硅外墙防水剂性能指标（JC/T 902—2002） 表9-1

序 号	试 验 项 目		指 标	
			W	S
1	pH 值		规定值±1	
2	固体含量（%） ≥		20	5
3	稳定性		无分层、无漂油、无明显沉淀	
4	吸水率比（%） ≤		20	
5	渗透性 ≤	标准状态	2mm，无水迹无变化	
		热处理	2mm，无水迹无变化	
		低温处理	2mm，无水迹无变化	
		紫外线处理	2mm，无水迹无变化	
		酸处理	2mm，无水迹无变化	
		碱处理	2mm，无水迹无变化	

注：1、2、3项为未稀释的产品性能，规定值在生产企业说明书中告知用户。

3. 施工方法

先作基层清洗和检查质量情况（如基层开裂 0.2mm，应先作修补），清除表面浮水，使表面干饱和状态，然后喷涂防水剂，待防水剂渗入内部，表面无明显的湿润状态时，再喷涂第二遍防水剂，待表面干燥时，即喷洒清水，保持表面湿润，24d 后，清洗表面的白色析出物，并继续保持湿润。表面喷涂的关键是：基层充分湿润——足量喷涂防水剂——湿润养护时间延长——使防水剂沿着湿润的基层渗入内部，反应生成不溶于水的密封凝胶。其喷涂量为：第一遍 $130\sim140g/m^2$，第二遍 $110\sim120g/m^2$。合计约 $250g/m^2$。

4. 使用注意事项

①该产品为强碱性材料，使用时应尽量避免与人体皮肤接触，操作人员要特别注意对眼睛的保护；

②在冬天如防水剂出现冻结，经融解后仍可使用，效果不变。

（1）包装

产品采用塑料桶或与产品不起反应的金属桶包装。

（2）贮存与运输

①贮存与运输时，不同类型、规格的产品应分别堆放，不应混杂。避免日晒雨淋，不得靠近火源。贮存温度为 $5\sim40℃$；

②运输时防止倾斜或横压，必要时加盖苫布；

③在正常贮存、运输条件下，贮存期自生产日期起为 6 个月。

5. 部分生产厂家联系方法

生产厂家或经售单位	联 系 地 址	电 话	邮 编
苏州特艺奥立克建材科技工业有限公司	江苏省苏州市吴中区东吴工业园尹西路1号	0512 - 65610188	215128
上海睿睿防水材料有限公司	江苏省南通市海安县李堡工业园	0513 - 88211288	226600
江门市富利宝化工建材实业有限公司	广东省江门市甘化路 178 号	0750 - 3384978	529000
苏州市建筑科学研究院有限公司	江苏省苏州市三香路三香弄1号	0512 - 68262448	215004
广西青龙化学建材有限公司	广西壮族自治区南宁市明秀西路 154 号 74 - 76 卡（新秀公园正对面）	0771 - 3859378	530000
长沙市力波化工有限公司	湖南省长沙市马王堆陶瓷建材新城 D16 栋 123 号	0731 - 4786498	410001

二、JHG93-2 型高效有机硅防水剂

该产品是高分子液态防水剂，是砂浆、混凝土防水、抗渗很好的外加剂。

1. 产品特点

（1）无毒、无味、不易燃、不挥发；

（2）防水性能、抗渗性能、减水性能、耐水性能及耐腐蚀性能俱佳；

（3）造价便宜，施工方法简便。

2. 性能指标（表9-2～表9-4）

防水剂匀质性指标（JC/T 474—2008）　　　　表9-2

试验项目	指标	
	液体	粉体
密度（g/cm³）	$D>1.1$ 时，要求为 $D\pm0.03$ $D\leqslant1.1$ 时，要求为 $D\pm0.02$ D 是生产厂提供的密度值	—
氯离子含量（%）	应小于生产厂最大控制值	应小于生产厂最大控制值
总碱量（%）	应小于生产厂最大控制值	应小于生产厂最大控制值
细度（%）	—	0.315mm 筛筛余应小于15%
含水量（%）	—	$W\geqslant5\%$ 时，$0.90W\leqslant X<1.10W$ $W<5\%$ 时，$0.80W\leqslant X<1.20W$ W 是生产厂提供的含水率（质量比%） X 是测试的含水率（质量比%）
固体含量（%）	$S\geqslant20\%$ 时，$0.95S\leqslant X<1.05S$ $S<20\%$ 时，$0.90S\leqslant X<1.10S$ S 是生产厂提供的固体含量（质量比%） X 是测试的固体含量（质量比%）	—

注：生产厂应在产品说明书中明示产品匀质性指标的控制值。

受检砂浆的性能（JC/T 474—2008）　　　　表9-3

试验项目		性能指标	一等品	合格品
安定性			合格	合格
凝结时间	初凝（min）	≥	45	45
	终凝（h）	≤	10	10
抗压强度比（%）≥		7d	100	95
		28d	90	85
透水压力比（%）		≥	300	200
吸水量比（48h）（%）		≥	65	75
收缩率比（28d）（%）		≤	125	135

受检混凝土的性能（JC/T 474—2008）　　　　表9-4

试验项目		性能指标	一等品	合格品
安定性			合格	合格
泌水率比		≤	50	70
凝结时间差（min）≥		初凝	−90[a]	−90[a]

续表

试验项目		性能指标	一等品	合格品
抗压强度比（%） ≥		3d	100	90
		7d	110	100
		28d	100	90
渗透高度比（%）	≤		30	40
吸水量比（48h）（%）	≤		65	75
收缩率比（28d）（%）	≤		125	135

注：安定性为受检净浆的试验结果，凝结时间差为受检混凝土与基准混凝土的差值，表中其他数据为受检混凝土与基准混凝土的比值。

a "-"表示提前。

3. 施工方法

（1）抹防水砂浆层的施工方法

①清理基层

a. 基层表面去污、剁毛、刷洗清理，并保持充分湿润、清洁、坚实、粗糙。凹凸不平处、蜂窝、孔洞等应剔凿清理刷洗后，再用素灰和水泥砂浆分层找平；

b. 地面防水层施工前，落地浮灰必须用剁斧、钢丝刷等清除干净，用水充分湿润基层，但不得有明水在基层表面。

②配制硅水，先将有机硅防水剂与搅拌水按比例混合，即有机硅防水剂：水 = 1:(8～9)（体积比），有机硅防水剂占水泥重量的4%～5%；

③灰砂比，灰 + 砂［(1 + 2.5～3)］，水泥需经复试合格的普通硅酸盐或矿渣硅酸盐水泥，强度等级大于等于32.5级。砂为中砂，含泥量小于3%；

④施工工艺，抹防水层分两层施工（每层1cm厚）。抹底层时，先反复用力刮抹素灰浆（2mm厚），待初凝、软硬适度时及时抹第一遍有机硅防水砂浆，初凝时反复压实，用木抹子戳成麻面，并及时做第二遍有机硅防水砂浆，反复压实，初凝收水时用铁抹子压光（做装饰可戳成麻面）；

⑤养护，正常养护两周，期间不允许其他工序插入，对遇有阳光曝晒工程（或部位）要覆盖湿草帘。

（2）自防水混凝土施工方法

①适用于混凝土的强度等级C25～C60，抗渗等级P6～P15；

②配制硅水，有机硅防水剂 + 水［1 + (40～50)］体积比，有机硅防水剂占水泥重量的1.2%～1.5%；

③现场搅拌或泵送，可按每罐的水泥用量折算有机硅防水剂的用量，将有机硅防水剂与一定量的拌和水混合计量加入；

④有机硅防水剂的减水率按水泥用量的1.2%～1.5%掺入，减水率可达8%～10%，在正常混凝土的水灰比上，加有机硅防水剂后要考虑防水剂的减水率。

（3）渗漏维修工程

渗漏水部位原基面要清除浮灰、油污、凿成麻面，漏水孔深凿规则。用堵漏速凝剂堵漏止水，用有机硅素灰浆做2~3mm厚结合层后抹防水砂浆两遍。

（4）特殊部位处理

①阴阳角，阴阳角处均须抹成圆角，抹外防水层时阴角半径为250mm，抹内防水层阴角半径为50mm，阳角半径为10mm。素灰层刮抹要严实，软硬适度时再抹砂浆，防水层仔细抹压严密，不允许出现离析水；

②接茬，留茬要成斜坡梯形，接茬要依照层次顺序分层进行，无论墙面或地面的留茬，均需离阴角200mm以上。接茬先用素灰浆做结合层，然后抹防水砂浆；

③自防水混凝土施工缝，必须采用企口施工缝的做法，必须做防水附加层；

④悬挑钢筋混凝土底板刚性防水、自防水，筏片基础施工采用砖模时，为保证砖模与基础均匀下沉，防水垫层应做成刚性防水角。刚性角厚度应大于250mm，配钢筋。砖模砌在刚性角上，40mm厚防水砂浆采用抹三遍，压三遍，一次成活做法（即：每抹一遍，收水时压实一遍）。

⑤箱型基础可采用混凝土自防水做法或与刚性防水层配合两道防水做法；

4. 使用注意事项

（1）施工注意事项

①该产品使用前盖好桶盖，避免与空气、水反应；

②该产品属碱性溶液，避免与皮肤接触，如不慎溅在脸上、手上时立即用清水洗净。

（2）运输

属非危险品，海陆空均可运输。

5. 部分生产厂家联系方法

生产厂家或经售单位	联 系 地 址	电　　话	邮　　编
沈阳市北方建筑防水材料厂	辽宁省沈阳市皇姑区昆山西路62号	024 – 6874150	110035
苏州特艺奥立克建材科技工业有限公司	江苏省苏州市吴中区东吴工业园尹西路1号	0512 – 65610188	215128

第二节　无机铝盐防水剂

无机铝盐防水剂是以无机铝盐为主体的多种无机铝盐类复合制成的溶液。把它掺入水泥砂浆中，即可配制成具有防渗、防漏、防潮功能的防水砂浆，抹在建筑结构表面形成刚性永久防水层。该防水剂不同于普通氯化物防水剂，对钢筋没有腐蚀性，可用于多层建筑结构和特殊建筑结构自身防水的高效防水剂，适用各种混凝土结构的建筑防水，如：屋面、卫生间、地下室、水池、水塔、仓库、桥梁、隧道、沟渠、堤坝、人防工程的防渗防漏防潮。

一、无机铝盐堵漏防水剂

该产品是一种快速堵漏剂，适用于屋面、墙面、卫生间、地下室、水池、水塔、隧道、人防工程的渗水漏水修复工程，只用一分钟时间就能堵住渗漏，是目前最理想的堵漏材料。

1. 产品特点

①产品为褐黄色液体,属酸性,不燃不冻,无毒无味,安全可靠;

②速凝耐压,带水作业,施工方便,造价低,抗老化性能好。

2. 施工工艺

(1) 配料

使用普通硅酸盐水泥,强度等级不低于 32.5 级,其他水泥不得使用。

(2) 施工

①对于网状微细裂纹渗水,将表面渗水擦干,用无机铝盐防水剂与水泥调成稀浆,在渗水处均匀涂刷两遍;

②对于线状裂缝漏水,先沿裂缝凿 3~5cm 深的"V"型槽,清洗干净,然后把无机铝盐防水剂和水泥按 1:2 的比例搅拌均匀,填进凿好的"V"型槽中,压紧压实;

③对于孔洞状漏水,先将漏水处凿成 3~10cm 深的漏斗形状,并把周围清洗干净,然后把无机铝盐防水剂和水泥按 1:2 的比例搅拌均匀,用手捏成圆锥状,迅速塞进漏水处,压紧压实。当凿开的漏斗形状直径大于 5cm 时,先用堵漏水泥加固漏斗形的周边,使漏斗形逐渐缩小,最后再将中心漏水处堵死。

3. 使用注意事项

①施工时动作要迅速,否则在一分钟内配好的堵漏水泥浆就会完全凝固,无法使用;

②配制堵漏水泥浆时不需加水,如果加水会影响凝固时间。

4. 部分生产厂家联系方法

生产厂家或经售单位	联 系 地 址	电　　话	邮　编
广西大新建材化工总厂	广西壮族自治区南宁市西乡塘区新街镇下雷村	0771-5510752	530000
南通睿睿防水新技术开发有限公司	江苏省南通市海安县李堡工业园	0513-88211288	226000

二、无机铝盐防水剂—水必克

该产品以无机铝为主体,掺入多种无机金属盐类,混合组成的黄色液体。该产品掺入水泥砂浆或混凝土中,即可与水泥水化过程中生成的硅酸三钙、水化铝酸三钙、铁酸三钙等发生化学反应,生成难溶于水的微小胶体粒子和具有一定膨胀性能的复盐——水化氯铝酸钙、水化氯铁酸钙、水化氯硅酸钙等晶体物质,适用于屋面、卫生间、地下室、水池、水塔、仓库、桥梁、隧道、沟渠、堤坝人防工程的表层防水、防渗、防漏、防潮等;混凝土及砖石结构的防水工程。

1. 产品特点

(1) 外观:淡黄色透明液体,有微量杂质及沉淀物;

(2) 具有早强、速凝、防渗、防漏、防老化等优良性能;

(3) 掺入水泥砂浆中,即可配制成具有防水、防渗、防漏、防潮功能的防水砂浆,抹在建筑结构表面形成刚性永久防水层;

（4）堵塞和填充水泥砂浆在硬化过程中形成的毛细通道,达到防水、防渗、防漏、防潮的目的;

（5）提高水泥砂浆防水层的密实性,并具有显著的抗裂性能。

2. 性能指标（表9-5）

无机铝盐防水剂-水必克受检砂浆的性能指标（企业指标）　　表9-5

试 验 项 目		性能指标	
		一等品	合格品
净 浆 安 定 性		合格	合格
凝结时间	初凝时间（min）≥	45	45
	终凝时间（h）≤	10	10
抗压强度比（%）≥	7d	100	85
	28d	90	80
透水压力比（%）≥		300	200
48h 吸水量比（%）≤		65	75
28d 收缩率比（%）≤		125	135
对钢筋的锈蚀作用		应说明对钢筋有无锈蚀作用	

注：除凝结时间、安定性为受检净浆的试验结果外,表中所列数据均为受检砂浆与基准砂浆的比值。

3. 施工方法

①该产品防水的掺量,一般为水泥用量底5%～9%,经机械搅拌均匀,略停10min后进行施工;

②用于地下建筑物渗漏维修时,由于作业环境湿度大,灰砂比可采用1∶2,水泥防水剂用量为≥5%。

4. 使用注意事项

（1）施工

①整体式刚性混凝土表面做防水层时,应待混凝土硬化后,用钢丝刷将表面浮浆刷去,再刷一道水泥素浆以增加粘结性。把基层表面的油污、灰尘、杂物等清理干净,表面处理后的麻面率不得小于75%,然后用水温湿基层;

做防水层和净浆层时,基层必须保持干净湿润。防水层厚度大于20mm以上时,应分层涂抹;

②施工时应避免留施工缝,施工温度以0～35℃为宜;

③在防水砂浆终凝后,防水层应及时覆盖及养护,每隔4h浇水养护1次,养护期为10d,墙面防水层应在12h后再喷水养护;

④使用硅酸盐水泥、普通硅酸盐水泥或矿渣水泥,强度等级不低于32.5级。不同品种不同强度等级的水泥不能混合使用;

⑤采用中、细、粗砂均可,质量应符合混凝土用砂要求,也可采用石粉。水:天然洁净水和自来水;

⑥增加掺量调整凝结时间可用于防水堵漏。

(2) 包装与贮存

①砂浆防水剂用塑料桶包装,每桶净重(25±1) kg;

②产品应存放于温度低于40℃通风干燥的仓库内,产品保质期为12个月,超期经检验调试后仍可继续使用。

5. 部分生产厂家联系方法

生产厂家或经售单位	联系地址	电话	邮编
首帅建材(广州)有限公司	广东省广州市开发区青年路149号	020-82069800	510000
兰州威达建材有限公司	甘肃省兰州市五泉南路416	0931-8128130	730000

第三节 水性渗透型无机防水剂

水性渗透型无机防水剂是以水为分散相,碱和硅酸盐为主剂,经催化剂处理合成为水性液体,它具有很强的渗透能力和较低的表面张力。当防水剂渗入水泥混凝土(砂浆)孔隙后,首先与溶解的 $Ca(OH)_2$ 和 $Mg(OH)_2$ 反应,生成不溶于水的硅酸凝胶体,从而堵塞空隙,封闭毛细孔道。随着时间的增长,它能不断渗入,逐渐凝固(7d可渗3cm),形成永久性的密封防水层,从而有效地达到防水,防渗漏的目的。

该防水剂具有较强的渗透扩散性(24h渗入深度1cm,7d 3cm,最终渗入深度可达5cm),并能承受1MPa左右的抗渗水压;经喷涂该防水剂的水泥混凝土构筑物,可固化均匀,防止早期失水,局部干燥,产生裂纹。改善表面抗碳化性能,防止钢筋锈蚀;经该防水剂处理后的水泥构筑物。能提高耐压、耐冲击性、增加抗张、抗压强度。

一、水性水泥密封剂

该产品是以密封剂专用催化剂配制而成的无机水性水泥密封防水剂,具有较强的渗透扩散和偶联作用,能渗入水泥混凝土(砂浆)内部与碱类物质反应,偶联生成不溶于水的凝胶体,堵塞空隙和毛细通道,形成可靠的永久性防水层。

白色析出物——是该品渗入水泥拌合物内部,与碱类反应后生成的白色水溶物,随着养护水的蒸发而析出于构筑物(构件)表面,形成白色析出物。

面干饱和状态——表面呈干燥状,内部吸水饱和的状态。

1. 原材料

①无机水性水泥密封防水剂质量应符合产品技术标准,使用前进行检验;

②变质、受污染的防水剂严禁使用,不得在防水剂内任意掺水稀释。

2. 质量指标(9-6)

3. 施工方法

(1) 施工方案及组织设计

第九章 防 水 剂

水性水泥密封剂质量指标（JC/T 1018-2006） 表9-6

序 号	试 验 项 目		技 术 指 标	
			Ⅰ 型	Ⅱ 型
1	外 观		无色透明、无气味	
2	密 度（g/cm³） ≥		1.10	1.07
3	pH 值		13±1	11±1
4	黏度（涂-4杯）(s)		11.0±1.0	
5	表面张力（mN/m） ≤		26.0	36.0
6	凝胶化时间（min）	初凝	120±30	—
		终凝	180±30	≤400
7	抗渗性/渗入高度（mm） ≤		30	35
8	贮存稳定性（10次循环）		外观无变化	

①采用该产品作密封防水剂抗渗处理的防水工程，施工前应根据工程特点编制施工方案及有关接点、伸缩缝隙、沉降缝、预埋件处理、劳动力组织、工序等施工组织设计；

②施工进度应考虑气象状况、工程部件，以及养护条件；

③施工劳动组织应以专业防水施工人员或经培训的操作人员为主，辅以普通工协助施工准备和后期养护清理工作。

（2）施工准备

①原辅材料，该产品进场后，应按产品说明书规定存放于仓库内，并检查质量及容器密封情况，以免产生沉淀失效；

②清理基层，铲除浮浆杂物，洁洗油污、沥青、油性涂料等。对空隙、裂缝、破损部位应采用同强度等级水泥砂浆、混凝土进行修复；

③基础地坪、地下室等工程，应仔细检查有无明水（涌水）渗漏现象。发现渗漏时应查明原因，采用快速堵注防水材料（无机硅酸盐等）进行堵水，然后再用水泥混凝土（砂浆）辅料作增强处理；

④检查伸缩缝、沉降缝、预埋件等防水接点的质量情况，发现问题及时修正；

⑤露天作业时，应与气象部门联系，并作好必要的防雨准备。

（3）施工作业

①在施工部位用自来水或清洁水冲洗表面浮灰，并喷洒足量的水使基层混凝土（砂浆）完全湿润，保持30min后，对基层开裂、裂缝修复情况复核检查，发现问题随即采取措施进行修补；

②待基层清洗及检查完毕后，将表面浮水擦净，使呈现面干饱和状态。随即用低压喷雾器喷涂HM1500水性水泥密封防水剂于基层表面。当防水剂渗入基层内部，表面无明显湿润状态时，再喷涂第二遍HM1500防水剂。小面积施工时，可采用长毛油漆刷或涂料辊筒涂刷；

③喷涂第二遍HM1500防水后剂后，应有专人负责观察涂层蒸发情况。约2~3h（夏天炎热约数10min）后，防水剂涂层将要干燥时——面干饱和状态，应立即用喷雾器喷洒

清水，以湿润表面为准，不宜过多，以免防水剂流失。也可以采用农用塑料薄膜覆盖，定期检查喷水养护；

④连续喷水养护24h后，可发现白色析出物沉淀于水泥表面，随即用水清洗擦去白色沉淀物，并继续保持表面湿润。48h后重复用水清洗沉淀物，直至表面不再析出白色沉淀物；

⑤该产品喷涂量控制如下

a 第一遍 约 $130\sim140g/m^2$

b 第二遍 约 $110\sim120g/m^2$

c 两遍合计 约 $250g/m^2$

d 若要提高密封防水层质量可适当增加喷涂量。

4. 使用注意事项

（1）养护

①在新浇的混凝土工程中，密封防水剂喷涂施工完毕后，仍应按一般水泥混凝土养护要求，继续保养；

②在旧混凝土工程中，在密封防水剂喷涂施工前，应延长清洗和浸水湿润时间，使基层呈面干饱状态，喷涂完毕后，应连续清洗白色沉淀物72h以上，直至表面无白色沉淀物析出。

（2）质量检查及验收

按《屋面工程技术规范》及《地下防水工程施工及验收规范》有关条款进行质量检查和验收。

5. 部分生产厂家联系方法

生产厂家或经售单位	联系地址	电话	邮编
浙江大学建工学院建材室	浙江省杭州市玉泉浙大路38号	0571-87951397	310013
浙江大学方圆化工有限公司	浙江省杭州市西溪路413号（浙大后校门）	0571-88770822	310013
杭州渗晶化工有限公司	浙江省杭州市教工路123号花门商务中心501室	0571-88210036	310012
张家港市福明防水防腐材料有限公司	江苏省张家港市长安北路149-151号	0512-58689199	215000
常熟市桥隧橡胶有限责任公司	江苏省常熟市工业园区	13338722502	215500

二、混凝土永凝液（DPS）

该产品是一种高科技、环保型、无毒聚碳酸酯活性二氧化硅，其渗透的喷雾型凝胶剂喷涂于混凝土表面，与混凝土中的游离物质产生化学反应，生成稳定的枝蔓状晶体胶质，能有效地堵塞混凝土内部毛细空隙，使混凝土结构具有持久的防水防腐功能和更好的密实度，渗透深度达5～10mm，同时还能有效阻止酸性物质、油渍和机油对混凝土的侵蚀，效果显著。

该产品使用范围极为广泛，对有钢筋混凝土及水泥构筑的各类建筑都可以喷涂使用，以进一步确保钢筋混凝土及水泥表层的防水等各方面要求。依照美国永凝液国际股份有限公司推荐，永凝液最适宜使用在厨房、浴室、楼面、地下管井、通风井、电梯间、游泳池、污水处理池、机场、停车场、车库、公路路缘、道路、桥梁、隧道及地下信道等。

1. 产品特点

（1）该产品可以降低混凝土的吸水性。测试表明吸收降低35%，涂有DPS的混凝土试样按重量计算比未抹过DPS的混凝土试样少吸水达95%；

（2）可以有效抵御混凝土的风化、粉化。测试表明涂有永凝液的混凝土可以抵御风化、粉化（增强50%）；

（3）可以有效抵御钢筋混凝土内的钢筋侵蚀。涂有DPS的混凝土明显的能抵御锈蚀，比未处理的混凝土更容易保持干净；

（4）可以增强混凝土表层的抗压强度。测试表明涂有永凝液的混凝土试样，证明可以提高抗压强度，8d后增强15%，31d后增强23%；

（5）可以提高混凝土的抗冻、抗融性能。测试表明在冰冻与融化条件下，依照现有的湿度状态，其结果证明能够100%抵御盐的侵蚀；

（6）可以有效地抵御混凝土的沙尘磨损。

2. 技术指标

产品技术指标执行国家行业标准《水性渗透型无机防水剂》（JC/T 1018—2006）中Ⅱ型产品标准。

同一、水性水泥密封剂中的表9-6。

3. 施工方法

（1）基层处理

①基层应清除干净，去除污迹、油渍、灰皮、浮渣等；

②混凝土基层应坚实、平整。若有蜂窝、麻面、开裂、酥松等缺陷，应事先修补好；

③永凝液用于混凝土表面，对于正常使用情况下的混凝土表面或新筑的混凝土，应先用水冲刷或湿润；对于脏的混凝土表面或在炎热、干燥气候条件下，使用永凝液前必须用水冲刷湿润，但表面不应有明水。

（2）施工要点

①在防水施工队伍进场之前，需将施工作业面的模板、脚手架和混凝土表面的浮浆、泥土等渣滓清理干净；并且需将迎水墙面的穿墙螺栓孔钢筋割掉，用宽约5cm×5cm、厚1cm的水泥砂浆封实；

②检查是否有细微裂缝线，如有裂缝线要采用修补的方法进行修补。具体做法：沿着缝线凿出宽约5cm，深约3cm的V型槽，先喷DPS一遍，然后用速凝水泥抹实，再喷DPS一遍；

③墙上的蜂窝、麻面及漏筋处，须凿去表面的松散混凝土，用清水冲洗干净，待表层晾干后，喷DPS一道，然后用速凝水泥填实、抹平，再喷一道DPS；

④待墙面基层修补处理完毕，清扫干净，再整体喷一道DPS。为了达到喷量均匀的目的，宜在墙面弹出约2m宽的分格墨线；

⑤待 DPS 自然风干后（视天气情况，调整时间间隔），再喷第二道 DPS；
⑥喷完第二道 DPS16h 以后，组织工程验收。

(3) 用量

该产品可以广泛应用于混凝土表面或水泥涂抹层。一般情况只需处理一次，对存在特殊问题的地方，可以根据情况加喷一遍。其用量视混凝土或水泥砂浆表面的粗糙程度和微孔数量调整，平均用量约为 $7 \sim 8m^2/kg$。

4. 使用注意事项

①为使喷涂面完全饱和，要在喷涂 15~20min 后检查该区域。如发现某些区域干得较快，则待检查完毕后，在该区域再从已干部位按顺序加以喷涂。若表面残留有未能渗入的多余黏状物，则可用水冲掉或刮掉；

②永凝液的渗入会使混凝土内的杂质如油脂、酸、过多的碱、盐等浮至表面，可用水冲刷至杂质被洗掉为止；

③喷涂过 DPS 的新浇混凝土一般情况下不需清水养护，涂刷后正常的渗透时间为 1~2h。但若天气干燥或当温度超过 35℃时，应在喷涂 DPS 后每隔 2h 在混凝土表面轻喷清水一遍，这有利于防止永凝液蒸发，以使溶液更好地渗入。30min 后，便可允许轻度触碰；3h 后或表面干燥时，多数情况下地面便可行走；12h 后，斜坡下面的基础部分可以用土回填；24h 后，清洗干净表面的浮出物后便可进行其他装饰作业（必要时，可使用鼓风机或风扇吹施工面，以加速其晶体化过程）。

5. 部分生产厂家联系方法

生产厂家或经售单位	联 系 地 址	电　　话	邮　编
厦门柯玛仕防水科技有限公司	福建省厦门市莲秀里 185 号必利达大厦 18H	0592-3280100	361009
上海永凝防水涂料工程有限公司	上海市浦东南路 1085 号（华申大厦）1505 座	021-58352972	200120
苏州市泛力德路桥防水材料有限公司	江苏省常熟市沙家浜常昆工业园区	13338722502	215500

第四节　脂肪酸防水剂

一、奥立克脂肪酸防水剂

该产品是以脂肪酸为主要原料，添加多种助剂，经乳化而合成的防水剂，适用于地下室、人防工程、轨道交通、隧道等各项工程的防水、防渗、防漏、防潮施工。

1. 产品特点

(1) 该品对混凝土和水泥砂浆具有憎水性，实现"反毛细管效应"，增加抗渗性，防水效果有奇效；

(2) 不变质，耐老化，抗龟裂性强，应用面广；

(3) 施工简便，易操作，确保质量；

(4) 使用时对环境无污染,对施工人员无害、无味、无毒;
(5) 具有长期防水止漏效能,人工加速老化测试,其寿命可达30年以上;
(6) 与水性装饰涂料混合使用时,同样具有防水效能。

2. 性能指标(表9-7)

奥立克脂肪酸防水剂受检砂浆的性能指标(JC 474—2008) 表9-7

试 验 项 目		性能指标	
		一等品	合格品
净浆安定性		合格	合格
凝结时间	初凝时间(min) ≥	45	45
	终凝时间(h) ≤	10	10
抗压强度比(%) ≥	7d	100	85
	28d	90	80
透水压力比(%) ≥		300	200
吸水量比(48h)(%) ≤		65	75
收缩率比(28d)(%) ≤		125	135

注:安定性和凝结时间为受检净浆的试验结果,其他项目数据均为受检砂浆与基准砂浆的比值。

3. 施工方法
(1) 基层处理:先顶棚,后墙体,最后地面,由上而下,大面积防水分期进行;
(2) 防水层:地面、墙体、顶棚的防水层为防水素浆、防水砂浆交替压实构成;
(3) 防水厚度:
①地面为20mm,分两次完成
②地下防水工程的渗漏治理方法:对慢渗情况,一般用防水素浆;对于快渗急流处,用速凝堵漏剂堵漏。
(4) 配制方法(重量比)
①防水素浆:水泥:防水剂 = 1:(0.5~0.6);
②防水砂浆:水泥:砂子:防水剂 = 1:(2.0~25):0.5。

4. 使用注意事项
(1) 施工
①施工必须在混凝土结构或牢固的水泥砂浆基面上进行,不要直接用于粉灰层表面;
②有渗水的点或缝要先把渗水部位封堵好;
③老的结构在做防水层施工前要把原有的防水涂层清除掉,不能有浮灰、油污,凹凸、破损不平的要进行找平及修补;
④拌料不可有结块或料球;
⑤要确保涂层厚度与施工推荐用量;
⑥卫浴施工对管道接缝处必须进行特别处理,可沿管壁与基面交接处凿10mm深的V形槽进行封堵后,再做基面防水涂层。

(2) 贮存

防水剂应存放在专用仓库或固定场所妥善保管,以易于识别和便于检查、提货为原则。

5. 部分生产厂家联系方法

生产厂家或经售单位	联系地址	电话	邮编
苏州特艺奥立克建材科技工业有限公司	江苏省苏州市吴中区东吴工业园尹西路1号	0512-65610188	215128
苏州市奥立克防水堵漏工程有限公司	苏州市人民南路龙港巷	0512-65610288	215000

二、红牡丹防水液

该产品是用脂肪酸为主要原料,添加分散剂及甲基硅醇钠等辅助材料,在水和二氧化碳的作用下,形成高分子化合物。此溶液通过与水泥、砂子的混合,实现"反毛细管效应",从而达到抗渗、防漏、防潮、防腐、防水、防龟裂的效果。本产品无毒、无味、无污染环境,具有成本低、施工简便、时间耐久、存放期长等特点,可取代拌水泥,水泥砂浆用水,并直接用于防水工程。它的问世彻底改变了历来采用沥青、油毡纸等传统防水建筑施工方法,给防水施工工艺带来了飞跃性的改革。

该品可广泛用于地下室、墙壁、人防、铁路、隧道等各项工业、民用的防水、防渗、防漏、防潮施工。它确保您的工程天衣无缝,固若铁壁,滴水不漏。

1. 产品特点

①该品对水泥和水泥砂浆具有憎水性,实现"反毛细管效应",增加抗渗性,防水效果有奇效;

②不变质,耐老化,抗龟裂性强,应用面广;

③施工简便,易操作,确保质量;

④使用对环境无污染,对施工人员无害、无味、无毒;

⑤具有长期防水止漏效能,人工加速老化测试,其寿命可达30年以上;

⑥与水性装饰涂料混合使用时,同样具有防水效能。

2. 施工方法

(1) 基层处理

①在施工前将防水施工面,浮土清理干净,用清水洗刷清洁;

②凡是渗漏处先堵后作防水处理。

(2) 配合比(重量比)

①防水浆:水泥+防水液[3+(1~1.2)];

②防水砂浆:水泥+砂子+防水液[1+2.5+(0.5~0.8)]。

(3) 材料要求

①水泥强度等级不低于32.5级,不得有受潮和结块现象;

②中砂含泥量≤3%,含硫化物和硫酸盐量<1%,砂中的草根等杂物以及>3mm粒

径砂应筛出。

(4) 配制方法

①防水净浆配制,按上述重量比,先将水泥盛入桶内,再加防水液,不断搅拌,拌成糊状即可;

②防水砂浆配制,防水砂浆的搅拌以机械搅拌为宜,也可用人工搅拌,拌合时材料称量要准确。机械搅拌时,按上列重量比,先将水泥和砂子拌匀,再加防水液搅拌 1~2min 即可。

(5) 施工工艺

①基层处理→抹防水净浆层→抹防水砂浆层→抹保护层;

②基层表面应清洁,平整而粗糙、潮湿,不准有积水;

③防水层施工时,气温在 5℃ 以上。严禁带水、带泥施工。有渗漏处应先堵好渗漏处,再做防水。在地下水位以下施工时,施工前将水位降到抹面层以下,地面积水应排除。夏日应避免烈日直晒施工。

3. 部分生产厂家联系方法

生产厂家或经售单位	联系地址	电话	邮编
洛阳市东方建筑防水液厂	河南省洛阳市高新技术开发区	0379-4927565	471000
河南红牡丹防水有限公司	河南省郑州市金水区丰乐路24号	13693718118	450053

第五节　无机防水防潮剂

一、JC 型高效无机防水防潮剂

该产品是由 20 余种化工及一些稀有材料按一定配比通过化学反应制成。产品为无毒、无味的淡黄色粉状固体。用它配制的防水砂浆和防水混凝土,其技术性能,经过新疆建材产品质量监督检验中心多次检测完全达到和超过 JC474 标准,适用于各类地面、人防、地下室、蓄水池、水塔、游泳池、卫生间、洗浴间、厨房、隧道等建筑工程防水防潮,以及各类水库、涵管、倒虹吸管、水渠、渡槽、混凝土大坝等水利、水电工程防水防潮。

1. 产品特点

(1) 具有高效防水防潮抗渗功能;

(2) 改善砂浆的和易性、泌水性和抗冻性;

(3) 具有微膨胀性能,提高混凝土的抗渗性,增加混凝土的密实度和混凝土的耐久性;

(4) 对混凝土中钢筋无腐蚀、无碱骨料反应的危害;

(5) 适应性强,施工操作简单,运输方便;

(6) 无腐蚀、无毒、耐老化、阻燃与装饰融为一体的功能;

(7) 防水混凝土及防水砂浆有效年限与结构寿命相同。

2. 性能指标(表 9-8、表 9-9)

JC 型高效无机防水防潮剂受检砂浆的性能指标（JC 474—2008） 表 9-8

试验项目		性能指标	
		一等品	合格品
净浆安定性		合格	合格
凝结时间	初凝时间（min）≥	45	45
	终凝时间（h）≤	10	10
抗压强度比（%）≥	7d	100	85
	28d	90	80
透水压力比（%） ≥		300	200
吸水量比（48h）（%） ≤		65	75
收缩率比（28d）（%） ≤		125	135

注：安定性和凝结时间为受检净浆的试验结果，其他项目数据均为受检砂浆与基准砂浆的比值。

JC 型高效无机防水防潮剂受检混凝土的性能指标（JC 474—2008） 表 9-9

试验项目		性能指标	
		一等品	合格品
安定性		合格	合格
泌水率比（%） ≤		50	70
凝结时间差（min）≥	初凝	-90^a	
抗压强度比（%）≥	3d	100	90
	7d	110	100
	28d	100	90
渗透高度比（%）≤		30	40
吸水量比（48h）（%）≤		65	75
收缩率比（28d）（%）≤		125	135
对钢筋的锈蚀作用		应说明对钢筋有无锈蚀作用	

注：安定性为受检净浆的试验结果，凝固时间差为受检混凝土与基准混凝土的差值，表中其他数据为受检混凝土与基准混凝土的比值。

a "－"表示提前。

3. 施工方法
（1）配比
灰砂比为1:3 防潮剂掺量为水泥量的3%。
（2）原材料要求
①水泥要求强度等级为32.5级以上普通硅酸盐水泥。
②砂采用中细或中粗砂，含泥量小于3%。

③水为洁净饮用水，配制时先将水与防水剂充分搅拌均匀。

4. 使用注意事项

（1）施工

①基层必须干净、粗糙，不得有污染、粉尘、空鼓、混凝土基层必须凿毛，基层麻面率不小于70%。

②防水混凝土配比应严格按设计要求进行级配。

③浇筑后振捣密实，不得漏振、欠振或过振。

④防水混凝土终凝后（浇筑后约10h左右）即开始浇水养护，养护期与普通混凝土相同。

⑤施工温度，同水泥一样，宜在5~30℃。

（2）包装

防水剂为塑料袋包装，每袋净重3kg。

（3）贮存

产品保存在室温有通风条件的避光仓库内，产品保质期为半年。

5. 部分生产厂家联系方法

生产厂家或经售单位	联系地址	电 话	邮 编
新疆梧桐大禹建化材料有限公司新型防水材料厂	新疆五家渠梧桐镇	0994 – 5655242	831302
衡阳圣禹防水新材料有限责任公司	湖南省衡阳市雁城85号5楼	0734 – 2455286	421000

二、JYQ796型高效无机防水防潮剂

该产品具有高效防水、致密防潮、抗渗、快速堵漏等多种功能，分别掺入混凝土和水泥砂浆内作为高效抗渗混凝土和高效防水砂浆，并均有早强性，是一种无毒、无味的高弹性防水涂料，颜色可任选，光泽亮丽，色彩鲜艳，装饰性好，耐老化、耐紫外线，延伸率为300%，能防止水泥基层裂纹，适用于各类地面、墙面、屋面、卫生间、游泳池、地下室、储备粮库、地下工程、人防工程、蓄水池、隧道、地下室、底层地坪及基础、涵洞涵管、渡渠、水电站、邮电电缆、水利工程、地下输排水管、各类矿井防水工程等各种需要防水防潮抗渗堵漏的工程等。

1. 产品特点

（1）4号剂（速凝型）

主要用于防潮抗渗、带水堵漏，在水中30~50s凝固，能瞬间止水，立刻堵漏，1min把水堵死，迎水面、背水面都能获得同等防水效果，在水中强度随时间的延长而增强。

（2）6号剂（缓凝型）

主要用于防水抗渗，20~60min内可凝固。该产品不燃烧、无毒、无害、不污染环境、防腐、耐酸碱，掺入水泥、砂浆、混凝土内，抗震抗压强度大、不脱壳空鼓、无裂缝，其使用寿命与水泥同步，是安全的"绿色"环保产品，也是有效预防火灾的理想建

材，被誉为"防水霸"和"神王剂"。

2. 施工方法

（1）4号剂水泥浆配比方法

用4号原剂+水（1+1.5）配成4号混合液，再用4号混合液+水泥（1+2），配成4号防潮抗渗水泥浆，稠密度为14~16。

（2）4号防水砂浆配比方法

用4号原剂+水（1+1.5）配成4号混合液，再用4号混合液:水泥:砂=1:2:5配成4号防水砂浆。

（3）6号防水砂浆配比方法

①用6号剂+水（1+5）配成6号混合液，再用6号混合液+水泥+中细砂（1+2+5）配成6号防水砂浆；

②防水混凝土为6号剂+水（1+11）配成6号混合液，6号混合液+水泥（1+2.2）。

（4）各种堵漏工程的配比

为4号原剂+水泥（1+2），在40s内用手和匀，立即压在渗漏水部位1min内即可封死。

3. 使用注意事项

①4号和6号必须单独使用，使用前须将桶内4号、6号原剂摇匀，配制防水材料时先将水泥中细砂（1+2.5）拌匀，再加入配好的混合液搅拌均匀；

②因4号、6号料凝结速度快，使用时可视施工能力掌握拌料多少。如做保护层可在做完防水层后接着施工，然后喷水养护（室内7d，室外14d）；

③砂子含泥量不大于3%，水泥强度等级不低于32.5级，做室外防水工程要防止曝晒；

④各种防水工程应先清理基层，洒水湿润后施工；新建、维修工程的渗漏部位应先凿毛，清洗干净后施工。施工时要穿平底胶鞋，以防破坏防水层。

4. 部分生产厂家联系方法

生产厂家或经售单位	联系地址	电话	邮编
内蒙古雄鹏防水材料有限责任总公司	内蒙古自治区东胜市鄂托克西街12号	0477-8321067	017000
衡阳圣禹防水新材料有限责任公司	湖南省衡阳市雁城85号5楼	0734-2455286	421000

第六节　其他防水剂

一、TS95硅质防水剂

该产品是砂浆或混凝土刚性防水层的防水外加剂，它是将几种精选的有机化合物与几种无机化合物。经高温反应与一系列加工处理而制成的粉状防水剂。将其掺入砂浆或混凝土中,其有关成分与水和水泥组分逐渐反应,不但使水灰比减小,而且在反应中迅速引发出气体,随之生成凝胶体,堵塞毛孔并生产适度膨胀,这就避免了混凝土或砂浆层的收缩裂纹。另外,在混凝土或砂浆层养护过程中凝胶体与防水剂中的活性组分产生二次反应,再生成新凝胶体,结合防水剂中的专用防水组分与树脂组分,切断毛细孔,明显改善水泥石孔隙结构,使水泥石孔隙均匀度变小,从而大大提高了混凝土的密实性、强度、抗渗性,大大减少混凝土微裂可能。

该产品适用于工业与民用建筑的地下工程、地铁、粮仓、人防工程、隧道等防水防潮工程,效果十分突出。

1. 产品特点

①该产品具有抗压强度高,抗渗能力强,防裂、抗冻。其施工方便,工程寿命长,耐老化,无毒无味,对钢筋无腐蚀;

②性能优越,质量稳定,施工方便。

2. 性能指标

同一、JC 型高效无机防水防潮剂中表 9-8 和表 9-9。

3. 施工方法

(1) 防水工程应用硅酸盐水泥或普通硅酸盐水泥,禁止用火山灰质硅酸盐水泥,水泥强度等级不得低于 32.5 级。防水工程的骨料应用中砂或粗砂,含泥量不得超过 3%;粗骨料应用碎石,含泥量不超过 1%;

(2) 应采用强度等级为 C20 的细石混凝土现场浇制。防水剂掺量为水泥用量的 10%。施工水灰比不大于 0.55,每 1m³ 混凝土水泥最小应不少于 330kg,碎石粒径为 5~15mm。防水砂浆中,防水剂的掺量为水泥用量的 10%;

(3) 将掺有防水剂的 C20 细石混凝土。放入分格内摊平。每个板块的混凝土,必须一次浇筑完成,不得留施工缝,以防止在该处断裂。抹光时不得在表面洒水、加水泥净浆或撒干水泥;

(4) 应掌握不同水泥配制混凝土的收水时间,当混凝土收水后即进行二次压光并取出分格条和进行修边。应注意:分格条取出过早混凝土易坍边,分格条取出过晚板块产生裂缝。不得采用无齿锯切割缝的做法;

(5) 板块养护初期不得上人,以免踩裂;

(6) 刚性防水板块宜在 5~32℃气温下施工,并应避开大风、曝晒和阴雨天气。气温在 25℃以上条件下施工或遇雨时,应加盖塑料膜养护;

(7) 刚性防水板块强度达 70% 时,即可用防水密封胶进行嵌缝施工。施工时用钢丝刷将分格缝两壁水泥浮浆打掉,以免影响粘结强度;

施工前先用毛刷在分格缝两侧涂刷 TS96B 型密封胶底涂胶。底涂胶干后,注入 B 型密封胶,第一次入缝深的 1/2~3/5,用 ϕ4 钢丝做小钩在缝内来回划抹两遍,使胶体粘到两壁上,晾干。第二次注满,使胶面高出板面。不得一次注满,否则容易产生裂缝;

(8) 刚性屋面防水工程质量应符合以下要求:

①刚性防水板块的强度、厚度坡度必须符合设计要求和以上规定的技术要求;

②防水层表面的平整度用 1.5m 直尺检查,屋面与直尺间的最大空隙应不超过 4mm,空隙仅允许平缓变化,且每米长度内不得多于 1 处。板边间高差不得大于 3mm。

③刚性板块不得有裂纹、裂缝、起壳、起砂和疏松现象;

④嵌缝密封胶应填实,不得有裂缝、孔、洞和漏封现象,不应有由于浮浆、灰尘造成的粘结不牢现象,也不应有搭边现象。

4. 使用注意事项

①所用水泥为硅酸盐水泥,其水泥强度等级不得低于32.5级。不准使用火山灰质硅酸盐水泥或矿渣水泥;

②所用的细骨料为中砂或粗砂,不得使用细砂,含泥量不得超过3%。粗骨料应用碎石,含泥量不得超过1%;不用卵石;

③严格控制水灰比不超过0.55,各成分计量要准确。施工时搅拌要均匀。机械搅拌时间不能少于2min;

④加防水剂的混凝土施工坍落度控制在30~50,用微型振捣器捣实,表面泛浆后抹平,收水后用力压光。防水砂浆施工时必须按前面要求分次抹平、分次压实,收水后进行二次压实;

⑤进行地下防水时,地下水位应降至施工面500mm以下,一直保持至竣工时为止;

⑥防水施工时气温应不低于5℃;

⑦施工后注意防水层在湿润状态下的养护;

⑧防水层完工后,不能在其上凿孔打洞,破坏防水层。

5. 部分生产厂家联系方法

生产厂家或经售单位	联 系 地 址	电 话	邮 编
哈尔滨市保温防水材料二厂	黑龙江省哈尔滨市道里区康安路98号	0451-4317842	150076
长春市大华建材化工有限公司	吉林省长春市惠工路3号惠工市场6栋5号	0431-84710468	130000

二、PC防水剂

该产品是一种复合型抗裂防水剂,掺入混凝土砂浆拌合料中,能提高硬化后混凝土抗渗性能,具有补偿收缩功能,可提高混凝土的抗裂性。此外,还具有提高强度、减水、早强和节约水泥的功能。本防水剂不含氯盐,对钢筋无锈蚀影响,适用于地铁、隧道、轨道交通工程的抗裂、抗渗等防水。

1. 产品特点

该产品掺入混凝土中,与水化合反应,生成膨胀性结晶体,使混凝土产生适度膨胀,防止混凝土凝固后收缩而产生的裂纹,同时增加混凝土强度。另外,由于结晶具有切断毛细孔缝作用,使孔隙减少25倍以上,可提高混凝土的密实性。产品还具有减水作用,相应减少因水而造成的毛细孔,使混凝土或水泥砂浆抗渗性能提高。

2. 性能指标

同一、JC型高效无机防水防潮剂中表9-8和表9-9。

3. 施工方法

①该产品为粉状,可直接与水泥、砂石等混入混凝土中或水泥砂浆中使用;

②该产品混凝土中掺入量为水泥的8%。水泥砂浆中掺量为水泥的6%。采用等量内掺法,即掺入8%PC防水剂代替8%水泥(比例为重量比);

③该产品掺入混凝土中的配比设计与普通混凝土相同,但最低水泥用量不得少于320kg/m³,水灰比控制在0.45~0.55,砂率控制在0.35~0.39。防水砂浆配合比为水泥+砂=1+(2~2.5),宜采用中砂。

4. 使用注意事项

(1)施工

①适用于32.5级以上普通硅酸盐水泥及矿渣水泥;

②混凝土或水泥砂浆养护时间不得少于14d,冬期施工不宜使用矿渣水泥,混凝土浇筑成型后通常养护1d以上,养护温度及长期环境温度不能超过80℃;

③搅拌时间比常规搅拌时间延长1min。

(2)贮存

该产品贮存时严防潮湿。

5. 部分生产厂家联系方法

生产厂家或经售单位	联系地址	电话	邮编
沈阳防水总公司新时代防水剂厂	辽宁省沈阳市于洪区沈新路79号	024-5812521-3354	110141
珠海市龙神有限公司	珠海市前山梅华西路2372号,香洲科技工业区16栋	0756-8509651	519075

三、HB界面处理剂

该产品是以丙烯酸乳液为主体成分,采用科学配方研制而成,是一种高分子水泥体系。将本品预先涂刷在基体表面,能显著提高新抹砂浆与基层材料之间的粘贴力和抗渗性,适用于砂浆混凝土等建筑工程的界面涂敷处理,以增强相互间的粘结力和防水性能。

1. 产品特点

①无毒、无污染;

②施工方便,是理想的环保产品。

2. 性能指标(表9-10)

3. 施工方法

①基层表面应清洁无油污,用水润湿基层表面,但不应有明水;

②配制界面处理剂胶浆按HB界面处理剂:水泥=1:(1.5~2.0)配制,然后对基层表面进行涂刷,待表干后再做水泥砂浆或混凝土;

③用水泥砂浆粘贴饰面材料时,首先把饰面材料充分浸泡润湿,然后在基体表面和被粘贴材料表面分别涂界面处理剂,接着抹水泥砂浆,随后进行粘贴、找平、压实。

HB 界面处理剂性能指标（企业指标） 表 9-10

项 目		指 标	
		Ⅰ型	Ⅱ型
剪切粘结强度（MPa）	7d	≥1.0	≥0.7
	14d	≥1.5	≥1.0
拉伸粘结强度（MPa）	未处理 7d	≥0.4	≥0.3
	未处理 14d	≥0.6	≥0.5
	浸水处理	≥0.5	
	热处理	≥0.5	
	冻融循环处理	≥0.5	
	碱处理	≥0.5	
晾置时间（min）		—	≥10

注：Ⅱ型产品的晾置时间，根据工程需要由供需双方确定。

4. 使用注意事项

①施工温度在 0℃以上，不宜雨天施工；

②该品应贮于荫凉处，避免日晒，保存期为 12 个月

5. 部分生产厂家联系方法

生产厂家或经售单位	联系地址	电话	邮编
深圳市新黑豹建材有限公司	广东省深圳市南山区松坪山第五工业村二号路 B 区 34 栋二楼	13825236988	518057
无锡市天丰涂装工程有限公司	无锡市扬名高新技术产业园 B 区 012 号	0510-85425763	214024

第七节 减 水 剂

减水剂是混凝土外加剂之一，也称塑化剂，是在保持混凝土拌合物一定和易性条件下，能减少用水量，提高强度，或在相同用水量条件下，可提高和易性的外加剂。

按其凝结时间减水剂可分为普通型、早强型、缓凝型；按其作用又可分为引气型、高效型。

减水剂的主要作用有以下几个方面：

①增加水化效率，减少单位用水量，增加强度，节省水泥用量；

②改善尚未凝固的混凝土的和易性，防止混凝土成分的离析；

③提高抗渗性，减少透水性，避免混凝土建筑结构漏水，增加耐久性；

④增加耐化学腐蚀性能；

⑤减少混凝土凝固的收缩率，防止混凝土构件产生裂纹；

⑥提高抗冻性，有利于冬期施工。

混凝土硬化后孔隙率和孔径的大小，是混凝土质量好坏和防水性能优劣的重要特征。而对混凝土孔隙率和孔径的大小、混凝土结构的密实性和防渗性能起决定作用的是混凝土拌合物的水灰比。因为混凝土的渗透系数是随着水灰比的增加而迅速增加的，当水灰比从0.4增加到0.7时，其渗透系数即增大100倍以上，而减水剂对水泥颗粒间的吸引力，有效地阻碍和破坏颗粒间的絮凝作用，并释放出絮凝体中的水，从而提高了混凝土的和易性，所以可以大大降低拌合用水量，亦即可降低水灰比，使硬化后混凝土的毛细孔隙结构的分布情况得到改变，孔径和总孔率都显著减小，提高混凝土的密实性和抗渗性能。减水剂还可以使水泥水化热峰值推迟出现，这样就可减少或避免在大体积混凝土取得一定强度前因温度应力而开裂，从而提高大体积混凝土的防水效果。

减水剂的品种很多，分类方法也多样，有按塑化效果分类的，有按引气量分类的，有按对凝结时间影响分类的，也有按原材料及化学成分分类的。

按塑化效果可分为普通减水剂和高效减水剂。减水率≥5%且<10%的减水剂称为普通减水剂；减水剂≥10%的减水剂称为高效减水剂。

按引气量可分为引气减水剂和非引气减水剂。引气减水剂混凝土的含气量为3.5%~5.5%；非引气减水剂混凝土的含气量≤3%。国内习惯上将含气量<2%的称为非引气型减水剂，将含气量3%左右的称为低引气型减水剂。

按对凝结时间及早期强度的影响可分为标准型、缓凝型及早强型。掺标准型减水剂混凝土的初凝时间至少要延长1h，但不超过3.5h，终凝时间延长不超过3.5h。早强型减水剂除具有减水增强作用外，还能显著地提高混凝土的早期强度。

按原材料及化学成分可分为木质素磺酸盐类减水剂、聚烷基芳基磺酸盐类减水剂（俗称煤焦油系减水剂）、磺化三聚氰胺甲醛树脂磺酸盐类减水剂（俗称蜜胺类减水剂）、糖蜜类减水剂、腐殖酸类减水剂等。

减水剂的用途随不同种类减水剂的功能不同而有所区别。

一、木质素磺酸盐类减水剂

木质素磺酸盐减水剂系由纸浆废液加工而得，该产品是较早研究成功，应用较广泛的减水剂，其相对分子量为1000~3000，属天然高分子化合物。

木质素磺酸盐类减水剂可分为钙盐和钠盐两类，建筑工程中常用木质素磺酸钙，简称木钙，主要有三种。

第一种：纸浆废液或其干粉。这种产品是纸浆废液经提取酒精及醇母后的产物，废液浓缩物含固形物55%，含糖量7%~8%；也有只提取酒精后喷雾干燥而得的干粉，含糖量为10%~12%、木钙60%、灰分14%、pH=4~5。

第二种：简易脱糖木钙。这种产品是将酒精废液用石灰乳加温到92~95℃，约经过0.5~1h，然后冷却至40℃左右，再经过硫酸的中和，滤去沉淀物硫酸钙，经浓缩干燥即得，其成品率为96%，含糖量小于4%。

第三种：精制木钙。这种产品的制备与上述两种产品的制备相类似，只是在浓缩至50%后，经喷雾干燥而得制品，其成品率为40%，其含糖量则小于3%。

1. 产品特性

①节约水泥。保持混凝土强度及坍落度与基准混凝土相近时，可节省水泥10%左右；

②改善混凝土的性能。当水泥用量及坍落度与基准混凝土相近时,减水10左右,混凝土3~28d强度提高15%左右,后期强度也有所增加;

③改善混凝土的和易性。掺用木钙后混凝土的保水性、黏聚性和可泵性显著改善;

④具有一定的引气性。当木钙掺量为0.25%时,混凝土含气量增加了2%~3%,从而提高混凝土的抗渗、抗冻融等性能;

⑤具有缓凝及降低水泥初期水化热的作用。

2. 质量指标(表9-11)

木质素磺酸盐类减水剂的质量指标(GB 8076—2008)　　　　表9-11

项　　目			指　　标	
			一等品	合格品
减水率(%)		≥	12	10
泌水率比(%)		≤	90	95
含气率(%)		≤	3.0	4.0
凝结时间之差(min)	初凝		-90 ~ +120	
	终凝			
抗压强度比(%)	1d	≥	140	130
	3d		130	120
	7d		125	115
	28d		120	110

3. 适用范围

该品对混凝土工程的适用范围很广泛,适用于以下混凝土工程:泵送混凝土、流态混凝土、自密实混凝土、水工混凝土、蒸养混凝土、自然养护预制构件混凝土、钢筋及预应力钢筋混凝土、高强度混凝土。

4. 注意事项及贮存

①严格控制掺量,切忌过量。因过量后使新拌混凝土凝结时间显著延长,甚至几天也不硬化,且混凝土含气量增加会导致强度下降;

②注意施工温度。木钙有缓凝作用,气温较低时更明显。因此,对一般工业与民用建筑,规定日最低气温5℃以上时可单掺木钙;低于5℃时,应与早强剂复合使用;负温下,除掺复合早强剂外,还要同时掺抗冻剂;

③蒸养性能差,如使用应延长制品静停时间,或掺复合早强剂及减少木钙掺量,否则会出现强度降低、结构疏松等现象;

④木钙宜配成溶液使用,配制好的溶液应在10d内用完,对其不溶物质要定期排放;

⑤木钙对以硬石膏为调凝剂的水泥有时会出现不适应现象,应通过试验后使用;

⑥对有引气量要求的混凝土,应选择合适的振捣设备和振捣时间;

⑦该产品采用内塑料袋外加编织袋包装,也可采用铁桶包装或散装供货,如需要特殊规定包装,可预先定制;

⑧该产品应贮存于库内,注意防潮,但受潮不影响使用效果,可配成水溶液后再用;
⑨该产品有效期2年,超过混凝土试配试验后可继续使用。

5. 部分生产厂家联系方法

生产厂家或经售单位	联系地址	电话	邮编
山东省泰和水处理有限公司	山东省枣庄市市中区西王庄乡	0632-3460158	277000
深圳海川工程科技有限公司	广东省深圳市福田区车公庙天安数码城F3.8栋C、D座七、八楼	0755-83300666	518040
北京慕湖外加剂有限公司	北京怀柔怀北镇河防口村543号	010-69684742	101400
武汉辰龙新材料技术有限公司	湖北省武汉市武昌区武路路442号中南国际城B座1601、1602号	027-87811829	430070
佛山君豪陶瓷节能材料厂	广东省佛山市南海区官窑白沙工业区	0757-85800665	528200
苏州市鑫龙化学建材有限责任公司	江苏省苏州市虎丘镇	0512-65352517	215008
平顶山奥思达化学助剂有限公司	河南省平顶山市光明路常绿大厦4楼	0375-4937089	467000
莱芜市汶河化工有限公司	山东省莱城区口镇经济园	0634-6650796	271114
惠安新型建材厂	福建省惠安县涂寨工业区	0595-87238955	362100
安徽省庐江县鸿通矾业有限公司	安徽省庐江矾矿	0565-7611450	231500
武汉三源特种建材有限责任公司	湖北武汉市武昌区中北路同成富苑A座1304号	027-87253409	430071
淄博永超化工有限公司	山东省淄博市周村区北郊镇	0533-6500539	255300

二、糖蜜减水剂

糖蜜减水剂是以制糖工业制糖生产过程中提炼食糖后剩下的残液(称为糖蜜)为原料,采用石灰中和处理调制成的一种粉状或液体状产品,属非离子表面活性剂,国内产品有3FG、TF、ST等。

糖蜜减水剂的配制:将相对密度1.3~1.6的浓稠废蜜,用热水稀释至相对密度为1.2,再将生石灰粉末(粒径小于0.3mm)徐徐加入稀释液中,边加边搅,直至石灰粉均匀分布于糖蜜中,生石灰粉为糖蜜质量的16%。经一周存放,溶液呈红棕色逐渐凝结为糊状的减水剂。由于糖蜜是酸性混合物,在高温时易发酵变质,故应注意贮存。为克服这个缺陷,已研制出钙硫酸钠复合减水剂。糖钙制备是利用石灰膏代替生石灰粉,再与糖蜜按比例经搅拌制成,陈化一周,经干燥后备用,经与无水硫酸钠混合、磨细,即制成成品。

1. 产品特性

（1）具有缓凝作用，降低水泥初期水化热，气温低于10℃后缓凝作用加剧；

（2）改善混凝土的性能，当保持水泥用量相同，坍落度与空白混凝土相近时，可减少5%～10%的用水量，早期强度发展较慢，28d龄期时混凝土压缩强度提高15%左右；

（3）保持混凝土强度相等的条件下可节省5%～10%的水泥；

（4）提高混凝土的流动性。掺用糖蜜减水剂的混凝土，其坍落度比不掺的增大5cm左右；

（5）对钢筋无锈蚀危害。

2. 质量指标

同一、木质素磺酸盐类减水剂中表9-11。

3. 适用范围

（1）用于要求缓凝的混凝土，如大体积混凝土、夏季施工用混凝土等；

（2）用于要求延缓水泥初期水化热的混凝土，如大体积混凝土；

（3）可节省水泥，改善混凝土的和易性。

4. 注意事项及贮存

（1）严格控制掺量，一般掺量为水泥质量的0.1%～0.3%（粉剂）；掺量超过1%时混凝土长时间酥松不硬；掺量为4%时28d强度仅为不掺的1/100；

（2）糖蜜减水剂本身有不均匀沉淀现象，使用前必须搅拌均匀；

（3）粉状糖蜜减水剂在贮存期间避免浸水受潮，受潮后并不影响质量，但必须配成溶液使用；

（4）蒸养混凝土中不宜使用；

（5）该产品粉剂采用内塑料袋外加编织袋包装，水剂可采用铁桶包装。如需要特殊规定包装，可预先定制；

（6）该品应贮存于库内，注意防潮，但受潮不影响使用效果，可配成水溶液后再用。

5. 部分生产厂家联系方法

生产厂家或经售单位	联系地址	电话	邮编
江西武冠实业集团	江西省武冠民营科技工业园（萍乡市安源区白源镇）	0799-6651860	
天津市利建特种建筑材料有限公司	天津市东丽区军粮城	022-24360699	300301
武汉华东化工有限公司	湖北省武汉市汉口竹叶山东方恒星园A栋八楼	027-82944688	430012
上海新浦化工厂有限公司	上海市浦东新区高桥江东路1585号	021-68876588	200137
山西远征化工有限责任公司	山西省绛县城东化工区	0359-6533958	043600

三、磺化三聚氰胺甲醛树脂类减水剂

磺化三聚氰胺甲醛树脂类减水剂，简称蜜胺树脂减水剂，它是由三聚氰胺、甲醛、亚硫酸钠按适当比例,在一定条件下经磺化、缩聚而成的阴离子表面活性剂,典型产品有德国的"美尔门脱"、日本的 NL-4000 及我国的 SM 高效减水剂。SM 高效减水剂属于磺化三聚氰胺甲醛树脂类高效减水剂,无毒、无污染、对钢筋无腐蚀作用,是综合性能最优良的混凝土高效减水剂之一。

1. 产品特性

(1) SM 适宜掺量为水泥量的 0.5%~2.0%,减水率可达 20%~27%,1d 强度提高 40%~100%,7d 强度提高 30%~70%(可达基准混凝土 28d 的强度),28d 强度提高 30%~60%,长期强度也有明显提高;

(2) SM 蒸养适应性较好,蒸养出池强度可提高 20%~30%,达到同样出池强度可缩短蒸养时间 1~2h;

(3) 适用于铝酸盐水泥所配制的耐火混凝土,110℃烘干及高温下的压缩强度可提高 60%~170%;

(4) 减水率大,不加气,可大幅度提高混凝土及砂浆的流动度,显著提高早期强度和后期强度,对各种水泥的适应性好。

2. 质量指标

同一、木质素磺酸盐类减水剂中表 9-11。

3. 适用范围

(1) 适用于高强混凝土、泵送混凝土、流态混凝土、耐火混凝土、彩色混凝土、蒸养混凝土、高强砂浆、高强石膏;

(2) 在一般情况下可适用于各种水泥和其他外加剂复配;

(3) 适用于高层建筑、大坝、机场跑道、公路、桥梁、建筑构件、水泥管道、电杆等。

4. 注意事项及贮存

(1) 该产品在市场上常以一定浓度的水溶剂供应,使用时应注意其有效成分的含量;

(2) 粉剂采用塑料编织袋包装,内衬塑料袋,每袋净重25kg;液体采用塑料桶或铁桶包装;

(3) 运输粉剂时谨防遭遇锋利物,以免破包受潮,若受潮可配制成一定浓度的溶液使用;

(4) 粉剂应贮存在通风、干燥的专用仓库内,有效期为 2 年,超过有效期经检测合格后方可使用。

5. 部分生产厂家联系方法

生产厂家或经售单位	联系地址	电话	邮编
苏州市兴邦化学建材有限公司	江苏省苏州市望亭阵新华开发区	0512-68079299	215000
山东省高密市宏新建材厂	山东省高密市柴沟镇工业园	0536-2669666	261519
北京慕湖外加剂有限公司	北京市怀柔开利园 78 号	010-69689666	101400
北京华迪合成材料有限责任公司	北京市海淀区上地苏家坨乡	010-62407330	100000

续表

生产厂家或经售单位	联系地址	电话	邮编
江苏交科建材技术有限公司	江苏省南京市振兴路19号	025-6521642	210039
安阳市双环助剂有限责任公司	河南省安阳市化工路	0372-2921665	455100
武汉辰龙新材料技术有限公司	湖北省武汉市武昌区武珞路442号中南国际城B	027-87811829	430070
武汉苏博新型建材有限公司	湖北省武汉市青山区都市工业园B区8号	027-86825160	4300000
运城宝井化建有限公司	山西省运城市圣惠桥北军营东路1号	0359-2123077	044000
山西黄腾化工有限公司	山西省运城市万荣县荣河化工园A区1号	0359-4589388	044205
山西同丰纤维机械有限公司	山西省太原山西晋中市榆次区张庆南	0354-2786866	028000
绍兴市新世纪化工有限公司	浙江省绍兴市袍江工业区新三江	0575-8139922	312000

四、聚羧酸减水剂

聚羧酸高效减水剂是一种通过喷雾干燥工艺制成的粉状改性聚羧酸高效减水剂。它的有效成分比例高，分子量范围集中，因此，聚羧酸减水剂相比其他减水剂不仅减水率高，坍落度保持久，而且掺量更小。

由于聚羧酸减水剂具有很高的技术优势，在全世界范围内正在发展成为新一代减水剂的代表性品种。日本在商品混凝土中，聚羧酸减水剂已经取代了萘系减水剂的地位。

1. 产品特性
(1) 其综合性能指标优良，绿色无污染，是高性能环保型产品；
(2) 粉末的流动性极佳；
(3) 无毒、无味、不燃。

2. 质量指标
同一、木质素磺酸盐类减水剂中表9-11。

3. 适用范围
(1) 特别适用于要求高性能的粉体建筑材料中作为分散剂使用。这种减水剂分散性好，减水率高，与不同水泥的适应性好。在混凝土和砂浆中使用时，拌合料的流动性极佳。同时还可使用于自流平地坪、灌浆料等工程；
(2) 也可适用于高性能混凝土、高强度混凝土、流态混凝土、自密实混凝土、大掺合料混凝土和各种灌浆自流平砂浆材料；
(3) 该产品用于大掺合料混凝土中，可改善工作性能、降低水化放热速度、避免温度应力裂缝产生、提高断裂韧性和耐久性等。

4. 注意事项及贮存
(1) 该产品为弱碱性液体，无毒、无腐蚀性，为对环境无污染产品。但不可食用，当接触到人的身体和眼睛时，应尽快用清水冲洗，对部分人体造成过敏现象时应及时就医治疗；

（2）该产品液体应贮存于密封容器中，粉末应避免雨淋、漏水及杂物混入。若受潮可配制成一定浓度的溶液使用；

（3）粉剂采用塑料编织袋内衬塑料袋包装；液体采用塑料桶或铁桶包装；

（4）该产品避免阳光直射和冰点下贮存。当使用新包装时，在原包装中的贮存稳定性可保持12个月；当使用周转桶包装或开封后，产品应在60d内使用。

5. 部分生产厂家联系方法

生产厂家或经售单位	联系地址	电话	邮编
苏州市兴邦化学建材有限公司	江苏省苏州市望亭阵新华开发区	0512-68079299	215000
苏州弗克新型建材有限公司	江苏省苏州市金门路158号协和大厦1510座	0512-65582657	215008
深圳海川工程科技有限公司	广东省深圳市福田区车公庙天安数码城F3.8栋C、D座七、八楼	0755-83300666	518040
武汉辰龙新材料技术有限公司	湖北省武汉市武昌区武路路442号中南国际城B座1601、1602号	027-87811829	430070
莱芜市汶河化工有限公司	山东省莱芜市莱城区口镇经济园	0634-6650796	271114
北京建恺外加剂有限公司	北京市通州区永乐店工业区B区9号	010-69565484	101105
北京罗拉化学科技有限公司	北京市朝阳区大屯安慧北里逸园甲16号北京世纪龙都国际公寓2205	010-64892129	100101
辽宁科隆化工实业有限公司	辽宁省辽阳市宏伟区东环路8号	0419-5169908	111003
北京市北化皓晨化工有限公司	北京市朝阳区西大望路27号宏久写字楼512室	010-67709703	100022
北京慕湖外加剂有限公司	北京市怀柔开利园78号	010-69689666	101400
陆通水处理技术有限公司	广东省广州市东圃车陂	020-36333134	510000
苏州市毅力新型建材科技有限公司	江苏省苏州市相城区渭塘镇渭西工业区	0512-65909995	215134
上海恩铭化工有限公司	上海市延安中路1440号阿波罗商务中心608室	021-61031718	200040
宜兴市卓越化工有限公司	江苏省宜兴市芳桥镇南	0510-87584186	214264

五、聚烷基芳基磺酸盐类减水剂

聚烷基芳基磺酸盐类减水剂又称煤焦油系减水剂。它是以煤焦油中某种馏分或某一些馏分为原料，经过磺化反应生成磺酸衍生物，再用甲醛与其缩合，然后将此缩合物以碱类或碱性物质中和，除去或不除去多余的硫酸盐而制得的产品。

根据生产中所使用的馏分不同,煤焦油系减水剂可分为以下三类:

①萘系减水剂:它以工业萘为原料,主要成分是聚次甲基萘磺酸钠,典型产品有日本的迈蒂高效减水剂、国产的如 FDN 等;

②甲基萘系减水剂:它以甲基萘或含有较高甲基萘的洗油为原料,主要成分是聚次甲基萘磺酸钠,典型产品 MF 等;

③蒽系减水剂:它以蒽油为原料,主要成分是聚次甲蒽磺酸钠,典型产品有日本的 NL-1400、国产的 AF 等。

1. 产品特性

(1) 这类防水剂具有早强、增强效果显著;

(2) 能大幅度提高混凝土的流动性;

(3) 节省水泥;

(4) 在适宜掺量下,对混凝土的凝结时间影响较小;

(5) 不会引起钢筋锈蚀等。

2. 质量指标

同一、木质素磺酸盐类减水剂中表 9-11。

3. 适用范围

(1) 适用于各类工业与民用建筑、水利交通、港口、市政工程建设中的预制和现浇混凝土、钢筋混凝土、预应力钢筋混凝土。可配制早强、高抗渗、自密实混凝土及流灌浆材料;

(2) 还可用于各种硅酸盐水泥配制的自养及蒸养素混凝土。掺高效减水剂的混凝土采用蒸汽养护时,混凝土应具有必要的结构强度才能升温,蒸养制度应通过试验确定;

(3) 可用于日最低气温 0℃ 以上施工的混凝土,并适用于制备大流动性混凝土、高强混凝土及蒸养混凝土。

4. 注意事项及贮存

(1) 这类减水剂的适宜掺量一般为水泥质量的 0.5%~1.0%;

(2) 掺加方法对这类减水剂的塑化效果影响较大,一般在搅拌中先加水搅拌 2~3min,然后加入减水剂的作用效果好;

(3) 当混凝土采用多孔骨料时,必须先加水,最后掺加减水剂;

(4) 大坍落度混凝土不宜用翻斗车长距离运输,减水剂应采用后掺法;

(5) 这类减水剂的含气量相差很大,应根据不同的使用目的慎重选用;

(6) 粉剂采用塑料编织袋包装,内衬塑料袋。每袋净重 25kg;液体采用塑料桶或铁桶包装;

(7) 运输时粉剂谨防遭遇锋利物,以免破包受潮,若受潮可配制成一定浓度的溶液使用;

(8) 粉剂应贮存在通风、干燥的专用仓库内,有效期为 2 年,超过有效期经检测合格后方可使用。

5. 部分生产厂家联系方法

第九章 防水剂

生产厂家或经售单位	联系地址	电话	邮编
北京慕湖外加剂有限公司	北京市怀柔开利园78号	010-69689666	101400
北京华迪合成材料有限责任公司	北京市海淀区上地苏家坨乡	010-62407330	100000
江苏交科建材技术有限公司	江苏省南京市振兴路19号	025-6521642	210039
安阳市双环助剂有限责任公司	河南省安阳市化工路	0372-2921665	455100
武汉辰龙新材料技术有限公司	湖北省武汉市武昌区武珞路442号中南国际城B	027-87811829	430070
武汉苏博新型建材有限公司	湖北省武汉市青山区都市工业园B区8号	027-86825160	4300000
运城宝井化建有限公司	山西省运城市圣惠桥北军营东路1号	0359-2123077	044000
山西黄腾化工有限公司	山西省运城市万荣县荣河化工园A区1号	0359-4589388	044205
山西同丰纤维机械有限公司	山西省太原山西晋中市榆次区张庆南	0354-2786866	028000
绍兴市新世纪化工有限公司	浙江省绍兴市袍江工业区新三江	0575-8139922	312000

第十章 堵漏材料

第一节 水泥基渗透结晶型防水材料及粉状堵漏剂

一、水不漏

该产品是吸收国内外先进技术开发的高效防潮、抗渗、堵漏材料，也是极好的粘结材料。它分缓凝型、速凝型和超速凝型三种，均为单组分灰色粉料。缓凝型主要用于防潮、防渗；速凝型和超速凝型主要用于抗渗、堵漏。

1. 产品特点
（1）防潮防渗、快速带水堵漏；
（2）迎背水面均可使用，施工简便；
（3）无毒无害，可用于饮用水工程；
（4）凝固时间可调，防水、堵漏均可。

2. 性能指标（表10-1）

水不漏性能指标（GB 23440—2009）　　　　表10-1

序号	项目		缓凝型（Ⅰ型）	速凝型（Ⅱ型）
1	凝结时间	初凝（min）	≥10	≤5
		终凝（min）	≤360	≤10
2	抗压强度（MPa）	1h	—	≥4.5
		3d	≥13.0	≥15.0
3	抗折强度（MPa）	1h	—	≥1.5
		3d	≥3.0	≥4.0
4	涂层抗渗压力（MPa）7d		≥0.4	—
	试件抗渗压力（MPa）7d		≥1.5	
5	粘结强度（MPa）7d		≥0.6	
6	耐热性（100℃，5h）		无开裂、起皮、脱落	
7	冻融循环（20次）		无开裂、起皮、脱落	

3. 施工方法
（1）工法介绍
①施工次序：　　　　　第一层　→　　第二层　→　　第三层

②配料比例（料:水） 1:(0.3~0.35) 1:(0.3~0.35) 1:(0.3~0.35)
③每层用量：约1.2kg/m²。
④总用料量：做两层约2.4kg/m²；做三层3.6kg/m²。
⑤厚度（d）：做两层约1.5mm；做三层约2.2mm。
(2) 堵漏工法
①施工次序： 堵漏 → 封口
②配料比例（料:水） 1:0.25 1:(0.3~0.35)
(3) 施工条件
烈日下施工，需加强湿养护；-5℃以下施工，需加占粉料重量1%~3%的亚硝酸钠。
(4) 施工工具
①清理基面工具：铲子、凿子、锤子、钢丝刷、扫帚、抹布等。
②称料配料工具：水桶、秤、拌料盆（桶）、搅拌器。
③抹面工具：刮板、抹子、压子。
④堵漏工具：不同直径木棒。
(5) 凝固时间与可用时间
在粉+水（1+0.35）、温度为20℃的条件下，该产品的缓凝型凝固时间约90min；"速凝型"约3min；"超速凝型"1min以内。施工现场温度越高，调料时加水越少（但不得少于粉料重量的25%）、水温越高（但不得高于70℃）凝固时间越短；反之越长。料初凝后不可加水再用。
(6) 施工工艺
①无渗水面施工
a. 基面必须充分湿润至饱和（但无积水），并要求牢固、干净、平整，不平处可先用水泥砂浆找平。
b. 无渗水面施工宜选用"缓凝型水不漏"。将料按粉:水=1:(0.30~0.35)搅拌约2min成均匀（不含生粉或团粒）的腻子状。手工拌料一次不宜超过2kg，否则要用搅拌器搅拌。
c. "抹面工法"的规定上料，共做两层。先用抹子或刮板上第一层；待涂层硬化后将其喷湿（但无积水）再上第二层料。上料时要稍用劲并来回多刮抹几次使涂层密实，同时注意搭接。每层用料1.2kg/m²，总用料约2.4kg/m²，涂层总厚度约1.5mm。
d. 待涂层硬化后，马上进行保湿养护，保证涂层潮湿以防粉化。第一次养护应小心以免破坏涂层，共养护2~3d，养护方式可为：喷水、盖湿物等。在特别潮湿处（例积水的地下室等），或者在防水层硬化后立即在上面做保护层或粘贴块材的可省去保湿养护。
②渗漏面施工
a. 基面潮湿、牢固、干净、平整，不平处先用速凝型或超速凝型水不漏找平。加2倍质量的中砂找平，基面渗水严重的，应在适当的位置打引水孔减压并把渗漏水集中引出。
b. 渗水面施工宜选用速凝型或超速凝型水不漏。将料按粉料:水=1:(0.3~0.35)搅拌约2min或均匀（不含生粉或团粒）的腻子状。一次配料不要太多以免因凝固造成浪费。

c. 首先，"抹面工法"的规定上料，共做二至三层其具体做法：用布将基面擦干后迅速用抹子上第一层料（如有漏水先别管它）；抹第二层料；若还有较大面积渗水，再用同样的方法上第三层料，若只是局部渗水，只需在渗水处再加一层，直至不漏。然后，按"堵漏工法"的规定封堵引水孔。上料要稍用劲并来回多抹几次使涂层密实，同时注意搭接。每层用料约 $1.2kg/m^2$，做两层约 $2.4kg/m^2$，做三层约 $3.6kg/m^2$。涂层总厚度：做两层约 1.5mm；做三层约 2.2mm。

③漏水口堵漏

a. 用凿子或冲击钻将漏水口打出具有一定深度（一般约 5cm 以上）且尽量里大外小的口子，口子尽可能打得小些（但必须要见新茬），并冲洗干净。

b. 漏水口堵漏必须选用速凝型或超速凝型水不漏。堵漏料按粉：水 = 1∶0.25 反复揉捏成料团；封口料按料：水 = 1∶(0.3～0.35) 搅拌约 2min 成均匀腻子状。

c. "堵漏工法"规定，先将堵漏料捏成略小于漏水口的料团，稍硬后塞进漏水口，并用木棒挤实，即可瞬息止漏，然后在口子周围抹上一层封口料。堵漏次序应先堵小水，后堵大水。

(7) 保护层与装饰层施工

保护层与装饰层可在防水层上直接施工。粘贴块材（例：瓷砖、马赛克、大理石等）时，用该产品加水调成腻子状，即可直接用作胶粘剂，使防水与粘贴一次完成。对于有吸水性的块材，粘贴前需先将其浸水湿透。

(8) 工程验收

①施工后，涂层不能有空鼓、裂纹、脱落、粉化等现象；涂层厚度应符合设计要求。如果需要做蓄水试验，应在防水层硬化后马上进行，这样做可以省去部分或全部保养时间。

②对于潮湿环境，若没有施工质量问题而涂层表面仍有较大面积明水，这通常是潮气结露，这种现象等到施工现场干燥后会自然消失。

4. 使用注意事项

(1) 包装

每箱 5 袋，每袋 1kg，或根据用户要求另定。

(2) 存放

该料易受潮，应密封存放在阴凉、干燥处。保质期 6 个月。

5. 部分生产厂家联系方法

生产厂家或经售单位	联系地址	电　话	邮　编
北京金汤建筑防水有限责任公司	北京市丰台区海鹰路 9 号	010 - 63786728	100073
苏州金东海防水堵漏工程有限公司	江苏省苏州市平齐路 2 号	0512 - 67534741	215001
海安县飞隆防水材料厂	江苏省海安县李堡工业园区	0513 - 88211288	226631

二、堵漏灵

该产品是吸收日本技术并保留国内外同类产品之优点开发的高效堵漏材料，分普通型（O型）和特高早强型（H型）两种，均为单组分灰色粉料，其主要技术指标高于国内同类产品，达到国际先进水平，主要用于砖石和混凝土等基体的快速堵漏止水，适用于各种砖石、混凝土结构的新旧建筑物的无机刚性材料，尤其适用于各种地下构筑物、电缆沟道、水池、人防洞库、地铁、隧道等工程的堵漏，也可用于城市地下管道和自来水管道的紧急抢修及设备基础紧急抢修灌注。

1. 产品特点

（1）带水堵漏，分钟止水；
（2）在强度发展速度及抗压强度值方面属国内领先水平；
（3）无毒、无害、无污染；
（4）凝固时间可调：需要更短时间可用温水（40℃左右）搅拌，需要较长时间可加入适量缓凝型松山渗漏克调匀使用或加入少许缓凝剂调匀使用；
（5）堵漏和粘贴（瓷砖、马赛克等块材）一次完成；
（6）不存在老化问题，耐水永久；
（7）可在-40℃以上情况下使用。

2. 性能指标

同一、水不漏中表10-1。

3. 施工方法

（1）施工工具

①清理基面工具：凿子、铲子、锤子、钢丝刷、扫帚、抹布。
②称料配料工具：秤、拌料桶（盆）、水桶、搅拌器。
③上料工具：刮板、抹子、刷子、压子。
④堵漏工具：不同直径的木棒。
⑤养护工具：喷水器、盛水桶（盆）、刷子。

（2）施工工艺

①首先将漏水缝或漏水点凿成"V"形口，将基层杂物处理干净，使基层坚固密实；
②将1kg堵漏灵倒入拌料盆（桶）内，加入0.3kg的水迅速拌合成浆体（加水量多凝结时间延长），气温低于15℃时，用温水（40℃左右）迅速搅拌；
③将浆体借助于上料工具压入"V"形槽或漏水缝中，并用木棒捣实，一般10min内可将水堵住；
④对于渗水坑，可直接把堵漏灵干粉投入坑内，而后压实、抹光、洒水养护；
⑤对于严重漏水裂缝，采用引流方法，先堵上缝，后堵下缝，最后堵引流孔；
⑥对于大面积渗漏，必要时在渗漏严重部位钻孔引流，用松山堵漏灵堵孔洞，而后再配合采用渗漏克进行大面积处理；
⑦最后用渗漏克或膨胀水泥砂浆抹面，并洒水养护。

4. 使用注意事项

（1）包装

该产品采用双层塑料袋真空包装，规格为1kg和5kg，外包装采用纸箱包装，每箱净重 20kg。

(2) 贮存

该产品易受潮，应防止包装袋破损，并存放在干燥处。保质期为 12 个月，超期如包装无结块，凝固时间合格时可以使用，不影响使用效果。

5. 部分生产厂家联系方法

生产厂家或经售单位	联 系 地 址	电 话	邮 编
淄博松山新技术开发有限公司	山东省淄博张店太平路 18 号	0533 - 2213279	255032
苏州金东海防水堵漏工程有限公司	江苏省苏州市平齐路 2 号	0512 - 67534741	215001
苏州特艺奥立克建材科技工业有限公司	江苏省苏州市吴中区东吴工业园尹西路 1 号	0512 - 65610188	215128

三、快速堵漏剂

近年来，随着我国建筑业的高速发展和建筑结构的变化，对新型刚性防水材料的需求日益增长，同时对防水材料的性能也提出了更高的要求。

快速堵漏材料系列产品是用特种胶凝材料混合制成的绿色环保粉状刚性防水堵漏材料。该产品具有粘结力强，和易性好，施工简便，可以大面积抗渗施工及快速堵漏等优点，适用于地铁、隧道、地下室、地下车库、矿井、坑道、人防工程、蓄水池、游泳池、污水处理池、水渠、水坝等防水工程。

1. 产品特点

该产品具有粘结力强、和易性好、无毒、无味、不污染环境、不腐蚀、快速高效防水抗渗堵漏等优点。用它制作的防水层，具有密实度高、强度高、抗渗透性能好、粘结力强、收缩值低，与基体粘结紧密，不产生收缩裂缝。因而，有很好的防水堵漏和抗渗防潮效果，特别适用于防水堵漏的抢修工程，能在迎水面、背水面堵漏和大面积渗水的施工面上施工，达到快速抗渗堵漏的效果，并根据工程的特点及用户需要，可选择做内、外防水层，整体或局部防水层，施工后不需要特殊养护。

2. 性能指标

经国家建筑材料测试中心检测，该产品初凝时间短，强度、粘结力、干缩、抗渗能力等技术性能指标均达到 GB 23440 - 2009 标准。综合性能良好，达到国际同类产品先进水平。

3. 施工方法

使用该产品时应按照使用说明操作，本产品施工简便，可在各种不同的复杂条件下施工。

4. 使用注意事项

(1) 包装

采用防潮袋、塑料桶、铁桶包装。

(2) 贮存

应注意防潮保存，保存期6个月。

5. 部分生产厂家联系方法

生产厂家或经售单位	联系地址	电话	邮编
北京市霍尼防水科技集团	北京市朝阳区京顺路5号欣圆诚215室	010-64684410	100028
苏州特艺奥立克建材科技工业有限公司	江苏省苏州市吴中区东吴工业园尹西路1号	0512-65610188	215128

四、特种水泥

该产品具有在适当选用减水剂（或缓凝剂）及水灰比条件下，能满足混凝土机械化施工要求，这种水泥力学强度超前发挥于早期，可以大大加速施工进度，对一些争分夺秒、抢时间的紧急工程尤为适应。同时，由于该水泥具有微膨胀特性，可用于配补偿收缩混凝土，装配式钢筋混凝土构件板柱注浆锚，管道与钻孔的封闭作业，以及隧道涵洞、地铁港口、公路桥梁、机场跑道和混凝土建筑物的加固修补等。

1. 产品特点

(1) 凝结时间快；

(2) 早期强度高；

(3) 微膨胀；

(4) 负温性能好；

(5) 抗硫酸盐侵蚀等优良特性。

2. 性能指标

同一、水不漏中表10-1。

3. 使用注意事项

(1) 施工

①该产品凝结快，配制砂浆或混凝土时，应在失去塑性以前用完。每批拌合数量要适量，随拌随用。搅拌地点要尽量靠近浇筑现场，事先要充分准备，明确分工，操作要快，有条不紊；

②如非突击性工程需要延长操作时间，为改善混凝土或砂浆的流动性，可掺加减水剂或缓凝剂，常用减水剂有SN-Ⅱ、木质磺酸钙等，常用缓凝剂有酒石酸、柠檬酸等，其掺量由试验确定；

③该产品水灰比调幅度宽，当水灰比高时，虽然仍能固化，但将影响凝固时间、强度和膨胀性能正常发挥。因此，应根据具体情况确定合适的水灰比；

④由于硫酸盐矿物水化速度快，加水后立即进行水化反应形成新的水化物，在混凝土或砂浆搅拌时，要一次加水完毕，切忌中途加水；

⑤该产品加水拌合后黏度较大，施工时须用机械振捣密实，防止构件出现损坏与孔洞；

⑥该产品浇筑的混凝土构件和水泥制品时，应加强养护，浇筑完毕后要立即覆盖润湿的草包之类吸水材料，保持构件表面湿润，养护24h。即使已经启用，在1~3d内还需继

续适当养护,防止烈日曝晒。

(2)贮存

该产品存放期为3个月,水泥仓库必须干燥,防止受潮。

4. 部分生产厂家联系方法

生产厂家或经售单位	联系地址	电话	邮编
上海市纺织工业局洋泾水泥厂	上海市浦东新区张杨路2240号	021-58858534	200135
苏州特艺奥立克建材科技工业有限公司	江苏省苏州市吴中区东吴工业园尹西路1号	0512-65610188	215128

五、防水水泥

该产品利用硅酸盐水泥熟料和特制的防水材料复合加工而成,适用于抗裂、防渗、接缝、填充用混凝土工程和水泥制品,地下建筑物,如地铁、地下停车场、地下仓库贮室、矿井、地下人行道等。

1. 产品特点

具有抗裂、防渗、抗硫酸盐侵蚀的特性。用该产品配制的混凝土,拌水后,在钢筋和邻位的约束下,可产生 $0.2 \sim 0.7$ MPa 的自应力,有效地防止或减少混凝土的干缩开裂,能起到补偿收缩作用,使混凝土具有良好的抗裂和防渗性能,达到结构自防水的良好效果,可取代传统的"油毡沥青法",并能提高混凝土强度 10%~15%,抗渗等级可达到P20,可简化施工工序,降低工程造价,是具有良好防水、抗渗性能的最新材料。

2. 性能指标

①初凝不早于45min,终凝不迟于6h;

②比表面积大于 $350m^2/kg$;

③膨胀率:1:2水泥砂浆试体,在水中养护14d时,其限制膨胀率不小于0.02%,28d空气中其干缩率不小于-0.02%;

④水化热:3d不大于175.8kJ/kg;7d不大于196.8kJ/kg;

⑤各龄期强度和抗渗等级不低于表10-2的数值。

各龄期强度和抗渗等级不低于下表数值(企业指标)　　　表10-2

水泥强度等级	抗压强度(MPa)			抗折强度(MPa)			抗渗标号
龄期	3d	7d	28d	3d	7d	28d	28d
425	17.6	26.5	42.5	3.3	4.5	6.3	P10
525	24.5	34.5	52.5	4.1	5.3	7.8	P12

3. 使用注意事项

(1)施工

①浇筑完的混凝土不能受阳光直射,应在12h内用草席或其他东西覆盖,应由专人负责养护,养护时间不得少于14d,使混凝土经常保持在湿润状态;

②混凝土搅拌时间,用强制式搅拌机搅拌时比普通混凝土延长30s以上,用自落式搅拌机时搅拌时间要比普通混凝土延长1min。搅拌时间的长短,以拌合均匀为准,达到均匀状态才能出料;

③模板拆除时间与普通水泥相同,在冬季要适当延长;

④拆模板后,混凝土暴露面,特别是外壁必须用草席或薄膜类覆盖养护;

⑤防水水泥混凝土不能用于工作环境长期处于80℃以上工程,施工温度低于5℃时要采取保温措施;

⑥拌制混凝土宜用饮用水,不得用海水和污水。

(2) 运输与贮存

运输和保管过程中不得受潮,保存期不得超过三个月。

4. 部分生产厂家联系方法

生产厂家或经售单位	联 系 地 址	电 话	邮 编
山东省寿光混凝土外加剂	山东省寿光市田马	0536-5641762	262727
苏州特艺奥立克建材科技工业有限公司	江苏省苏州市吴中区东吴工业园尹西路1号	0512-65610188	215128

六、抗压密封剂

该产品是一种特别配方的粉末,它包括有机和无机化学物及黏性材料,产品中的有机化学物是混凝土处理系统反应作用中的关键,当它以砂浆状涂施于致硬的混凝土表面时,这些有机化学物通过毛细管作用吸入到混凝土孔中,并与混凝土产生化学反应形成结晶,堵塞混凝土中的微裂缝及毛细孔,阻止水渗透、表面破裂及钢筋的腐蚀。在有水的条件下,这种化学反应会不断发生,使结晶深入混凝土的深层,起到永久密封混凝土的作用。它适用于混凝土路面及地面、基地、高速公路、隧道、地铁、堤坝、机场、停机坪、储水池(库)的防水工程。

1. 性能指标

(1) 该产品是一种有机化学粉末混凝土表面处理剂,它提供永久性保护,可防潮、防水压及防腐蚀。该产品可用作高级胶粘剂,用于新旧混凝土之间或与顶层水泥层之间,并可作为硬化剂,也提供对钢筋防腐蚀性,防止混凝土收缩开裂及冰冻损坏。

(2) 该产品与混凝土起化学反应,长成长针状结晶,它渗透到混凝土质体中能有效地密封住任何水可渗透的孔,也可在新的与旧的混凝土相遇处冷却接头部位提供对水密封的结合层;

(3) 由于该产品在密封剂有水时会发生自然化学反应,所以可用以防止潮气及腐蚀性化学物质接触钢筋;

(4) 该产品固有特性提供对某种腐蚀性化学物的抵抗作用,使混凝土渗水性降低。

2. 使用注意事项

该产品对于那些已经腐蚀并老化失去结合力的混凝土，几乎不能提高其抗水能力，不推荐使用。

3. 部分生产厂家联系方法

生产厂家或经售单位	联系地址	电 话	邮 编
苏州特艺奥立克建材科技工业有限公司	江苏省苏州市吴中区东吴工业园尹西路1号	0512-65610188	215128
北京市霍尼防水科技集团	北京市朝阳区京顺路5号欣圆诚215室	010-64684410	100028
淄博松山新技术开发有限公司	山东省淄博市张店太平路18号	0533-2213279	255032

第二节 液体堵漏剂

一、液体快速堵漏剂

该产品采用先进的配方，用多种化工原料复合而成，含有密实剂、速凝剂、早强剂、抗冻剂等。掺入水泥或水泥和砂后，具有速凝、早强、提高密实度、抗压和抗冻等功效。其施工简便、价格低廉、效果明显。本产品属无机类快速防水堵漏材料，可用于各种混凝土浇筑物、制品及构件的裂缝、孔洞、凹陷等防水堵漏及修补。

1. 产品特点

棕色水溶液，微酸性、无毒、无味、无污染、不燃、不爆、化学性质稳定，可直接掺入水泥和砂中拌合后，堵塞混凝土裂缝和孔洞，快速干涸后，即能堵漏防水、抗渗防潮。

2. 性能指标（表10-3）

液体快速堵漏剂性能指标（企业指标） 表10-3

项 目	时 间（d）	堵漏剂砂浆性能（Ⅱ）
抗压强度（MPa）	1	10.0
	3	13.0
	7	20.0
抗折强度（MPa）	1	3.0
	3	4.0
	7	5.0
凝结时间（min）	初凝	1~5
	终凝	6~30
粘结强度（MPa）	≥	1.2
抗渗强度（MPa）	≥	1.4
抗冻融（D20）		合 格

3. 施工方法

(1) 基础要处理好,找准漏水点后,凿出 5~7cm 左右深的 "V" 或 "凹" 形槽,除去松动部分,然后用水冲洗干净。

(2) 堵漏水泥或砂浆要调配好。本产品不能单独使用,须与 42.5 级或 32.5 级的普通硅酸盐水泥和砂调配使用,配比为:

① 堵漏水泥:快速堵漏剂:水泥 = 1:(2~3)。

② 堵漏水泥砂浆:快速堵漏剂:水泥:细砂 = 0.4:0.5:1,也可根据施工需要增减本产品的掺入量。厚度在 5mm 左右。

(3) 掌握好堵漏时间,调配好的堵漏水泥或堵漏水泥砂浆,由于干固快,要随配随用,及时嵌填到裂缝、孔洞或 "V" 形槽内,压实 3~5min。

4. 使用注意事项

(1) 表面要做保护层,做 2cm 的防水砂浆抹面层,调配时加 5% 的快速堵漏剂,用水稀释后加入。

(2) 堵漏水泥如凝固时间太快而来不及封堵时,可在本产品原液内加入适量清水后即可调节凝固时间。

(3) 密封贮存在通风、阴凉处,贮存期为一年以上。

5. 部分生产厂家联系方法

生产厂家或经售单位	联系地址	电话	邮编
苏州特艺奥立克建材科技工业有限公司	江苏省苏州市吴中区东吴工业园尹西路 1 号	0512 - 65610188	215128
南京天一防水工程有限公司	江苏省南京市凤凰西街教工新村 37 号	025 - 865114932	210029

二、建筑防水堵漏剂

该产品是以改性环氧为主的新型防渗补强材料。由于加入具有多功能的 EAN 添加剂,可以使稀释剂丙酮由非活性变为具有活性作用,使整体强度提高,固化速度加快,对被粘结界面具有良好的润湿能力和优异渗透能力,具有黏度低、无毒的特性,不添加任何填充料,尤其对水有很好的亲和性,价钱大大低于同类产品。在对含水地区的处理,水对其有一定的促进作用,可以与水泥、砂浆复配用。复配的材料特别适合隧道、地铁、轨道交通等的防渗防水工程,使用方便,操作简单。本品为白色或浅黄色,故可以加入颜色调配以满足特殊施工要求。由于加入添加剂能有效地提高原体系的力学强度,使用方便,可以根据不同的工程要求进行注浆或涂层处理。根据处理工艺的使用要求,可加入促进剂进行调节固化时间。

1. 产品特点

(1) 可在干燥或潮面的基面及结构内使用,有优异的粘结强度,有良好渗透性;

(2) 有优良的耐水防水性,耐酸碱腐蚀,耐有机溶剂,可作防水材料和防腐材料使用;

(3) 使用方便,可根据工艺要求,调节材料的固化时间;

第二节 液体堵漏剂

（4）适用性广，用于建筑物的防水抗渗涂料，进行涂刷施工；缺陷混凝土的补强堵漏处理；建筑物的表面修补；地基基础补强加固处理；混凝土路面修补。

2. 性能指标（表10-4～表10-6）

浆材老化试验（固砂体抗压强度）（企业指标） 表10-4

强度（MPa）时间 试验	10	12	13	14	15	1个月
室内养护	17.5	19.5	22.1	19.9	20.3	
大气曝晒	17.1	18.2	19.9	19.3	16.8	
NaOH10%浸泡	12.1	17.5	21.8	19.4	15.3	
HCL10%当泡	12.2	15.8	22.6	19.0	18.2	
水中浸泡	14.0	16.3	23.3	20.3	18.0	
干强（含糠醛）		75.7				64.7
水中浸泡（含糠醛）		100.0				55.2

浆材物理性能（企业指标） 表10-5

配方号	密度（g/cm³）	表面张力达因（cm）	接触角（度）	黏度（25℃×2h）	凝胶时间（h）（25℃）	凝胶时间（h）（35℃）	加入促进剂（25℃）（%）
1号	1.0230	34.2	29	14.7～37.4	30	13	3～8
2号	0.9200	33.5	19	7.2～127	78	18	10～15

浆材力学性能（企业指标） 表10-6

配方号	抗压强度（MPa）	劈裂抗拉（MPa）	抗剪强度（MPa）	抗冲强度（MPa）
1号	26.4	15.9	14.7	4.2
2号	13.7	14.0	15.1	4.0

3. 施工方法

（1）配比

①甲组分——主剂；

②乙组分——促进剂；

③丙组分——促进剂；

④甲组分+乙组分+丙组分[10+（0.8～1）]适量（0.1%～1%），混合后即可使用，在凝胶产生前用完。

（2）基层处理

将基体表面清扫干净，除去浮土、积水、油污、砂粒。

(3) 浆料配制

按甲、乙、丙组分配制浆材，在配制时要注意冷却，最好将盛载浆材的容器放在循环冷水中，边冷却边搅拌，温度控制在30℃以下，缓慢加入固化剂（乙组分），切不可一次倒入，以免材料过热产生爆聚；

(4) 施工

①用作防水涂料，建议1号浆与2号浆结合使用，先用1号浆在基面均涂抹一遍，使浆液充分渗透混凝土毛细孔细隙中。30min后用完2号浆再涂一遍，采用1cm厚左右水泥砂浆作保护层，从而形成一道复合防水层；

②钻孔—嵌缝—埋管—注浆待凝；用于加固、补强灌浆，可根据工艺要求、地质条件等使用各型号的浆材及专门配制；

③用于蜂窝、麻面宽缝的补强，可采用注浆与环氧砂浆进行复合修补。

④使用量，2号1kg浆材可涂$1.5m^2$/次，1号与2号共用涂刷$1.5\sim2.5m^2$/次。

⑤甲、乙、丙组分应分开存放，并注意关紧罐口，混合后马上使用完毕，合理的施工方法是即配即用。每次施工完毕，所有的工具可用丙酮等溶剂清洗干净。

4. 使用注意事项

(1) 施工

该品基本无毒，但使用时要注意防止溅入眼内及皮肤以免产生刺激。如发生时，应立即用清水冲洗。

(2) 包装

该品用马口铁桶包装，包装规格为，甲组分0.4kg/罐、1kg/罐、3kg/罐、15kg/罐，乙组分0.04kg/罐、0.1kg/罐、0.3kg/罐、1.5kg/罐，丙组分0.04kg/罐、1kg/罐。

(3) 运输

该品运输要求按漆类危险品运输要求。

(4) 贮存

该产品应贮于阴凉通风处，贮存及施工时要注意防火通风，贮存期为2~3年，超过贮存期如胶冻或分层仍可使用。

5. 部分生产厂家联系方法

生产厂家或经售单位	联系地址	电 话	邮 编
广州白云华城防水材料厂	广东省广州市白云区人和汉塘	020-81866890	510470
苏州特艺奥立克建材科技工业有限公司	江苏省苏州市吴中区东吴工业园尹西路1号	0512-65610188	215128

第三节　灌浆材料

一、聚氨酯灌浆材料

该产品是一种单液型高分子注浆堵漏防水材料，外观为淡黄、琥珀色透明液体，遇水能自行乳化聚合反应成固体。聚合反应成固体的诱导时间可通过配合比来进行调整，适用于隧道、地铁、矿井及地下工程渗漏部位的堵漏，更适用于变形缝部位的防水堵漏。

1. 产品特点

(1) 单组分注浆，施工时不需再配制浆液，配套注浆设备简单，操作及清洗设备方便；

(2) 无毒、无污染；

(3) 凝胶体具有抗渗性好，强度、延伸率高，高耐腐性及稳定性好的特点，固结体在水中的浸泡液对人体及动植物无害，对水质无污染。

2. 性能指标（表10-7）

聚氨酯灌浆材料性能指标（JC/T 2041—2010） 表10-7

序号	试验项目		指标	
			WPU	OPU
1	密度（g/cm³）	≥	1.00	1.05
2	黏度[a]（MPa·s）	≤	\multicolumn{2}{c}{1.0×10^3}	
3	凝胶时间[a]（S）	≤	150	—
4	凝固时间[a]（S）	≤	—	800
5	遇水膨胀率（%）	≥	20	—
6	包水性（10倍水）（S）	≤	200	—
7	不挥发物含量（%）	≥	75	78
8	发泡率（%）	≥	350	1000
9	抗压强度[b]（MPa）	≥	—	6

a. 也可根据供需双方商定。

b. 有加固要求时检测。

3. 施工方法

(1) 清理基层

将伸缩缝中原有材料及杂质清除到规定深度（一般为7~10cm深），用水冲洗干净。

(2) 固定注浆通道及注浆管

用快速封堵材料（PE泡沫条）固定注浆通道，在固定PE泡沫条时，每相隔50cm左右埋设一根注浆管。注浆管采用$\phi 10 \sim \phi 13$mm的耐压橡胶软管，该管既作为引水管又作为注浆管用。

(3) 注浆堵漏

从底部开始注高分子注浆材料——注浆堵漏王和自来水混合液，采用低压注浆工艺，注浆压力控制在0.2~0.3MPa之间，待注浆的旁边一孔冒浆时可停止注浆，关闭阀门，再从另一孔注浆，然后依次循序进行，待全部注浆完毕后观察有无渗漏，如个别地方仍有渗漏可以从最近一孔补充注浆直到不漏为止。

(4) 割注浆管

注浆24h后在确认无渗漏的情况下，割掉所有注浆管，用喷灯烘干界面。

(5) 清理界面

用钢丝刷清理杂质及由于喷灯烘烤时产生的表皮杂屑。

(6) 施工柔性材料

在缝内施工 20～30mm 厚双组分聚硫密封胶。在部分伸缩缝外部施工 T 形宽 300mm，厚 15mm 双组分聚硫密封胶。

(7) 做保护层

待聚硫密封胶固化后，用聚合物水泥防水砂浆作保护层，对于石材幕墙伸缩缝外侧用装饰性涂料涂刷保护。

4. 使用注意事项

(1) 施工

①聚氨酯灌浆材料应密封贮存在阴凉、干燥处，严禁暴露在空气中或接触水，以防凝胶变质；

②严禁接触明火或高温，以防燃烧或膨胀后外泄；

③注浆时应戴防护眼镜；

④该产品保存期 6 个月，如超过 6 个月，但经测试符合标准要求仍可继续使用；

⑤聚氨酯灌浆材料使用参考（表 10-8）

水溶性聚氨酯堵漏剂使用参考 表 10-8

水溶性聚氨酯堵漏剂和水的比例	状　态	用　途
1:3	发泡弹性体	用于地下工程堵漏
1:8～10	胶状弹性体	用于地基加固、护坡

(2) 包装与贮存

①该产品用 20kg 圆柱形铁桶包装；

②严禁与水和潮气接触；保质期为 12 个月。

5. 部分生产厂家联系方法

生产厂家或经售单位	联系地址	电　话	邮　编
苏州特艺奥立克建材科技工业有限公司	江苏省苏州市吴中区东吴工业园尹西路 1 号	0512-65610188	215128
国家电力公司华东勘测设计研究院科研实验厂	浙江省杭州市朝晖八区	0571-8827611	310014
上海建筑防水公司浦东材料厂	上海市浦东新区耀华路 528 号	021-56745050	200126
北京金汤建筑防水有限责任公司	北京市丰台区海鹰路 9 号	010-63786728	100073
上海市隧道工程公司防水材料厂	上海市浦东新区张江镇江欣路 501 号	021-58558510	201203

续表

生产厂家或经售单位	联系地址	电　话	邮　编
银川特种工程应用技术开发有限责任公司	宁夏银川高新技术开发区 15 号	0951-5028268	750002
上海北蔡防水材料厂	上海市浦东开发区北蔡北艾路 91 号	021-8849524	201204

二、环氧结构补强注浆液

新型环氧灌浆材料，有黏度小、强度高、双组分、操作方便等优点，可以对微细的混凝土裂缝和岩基缝隙进行灌浆处理，从而达到防渗补强加固之目的。Ⅰ型和Ⅱ型是由不同稀释剂组成的环氧灌浆材料，Ⅰ型由于柔性好，因此有较好的抗折和抗冲性能。Ⅱ型黏度较小，粘结强度较高。

1. 产品特点

①黏度小，可灌性好，可以灌注 0.5mm 以下的裂缝；
②和混凝土的粘结强度高，一般都大于混凝土本身的抗拉强度；
③浆液固化后的抗压强度和抗拉强度都很高，因此有补强作用；
④浆液具有亲水性、对潮基面的亲和力好；
⑤凝结时间可由固化剂来调节，范围可在 10min 至数 10h 之内；
⑥操作方便，不需复杂配制。只需将 A 组分和 B 组分按比例混合均匀后即可灌浆。

2. 性能指标（表 10-9）

环氧结构补强注浆液性能指标（企业指标）　　　表 10-9

项　　目	指　　标
黏度（25℃）	1.0～1.5MPa·s
凝固时间	数 10min 至数 10h 内可任意调节
抗压强度	40.0～80.0MPa
抗折强度	9.0～15.0MPa
抗拉强度	5.4～10.0MPa
粘结强度	2.4～6.0MPa

3. 施工方法

配比：A∶B = 100∶10～20

4. 使用注意事项

包装：A 组分为 16kg/桶，用铁桶包装。B 组分为 5kg/桶。

5. 部分生产厂家联系方法

生产厂家或经售单位	联系地址	电话	邮编
苏州特艺奥立克建材科技工业有限公司	江苏省苏州市吴中区东吴工业园尹西路1号	0512-65610188	215128
上海北蔡防水材料厂	上海市浦东开发区北蔡北艾路91号	021-8849524	201204

三、MC型注浆材料

经过多年来不断地研究、开发、试制、实践和改性,现在已能生产多种型号和规格的MC系列注浆材料,经国内外多项大型工程与复杂基础的实际使用,实践证明它可以灌入细度模数 $M_K > 0.86$ 的特细和粉细砂层,其胶砂强度可达60MPa以上。更可贵的是它具有可随意调整凝结时间和膨胀率,可使结石始终充满整个缝隙,而它所具有的可控微膨胀自应力,又使它与周围岩的界面结合得充分严密和完整,这就大大提高了注浆体的密实性、抗渗性、耐腐蚀性和耐久性。如在其中再加入其他的助剂,还可很方便地调节浆液的其他一些性能。这就可以以MC系列注浆材料为基体,演变出无数千姿百态、性能各异的注浆材料来,以适应可能会遇到的各种严酷而恶劣的使用环境,适用于建造地下建筑的防水帷幕,抗渗堵漏和截断渗透水源;加固和提高软土地基及松软岩层的力学强度,增强承载能力;纠正因地层不稳定引起的不均匀沉降而导致大坝和高层建筑物等的开裂、倾斜;公路、桥梁、机场跑道等地基下陷或中空的补强加固;各种地下建筑物如隧道、矿井、地铁等开挖前的预处理;加层或加高建筑物时的基础二次处理;地下引水工程和隧道的边墙封堵;地质钻探中复杂地层的护孔固壁、止涌堵漏;修复结构缺陷混凝土的强度,恢复其整体性;建造城市垃圾填埋场的污染物隔离防渗墙,以及埋藏在深处地层中核反射性废料的安全防泄漏密封和安全固化等。可见,它在现代工业和科学研究中具有十分广泛的使用范围和应用领域。

1. 产品特点

(1) 该产品是一种新型注浆材料,可部分或全部替代化学灌浆材料,而且具有注浆效果好、操作时无毒、注浆后无污染、施工方便、价廉物美、应用面广等优点,可供水利、水电、地下铁道、水下工程、采矿、桥梁、隧道、治沙、固堤、建筑物纠偏等高难度工程技术中使用。此外,在现代高新技术中,它还是高强混凝土的主要材料和上等的防核泄漏密封材料;

(2) 该产品经多个检测中心检验,其各项技术指标均符合要求,同类产品经我国广州地铁一号隧道工程功克饱和动水粉细沙层的固结注浆和防渗堵水以及北京地铁复八线成功地对B241-B245区段地面以下22~26m深处的饱和含水粉细砂层,进行固结注浆和防渗堵水等不同时间和不同用途实际使用,证明其注浆效果相当理想,产品性能十分稳定。

(3) 该产品的 $d_{90} < 20\mu m$, $d_{50} < 6\mu m$, 比表面积在 $800 \sim 1000 m^2/kg$ 之间,浆液的流变性、可灌性等主要性能指标已达到和部分超过国外某些产品,无论产量和质量均处于国内领先水平。

2. 施工方法

该产品的使用非常简便,只需采用目前大多数施工单位已有的单液或双液注浆设备,即可进行注浆作业。在注浆时,把它以一定的水灰比配制成浆液,经搅拌3~4min后,就可使用。该产品的水灰比,可根据各自的实际需要自行选配,使用简便、安全。

3. 部分生产厂家联系方法

生产厂家或经售单位	联系地址	电话	邮编
浙江金华华夏灌浆材料厂	浙江省金华市城南顶宅	0579-2370219	321017
苏州特艺奥立克建材科技工业有限公司	江苏省苏州市吴中区东吴工业园尹西路1号	0512-65610188	215128

四、橡化沥青非固化防水材料

橡化沥青(BEST SEAL)注浆料是由橡胶、树脂、改性沥青和特殊胶粘剂制成的弹性胶状永不固化的防水材料。

1. 产品特点

①粘结性强,适于各类基层施工;
②永不固化,适于基层变形;
③能达到皮肤式防水,适于外防内贴施工;
④自愈性强,能抵抗外力冲击或施工中造成的磕碰;
⑤综合防水效果好;
⑥既可作为新建筑的防水施工,又可作为堵漏注浆材料。

2. 性能指标(表10-10和表10-11)

橡化沥青(BEST SEAL)注浆材料物理性能　　表10-10

序号	项目	性能要求
1	固体含量(%)	≥75
2	不透水性(0.1MPa 30min)	不透水
3	耐热度(℃)	≥80
4	延伸性(mm)	≥25
5	低温柔度(℃)	-20
6	粘结强度(MPa)	0.3

橡化沥青(BEST SEAL)注浆材料环保指标　　表10-11

序号	项目	指标
1	游离甲醛(g/kg)	≤0.5
2	苯(g/kg)	≤5
3	甲苯+二甲苯(g/kg)	≤200
4	总挥发性有机物(g/L)	≤250

3. 施工设备

(1) 材料准备

①橡化沥青防水凝胶(透博新);

②无纺布;

③堵漏材料或防水砂浆。

(2) 机具准备

①清理基层工具:扫帚,锤、钎、开刀等;

②注浆工具:电动挤压泵、电锤等;

③收口工具:抹子、开刀等;

④防护、劳保用品:雨鞋、橡胶手套等;

(3) 作业条件

①现场应配备380V电源且有专业电工接电;

②注浆现场应有照明;

③应配备相应排水、抽水设备;

④现场应配备钻孔用电设备。

4. 工艺流程

清理基层→排孔、钻孔→安装注浆泵→封堵漏水裂缝→注浆→无纺布堵注浆孔→防水砂浆封口→检查、验收。

5. 操作要点

1) 清理基层:将需注浆区域的基层表面清理干净,清理到坚实的混凝土表面,缝内杂物、积水、沉淀物一并清除;

2) 排孔、钻孔

①排孔:注浆孔距应根据工程具体渗漏情况确定。大面积渗漏时布孔宜密;沉降缝两侧均应布孔。可按施工方案确定孔距,进行排孔,一般孔距为300~1000mm;

②钻孔:钻孔前应确定注浆孔角度,既不能打穿原结构内的止水带,又要打到沉降缝。钻孔时避开结构主筋;

③清孔:钻孔后应清孔。有流水的孔,待水流变清即可;无流水的孔,可用压力水将孔中灰浆清洗干净;

3) 安装注浆管:在清理干净的孔中安装专用注浆管(嘴);

4) 封堵裂缝:用速凝止水材料将需注浆的贯通缝封堵严密,避免浆液从裂缝流出;

5) 注浆:将注浆管连接注浆泵,开动注浆泵,使注浆料徐徐进入注浆孔内。当相邻孔流出浆液后停止注浆,卸下注浆管,随即将准备好的封孔材料(无纺布)用工具压入孔内,堵住浆液。

6) 封闭注浆孔:待注浆工作全部完成并观察12h无变化时,用防水砂浆将注浆孔逐个填塞、抹压平整。

6. 质量标准

(1) 注浆施工后,该区域不得有渗漏现象;

(2) 打孔时严禁打穿原结构内的止水带;

(3) 注浆时必须相邻孔出浆料才能填充、塞孔;

(4) 注浆孔防水砂浆抹压密实、平整，与基层无明显差异；
(5) 为避主筋而造成的废孔一并抹平。

7. 部分生产厂家联系方法

生产厂家或经售单位	联 系 地 址	电 话	邮 编
北京星瑞倍斯特应用科技有限公司	北京市朝阳区望京路新兴产业区洛姓大厦A座1304室	010-64398595	100000
苏州金东海防水堵漏工程有限公司	江苏省苏州市平齐路2号	0512-6753474	215000

第四节　遇水膨胀材料

一、遇水膨胀橡胶

该产品为湿气固化单组分不定型遇水膨胀橡胶止水材料。在施工时可根据需要直接将该产品挤压在混凝土施工缝或其他需要做防水处理的部位，固化后成为橡胶弹性体，可以长年干湿循环使用，不分解、无毒，膨胀倍率可根据需要进行调整。遇水膨胀橡胶会朝裂开的缝隙追踪止水；一般橡胶不易塞入的孔隙，很容易挤入；一般橡胶须压紧才能止水，施工不易，水膨胀性橡胶可采用完全嵌入方式，施工容易，遇水膨胀就可达到止水的目的；形状、大小简易化，附带设施的构造简单化。而该产品，能反复循环使用，长期浸泡水中，没有析出，耐久性优越。广泛适用于地铁、隧道、轨道交通的防水密封工程。

1. 产品特点
(1) 因变性橡胶中浸水性因子的不同，各有一定的膨胀倍率，可供选用；
(2) 施工简便，又能发挥最大的防漏效果；
(3) 水膨胀是属于立体膨胀，然而只有一部分与水接触时不会全面膨胀，受压制面还是原状，当压制消失时才开始膨胀；
(4) 有极佳的耐水性、耐久性和耐药性。水膨胀性不受水质的影响，任何水溶液都有同等程度的水膨胀倍率与水膨胀速度。比如与海水、水泥等电解质水溶液接触，都能发挥同样的水膨胀效果；
(5) 因其基材为橡胶，所以它与一般橡胶具有同样的弹性和压缩变形的复原性，适合长年累月的使用环境；
(6) 在-30℃的低温膨胀状态下，仍不失其橡胶物性，适用温度环境非常广泛；
(7) 不含有害物质及重金属，操作安全，也不会污染环境；
(8) 重量轻、接续容易、不必限时施工、不需修正作业；
(9) 困难的工程或者一般止水带无法施工的工程，该产品都可使用；
(10) 不易产生蜂窝，水泥壁移动时，会自行膨胀，追踪止水。

2. 性能指标
(1) 具"双重销定"止水效果，橡胶弹性（以压缩应力止水）+水膨胀体积（以膨胀压止水）；

（2）改良了一般橡胶的物性，一般橡胶在长期压缩下，易招致变形，弹性回复力降低，影响止水效果。遇水膨胀性橡胶，则是利用物理现象——渗透压，它可以保持相互不变的膨胀压，达到永久机能的效果；

（3）与一般橡胶相同，可制成各种需要的形状，另外，它也可与一般橡胶同时一体成型，做成各种复合止水带。

3. 施工方法

（1）基层处理

对密封材料与被覆面粘结有妨碍的水分、尘土、砂浆屑、油渍、胶粘剂、渣滓、浮浆、铁锈等应清除干净并进行干燥，以提高粘结效果。清除方法也因被覆体和种类以及妨碍粘结因素的不同而不一样，这一点预先应明确。若清扫的被覆面时间已较长，则应再次清扫。

（2）施工步骤

①先以手锤、凿子、清扫设备除去被覆体的砂石及不洁物；

②将该品装料筒出口的第一段切掉，均匀挤出来的涂抹量宽度大约10mm，厚度5mm左右；

③不要求特殊设置凹凸形槽进行嵌填；

④挤出后的硬化时间约需24～36h，所以必须在打混凝土的前两天完成施工。另外，硬化前避免受浸于水中，但多少有点雨，则没有关系。

（3）搭接部位的处理

①施工时，若涂抹没有连续实施，造成断点，其施工间隔时间在2h之内，可在接头部分连续施工；施工间隔时间在2～10h之间，其接头部分的搭接长度不小于10mm；施工间隔时间大于10h，其接头部分的搭接长度不小于20mm；

②该品操作中，应力求做到涂抹部位保持连续，均匀，尽量不出现断头、断点；

③如遇垂直与水平交错部位，应以先垂直后水平为原则。

（4）检查

施工完后，可观察密封施工材料装设位置有显著的表面凹凸、气泡，并用手指触摸其是否硬化或粘结。对于有明显不符时，必须立即进行修补，如确定为硬化不好、粘结不好，那么就要对同一天施工的所有地方进行手指触摸，找出不合格部分，以便进一步修补。水平缝、垂直缝涂抹应保持宽（10±2）mm，厚（5±2）mm，钢板止水带涂抹宽度为（15±2）mm，厚度为（5±2）mm。

4. 使用注意事项

（1）施工

①要对密封材料的种类、规格、商品名、包装式样、批量号、制造月日（有限期间）、色调、搬入数量加以确认的记录；

②施工时，要对所用材料加以核对，不能出差错；

③事先必须确认被覆面与密封材料的粘结性是否良好，良好方可施工；

④施工前要确认基层是否可进行密封工程的施工。检查水分（被覆体的含水状态、降雨后的干燥期、结露等）、尘土、油渍、胶粘剂、渣滓、浮浆、铁锈等对粘结有危害否。就水分来说，混凝土、预制板、石材等可使其干燥。做为大体上标准，覆盖材料涂抹

与被覆体接触不好时,干燥就不充分,此时要待干燥后方可进行密封工程。对于金属等的被覆面要注意其结露现象。

(2) 贮存

常温［(20±15)℃］、常湿(50% +20%)、无直射阳光或雨露的地方保管。对密封材料未完全使用完,如再使用,要对其状态加以确认。

5. 部分生产厂家联系方法

生产厂家或经售单位	联 系 地 址	电 话	邮 编
北京远东华旭建筑技术开发有限公司	北京市海淀区花园路13号	010 – 62063601	100088
上海长宁橡胶制品厂	上海市中山西路1279弄2号	021 – 62759215	200000

二、遇水膨胀止水条

该产品是用于混凝土施工缝、后浇缝的防水密封材料,也适用于管接头和穿墙管的止水以及混凝土裂缝漏水的治理,是替代传统钢板、橡胶和塑料等被动式止水带的先进产品,广泛用于贮水池、沉淀池、游泳池、给排水管道、渠道、涵洞、地下室、地下车库、地铁、隧道、大坝、防洪堤等各种地下建筑工程和水利工程。

1. 产品特点

(1) 该产品均在大致封闭的约束状态下使用,能起到防水作用。特别是遇水膨胀,能封闭结构内部的细小缝隙,彻底阻塞渗水通道,起到止水的效果,达到和满足抗渗要求。

(2) 该产品采用无机矿物材料为主,进口特种橡胶及辅助材料加工制成。使用时预埋在大致封闭约束状态下的混凝土中,具有加压不失水、不收缩,可逆的往复功能和整体的平衡能力,是耐久性极佳的永久材料;

(3) 该产品价格便宜,体积小,有自粘性,安装方便,搭接容易,施工极其简便,施工质量能保证,省时省工,综合效益显著;

(4) 该品无毒、无害、无污染、抗腐蚀,外形尺寸可根据特殊用途进行调整、设计。

2. 质量指标(表10-12)

3. 施工方法:

(1) 待上段混凝土施工缝界面硬化后,清除界面上的浮渣、尘土等杂物;

(2) 该品的安装是利用其自身粘性,将止水条沿水平施工缝、后浇缝伸展方向粘贴于施工缝、后浇缝的界面上;竖向施工缝、后浇缝须用水泥钉同定或胶粘剂粘结固定,以避免移位。若安装水平施工缝、后浇缝用水泥钉或胶粘剂同定,效果更佳,接头靠自身粘性搭接3~5cm;

(3) 安装该品的水平和竖向施工缝、后浇缝均必须采用水泥钉或胶粘剂固定。接头延长使用时,须搭接3~5cm,用金属丝绑牢,并在搭接中部钉上水泥钉;

(4) 安装止水条时,应安装在墙体中部至墙体外筋内侧一边;

(5) 以上工序完成后,即可继续下一道混凝土施工。

遇水膨胀止水条（JG/T 141—2001） 表10-12

项　目		技　术　指　标	
抗水压力（MPa）　≥		1.5	2.5
规定时间吸水膨胀倍率（%）	4h	—	200～250
	24h		
	48h		
	72h		
	96h		
	120h		
	144h		
最大吸水膨胀倍率（%）　≥		400	300
密度（g/cm³）		1.6±0.1	1.4+0.1
耐热性	80℃、2h	无　流　淌	
低温柔性	-20℃、2h绕φ20mm圆棒	无　裂　纹	
耐　水　性	浸泡24h	不呈泥浆状	—
	浸泡240h	—	整体膨胀无碎块

4．使用注意事项

（1）施工

①安装该品，界面应保持清洁、无积水；

②该品与混凝土施工缝界面必须紧密接触，不能脱离其界面，沿施工缝伸展方向必须要连续，中间不能有断点；

③该品安装后，至下一次混凝土浇筑前应尽量避免被雨水和其他水浸泡；

④该品定位时，要使其充分被混凝土包裹，包裹厚度>4cm；

⑤该品在存放及运输过程中，应避免潮湿和挤压变形，并应存放在干燥处。

（2）规格及包装

该产品均为长5000mm，宽30mm，厚20mm，并以防粘性纸条作衬垫，卷成圆盘状，一盘为5m，用纸箱包装，每箱装6盘，共30m。

5．部分生产厂家联系方法

生产厂家或经售单位	联系地址	电　话	邮　编
成都赛特防水材料有限公司	四川省成都市忠烈祠东街70号	028-6624472	610016
常州华安建材有限公司	江苏省常州市东门外遥观塘桥	0519-8701349	213102
上海长宁橡胶制品厂	上海市中山西路1279弄2号	021-62759215	200000
顺德市科顺精细化工有限公司	广东省顺德市容奇镇体育一路41号	0765-6626435	528303

第十一章 膨 胀 剂

第一节 U型高效膨胀剂

钢筋混凝土建筑物产生裂缝原因复杂，就材料而言，混凝土干缩和温差收缩是主要原因。以补偿收缩为主要功能的U型膨胀剂加入到普通水泥混凝土中，拌水后生成大量膨胀性结晶水化物——水化硫铝酸钙（$C_3A \cdot 3CaSO_4 \cdot 32H_2O$ 即钙矾石），使混凝土产生适度膨胀，在钢筋和邻位的约束下，在结构中建立 0.2~0.8MPa 予压应力，这一压应力可大致抵消混凝土在硬化过程中产生的收缩拉应力，从而防止或减少混凝土收缩开裂，并使混凝土致密化，提高了结构的防渗能力，《U型补偿收缩混凝土防水工法》已列为国家工法（YJGF22-92）。这意味着U型混凝土是我国结构自防水的重大突破。

根据建设部规定，按防水工程重要性分为四个等级。不管哪个防水等级，结构自防水是根本防线，因为防水卷材或涂料的外防水层，终归存在老化破裂的问题，施工技术差引起的渗漏也是个大问题，如果采用普通混凝土作结构材料，由于收缩开裂就失去最后一道防线，这是建筑物渗漏的主要原因。

我们提出这样的防水新概念：任何防水混凝土结构，抗裂比防渗更重要，不裂就不渗。要达到抗裂，采用补偿收缩混凝土是理想材料，这是结构自防水的重要保证。

一、UEA-H膨胀剂

UEA是用硫酸铝、氧化铝、硫铝酸钾和硫酸钙等无机化合物特制而成，不含有害物质。UEA-H是用UEA与特制外加剂粉磨而成。UEA-H的防水机理与UEA相同，即将UEA-H加入到水泥混凝土中，能生成大量的水化硫铝酸钙，使混凝土产生适度膨胀提高了混凝土抗裂防渗性能，适用于地下建筑物，如地铁、地下停车场、地下仓库、隧道、矿井、人防工程、地下人行道、机场等。

1. 性质及成分

该产品细度<10%，相对密度2.90，性状为灰白色粉末，UEA-H比目前市售的第二代UEA优点在于：其含碱量较低（表11-1和表11-2），"凡桥梁、地下铁道、人防、自来水大型水池、承压输水管、水坝、深基础、基桩等外露或地下结构以及经常处于潮湿环境的建筑结构工程（包括构筑物）必须选用低碱外加剂，每 $1m^3$ 混凝土掺外加剂加入的碱量不得超过1kg"。为防止碱-骨料反应带来的危害，提高混凝土的耐久性，高效低碱型膨胀剂（简称UEA-H）更为有利。

2. 物理性能

（1）试验表面，高效低碱型膨胀剂的膨胀效能比市售UEA的高，从表6-3可见，高效低碱型膨胀剂在水泥中内掺10%的膨胀剂率相当于市售UEA标准掺量的12%，而早期和后期强度有较大提高（表11-3）。

UEA-H膨胀剂化学成分和碱含量（%） 表11-1

Loss	SiO_2	Al_2O_3	Fe_2O_3	CaO	MgO	SO_3	K_2O	Na_2O
4.57	27.75	13.50	0.90	24.1	1.90	25.78	0.49	0.10

UEA-H膨胀剂不同品种膨胀剂的含碱量 表11-2

膨胀剂品种	含碱量（%）	标准掺量（%）	$C=400kg/m^3$ 混凝土的膨胀剂掺量（kg/m^3）	膨胀剂带入的碱量（kg/m^3）
U型膨胀剂	1.7~2.2	12	48	0.82~1.05
高效低碱型膨胀剂	0.4~0.80	10	40	0.20~0.40
明矾石膨胀剂	2.5~3.0	15	60	1.50~1.80

掺高效低碱型膨胀剂砂浆的水泥物理性能 表11-3

品种	UEA掺量（%）	凝结时间 初凝	凝结时间 终凝	限制膨胀率（%） 水中14d	限制膨胀率（%） 空气28d	抗压强度（MPa） 7d	抗压强度（MPa） 28d	抗折强度（MPa） 7d	抗折强度（MPa） 28d
市售UEA	12	1:27	2:10	0.035	0.019	34.7	52.4	5.4	7.8
高效UEA	10	1:25	2:08	0.045	0.011	41.5	59.7	6.5	8.2
JC476-92建材行业标准一级品		>45min	<10h	≥0.040	≤-0.02	30.0	47.0	5.0	6.8

（2）掺UEA-H为母料与特制化学外加剂复合而成的多功能UEA-H，其混凝土主要性能（表11-4）。

掺UEA-H多功能复合膨胀剂混凝土主要性能 表11-4

性能\型号	早强	缓凝型	抗冻型	高性能
掺量（%）（替代水泥量）	8~10	6~10	8~10	8~10
含气量（%）	≤4.0	≤5.5	≤4.0	≤3.0
坍落度增加值（cm）	>10	>10	>10	>10
坍落度保留值（cm）（不小于） 30（min）	16	16	16	18
坍落度保留值（cm）（不小于） 60（min）	14	14	14	16
常压泌水率（%）≤	100	100	100	100
压力泌水率（%）≤	95	95	95	95
减水率（%）	14~18	14~18	14~18	14~25

续表

性能 \ 参数 \ 型号		早强	缓凝型	抗冻型	高性能
凝结时间差	初凝（h）	4~6	10~12	3~5	8~10
	终凝（h）	6~8	16~18	5~7	10~15
抗压强度比（%）	D	>140	>120	>90	>130
	28d	>110	>110	>100	>120
限制膨胀率（%）		>0.02	>0.02	>0.02	>0.02
自应力值（MPa）		0.2~0.7	0.2~0.7	0.2~0.7	0.2~0.7
抗渗等级		>P30	>P30	>P30	>P30

（3）该产品技术指标均达到和超过国家有关标准。其特性如下：

①缓凝减水，保水保塑性好，易于流动，坍落度损失较小，适用于商品混凝土和现场泵送混凝土。

②膨胀剂效能较高，抗渗等级大于 P30，补偿收缩的抗裂防渗性能优于市售的防水剂。

③降低水化热，推迟水化热高峰和收缩起始时间，从而削弱混凝土温差收缩，抑制混凝土结构开裂。

④采用多功能 UEA-H，不需要外加任何外加剂，操作工序少，减少差错，掺量好掌握，与水泥相容性好，利于混凝土搅拌站和现场使用。

3. 部分生产厂家联系方法

生产厂家或经售单位	联系地址	电话	邮编
山东寿光混凝土外加剂厂	山东省寿光市田马	0536-5641762	262727
浙江力顿特种水泥公司	浙江省兰溪市车站东3号	0579-8823829	321100

二、LJEA 低碱混凝土膨胀剂

产品性能卓越，具有膨胀能高、掺量低、性能稳定、碱含量低等特点，适用于商品混凝土搅拌站及现场拌制补偿混凝土及膨胀防水砂浆，对硅酸盐水泥、普通硅酸盐水泥和矿渣硅酸盐水泥都有较好的适应性，通过调节掺量，可以配制补偿收缩混凝土或自应力混凝土。

1. 产品特点

能明显改善混凝土的孔结构和孔级配，提高混凝土抗渗能力，在钢筋及临位限制状态下使混凝土内部产生 0.2~0.7MPa 的预压应力，具有补偿收缩功能。其主要应用于钢筋混凝土结构自防水、防潮，补偿大体积混凝土部分温差应力，适应延长伸缩缝间距等方面。

2. 性能指标（表11-5）

LJEA 低碱混凝土膨胀剂性能指标　　　　　表11-5

项　目				指标值	实测值
化学成分	氧化镁（%）		≤	5.0	2.4
	含水量（%）		≤	3.0	1.25
	总碱量（%）		≤	0.75	0.35
	氯离子（%）		≤	0.05	0.02
物理性能	细　度	比表面积（m²/kg）	≥	250	340
		0.08mm 筛筛余（%）	≤	12	8.3
		1.25mm 筛筛余（%）	≤	0.5	0
	凝结时间	初凝（min）	≥	45	2:00
		终凝（h）	≤	10	2:00
	限制膨胀率（%）	水中 7d	≥	0.025	0.040
		28d	≤	0.10	0.063
		空气中 21D	≥	-0.020	0.018
	抗压强度（MPa）	7d	>	25.0	29.5
		28d		45.0	47.8
	抗压强度（MPa）	7d	≥	4.5	5.5
		28d		6.5	8.6

（1）使用该产品时需要在实验室进行混凝土试配，确定最佳混凝土配合比；

（2）该产品推荐掺量：补偿收缩混凝土为胶凝材料质量的 6.0~14.01，自应力混凝土为胶凝材料质量的 15.0~30.01，可与水泥、砂、石、水搅拌。

① 包装

该产品采用 50kg 编织袋包装，可根据用户要求另袋包装或散装供货。

② 贮存

在贮存环境良好的情况下，有效期为 12 个月。

3. 部分生产厂家联系方法

生产厂家或经售单位	联系地址	电　话	邮编
天津双龙混凝土外加剂有限公司	天津市武清开发区西侧	022-29414888	301700
江门市中建科技开发有限公司	广东省江门市滘北藕山2号	0750-3810102	529040

三、AUA 高效混凝土膨胀剂

该产品属于钙矾石类膨胀剂，其抗裂防水机理是通过生成膨胀性矿物钙矾石，在混凝土内导入一定的膨胀应力即压应力,部分或全部补偿混凝土干缩、冷缩产生的拉应力,从而阻止或减小混凝土的收缩,避免混凝土的收缩值超过混凝土的极限拉伸值,防止或减少混凝土的开裂,达到抗裂防水目的。另外,钙矾石晶体广泛分布于混凝土结构的毛细孔中,能填充和切断混凝土中的毛细孔,使混凝土结构更加致密,提高混凝土的抗渗性。

该产品除了具有一般钙矾石类膨胀剂的性能外,还在选材技术及生产工艺技术上进行了更新,大大降低了膨胀剂内的碱及 Cl^- 含量,避免了对混凝土耐久性的不良影响;另一方面,其生产工艺与一般钙矾石类膨胀剂有所不同,使钙矾石生成速度不同于一般膨胀剂,即减缓了早期(混凝土塑性期内)钙矾石生成速度,从而避免了因早期钙矾石生成速度过快而影响混凝土的流动性,从根本上解决了普通钙矾石类膨胀剂对混凝土的流动性及坍落度损失影响较大的问题,而且在获得相同流动度时不需要增加用水量,从而也不会降低混凝土的强度,后期强度还随着混凝土密实性的提高而有一定增长。

1. 产品特点

(1) 碱含量低,不含 Cr;
(2) 不影响混凝土流动性,对混凝土坍落度损失影响小;
(3) 不降低混凝土强度,后期强度有一定增长;
(4) 膨胀率较一般膨胀剂高,可降低掺量;
(5) 抗裂能力强,防水性能优异;
(6) 可取代相同分量的水泥,从而降低混凝土水化热;
(7) 掺入新型无机保水材料,有利于防止混凝土早期失水过快而引起的开裂。

2. 性能指标(表 11-6)

3. 工程设计要点

(1) 一般抗裂防水工程设计

掺 AUA 的混凝土除能自身产生一定的膨胀应力以补偿混凝土的收缩应力外,其基本的结构、力学性能与普通混凝土一致,在结构设计上仍然按原设计规范,对混凝土中导入的 0.3~0.8MPa 的膨胀应力,在设计计算中不予考虑,但可依据《混凝土外加剂使用规范》的规定,对要求抗裂的膨胀混凝土的限制膨胀率作出要求,即要求混凝土水中养护 14d 的限制膨胀率 ≥0.015%。

对于抗裂防渗混凝土,应特别注意薄壁结构的设计处理,在薄壁部位配筋设计应尽量均匀分布,在达到配筋率的前提下,应尽量使用稍细而分布较密的钢筋,通过钢筋的韧性作用,降低混凝土的弹性模量,提高混凝土的极限拉伸值;另外在开孔和角隅附近部位、急剧变形部位、后浇填充部位等地方应力相对集中,较易出现裂缝,所以其周边部位应提高配筋率,加密结构钢筋;同时,在这些易开裂部位可提高对混凝土膨胀率的要求,如可要求混凝土 14d 水中养护的限制膨胀率达到 0.02%~0.03%。

(2) 大面积无缝施工设计

在传统大面积结构工程中,要留设后浇带,后浇带间距一般为 30~40m,该后浇带规定整体结构浇捣完成至少 60d 后方可浇捣,严重影响工程进度,而且后浇带新旧混凝土衔接处往往容易出现结合不良等问题,从而造成该部位出现开裂、渗漏等工程隐患。应用补偿收缩混凝土无缝设计施工工法,使用掺 UEA 高效混凝土膨胀剂的补偿收缩混凝土,可实现无缝连续施工,不留后浇带,即在预留后浇带的部位(即应力集中部位)设置膨胀加强带，获得较高的膨胀率及产生较大的膨胀应力，两边部位为普通膨胀混凝土，使混凝土获得不同的膨胀应力，在应力最大处予以较大的补偿，在应力均匀处予以适当补偿，从而有效防止大面积混凝土结构的开裂。

AUA 高效混凝土膨胀剂性能指标　　　　　　　　　　　表 11-6

项　目				指　标　值
化学成分	氧化镁（%）		≤	5.0
	含水率（%）		≤	3.0
	总碱量（%）		≤	0.75
	氯离子（%）		≤	0.05
物理性能	细　度	比表面积（m²/kg）	≥	250
		0.08mm 筛筛余（%）	≤	12
		1.25mm 筛筛余（%）	≤	0.5
	凝结时间	初凝（min）	≥	45
		终凝（h）	≤	10
	限制膨胀率（%）	水中 14d	≥	0.025
		水中 28d	≤	0.10
		空气中 21d	≥	-0.020
	抗压强度（MPa）	A 法 7d	≥	25
		A 法 28d	≥	45
		B 法 7d	≥	20
		B 法 28d	≥	40
	抗折强度（MPa）	A 法 7d	≥	4.5
		A 法 28d	≥	6.5
		B 法 7d	≥	3.5
		B 法 28d	≥	5.5

注：1. 细度用比表面积和 1.25mm 筛筛余或 0.08mm 筛筛余和 1.25mm 筛筛余表示，仲裁检验用比表面积和 1.25mm 筛筛余。

2. 检验时 A、B 两法均可使用，仲裁检验采用 A 法。

（3）设计要求

①加强带处需设置加强钢筋（提高配筋率约 15%），加强筋长不小于 3m，最好可伸长至两边梁；

②加强带宽约 2m，两侧设置钢丝网，防止两边混凝土流入加强带；

③加强带间距约 30～40m；

④加强带混凝土强度等级应增加一个等级。

4. 施工使用方法

施工前应根据设计要求,采用工地施工现场使用的水泥、砂、石、外加剂、掺合料等,掺入适量 AUA 进行混凝土配合比试验,以确定满足工程使用要求的最佳配合比。

5. 使用注意事项

(1) 施工

①不同水泥生产厂家生产的水泥自身的膨胀率有差异,一般立窑水泥的收缩率较小,建议掺量靠近下限(即 7% 左右),回转窑水泥的收缩率较大,建议掺量靠近上限(9% 左右)。如混凝土试配时发现 7d 强度明显下降,则可能是膨胀量太大造成,需调整混凝土配合比,降低 AUA 掺量,重新试配。如有条件测试混凝土膨胀率,最好能根据设计要求的混凝土膨胀率来试配混凝土,确定掺量;

②施工时,计量要尽量准确,最好事先制作好定量容器;

③AUA 混凝土的搅拌时间要比普通混凝土的延长至少 30s,以保证 AUA 充分搅拌均匀。混凝土必须振捣密实,不能漏振,但也不宜过振,以免影响混凝土的性能;

④混凝土浇灌时,应尽量保持连续性,避免或减少施工缝的出现,如出现施工缝,应做好施工缝的衔接处理;

⑤浇筑后的混凝土在终凝后约 2h。应开始进行保湿养护,要保持混凝土表面湿润不少于 14d;

⑥0℃以下施工时,要保证入模温度高于 50℃,浇筑后应立即进行保温养护;

⑦配制防水砂浆进行刚性防渗抹面施工时,要求厚度不小于 2cm,施工方法同普通抹面砂浆,但需要保湿养护不小于 14d。

(2) 外观、包装与贮存

AUA 为灰色粉末状,以复合编织袋包装,50kg/袋,未开封保存于干燥处,保质期为 6 个月。

6. 部分生产厂家联系方法

生产厂家或经售单位	联系地址	电话	邮编
江门市中建科技开发有限公司	广东省江门市滘北藕山 2 号	0750 - 3810102	529040
天津双龙混凝土外加剂有限公司	天津市武清开发区西侧	022 - 29414888	301700

第二节 其他膨胀材料

一、铝酸钙(AEA)膨胀剂

铝酸钙膨胀剂是一种铝酸盐型膨胀剂,简称 AEA,AEA 荟萃了国内外混凝土膨胀剂之精华,是一种专用抗裂防水混凝土的特种外加剂。

用 AEA 制备混凝土时,需在"五大水泥"中内掺本制品 8% ~ 12% 代替等量水泥,制成补偿收缩混凝土,产生 0.2 ~ 0.7MPa 的自应力,防止或减少混凝土的开裂,提高密实性和抗渗能力,其膨胀性能好,后期强度高,具有抗裂防渗,结构自防水的优良特性。

1. 产品特点

（1）该产品是由一定比例的高铝熟料、明矾石、石膏等材料制成。当该品掺入水泥制成混凝土或砂浆后，Ca 与硫酸盐、碱性氢氧化物作用水化生成水化硫铝酸钙（钙矾石），呈现较大的早期膨胀效应，由明矾石形成钙矾石后期微量膨胀，减少后期的自应力损失，提高密实度。这两种膨胀效应在钢筋邻位的约束下转为普通压力，可以抵消混凝土干缩时产生的位应力，减少混凝土收缩干裂，同时水化后生成的钙矾石晶体具有填充切断毛细孔缝作用，使总孔隙率低，抗渗性能提高；

（2）具有补偿收缩，导入自应力和混凝土密度的性能。因此是混凝土抗裂防渗结构的良好材料，可以作结构自防水混凝土。

2. 性能指标

（1）掺10%该品制成的1:2水泥砂浆，限制膨胀率≥0.04%，空气中养护28d干缩小于0.02%；

（2）1:2.5砂浆，抗压强度（28d）≥47MPa，抗折强度（28d）≥7.0MPa；

（3）掺10% AEA，350kg/m³ 水泥用量的混凝土强度为 35~40MPa，限制膨胀率 0.02%~0.04%；

（4）抗渗等级 P32；

（5）抗冻融循环次数≥200；

（6）粘结力比普通混凝土提高30%；

（7）对水质无污染，对钢筋无腐蚀，坍落度损失小；

（8）适用于泵送混凝土；

（9）适用于大面积施工，减少伸缩缝。

3. 施工方法

（1）结构设计

①在本质上与普通混凝土基本相同，其差异是它具有一定的体积膨胀。在限制条件下，可在混凝土中建立 0.2~0.7MPa 自应力，使结构更加致密，在抗裂渗性能上优于普通混凝土。作为结构材料，膨胀混凝土的配合比设计与普通混凝土基本相同，但应注意如下特殊性；

②为了保证补偿收缩作用的发挥，建议每立方米混凝土水泥用量不应小于300kg；

③在结构设计上仍按原设计规范，为有效限制膨胀，宜采用异形钢筋或焊接钢筋网，对薄壁构件或薄板也可用钢丝网，配筋不宜过分集中于构件一则，对混凝土中导入的预压应力，在设计计算中不予考虑。在开孔和角隅附近最易出现裂缝处，周边应加密结构钢筋；

④在设计中应防止构筑物不均匀沉降或设沉降槽；

⑤大面积的结构伸缩缝仍需留置，但间距可大于普通混凝土的；

⑥膨胀混凝土的主要目的是补偿收缩，作为防水要求的补偿收缩混凝土的配合比设计宜按防水混凝土考虑，其砂率控制在35%~40%，强度等级相应普通混凝土高一个等级。

（2）施工

①该产品的施工与普通混凝土施工规范一样；

②适用于32.5级以上的"五大水泥"，最佳掺量为8%~12%（替代水泥率）；

③掺入该产品，配合比计量要准确，搅拌时间要比普通混凝土延长30~60s。

（3）AEA混凝土与UEA混凝土性能比较

AEA膨胀剂吸取UEA膨胀之精华，补充之不足，采用两期膨胀源，增强膨胀效应，使膨胀率和强度合理搭配，达到膨胀能大，后期强度提高的目的，其特点见表11-7和表11-8。

几种掺10%膨胀剂水泥砂浆长期强度与限制膨胀性能　　表11-7

膨胀剂品种	抗压强度（MPa）				抗折强度（MPa）				水中膨胀率（%）				
	28d	3月	1年	3年	28d	3年	1年	3年	14d	28d	90d	18d	1年
AEA	70.5	91.2	94.5	98.6	9.8	11.2	11.5	15.3	0.040	0.042	0.046	0.050	0.050
EA	59.0	70.3	75.9	81.7	9.9	10.0	10.4	10.1	0.040	0.42	0.046	0.049	0.047
UEA	54.0	66.7	81.0	85.3	8.5	9.9	10.8	11.3	0.031	0.035	0.036	—	0.037

AEA与UEA膨胀剂其他特性比较表　　表11-8

名称	掺入量（%）	坍落度损失	养护时间	空气中收缩率（%）	抗渗性	抗冻循环
AEA	8~12	小、可以作泵送混凝土	7~14d	+0.02	P32	D200
UEA	10~14	大、不能用泵输送	14d以上	+0.02	P30	D150

注：该品是目前国内性能最佳的防渗材料，它成功地解决了混凝土裂缝，提高了防水功能，寿命长、无老化，对降低防水维修费用有良好的社会效益和经济效益。

4. 使用注意事项

①为充分发挥其膨胀效能，混凝土浇灌后，一般在终凝后2h开始浇水养护，养护期为7~14d。

②保证大体积混凝土内部膨胀所需要的水分，在有条件时最好采用多孔骨料拌入混凝土中，以孔中饱含的水分作为补给水源。

③要求振捣密实，不要过振或漏振。

④该品与其他外加剂配合使用时会产生不同的膨胀效果，须经试验方可使用。

5. 部分生产厂家联系方法

生产厂家或经售单位	联系地址	电话	邮编
沈阳防水总公司新时代防水剂厂	辽宁省沈阳市于洪区沈新路79号	024-5812521	110141
山东省寿光混凝土外加剂	山东省寿光市田马	0536-5641762	262727

二、PEA灌注桩膨胀剂

1. 产品特点

(1) 该产品加入普通水泥混凝土中，由于水化反应，能生成大量膨胀性结晶水化物——水化硫铝酸钙，使混凝土产生适度体积膨胀；

(2) 该产品灌注在一定孔径尺寸的土内，混凝土桩产生径向膨胀作用，使桩和周围土接触更趋紧密，而使土的孔隙率减小，内聚力增大，提高了桩周围土的极限抗剪强度，强化了混凝土与土之间的摩擦力，增大了摩阻力；

(3) 该产品也产生竖向膨胀作用，由于混凝土的重量和膨胀力，使桩底和孔底搅动土受到高压应力而致密，提高了桩底土的极限强度；

(4) 这种径向和竖向膨胀综合效应，使 PEA 混凝土灌注桩的垂直与水平承载力都得到提高。

2. 性能指标

(1) 不同等级水泥中，内掺 15%、20%、25% 的 PEA 所配制的混凝土，其抗压强度与不掺 PEA 的普通混凝土相比，强度在 90%~100% 之间，所以总的来说掺 PEA 对混凝土抗压强度影响不大，掺量在 20% 时强度不降低，由此可见，PEA 掺量在 20%~25% 之间可获得较理想的结果，强度损失不大而膨胀效应显著，这对提高灌注桩承载力有利。

(2) 该品凝结时间，用 32.5 级水泥配制 PEA 混凝土，初凝时间为 4:30；终凝时间为 6:52；用 42.5 级水泥配制 PEA 混凝土，初凝时间为 3:20；终凝时间为 5:10。上述两种水泥配制的 PEA 混凝土，初凝时间符合灌注桩施工规程的规定，因此完全可满足灌注桩的施工；

(3) 该品坍落度，可通过用水量和外加剂调节，使出盘坍落度为 16~18cm，经 1h 后，混凝土坍落度为 10~13cm，可满足灌注桩施工要求；

(4) 该品随 PEA 掺量增加，自由膨胀率显著提高。随 PEA 掺量增加，它对混凝土的自由膨胀起到显著的倍增，而膨胀作用主要发生在 7~14d，28d 基本稳定；在配筋率 0.78% 时，PEA 掺量 20% 混凝土的限制膨胀率在 0.05%~0.06% 之间，一般 14d 基本稳定，同时可在混凝土中建立 0.8~1.0MPa 自应力值；

(5) 由于灌注桩处于钢筋笼和四周土壁的限制工作状态下，PEA 混凝土强度也处于一定限制膨胀下发展，室内试验表明，限制强度比自由强度提高 10% 左右。

3. 施工方法

(1) 灌注桩混凝土不同于一般混凝土，因此要符合"灌注桩施工规程"中规定的各项技术要求。

①配制的混凝土强度应比设计的桩强度提高 15%~25%；

②灌注桩混凝土的水泥用量要大于 380kg/m³；

③混凝土的坍落度为 16~22cm；

④混凝土的砂率 40%~45%；

⑤混凝土的水灰比为 0.5~0.6；

⑥混凝土应具有良好的和易性、流动度，坍落度损失应能满足灌注要求；

⑦混凝土初凝时间应为正常灌注时间的两倍。

(2) 根据以上规定，所设计的该产品配合比和施工性能应满足灌注桩的特殊要求。通过试验和现场实践，表 11-9 中列出了该品配合比设计，供设计，施工单位作参考。

该产品配合比和施工性能 表11-9

混凝土标号	水泥强度等级	PEA掺量（%）	水泥+PEA（kg/cm³）	砂率（%）	材料用量（kg/m³）					坍落度（cm）
					水泥	PEA	砂	石子	水	
C_{20}	32.5	20	420	42	340	80	758	1047	200	16~18
C_{25}	32.5	20	450	41	360	90	721	1039	215	16~18
C_{30}		20	485	40	390	95	686	1029	230	16~18
C_{20}		20	390	42	315	75	776	1073	186	16~18
C_{25}	42.5	20	420	41	340	80	740	1065	200	16~18
C_{30}		20	455	40	365	90	704	1056	215	16~18

4. 使用注意事项

（1）单桩承载力的确定与桩基设计

①由于各地区的地质条件和土层构造不一样，在采用PEA桩前，应在该地基上试桩，试桩设计要有可比性，各条件要基本相同，三根PEA桩为一组，三根普通混凝土桩为一组，经28d后，用静载或动测方法检测桩的单桩载力和沉降量；

②对测试结果对比分析，可计算出PEA桩比普通桩提高多少，然后对桩基进行设计，这样可适当减少桩数，或减小桩径，或减小桩长，而地质条件差异较大的地基，在不减桩数的情况下，采用PEA桩，以达到整体承载力的平衡。

（2）施工

PEA桩混凝土施工与普通混凝土相同，但必须按一定程序进行，首先按桩的设计标号，现场灌料斗，灌入桩内，最好在30min内灌完。

5. 部分生产厂家联系方法

生产厂家或经售单位	联系地址	电话	邮编
山东省寿光混凝土外加剂	山东省寿光市田马	0536-5641762	262727
沈阳防水总公司新时代防水剂厂	辽宁省沈阳市于洪区沈新路79号	024-5812521	110141

第十二章 排水、防水辅助材料及施工机具

第一节 塑料排水管

一、高密度聚乙烯波纹管

该产品是由聚乙烯添加其他助剂而成的外形呈波纹状的新型渗排水塑料管材,分为单、双壁打孔波纹管,具有重量轻、承受压力强、弯曲性能优良、便于施工等优点。

由于该产品的管孔在波谷中为长条形W,有效地克服了平面圆孔产品易被堵塞而影响排水效果的弊端。针对不同的排水要求,管孔的大小可为 $10mm \times 1mm \sim 30mm \times 3mm$,并且可以在360°、270°、180°、90°等范围内均匀分布,广泛用于公路、铁路路基、地铁工程、废弃物填埋场、隧道、绿化带、运动场及含水量偏高引起的边坡防护等排水领域。

1. 产品特点

(1) 排水安全性,位于波谷,由于波峰和过滤织物双向作用,孔口不易堵塞,其开口面积最大可达 $116cm^2$/延米,保证了透水系统通畅;

(2) 耐腐蚀性,与软式弹簧排水管相比,塑料不易腐蚀;

(3) 强度及易弯曲的有机结合:独特的双波纹结构有效地提高了产品的外压强度,排水系统不会受外界压力变形而影响排水效果;

(4) 经济性,与同口径其他排水管相比较,其售价较低。

2. 产品性能

(1) 重量轻、易弯曲、施工方便。

(2) 无毒,对环境无污染。耐酸、耐腐蚀。

(3) 耐伸展性好,可在 $-30 \sim 60℃$ 的温度环境中工作。

(4) 承受外压强,环刚度高于其他塑料管材。

(5) 使用寿命长(地下50年,空气中25年以上)。

3. 产品规格(表12-1)

双管波纹管的规格尺寸　　　　　　　　　　　　表12-1

外径(mm)	外径公差(mm)	长度(mm)	长度公差(mm)
50	±0.5	6000	±50
110	±1.0	6000	±50
160	±1.5	6000	±50
200	±1.8	6000	±50

注:管材基本长度为6000mm,也可根据用户需要而定。

4. 部分生产厂家联系方法

生产厂家或经售单位	联系地址	电话	邮编
兰州鼎泰塑料有限公司	甘肃省兰州市七里河区工林路483号	0931-2336637	730050
淮安伟帅塑业科技发展有限公司	江苏省淮安经济开发区席桥工业园区18号（京沪高速淮安出口处）	0517-83574110	223005

二、塑料盲沟材

该产品近二十年来数以万计工程使用成功的事例，是该产品可靠性的事实保证。其国产化使价格降到日本产品的1/3，相信是国情所能接受的。

该产品可替代传统的碎石、有孔硬管和弹簧透水管，作为反滤、排水、护崖、路基防护等方面的排水新材料，广泛应用于隧道防渗排水、铁路公路的路基排水、软基筑堤、挡土墙反滤、坡面与坡内排水、地下建筑、工民建基础、草坪、运动场、天台花园、垃圾填埋厂等各类工程。尤其在要求导水率大的情况下，代替厚型无纺土工织物解决其排水能力不足的关键问题。

塑料盲沟材料由耐腐蚀维纶纤维制成的滤膜和改性聚乙烯的三维立体网状体组合，具有在土中、水中永不降解的性质，加抗老化配方，可保持永久性材质无变化的特征。

由于选择不同的无纺土工布、尼龙网作滤膜，就可以根据各种土质、围岩选择最合适的织物滤层，有效防止滤层淤堵。

1. 性能指标

性能指标如表12-2、表12-3所示。

塑料盲沟材滤膜性能 表12-2

	规　格	90g 无纺土工布（维纶纤维）
指标	渗透系数（cm/s）	$>5\times10^{-3}$
	抗拉强度（N/cm）	干态 >25
		湿态 >20
	等效孔径	$O_{95}<0.075$
耐酸性		浓酸可使其分解，10%的盐酸、硫酸对其无影响
耐碱性		在50%的苛性钠溶液中强度不降低
耐紫外线		良　好
耐磨性		
抗微生物		良　好
耐蛀、耐霉性		
备　注		备有100~300g针刺土工布、80~140目尼龙滤网供用户选择

塑料盲沟材主要指标　　　　　　　　　　　　　　　　　　　　　　表12-3

项目		型号	MF12 高抗压型	MF13 中空型	MF7 隧道专用	MY8	MY8A 中空型	MY8C 大通水量型
截面尺寸（mm）			120×35	130×30 中空（10×50）×2	70×30 中空10×40	外径ϕ80	外径ϕ80 中空ϕ25	外径ϕ80 中空ϕ40
重量（kg/m）			1.20	1.10		1.20	1.15	1.10
每根长度（m）			2m、5m及客户专门订货长度					
抗压强度	压强（N/m²）		10　31	10　31	10　25	10　31	10　31	10　31
	变形量（cm）		0　0.5	0.1　0.73	0.8　1.86	0.1　0.78	0.41　0.82	1.04　2.9
	测试方法		按国家行业标准 SL/T 235—1999					
通水	（m³/d）		108	1008	480	120	408	1272
	（m³/h）		4.5	42	20	5	17	53
	测试条件		水位差 Δh：2m，管长 L：10m					
备　注			其他截面形状、尺寸规格，可专门订货					

2. 部分生产厂家联系方法

生产厂家或经售单位	联系地址	电话	邮编
盐城莫尔基础工程材料有限公司	江苏省建湖县颜单工业区	0515-6513588	224761
南京坤驰合成材料有限公司	江苏省南京溧水经济开发区	025-57440477	211200

第二节　塑料透水管

一、软式透水管

在实际工程应用中，根据工程条件和设计要求，综合考虑排水和过滤的双重关系，可充分体现出渗水导管的独特作用。该管可截取和引走降雨渗水，排除堤坝、防护坡等工程的自重挤压水和基础内的水，以增加工程的稳定性。

在降水量大的地区，防水堤坝、防护坡等工程一方面受到堤（坡）内流水的冲击、浸润，另一方面受到堤（坡）表面降水的影响，致使堤坝、防护坡内土壤的承载能力和土壤间的粘着力降低，提（坡）的自重挤压水和基础内的水逐渐增多，经长时间积累会在提（坡）内部沿某一方向产生人的孔道，随孔径逐渐增大，最后造成坍塌、溃堤，这就是人们常说的管涌现象。利用非织布人工软式透水管会完全解决这一问题。堤（坡）内自重和基础内部水在土壤层的较大压力作用下，进入软式透水管并导走，这样使堤（坡）内部的空隙水压力降低，可长时间的保持土壤内部的固有结构，增加堤（坡）的稳定性。

铁路、公路及隧道能经得住一般流水的冲击，但在多雨季节，经流水的长期浸泡，路下的碎石会产生滑移并逐渐下沉，虽然土工布发挥着形成稳定分界面截断水流的作用，却不能将路基系统内部存储的大量积水排除，造成难以预想的后果。若在路基或地基内埋设土工布及无纺布软式透水管，将会对路基有良好的维护作用。

1. 产品规格（表12-4）

软式透水管产品规格　　　　表12-4

类别＼规格	内径（mm）	钢线密度（圈数/m）	钢线直径（mm）	标准长度（m）	备注
SH-50	50	55	1.6	150	φ200mm以上规格定做
SH-80	80	40	2.0	80	
SH-100	100	34	2.6	60	
SH-150	150	25	3.5	50	
SH-200	200	19	4.5	35	
FH-50	50	45	2.0	150	

2. 性能指标（表12-5）

软式透水管性能指标表　　　　表12-5

	项目	性能要求					备注
		φ50	φ80	φ100	φ150	φ200	
滤布	纵向抗拉强度（kN/5cm）	>1.0					GB/T 3923.1-97
	纵向伸长率（%）	12~25					GB/T 3923.1-97
	横向抗拉强度（kN/5cm）	≥0.8					GB/T 3923.1-97
	横向伸长率（%）	15~30					GB/T 3923.1-97
	圆球顶破强度（kN）	≥1.1					SL/T 235-1999
	渗透系 K_{20}（cm/s）	≥0.1					SL/T 235-1999
	等效孔径 O_{95}（mm）	0.06~0.25					GB/T 14799-93
管	扁平率1%（N）	≥120	≥200	≥440	≥800	≥1200	SL/T 235-1999
	扁平率2%（N）	≥180	≥440	≥800	≥1200	≥1500	SL/T 235-1999
	扁平率3%（N）	≥370	≥820	≥1500	≥1600	≥1800	SL/T 235-1999
	扁平率4%（N）	≥700	≥1280	≥2500	≥2000	≥2400	SL/T 235-1999
	扁平率5%（N）	≥1200	≥1600	≥3000	≥3200	≥3500	SL/T 235-1999
	管糙率	0.014					满宁公式
	管通水量$(cm^3/s)\times 10^{-3}$	0.440	1.672	≥0.13	≥0.13	≥0.13	$J=1/250$

3. 适用范围

适用于铁路、公路路基及路肩；隧道、地下通道、吸水井、排水井等排水工程。

4. 施工方法

①内衬钢线：高强度弹簧硬钢线，经磷防锈处理，外被覆PVC；
②过滤层：无纺布过滤层；
③透水被覆材料：经纱使用高强力特多纱或尼龙纱，纬纱使用特殊纤维；
④特殊强力PVC胶粘剂。

5. 部分生产厂家联系方法

生产厂家或经售单位	联系地址	电话	邮编
衡水瑞亨橡塑有限公司	衡水市中华北大街85号	13932803532	053000
马来西亚广水企业股份有限公司南京广中建材有限公司	江苏省南京市三元巷7号江苏建筑大厦10楼	0605-5272855	210005

二、加劲纤塑弹簧透水盲管

加劲纤塑弹簧透水盲管是以PVC防锈弹簧钢圈为加劲骨架，被覆里外两层加强合成纤维，间夹无纺布滤布，以达到坚固管体结构、强化透水效果、增加过滤功能，使吸水、透水、排水一气呵成，施工操作简便快捷，且不会产生倒管等不良现象。

1. 产品特点

在各种地铁、隧洞、公路、铁路建设中承担起排放渗透水，降低地下水位，软土层加固、崩滑地预防、改善土质等效果。

2. 产品规格（等12-6）

加劲纤塑弹簧透水盲管产品规格 表12-6

型 号	内径（mm±3）	钢线密度圈（m±3）	钢线直径（mm±1）	标准长度（根）
SJ-50	50	55	2.4	6
SJ-80	80	40	3.0	6
SJ-100	100	34	3.2	6
SJ-150	150	25	3.5	6

3. 性能指标（表12-7）

加劲纤塑弹簧透水盲管性能指标 表12-7

项 目	规 格				参照标准
盲 管	$\phi50$	$\phi80$	$\phi100$	$\phi150$	
内径（mm）	50.1	79.2	98.3	150.1	

续表

项　目	规　格				参照标准
通水量（cm³/s）	45.7	158.8	311.4	938.1	$J=1/250$
糙　率	0.014	0.015	0.015	0.014	满宁公式
单位面积重量（g/m²）	422	422	418	420	GB/T 13762-92
厚　度（mm）	0.94	1.15	0.91	1.01	GB/T 13761-92
纵向抗拉强度（kN/5cm）	1.59	2.32	1.52	1.81	GB3923-83
纵向伸长率（%）	23.15	23.5	21.0	25.3	GB3923-83
横向抗拉强度（kN/5cm）	2.01	2.02	1.91	1.98	GB3923-83
横向伸长率（%）	19.75	20.6	19.3	21.4	GB3923-83
顶破强度（kN）	2.35	2.35	2.34	2.35	GB/T 14800-93
纵向梯形撕裂（kN）	0.46	0.52	0.51	0.52	GB/T 13763-92
横向梯形撕裂（kN）	0.64	0.52	0.57	0.61	GB/T 13763-92
渗透系数×10⁻¹⁰（cm/s）	2.75	2.76	2.41	2.52	NHRI-89
有效孔径（mm）	0.20	0.20	0.20	0.20	GB/T 14779-93

4. 适用范围

该产品适用于公路、铁路、路基、路肩的加固排水；隧道、地铁、地下通道、地下货场的排水；山坡地、边坡开发的水土保持；各种挡土墙背面垂直及水平排水；崩滑地的排水；建筑基础工程施工等排水。

5. 部分生产厂家联系方法

生产厂家或经售单位	联系地址	电　话	邮编
宜兴市三金排水器材厂	江苏省宜兴市环科园潢相子岭	0510-7980387	214206
阜宁县晟欣防排水材料有限公司	江苏省盐城市阜宁县阜城工业园A区9号	0515-87291598	224400

第三节　施工机具

一、新型火焰枪加热器

该产品是为新型防水卷材（APP）、（SBS）等改性沥青油毡的热熔施工需要研制生产的配套产品，有双筒、单筒石油液化气火焰枪、汽化油火焰枪。

该产品除了防水卷材的热熔外，还广泛用于汽车、拖拉机的冬季加热；铸造、邮电、供电、电气化线路、管道、机械、竹制品、藤制品、食品行业的热熔等方面。

1. 产品特点
(1) 预热时间短。
(2) 火焰强,火焰长度100~600mm。
(3) 耐用,长期燃烧不断火、不堵塞。
(4) 使用方便,采用分离连接(油罐与火焰枪之间用橡胶管连接)。
(5) 重量轻,液化气枪0.7kg,汽车油枪1kg。
2. 性能指标(表12-8)

新型火焰枪加热器性能指标　　　　　　　　　　表12-8

项　　目		指　　标
油　　罐		二氧化碳保护焊接工艺
安全压力(MPa)		1.5~2.5
爆炸压力(MPa)		10
油罐工作常用压力(MPa)		0.2~0.5
火焰温度(℃)		1200~1500
油罐装油量(kg)	大型油罐	15
	小型油罐	4
耗油量(kg/h)		1.4~1.8

3. 施工方法
(1) 加油打气,打开油罐加油盖(加油打气帽),根据大小规格加入定量汽油、煤油,然后拧紧加油盖,关闭油罐开关阀,用气筒注气0.2~0.4MPa(见气压表)即可,检查是否泄漏;
(2) 预热打开油罐阀、枪体油阀(旋转1~1.5圈),然后微动打开调节阀,将少许汽油注射进喷火筒即关闭调节阀,点燃喷火筒内汽油,燃烧3min即可预热;
(3) 点燃,将注入喷筒内的汽油点燃,让其在喷筒内燃烧2~3min,再打开枪体油阀(1~1.5圈),然后开启调节阀,调节到所需火焰为止。调节阀不可过大调节,过大则产生红火,如出现红火,可关小调节阀,重新调整,使可达到使用火焰温度和长度;
(4) 熄火,关闭油罐供油阀、枪体油阀,再将调节阀轻动关闭,即熄火;
(5) 使用前请清洗油罐内杂物。
4. 使用注意事项
(1) 使用前检查各连接是否渗漏;
(2) 压力容器要轻拿轻放,不得有漏油、漏气现象发生;
(3) 20~30d清洗一次调节阀套内积炭;
(4) 油针调节阀不可过紧,紧了易损坏喷油嘴;
(5) 调节阀不能做关闭油路使用,只起调节火焰大小之用,可控制在1.5~2.5圈;
(6) 必须先清洗油罐,油罐内要保持清洁,定期排除杂物,预防油路堵塞;
(7) 发生意外火灾时,首先关闭油罐开关阀,切断油源,然后迅速灭火,防止油罐爆炸。

5. 部分生产厂家联系方法

生产厂家或经售单位	联系地址	电 话	邮编
宝鸡市金台区宏伟喷火筒加热器厂	陕西省宝鸡市金台区宏文路19号	0917-3412261	721004
上海飞彪特种焊割机具有限公司	上海市杨浦区黄兴路1号1713室	021-65394980	200090

二、自动爬行热合机

众所周知，建筑防水工程中，对地下工程、隧道、涵洞、水库、水坝、地下铁道、污水处理等的防渗防漏问题，一直是令人伤透脑筋的难题。最近十年来，美国、荷兰与德国等技术先进国家又研制出宽幅聚乙烯土工膜作为防渗防漏衬垫材料，它具有较高的抗拉强度、伸长率、韧性、抗低温性能和抗老化性，耐化学腐蚀性良好，现已广泛应用于以上需要防渗防漏的工程。ZPR-210爬行热合机，正是以上工程中需用的热塑性土工膜的热合连接配套设备。

该产品适用于各类聚乙烯、聚氯乙烯双面丙纶聚乙烯卷材厚度为0.2~2mm材料的热合，接缝为双道，每道宽度10mm。整机轻巧灵活，即可放在地面上自动爬行作业，也可手持对垂直平面、曲面或顶棚位置上的材料进行热合操作。热合速度及热合温度均匀，按实际情况与材料性能进行自行选择调节，选定后的温度能自动恒温控制，以保证其热合连接质量的可靠性，工作时只需操作一只手柄即可，因此移动与施工作业十分简单方便。它适用于水坝、水库、渠道的防渗；地下铁道、公路、铁路、隧洞工程、高速公路路基的防渗漏；污水处理池、坑、垃圾堆放与埋设场边界与底部、国防军事方面的地下、坑道工程、粮食、仓库的防潮防水；堆放场地、大型设备的防潮防水包装及密封及其他需用大面积塑料薄材的场合。

1. 产品型号（表12-9）

自动爬行热合机产品型号　　　　　表12-9

型　号	外形尺寸（mm）	重量（kg）	适用材料厚度	爬坡能力
ZPR-210DⅢ	320×200×220	5.5	0.2~1.2mm	45°
ZPR-210DⅡ	320×200×220	5.5	1~2mm	20°
ZPR-210DV	320×200×210	5.0	0.2~2mm	60°
ZPR-210H	275×200×230	4.5	0.2~2mm	60°

2. 性能指标（表12-10）

自动爬行热合机性能指标 表12-10

项　　目	指　　标
热合爬行速度（m/min）（无级调节）	0.5~5
热合温度（℃）（可调、自动恒温）	0~300
电源电压（V）	220~240（单相交流110~127V）
装机功率（W）	400
热合强度（%）	≥80，母材（剪切方向抗拉）1MPa水压下不渗水

3. 部分生产厂家联系方法

生产厂家或经售单位	联系地址	电　　话	邮　编
温州市鹿城自动封口机厂	浙江省温州市葡萄棚路高新技术产业园16号	0577-8628373	325028
石家庄晓进机械制造科技有限公司	石家庄市高新技术开发区长江大道279	0311-85087188	050035

三、高黏度喷涂机

随着我国工业的发展，对产品的质量要求不断提高。目前，在汽车、机车、造船、建筑、国防等工业部门迫切要求提高产品的隔热、防震、吸声等性能。为适应这些要求，国内涂料行业先后研制出多样的隔热、防震、吸声涂料。其中应用较为普通的有C98-1隔热胶，6731阻尼浆，H67-1、H67-2隔热防震涂料，H98-2隔热阻尼胶，氨基醇酸阻尼浆防水涂料等等，这些涂料的出现，受到国内各行业的重视，但由于没有相应的工艺装备，严重影响这些涂料的实际应用，近几年来研制出了几种型号的高黏度喷涂机，正是为了满足各行业对这方面的需求。其特点是压力比低，流量大，结构简单，使用维修方便，效率高，本机可用于喷涂无流动性的、黏度高的具有短纤维状和细颗粒状成分的隔热防震阻尼涂料和防水涂料。本机在喷涂料时，不加稳压装置其雾化状况也良好，因而特别适用于较大面积的喷涂。如各种桥梁、铁路、各种车厢等喷涂施工。

1. 工作原理

由先导式气控二位四通滑阀控制的空气动力泵带动高压柱塞缸中的活塞、单向阀作上下往复运动，将无流动性的涂料吸入高压缸中，再通过装于活塞上的单向阀将涂料增压强迫经同高压软管送到喷枪高压腔内。当涂料到达喷枪高压腔内的同时，具有0.5~0.7MPa的压缩空气经由空气管路从喷枪的尾部直通高压喷枪的特别喷嘴中，当扣动喷枪板机时，喷枪上的空气截止阀首先打开，喷枪中的涂料截止阀跟着开启，具有一定压力的涂料即和喷嘴中不断吹来的强大空气流混合、雾化，以一定压力喷向工件。

2. 性能指标（表12-11）

第三节 施工机具

高黏度喷涂机性能指标　　　　　　　　　　　　　　表 12-11

项　　目	指　　标
压　力　比	13:1
泵常用进气压力（MPa）	0.2~0.6
枪进气压力（MPa）	0.5~0.7
涂料最大吐出量（l/min）	26
常用喷嘴直径（mm）	$\phi 4 \sim \phi 6$
最大空气消耗量（l/min）	1200
外形尺寸（mm）	550×580×1000
整机重量（kg）	33

3. 操作方法和维修

（1）操作方法

①用户收到喷涂机后，可开箱按结构图安装完毕后，将一气源接于泵的进气口，把调压阀调置 0.2~0.6MPa 所需要的适当范围，另一气源接于喷枪尾部进气软管。两个气源只需要在一般送气管路中抽出两个接通即可，但主气源必须保证空气消耗量的总和；

②将高压软管一端接于泵的涂料出口，即输出接头，带活接头一端接于喷枪的涂料入口；

③开启泵进气旋塞，调节油雾器针型阀，从连接油雾器和泵的塑料软管或排气口观察油雾大小（微量油雾即可）。油杯内每次仅需加一次油（20 号机械油），加油时拧松油雾器压盖，将油杯取下，杯内装满油后再旋紧压盖，严禁油中有尘埃等杂质；

④让泵空载运转片刻，观察各部运转是否正常，扣动枪扳机观察枪的出口是否有足量强大的空气流。喷枪尾部的两个调节螺丝是用来调节空气量大小和涂料多少的，对隔热涂料一般让枪出气量尽可能地使涂料雾化达到理想为准；

⑤提起中间支撑架，使泵体上升，将吸料口放入涂料料桶内（注意涂料先要过滤，严防杂质，特别是大颗粒物进入涂料桶中以免造成堵枪）。打开泵进气开关，待高压稳定后（泵停止运转）即可扣动枪机进行喷涂。该泵喷涂具有一定压力，切勿将枪对准人，以免伤人；

⑥该枪扳机是联动开关，自行实现先开气开关，再开涂料开关，如发现有不正常现象，则需维修枪开关部分。喷涂时，必须保证枪有足够理想的气量；

⑦喷涂结束后，将中间支撑架提起，将挂钩挂在立柱上，使泵的吸入口离开涂料面，使泵空载运行，把泵体内剩余涂料经枪排完后再撤走涂料桶。松动挂钩，将泵体放下，将泵吸入口放在盛有清洗剂的料桶里，让清洗剂往复循环，将泵体、高压涂料管、枪等清洗干净（每次用完后，一定要清洗干净，避免残留涂料在泵内、枪内、管内干涸，以保证下次能顺利进行）；

⑧该泵在冬期施工时，排气部分有严重冻结现象，如果影响工作，加热或提高工作场地温度到 15℃ 以上便能继续正常工作。如北方，只需将气管在屋内暖气包上绕三圈就可

使空气加热;

⑨泵进气压力通常在 0.25~0.4MPa，即刚好使涂料能均匀雾化为宜。切勿使进气压力过大，以免造成涂料进入枪气路中，致使喷枪不能工作。

(2) 维护

①装配时，各气孔道、气路接头、二位四通滑阀、上下先导阀、气缸内严禁进入尘埃等脏物，要定期检查、清洗进气过滤网（在调压阀与油雾器之间进气管内）积存的尘埃脏物，喷枪各部密封件是采用耐油橡胶制成，故不宜长时间泡于苯等强溶剂中，以免溶蚀。如果换各部位橡胶密封圈，必须按说明书中规定的规格，各橡胶密封圈装配前必须清除毛边飞刺，破损的密封圈严禁使用;

②清洗、保养、拆装维修时，需注意各零件组装位置及方向，不能错装或漏装，不能碰伤各滑动配合部位。二位四通滑阀外套无特殊故障不要轻易拆卸，以免损伤 O 型橡胶圈。因磨损过大或别的特殊原因需拆装时，滑阀芯向下取出，滑阀外套轻轻向上顶出。装配时相反，滑阀芯由下向上装，滑阀外套由上往下装。如滑阀芯与阀外套因碰伤有毛刺、活动不灵，可用细研磨膏互研，直至活动灵活，无发卡现象。经修理组装好后二位四通滑阀，应小心仔细装入配气腔中，以免切坏损伤 O 型橡胶密封圈;

③当进气压力为 0.6MPa 时，空载往复次数约 140 次/min，如低于这一往复次数，喷涂时则会感到力量不足或不能正常喷涂，此时应检查气源流量和压力是否足够，检查气路通道是否有堵塞现象，气路管径是否够大，尤其管口接头部分往往易于堵塞。如气路无问题，可检查高压系统各单向阀口密封是否良好。如泵往复运动很吃力和有异样摩擦拌动，则应检查高压柱塞缸，柱塞和缸座皮碗是否磨损和夹有脏物;

④气缸工作不正常时，首先检查二位四通滑阀工作是否正常。如偶然停于死点上，可将滑阀上部观察螺塞卸下，用钢丝将阀芯轻轻推向下部，再拧上观察螺塞，泵又可工作。如泵久置未用或其他原因进气后不能启动，可能是二位四通滑阀的阀芯与外套粘住、卡住或锈蚀，此时可卸下滑阀的观察螺塞，用钢丝将阀芯上下推动几下直至灵活无发卡现象。经上述处理还不能排除，则可进一步检查上先导阀和下先导阀各橡胶密封圈是否完整密封可靠，先导阀内弹簧是否折断失效，检查卸下滑阀观察螺塞，用细钢丝将滑阀芯推向上部，则上先导伐被顶开，有气流冲出，如推向下部，则下导阀被顶开，有气流冲出。在推动滑阀芯换向过程中，上、下先导阀只能是其中之一有气流冲出，泵工作就正常，反之若上、下先导阀同时有气流冲出，或都无气流冲出，泵便不能正常工作，此时应检查上、下先导阀的密封圈是否完好，以及气流是否畅通。

4. 部分生产厂家联系方法

生产厂家或经售单位	联系地址	电话	邮编
中国船舶工业总公司长江机械厂	四川省万县市 004 信箱	0819-52342	634100
上海泰钜喷涂机电设备有限公司	上海松江区北松公路 6700 号 21 栋 38 号二层	021-37831511	200000

四、注浆堵漏泵

该产品是一种轻便、易携的手揿泵,是化学注浆施工的常规设备,适用于对蜂窝、孔洞、裂缝和变形缝渗漏等混凝土缺陷的防水补强处理。该泵已在大量的工程中得到应用,并取得了良好的工程效益,适用于各种化学灌浆材料的灌注,以对水利、水电、隧道、地铁、人防、冶金工程、工业和民用建筑中混凝土缺陷进行防水补强处理。

1. 产品特点
(1) 灵巧、轻便,易于携带;
(2) 操作简便,无需电源、气源;
(3) 结构合理,易于拆洗和维护;
(4) 注浆压力可控制;
(5) 注浆效果好。

2. 性能指标(表12-12)

3. 操作方法
(1) 初用时,先用丙酮或二甲苯清洗泵内机油;

注浆堵漏泵性能指标　　表12-12

项　　目	指　　标
最大注浆压力(MPa)	1.0
出浆量(L/min)	2
可灌浆液黏度(Pa·S)	1~800
浆筒容积(L)	8.0
泵　重(kg)	7.0

(2) 在压力表下端的油盅内加满机油,拧紧油盅;
(3) 在浆筒中倒入所灌的浆液,盖上筒盖,拉上搭扣;
(4) 用注浆管和出浆管相接,压浆将管中空气赶出;将灌浆管的另一端与预埋的灌浆管相接,接头处要用细钢丝扎紧;
(5) 根据设计的要求控制压力进行注浆;
(6) 灌浆结束后,用溶剂清洗泵,然后在运动部件涂上机油,装配待用。

4. 使用注意事项

由于浆液中化学溶剂会使柱塞上O形橡胶密封圈溶胀,从而引起密封不严等现象,需经常检查更换。

5. 部分生产厂家联系方法

生产厂家或经售单位	联系地址	电　话	邮　编
苏州特艺奥立克建材科技工业有限公司	江苏省苏州市吴中区东吴工业园尹西路1号	0512-65610188	215128
淮安市博隆防水材料有限公司	江苏省淮安市解放东路	0517-3053117	223002

五、聚脲防水涂料喷涂设备

高压加热喷涂设备类型众多,其操作方法各有不同,现以 Reactor H-XP2、H-XP3 聚脲喷涂设备为例,介绍其具体的使用方法。

1. 部件及性能

H-XP2、H-XP3 聚脲喷涂设备其部件的组成参见 12-1,其技术数据参见表 12-13;涂层喷涂性能参见图 12-2;加热器性能参见图 12-3。

技 术 数 据   表 12-13

类 别	数 据
最大流体工作压力	H-25 型和 H-40 型:2000psi(13.8MPa,138bar) H-XP2 型和 H-XP3 型:3500psi(24.1MPa,241bar)
流体:油压比	H-25 型和 H-40 型:1.91:1 H-XP2 型和 H-XP3 型:2.79:1
流体入口	甲组分(ISO):1/2npt(内螺纹),最大 250psi(1.75MPa,17.5bar) 乙组分(树脂):3/4npt(内螺纹),最大 250psi(1.75MPa,17.5bar)
流体出口	甲组分(ISO):8 号 JIC(3/4-16unf),带 5 号 JIC 转换接头 乙组分(树脂):10 号 JIC(7/8-14unf),带 6 号 JIC 转换接头
流体循环口	1/4nosm(外螺纹),带塑料管,最大 250psi(1.75MPa,17.5bar)
最高流体温度	190°F(88℃)
最大输出(环境温度下 10 号油)	H-25 型:22lb/min(10kg/min)(60Hz) H-XP2 型:1.5 加仑/min(5.7L/min)(60Hz) H-40 型:45lb/min(20kg/min)(60Hz) H-XP3 型:2.8 加仑/min(10.6L/min)(60Hz)
每周的泵出量	H-25 型和 H-40 型:0.053 加仑(0.23L) H-XP2 型和 H-XP3 型:0.042 加仑(0.15L)
线路电压要求	230V 单相和 230V 3 相设备:195-264V 交流,50/60Hz 400V 3 相设备:338-457V 交流、50/60Hz
电流要求	型号不同有所不同,具体参见说明书
加热器功率	型号不同有所不同,具体参见说明书
液压储液器容量	3.5 加仑(13.6L)
推荐的液压流体	Citgo A/W 液压油,ISO 45 级
噪音功率,按照 ISO 9514-2 规定	90.2dB(A)
噪声压力,离设备 1m	82.6dB(A)
重 量	带 8.0kW 加热器的设备:535lb(243kg) 带 12.0kW 加热器的设备:597lb(271kg) 带 15.3kW 加热器的设备(H-25/H-XP2 型):562lb(255kg) 带 15.3kW 加热器的设备(H-40/H-XP3 型):597lb(271kg) 带 20.4kW 加热器的设备:597lb(271kg)
流体部件	铝质、不锈钢、镀锌碳钢、黄铜、硬质合金、镀铬材料、氟橡胶、PTFE、超高分子量聚乙烯、耐化学 O 形圈

注:所有其他品牌的名称或标志均是其各自所有者的商标,在此仅用于辨认。

第三节 施工机具

BA— 甲组分泄压出口；
BB— 乙组分泄压出口；
EC— 加热管电气连接器；
EM— 电动机、风扇和传动带（在护罩后面）；
FA— 甲组分流体歧管入口（在歧管管体左侧）；
FB— 乙组分流体歧管入口；
FH— 流体加热器（在护罩后面）；
FM— Reactor液体歧管；
FP— 进料入口压力表；
FS— 进料入口过滤器；
FT— 进料入口温度表；
FV— 流体入口阀（所示为B侧）；
GA— 甲组分出口压力表；
GB— 乙组分出口压力表；
HA— 甲组分软管连接；
HB— 乙组分软管连接；
HC— 液压控制器；
HP— 液压表；
LR— ISO润滑油储液器；
MC— 电动机控制显示窗；
MP— 主电源开关；
OP— 过压安全膜组件（在A泵和B泵的后面）；
PA— 甲组分泵；
PB— 乙组分泵；
RS— 红色停止按钮；
SA— 甲组分泄压/喷涂阀；
SB— 乙组分泄压/喷涂阀；
SC— 流体温度传感器电缆；
SN— 系列号标牌（一个在机柜内，一个在机柜的右侧）；
SR— 电线应力消除器；
TA— 甲组分压力传感器（在GA压力表后面）；
TB— 乙组分压力传感器（在GB压力表后面）；
TC— 温度控制显示窗；

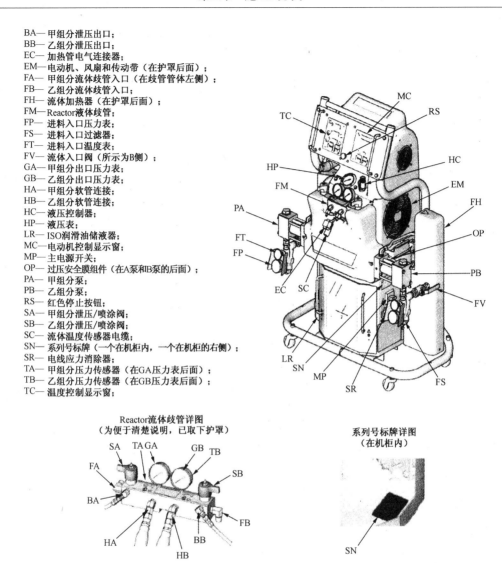

图12-1　H-XP2、H-XP3聚脲喷涂设备部件的组成

2. 电器控制系统

（1）主电源开关

主电源开关位于设备的右侧，见图1中MP，用于接通和关断Reactor的电源，不会接通加热器各区或泵。

（2）红色停止按键

红色停止按键位于温度控制面板和电动机控制面板之间，见图1中RS。按下红色停止按键只关断电动机和加热器各区的电源。要关断设备的所有电源，请使用主电源开关。

（3）温度控制及指示灯

温度控制及指示灯参见图12-4。

按下实际温度键/LED指示灯显示实际温度，按下并按住实际温度键/LED指示

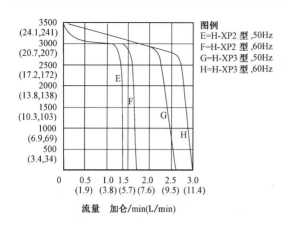

图12-2 涂层喷涂性能

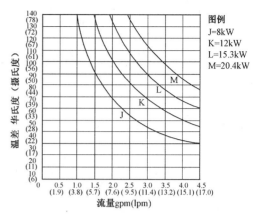

图12-3 加热器性能

* 加热器性能数据是基于采用10Wt液压油和230V加热器电源电压所进行的测试

示电流。

按下目标温度键/LED指示灯显示目标温度，按下并按住目标温度键/LED指示灯显示加热器控制电路板温度。

按下温标键/LED指示灯断路器℉或℃改变温标。

按下加热器区的接通/关断键/LED指示灯接通和关断加热器各区，同时也清除加热器区的诊断代码，见本节9。加热器各区接通时，LED指示灯会闪烁。每次闪烁的持续时间表示其加热器接通的程度。

按下温度箭头键，然后按上下调节温度设定值。

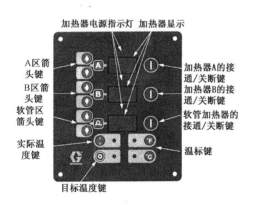

图12-4 温度控制及指示灯

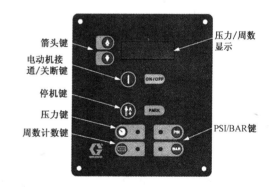

图12-5 电动机控制及指示灯

根据所选择的模式显示加热器各区的实际温度或目标温度。启动时的默认显示为实际温度。A区控制甲组分的加热，B区控制乙组分的加热，A和B区的显示范围为32~190℉（0~88℃），软管的显示范围为32~180℉（0~82℃）。

（4）电动机控制及指示灯

电动机控制及指示灯参见图12-5。

按下电动机接通/关断键/LED 指示灯，接通和关断电动机。同时也清除某些电动机控制诊断代码，见本节 9。

在一天的工作结束时，按下停机键/LED 指示灯以使甲组分泵循环到原始位置，将活塞柱浸没。扣动喷枪扳机，直至泵停止运转。停机后，电动机会自动关闭。

按下 PSI/BAR 键/LED 指示灯改变压力标度。

按下压力键/LED 指示灯显示流体压力。如果两个压力不平衡，则显示较高的一个压力值。

按下周数计数键/LED 指示灯显示运行周数，要清除计数器上的计数，可按下周数计数键/LED 指示灯并按住 3s。

使用电动机控制箭头键可进行压力不平衡调节设置以及待机设置调整。

液压控制旋钮用于调节提供给液压驱动系统的液压压力。

3. 设备的安装

设备的典型安装可分为带循环安装和不带循环安装，参见图 12-6 和图 12-7。

（1）放置配比器

将配比器放置在水平的表面上。有关间隙和安装孔的尺寸参见图 12-8。不要让配比器暴露在雨水中。在举升前，要用螺栓将配比器固定到原始装运托盘上。用脚轮将配比器移到需固定的位置，或用螺栓将其固定在装运托盘上，用铲车搬动。要想安装在推车的车板或拖车上，可去掉脚轮并用螺栓将其直接固定到推车或拖车的车板上，见图 12-8。

（2）电器要求

电器要求参见表 12-14。

（3）连接电线

连接电线（不包括电源）要求参见表 12-15。

（4）连接进料泵

将进料泵（K）装入甲组分和乙组分的供料桶 A、B 内。两个进料入口压力表要求有 0.35 MPa 的最小进料压力，最大进料压力是 1.75 MPa。A 和 B 供料桶的进料压力差要保持在 10% 以内。

电气要求（kW/满载电流） 表 12-14

部 件	型 号	电压（相数）	满载峰电流[①]	系统功率[②]
253403	H-XP3	230V（1）	100	23,100
253404	H-XP3	230V（3）	90	31,700
253405	H-XP3	400V（3）	52	31,700
255403	H-XP2	230V（1）	100	23,260
255404	H-XP2	230V（3）	59	23,260
255405	H-XP2	400V（3）	35	23,260

①所有装置均运行在最大能力时的满载电流。在不同的流量和混合室尺寸下对保险丝的要求可能会低一些。
②系统总瓦数，根据每个设备的最大软管长度计算：

第十二章　排水、防水辅助材料及施工机具

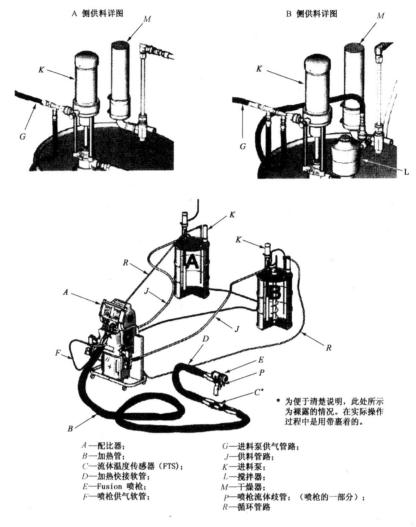

A—配比器；
B—加热管；
C—流体温度传感器（FTS）；
D—加热快接软管；
E—Fusion 喷枪；
F—喷枪供气软管；
G—进料泵供气管路；
J—供料管路；
K—进料泵；
L—搅拌器；
M—干燥器；
P—喷枪流体歧管；（喷枪的一部分）；
R—循环管路

* 为便于清楚说明，此处所示为裸露的情况。在实际操作过程中是用带裹着的。

图 12-6　典型安装带循环

电源线的要求　　　　　　　　　表 12-15

部　件	型　号	线缆的规格 AWG（mm²）
253404	H-XP3	4（21.2），3 线 + 接地
253405	H-XP3	6（13.3），4 线 + 接地
255403	H-XP2	4（21.2），2 线 + 接地
255404	H-XP2	6（13.3），3 线 + 接地
255405	H-XP2	8（8.4），4 线 + 接地

密封甲组分供料桶 A 并在通气口内放置干燥器。
如果有必要，可将搅拌器装入乙组分供料桶 B 内。
确保甲组分和乙组分供料桶的入口阀关闭。

第三节 施工机具

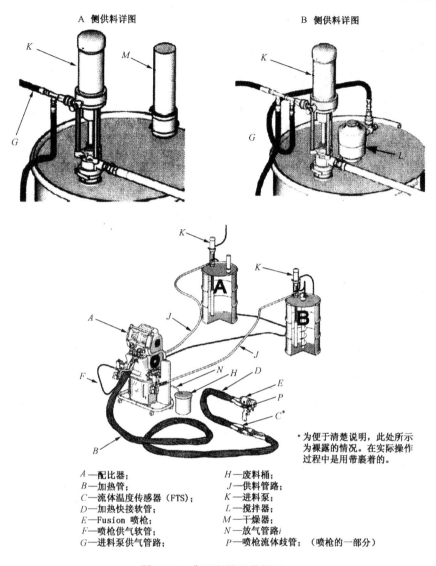

图 12-7 典型安装不带循环

将乙组分的供料软管与其入口阀上的 3/4npt（内螺纹）旋转接头连接并拧紧。将甲组分的供料软管与其入口阀上的 1/2npt（内螺纹）旋转接头连接并拧紧。从进料泵接出的供料软管内径应为 3/4in（19mm）。

（5）连接泄压管路

不要在泄压/喷涂阀出口的下游安装截止阀。当被置于喷涂位置时，这些阀作为过压释放阀使用。必须保持管路的通畅，使机器在运行时能自动释放压力。如果需要让流体循环回到供料桶，则使用额定能承受设备的最大工作压力的高压软管。

建议将高压软管连接到两个泄压/喷涂阀的泄压接头上，然后将软管接回到甲、乙组分供料桶上。或者将所提供的放气管牢固插入接地的密闭废液桶内。

（6）安装流体温度传感器（FTS）

流体温度传感器要安装在主软管和快接软管之间。

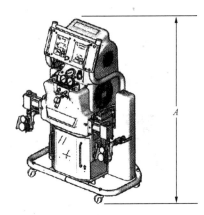
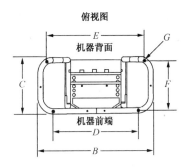
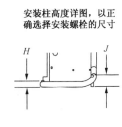

尺寸	in
A（高度）	55.0
B（宽度）	39.6
C（深度）	18.5
D（前安装孔）	29.34
E（后安装孔）	31.34
F（侧安装孔）	16.25
G（安装柱内径）	0.44
H（前安装柱高度）	2.0
J（后安装柱高度）	3.6

图 12-8　尺寸图

（7）连接加热管

流体温度传感器和快接软管必须与加热管一起使用。软管的长度，包括快接软管在内，必须至少短 60in（18.3m）。

关断主电源。组装加热管、FTS 及快接软管。将 A 软管和 B 软管分别连接到 Reactor 流体歧管的甲组分出口和乙组分出口上。软管采用颜色标识：红色用于甲组分，蓝色用于乙组分。两个接头的大小不同，以避免出现连接错误。歧管的软管转换接头（N，P）可连接内径为 1/4in 和 3/8in 的流体软管。要连接内径为 1/2in（13 mm）的流体软管，可从流体歧管上卸下转换接头并按需要连接快接软管。

连接电缆。连接电气连接器。要确保在软管弯曲时电缆仍有一定的松弛量。用绝缘胶带将电缆及电气连接处缠上。

关闭喷枪的流体歧管阀。将快接软管连接到喷枪的流体歧管上。不要将歧管连接到喷枪上。对软管进行加压检查，检查是否有渗漏。如果没有渗漏，则将软管和电气连接处缠上，以避免损坏。

（8）系统接地

配比器通过电源线接地。将快接软管的接地导线连接到 FTS 上，不要断开接地导线或没有连接快接软管就进行喷涂。

供料桶：按照当地的规范进行。被喷物体：按照当地的规范进行。冲洗时所用的溶剂桶：按照当地的规范进行。只使用放置在已接地表面上的导电金属桶。不要将桶放在诸如纸或纸板等非导电的表面上，这样的表面会影响接地的连续性。

为了在冲洗或释放压力时维持接地的连续性，将喷枪的金属部分紧紧靠在接地金属桶的侧边，然后扣动喷枪扳机。

(9) 检查液压流体的液位

液压储液器在出厂时已注满，首次工作之前要检查液位，此后每周检查一次。

(10) 润滑系统的设置

甲组分泵：用 Graco 喉管密封液（部件号为 206995，随供）注满润滑油储液器。将润滑油储液器从托架中升起，并从帽上卸下该容器，注满新鲜的润滑油。将储液器拧在帽组件上，并将其放入托架（RB）中。

将较大直径的供液管推入储液器内约 1/3 行程的距离。将较小直径的回液管推入储液器，直到到达底部为止，确保异氰酸酯沉在底部，不被虹吸入供液管及返回到泵。

润滑系统准备好进行工作，不需要填料。

4. 开机步骤

在所有盖子和护罩被装回原处之前，请不要运行配比器。

穿好防护服、防护眼镜、防护手套等防护用品。

(1) 用进料泵注流体

曾在工厂用油对配比器进行测试，进行喷涂之前要用适当的溶剂将油冲出。

检查确认所有设置步骤均已完成。每天启动前，要检查入口滤网是否清洁。每天检查润滑油情况和液位。

接通乙组分的搅拌器（若使用）。

将两个泄压/喷涂阀都旋到喷涂位置。

启动进料泵。

打开流体入口阀，检查是否有渗漏。

用进料泵加载系统。将喷枪的流体歧管固定在两个接地的废液桶上方，打开流体阀，直至从阀内流出清洁、无空气的流体，关闭阀门。

特别注意：在启动期间不要混合甲组分和乙组分。要始终提供两个接地的废液桶，以分开甲组分和乙组分的流体。

(2) 设定温度

本设备配用加热流体，设备表面会变得非常热。为了避免严重烧伤，不要接触热的流体或设备，要待设备完全冷却之后再触摸。如果流体温度超过 110°F（43℃），要戴上手套。

接通主电源。分别设置 A 桶、B 桶、软管的加热温度。接通加热区。预热软管（16~60min）。当流体达到目标温度时，指示灯会非常慢地闪烁，显示窗显示出软管内 FTS 附近的实际流体温度。

注意软管内没有流体时不要接通软管加热器。热膨胀可造成压力过高，导致设备破裂或严重损伤，包括流体注射。在预热软管时不要给系统加压。

检查各区的电流以及加热器，控制电路板温度。

当处于手动电流控制模式时，要用温度计监测软管的温度，温度计的读数不得超过 160°F（71℃）。当处于手动电流控制模式时，切勿将机器置于无人看管的状态。

如果 FTS 被断开或者显示窗显示诊断代码 E04，则先关断主电源开关，然后再接通以清除诊断代码并进入手动电流控制模式。

显示窗将显示流向软管的电流，电流不受目标温度的限制。为避免过热，将软管温度计安装在靠近喷枪一端可被操作员看到的位置。将温度计穿过甲组分软管的泡沫罩插入，使温度计的芯杆紧靠内管。温度计的读数会比实际流体温度低大约 20°F。如果温度计的读数超过 160°F（71℃），应降低电流。

（3）设定压力

启动电动机和泵，显示系统压力。调节液压控制器，直至显示窗显示出所期望的流体压力。如果显示压力超过所需压力，降低液压并扣动喷枪扳机以降低压力。

用甲组分压力表和乙组分压力表检查每个配比泵的压力是否正确，此两压力应近似相等，且必须保持固定。

改变压力不平衡设置可选可不选压力不平衡功能可检测出那些可能会造成喷涂比率失当的条件，如供料失压/缺料、泵密封损坏、流体入口过滤器堵塞或流体泄漏等，代码 24（压力不平衡）被默认设定为发出警报。

出厂时将压力不平衡的默认值设定为 3.5 MPa。要进行较严格的比率错误检测，可选择较低值。要进行较宽松的检测或避免令人讨厌的警报，可选择较高值。

5. 喷涂

锁上喷枪的活塞保险栓；关闭喷枪的流体歧管阀；装上喷枪的流体歧管；连接喷枪的气路，打开气路阀；将泄压/喷涂阀置于喷涂位置；检查确认加热区已接通，而且温度已达到目标温度；启动电动机和泵；检查流体压力的显示，并根据需要进行调节。

检查流体压力表，以确保压力正确平衡。如果不平衡，稍微朝泄压/循环位置转动压力较高组分的泄压/喷涂阀，降低该组分的压力，直到压力表显示压力已平衡。

打开喷枪的流体歧管阀。对于撞击式喷枪，如果压力不平衡，切勿打开流体歧管阀或扣动喷枪扳机。

放开活塞保险栓。在纸板上检验喷涂效果，调节温度和压力，以获得所期望的效果。

设备已准备就绪，可以开始喷涂。如果在一段时间里停止喷涂，则设备将进入待机状态。

6. 待机和关机

（1）待机

如果在一段时间里停止喷涂，则设备将进入待机状态，关闭电动机和液压泵，这样可减少设备的磨损，最大限度地减少热量积聚。当处于待机状态时，电动机控制面板上的 LED 接通/关断指示灯和压力/循环显示窗将闪烁。

在待机时 A、B 加热区将不关闭。

要重新启动，先在远离喷涂目标的地方喷涂 2s。系统将检测到压降，电动机会在几秒钟内急剧达到满速。

此功能在出厂时预设为禁用。调节电动机控制板上的 DIP 开关 3 可启用或禁止待机状态。

可按以下方法设置进入待机状态前的空闲时间：关断主电源开关，按下并按住电动机控制器上的周数计数键，接通主电源开关，然后用上下键以选择所需的定时器设置，5～20min，以 5min 为增量。它设定设备在进入待机状态前不活动时间。最后关断主电源开关，以保存这些变化。

(2) 停止工作

关闭 A、B 加热区，泵停机，关断主电源，关闭两个流体供料阀（FV）。释放压力（参见 7 泄压步骤），根据需要关断进料泵。

7. 泄压步骤

释放喷枪内的压力并进行喷枪停机。关闭喷枪的流体歧管阀。关闭进料泵和搅拌器（若使用）。将泄压/喷涂阀旋至泄压/循环位置。将流体引到废液桶或供料桶内。确认压力表读数已降到 0。

锁上喷枪的活塞保险栓。断开喷枪的气路连接并卸下喷枪的流体歧管。

8. 流体循环

(1) 通过配比器循环

未向材料供应商查询有关材料的温度范围时，不要循环含有发泡剂的流体。用进料泵注流体。不要在泄压/喷涂阀出口的下游安装截止阀。当被置于喷涂位置时，这些阀作为过压释放阀使用。必须保持管路的通畅，使机器在运行时能自动释放压力。

参见图 12-6 的典型安装。带循环，将循环管路引回到各自的甲组分、乙组分供料桶。请使用额定能承受设备的最大工作压力的软管。

将泄压/喷涂阀置于泄压/循环位置，接通主电源。设定目标温度［参见 4 开机步骤(2)］。接通 A 和 B 加热区。除非软管内已注满流体，否则不要接通软管加热区。显示实际温度。

启动电动机前，将液压降至循环流体所需最小值，直到 A 和 B 温度达到目标温度。

启动电动机和泵。在尽可能最低的压力下循环流体，直到温度达到目标温度。

接通软管加热区，将泄压/喷涂阀置于喷涂位置。

(2) 通过喷枪的歧管循环

未向材料供应商查询有关材料的温度范围时，不要循环含有发泡剂的流体。通过喷枪的歧管循环流体，可使软管快速预热。将喷枪的流体歧管安装在循环附件上。将高压循环管路连接到循环歧管上。将循环管路引回到各自的甲、乙组分供料桶。请使用额定能承受设备的最大工作压力的软管。

用进料泵注流体进行。接通主电源。设定目标温度参见 4 开机步骤（2）。接通 A、B 和软管加热区，显示实际温度。启动电动机前，将液压降至循环流体所需最小值。启动电动机和泵。在尽可能最低的压力下循环流体，直到温度达到目标温度。

9. 诊断代码

部分诊断代码参见表 12-16。

(1) 温度控制诊断代码

温度控制诊断代码显示在温度显示窗上。这些警报会关闭加热。99 在恢复通讯后自动清除。代码 03 至 06 可通过按下予以清除。对于其他代码，先关断主电源然后再接通主电源即可清除。

(2) 电动机控制诊断代码

部分诊断代码 表12-16

代 码	代码名称	报警区	代 码	代码名称	警报或警告
01	流体温度过高	单独	21	没有传感器（A组分）	警报
02	电流过大	单独	22	没有传感器（B组分）	警报
03	无电流	单独	23	压力过高	警报
04	FTS 未连接	单独	24	压力不平衡	可选择，参见修理手册
05	电路板的温度过高	单独	27	电动机温度过高	警报
06	没有区间通讯	单独	30	瞬间没有通讯	警报
30	瞬间没有通讯	全部	31	泵管路开关故障/高循环速率	警报
99	没有显示通讯	全部	99	没有通讯	警报

电动机控制诊断代码21至27显示在压力显示窗上。有两类电动机控制代码：警报和警告。警报比警告优先。

警报会关闭配比器。先关断主电源然后再接通主电源，即可清除。

除代码23之外，其他警报也可通过按下电动机接通关闭键进行清除。

警告配比器会继续运行，按下压力键即可清除。在预定的时间内（不同警报的时间不同）或在主电源被关断然后再接通之前，警告不会重复发出。

10. 维护及冲洗

（1）维护

每天检查液压管路和流体管路有无泄漏。清除所有液压漏出物，确定并修理泄漏的原因。

每天检查流体入口过滤器的滤网。

每周用 Fusion 润滑脂润滑循环阀。

每天检查 ISO 泵的润滑油情况和液位，根据需要重新注满或更换。

每周检查液压流体的液位，检查油尺上液压流体的液位。流体液位必须位于油尺的凹刻标记之间。根据需要重新注入认可的液压流体。如果流体的颜色很深，则更换流体和过滤器。

在运行头250h后或在3个月内，应更换新设备内的磨合油。有关推荐的换油频率，参见表12-17。

换 油 频 率 表12-17

环 境 温 度	建 议 频 率
0~90℉（-17~32℃）	12个月或每使用1000h（取最先时间）
90℉及以上（32℃及以上）	6个月或每使用500h（取最先时间）

要防止将甲组分暴露在大气的水分中，以避免发生结晶。定期清洗喷枪混合室各口。

定期清洗喷枪止回阀滤网。用压缩空气来防止灰尘在控制板、风扇、电动机（护罩下面）及液压油冷却器上聚积。保持电柜底部的通风孔通畅。

（2）流体入口过滤器滤网

入口过滤器将可能堵塞泵入口止回阀的颗粒物滤掉。作为启动程序的一部分，每天要检查滤网，并根据需要进行清洗。

使用洁净的化学品并遵循正确的存放、运输和操作步骤，以最大限度地减少A侧滤网的污染。在日常启动过程中勤清洗A侧滤网，这样可在开始分配操作时立即冲洗掉任何残留的异氰酸酯，将湿气污染减至最低程度。

关闭泵入口的流体入口阀，并使相应的进料泵停机，这样可以防止在清洗滤网时发生泵送涂料的情况。在过滤器歧管下面放一个接住流体的容器。取下过滤器的插塞。从过滤器歧管取下滤网。用适当的溶剂彻底清洗滤网，将其甩干。检查滤网，如果多于25%的网眼被堵塞，则需更换滤网。检查垫圈，根据需要进行更换，确保管塞拧入过滤器的插塞内。将过滤器插塞与滤网和垫圈安装到位并拧紧，不要拧得太紧，让垫圈起到密封的作用。打开流体入口阀，确保没有泄漏，将设备擦干净。

（3）泵润滑系统

每天检查ISO泵润滑油的情况。如果变成凝胶状、颜色变深或被异氰酸酯稀释，则更换润滑油。

凝胶的形成是由于泵润滑油吸收了湿气所致。多长时间进行更换取决于设备工作的环境。泵润滑系统可使暴露在湿气中的可能性减至最小，但仍有可能受到一些污染。

润滑油变色是由于在运行时有少量异氰酸酯通过泵密封件不断渗出。如果密封件工作正常，因变色而更换润滑油不必过于频繁，每3或4周更换一次即可。

更换泵润滑油：①释放压力；将润滑油储液器从托架中升起，并从帽上卸下储液器；②将帽握在适当容器的上方，卸下止回阀，排出润滑油。将止回阀重新装到入口软管上；③排空储液器，用干净的润滑油进行清洗；④当储液器清洗干净时，注入新鲜的润滑油；⑤将储液器拧在帽组件上，并将其放入托架中；⑥将较大直径的供液管推入储液器内约1/3行程的距离；⑦将较小直径的回液管推入储液器，直到到达底部为止；⑧润滑系统已准备好进行工作。不需要填料。

如前所述，回液管必须到达储液器的底部，确保异氰酸酯晶体沉在底部，不被虹吸入供液管及返回到泵。

（4）冲洗

仅在通风良好的地方冲洗设备。不要喷涂易燃的流体。用易燃的溶剂进行冲洗时，不要接通加热器电源。

在通入新的流体之前，用新的流体冲出旧的流体，或者用适当的溶剂冲出旧的流体。冲洗时使用尽可能低的压力。所有的流体部件均可用常用的不含水分的溶剂。

要想将进料软管、泵及加热器与加热管分开冲洗，可将泄压/喷涂阀置于泄压/循环位置通过放气管路进行冲洗。

要冲洗整个系统，通过喷枪的流体歧管进行循环（将歧管从喷枪上取下）。为了防止异氰酸酯受潮，要始终保持系统干燥或注入不含水分的增塑剂或油，不要用水。

11. 注意事项

使用人员要详细阅读使用规范,并对设备的各个部件熟知牢记;建议在喷涂前做好安全防护工作。

喷涂过程中对设备的工作压力和温度数据进行详细记录,设备的运行压力和温度不宜过高,建议使用推荐压力和温度。设备内部是高压空间,不经过相关负责人允许,严禁自行打开设备进行维护和检修。

注意用电安全,电源要良好接地。

喷涂过程中避免立体交叉作业,以免误喷到人。喷涂中设备在暂停使用时喷枪要放在停止状态,关好喷枪保险,打开喷枪侧面气量调节阀,喷口不要对着人或人行走的路线。

对设备的液压油和泵润滑液要定期检查,必要时要进行填充和更换。每次工作完成后要对设备的入口处过滤网进行仔细清洗,避免杂质堵塞。

移动设备时要小心,推动部位不能是悬挂式部件,要推设备的钢制框架部位。

设备现场要注意防水和防晒。原料桶原料未用完,在下次使用间隔30min以上时,尽量将原料桶的桶盖盖好,避免杂质和水分进入到原料桶内,造成不必要的原料浪费;原料未用完要进行重新密封时,也必须要将原料桶盖周围的残液擦拭干净后方可密封。

在进行喷涂、组装以及拆卸的过程中严禁吸烟和明火。

12. 部分生产厂家联系方法

生产厂家或经售单位	联系地址	电话	邮编
美国固瑞克公司北京办事处	北京市朝阳区光华路12A科伦大厦A-715室	010-65818404	100020
美国固瑞克公司上海代表处	上海市漕宝路509号新园大厦2号楼118室	021-64950088	200233

第十三章 防水施工

第一节 山岭隧道的防排水施工

一、山岭隧道的防排水施工

（一）围岩注浆

注浆是指将注浆材料按照一定的比例配制成浆液，并通过一定的方式注入隧道围岩或衬砌壁后的空隙中，经凝结、硬化后起到堵水和加固围岩作用的一类防水堵漏技术。其是深入地层内部直接阻止地下水流向隧道的一种施工方法。

注浆材料是将一定的无机材料或有机高分子材料配制成具有特定性能要求的浆液，采用压送设备将其灌入缝隙或孔洞中，使其扩散、胶凝或固化，达到防渗堵漏目的的一类防水材料。注浆材料又称灌浆材料。

注浆材料是注浆技术中不可缺少的一个组成部分，注浆之所以能够起到堵水和加固的作用，主要是由于注浆材料在注浆过程中发生由液相（浆液）到固相，再转变成结石体的结果。因此，凡是一种液体在一定条件下可以变成固体的物质，一般来讲都可以作为注浆材料。

注浆材料品种很多，其分类方法亦有多种。按注浆材料主剂性质可分为无机类和有机类注浆材料两大类；按浆液的颗粒可分为颗粒性浆液和无颗粒快凝浆液；按浆液所处的状态可分为真溶液、悬浮液和乳化液；按工艺性质可分为单浆液和双浆液。

注浆技术一般有两个方面的用途：一是在新开挖地下工程时对围岩进行防水处理。它的基本原理就是将制成的浆液压入岩石裂隙，使它沿裂隙流动扩散，形成具有一定强度的低透水性的结合体，从而堵塞裂隙、截断水流。围岩处理一般采用水泥浆液和水泥化学浆液，只有在碰到流砂层、粉砂、细砂冲积层才采用可灌性好的化学浆液注浆；二是对防水混凝土地下工程的堵漏修补。修补堵漏技术是根据工程特点，针对不同的渗水情况，分析原因，选择相应的材料、工艺、机具设备等处理地下工程渗漏的一项专门性技术。

过去，对地下工程的渗漏主要采用以水泥为主的防水材料进行快速堵漏和大面积砂浆抹面修补的方法，随着高分子材料的出现，近来各种化学注浆堵漏抹面技术纷纷出现，给地下工程的防水带来了新的活力。

化学注浆堵漏技术，即将化学药品制成的浆液，用泵输入混凝土结构裂隙之中，凝结、硬化后起到堵水作用。化学灌浆材料品种随着科学技术的发展也越来越多，最主要的品种有丙凝、甲凝、氰凝、环氧、聚氨酯等，其注浆的方法亦有单液、双液两种。

（1）无机类注浆材料

应用于建筑防水工程的无机类注浆材料为颗粒性注浆材料，是指一种或几种惰性细颗粒状材料（如水泥、黏土、膨润土、粉灰、硅粉等）悬浮在水中形成的浆液，这类浆液也可称为悬浊型浆液或颗粒性浆液。

(2) 有机类注浆材料

有机类注浆材料又称为无颗粒快凝注浆材料。有机类注浆材料比水泥等无机类注浆材料具有较好的可灌性，而且能按工程的需要调节浆液的胶凝时间，有的可在瞬间凝胶，故有机类注浆材料适用于有流动水部位的堵漏或防渗。

化学注浆材料按其材质可进一步分为丙烯酰胺类、甲基丙烯酸酯类、环氧树脂类以及聚氨酯类等多种。围岩注浆一般常用丙烯酰胺类、聚氨酯类、铬木质素类等多种。

(二) 初期支护

目前山岭隧道的设计与施工都采用新奥法施工工艺，喷射混凝土是新奥法施工工艺中最为常用的初期支护方法，喷射混凝土的基本作用是加固支护围岩，其与隧道的防排水有着密切的关系。

1. 喷射混凝土

喷射混凝土是指将掺加速凝剂的混凝土利用压缩空气的力量喷射到围岩表面，并与围岩紧密地粘结在一起，填充其面的裂缝和凹坑，把岩层加固成完整而稳定的、具有一定强度的结构，从而使岩石得到加强和保护的一类混凝土。喷射混凝土其工序简单，机动灵活，有广泛的适应性，经济效果好。

喷射混凝土按其在混凝土喷射机喷嘴处的状态不同，分为干式喷射混凝土和湿式喷射混凝土两种。干式喷射混凝土是指将用水泥、砂石按一定的配合比拌合而成的混合料装入喷射机中，混凝土在"微湿状态"下。输送到喷嘴处加水加压喷出的一类喷射混凝土。湿式喷射混凝土是指将水灰比为 0.45~0.5 的混凝土拌合物输送到喷嘴处加压喷出的一类喷射混凝土。

(1) 喷射混凝土的原材料选择

①水泥：喷射混凝土一般多掺加速凝剂，借以缩短混凝土的初凝和终凝时间。因此，在选择水泥品种时，要注意水泥和速凝剂的相容性问题，以保证喷射混凝土的质量。喷射混凝土常用的水泥品种有硅酸盐水泥和普通硅酸盐水泥、矿渣硅酸盐水泥以及喷射水泥（速凝水泥）、双快水泥（控凝水泥）、超早强水泥（一般主要指的是硫铝酸盐水泥）等。当喷射混凝土用于有严重硫酸盐侵蚀的环境时，应选用抗硫酸盐水泥。

②骨料：喷射混凝土用的细骨料，宜采用细模数（M_x）大于 2.5 的坚硬耐久的中、粗砂，或者选用平均粒径为 0.35~0.50mm 的中砂或平均粒径大于 0.50mm 的粗砂，其中粒径小于 0.075mm 的颗粒不应超过 20%，否则会影响到水泥与骨料表面的良好粘结。有条件者，采用天然石英砂为最优，不宜用细砂。砂在加入搅拌机中时，其含水率宜控制在 6%~8%，以创造"微湿状态"。

喷射混凝土所用的粗骨料一般为碎石和卵石，并以卵石为优。石子的最大粒径应小于喷射机具输送管道最小直径的 1/3~2/5。在喷射混凝土中需掺入速凝剂时，不得用含有活性二氧化硅的石材作粗骨料，以免发生碱-骨料反应而使喷射混凝土开裂破坏。喷射混凝土宜采用连续级配的石子。喷射混凝土采用的石表面宜有一定的含水率，其适宜的含水率为 3%~6%，可视石子的粗细及级配状况而定。

③拌合水：喷射混凝土用水与普通混凝土相同，不得使用污水、pH 值小于 4 的酸性水、含硫酸盐量（SO_3 计）超过水总量 1% 的井水或海水。

④混凝土外加剂：喷射混凝土用的外加剂有速凝剂、减水剂和早强剂等多种。

（2）喷射混凝土的配合比

喷射混凝土施工要求混凝土具有较高的粘结力，因此必须制出塑性好、质量均匀的混凝土，要求细骨料中的细粒成分要比普通混凝土的多，以较大砂率的配合比为好。

喷射混凝土配合比的设计要求基本上与普通混凝土相同，所不同之处在于喷射混凝土需掺入速凝剂，因此，除了满足强度和和易性要求外，还必须达到所要求的初凝时间和终凝时间。

采用干式施工方法，干混合料的配合比选择应满足混凝土的设计强度，并使喷射中回弹较少，施工中常用经验配合比，并以试配法确定。为了减少回弹量，干混合料的含砂率一般为45%~60%，每1m³混合料水泥的用量为250~400kg。

采用湿式施工方法，是以水泥用量340kg/m³、水灰比0.42~0.47、砂率60%为最好。其他条件为砂的细度模数$M_x=2.5$，缓凝剂掺量0.4%，速凝剂掺量在拱顶为5%，而侧壁部分以1%为最好。

（3）喷射混凝土的施工工艺

喷射混凝土施工的主要机械设备有混凝土喷射机、搅拌机、干混合料上料机、空气压缩机等多种设备。

根据混凝土不同的搅拌和运输工艺，喷射方式大致分成干式和湿式两种，通常采用干式喷射，近年发展起来的造壳喷射工艺则不同于原有的干式及湿式工艺。

2. 锚杆喷射混凝土

喷射混凝土衬砌是由水泥、砂子、外加剂在强制式搅拌机中干拌均匀后，通过喷射机在喷头与高压水混合，并以较高的速度（约100mm/s）直接喷射到围岩表面上凝结硬化而形成的衬砌层（初衬）。而锚杆喷射混凝土衬砌，则是先安装设置锚杆或同时挂上钢筋网，再喷射混凝土而形成的一种衬砌层，锚杆喷射混凝土衬砌的结构作用主要可归纳为封闭、粘结和支撑三个方面的作用。

锚杆喷射混凝土衬砌按设置锚杆、设置钢筋网和喷射混凝土的顺序施工，锚杆和钢筋网可以结合使用，也可以单独使用锚杆。

（1）设置锚杆：锚杆通常有钢筋楔缝式和钢筋砂浆式两种，以钢筋砂浆锚杆为最好，常用的锚杆直径16~25mm，长1.5~2.0m，锚杆间距一般为1.0~1.5m。

（2）设置钢筋网：钢筋网常用于岩层或有特殊要求的部位，一般为直径6~12mm的细钢筋，其网眼不大于15cm×15cm，钢筋网与岩层间隙应小于3cm，保护层应在2.5cm以上。施工时，先将岩石深凹处用喷射混凝土找平，然后将钢筋网绑在锚杆端部，再喷射混凝土。

（3）喷射混凝土施工：其施工方法与喷射混凝土衬砌相同，一般先喷两侧墙底脚至1.0m高处，以固定钢筋网，然后按一般顺序向拱顶喷射，喷头要略微向下倾斜，喷钢筋网后面时，水灰比可稍大，喷头与岩面距离可适当缩短，一般可控制在0.7~1.0cm，若发现有脱落的混凝土被钢筋网架住，则要及时清除，之后补喷，若钢筋网不止一层时，则应逐层安设和喷射。

3. 抗渗喷射混凝土

一般的喷射混凝土其密实度较差且强度亦较低，在围岩变形过程中则容易产生大量的裂缝，故其抗渗性也较差。为了提高其抗渗性，可在喷射混凝土中添加抗渗剂，具体的做法是：在喷射混凝土中掺入防水剂，其掺量为水泥质量的 3%～4%。对于围岩渗水量较大部位，应先找准出水点，钻 10～20cm 的深集水孔，孔内插入导水管进行排水，然后在该渗水区域，围绕导水管，由远至近喷射混凝土，最终将水集中于导水管，待喷射混凝土达到其强度的 70% 左右时，可采用 BR-1 型防水剂堵水。在喷射混凝土中加入防水剂，对减少地下水的无谓流失和隧道抗渗漏是十分有意义的。

4. 半管排水

所谓半管排水，是指采用断面呈"Ω"状的弹簧排水管实现喷层内排水。

"Ω"状弹簧排水管，弹簧断面弦侧开口，弧侧粘贴有塑料膜，要求其强度能承受喷射混凝土的冲击力而不损坏、不变形，且纵向具有柔软可弯折的特点，以适应围岩变形及喷射混凝土表面不平整的状况。根据地下水大小及围岩量测变形速度，将设计的喷射混凝土总厚度为 2～4 层喷射，每一层的厚度应不小于 5cm。当围岩开挖断面符合要求后，围岩中的地下水会沿着裂隙大面积流出来，此时应立即喷射第一层混凝土（其厚度为 5cm），封闭围岩。随着围岩的变形，第一层喷射混凝土会产生裂缝渗漏水，此时，凡漏水处均应敷设半管，接着向半管面喷射 1～2cm 厚混凝土包裹，然后再检查第一层喷射混凝土表面有无渗水点，在有渗水的部位打眼引水，并设置半管，同样在其表面喷混凝土包裹，再依据围岩变形量测情况，完成第二层喷射混凝土，待围岩继续变形裂缝漏水，可仍按上述方法在第二层喷射混凝土表面渗漏水处再设半管，直到围岩变形稳定，最后一层喷射混凝土完成以后不再出现渗漏水现象为止，如此，可将隧道外围地下水通过大量暗埋式半管引入纵向排水管排至洞外，可满意地达到"排水通畅"不渗漏水的要求。

这类暗埋式半管排水，由于是分层分批埋置的，故其具有能适应围岩逐渐变形的特点；其可避免围岩泥砂直接流入排水管导致排水管堵塞的弊端；由于"排水通畅"消除了隧道外围水压力作用，从而改善了衬砌结构的受力状况，则可减少裂缝的产生；由于弹簧排水管是深埋在隧道衬砌内部，故其在一般寒冷地区能有效防止排水管内出现冰冻及对结构物的冻胀损害；暗埋式排水管由于是竖向设置，管内的水流流速较大，每根排水管一般排水量不少于 $50m^3/h$，能适应各种地质条件下地下水的排泄。此外，在同一层排水管内，其可以沿裂缝呈树枝状布置及排水管顺裂缝分岔，干管上面分支管，这种布置方式是半管的一大优势，它机动灵活，连接亦方便。

半管的安装方法有砂浆喷埋法、射钉固定法等多种。

砂浆喷射法安装半管的施工工艺及其操作要点如下：

①采用长柄钢叉将半管下端安在待装的位置，钢叉前端与半管断面相适应。

②调整砂浆的喷射压力与含水量等，在半管两侧进行试喷。

③分层将砂浆在半管两侧堆积，然后由下向上逐段埋没半管。

④用普通喷射混凝土将半管周围填平。

射钉固定法安装半管的施工工艺及其操作要点如下：

①用带小塑料垫片的射钉将半管固定在待装位置，射钉在半管两侧交错布置。

②采用灰浆给半管封边，并在塑料膜上抹一层薄灰浆，用以增加与喷射砂浆之间的粘结力。

③采用低风压喷砂浆封闭半管。

④用普通喷射混凝土整平半管四周。

当喷射压力较大时，采用砂浆喷埋法工艺高速喷出的砂粒会击破半管的塑料膜，使半管失效；此外，如水量调整不妥时，砂浆与半管塑料膜不能粘合，造成喷层反复脱落。射钉固定法安装半管比较可行、可靠，但也存在着安装工艺复杂、工效低、费用高等不足。

（三）隧道的排水系统

隧道的排水系统是一套专门用于隧道防水、排水的结构，其由环向排水盲管、纵向排水管、横向排水管、隧道内排水沟或中央排水管以及防水板及其垫层等组成。隧道防排水系统可以划分为背面防水系统、背面排水系统、路面排水系统和路基排水系统。背面防水系统包括环向排水盲管、衬砌下部外侧的纵向排水管；路面排水系统主要是指路面边沟；路基排水系统则包括横向排水管和中央排水管。

1. 环向排水盲管

环向排水盲管的作用是在岩面与初支护喷射混凝土之间、初期支护喷射混凝土与防水板之间提供过水通道，并使之下渗汇集到纵向排水管。环向排水管的设置其最大的特点是视地下水施工渗漏情况而设置，具有较大的灵活性，其表现为：当围岩渗水严重时，岩面与初期支护喷射混凝土之间、初期支护喷射混凝土与防水板之间都应当设置环向排水盲管；当围岩渗水较少时，则可只在初期支护喷射混凝土与防水板之间设置；如果围岩渗水十分严重时，环向排水盲管在设置时，其纵向的间距应缩小；如围岩渗水量较小时，环向排水盲管在设置时，其纵向间距则应加大。

目前工程中使用的环向排水盲管通常由涂塑弹簧外裹玻璃纤维布或塑料滤布构成，称之为弹簧排水管，直径一般为 5~8cm。

隧道围岩中的地下水是随季节与年份的变化而变化的，因此，在施工中首先要按设计要求布设环向弹簧排水盲管，必须保证基本的间距，不能因在施工期间隧道的渗水量较少或无渗水而任意扩大弹簧排水管的间距，局部涌水量大的地段还应适当加大其密度；其次，在安装弹簧排水管时应尽量紧贴渗水岩壁，尽可能减小地下水出围岩到弹簧排水管之间的阻力，弹簧排水管布置时沿环向应尽可能圆顺，尤其在拱顶部位不得起伏不平，弹簧排水管安装时应先用钢卡等固定，再用喷射混凝土封闭，最后应检查弹簧排水管与下部纵向排水盲管的连接，以确保弹簧排水管下部的排水畅通。

2. 纵向排水管

纵向排水管是指沿隧道纵向设置在衬砌底部外侧的透水盲管，其作用是将环向排水管和防水板垫层排下的水汇集并通过横向排水管排除出去。目前常用的纵向排水管一般是直径为10cm 的弹簧排水盲管或带孔软式透水管。

纵向排水管应按一定的排水坡度安装，中间不得有凹陷、扭曲等缺陷，以防止泥砂在这些缺陷部位淤积，堵塞排水管。纵向排水盲管通常位于衬砌的两下角部位，需要从路面水平下挖一定的深度才能达到设计标高，在施工条件极为不利的状况下，施工极易出现管身高低起伏不定，平面上忽内忽外的现象，在这种状况下，隧道建成后纵向盲管也极易被淤砂封堵或被冰冻封堵，导致纵向排水不畅，因此，在施工时一定要为纵向盲管做好基础，并测定纵向盲管的坡度，使地下水在进入纵向盲管后，能在一定的坡度下按照设计指定的方向流动。

纵向排水管在布设时应注意其细部构造，首先应采用土工布将纵向排水管包裹好，避免泥砂进入纵向盲管；其次采用防水卷材半裹纵向盲管，使从上部下流之水在纵向盲管位置尽量流入管内，而不使地下水在盲管位置纵横漫流，为隧道后期排水创造条件。

纵向排水盲管在整个隧道排水系统中是一个中间环节，起着承上启下的作用，在施工时应注意检查上部环向弹簧排水管与纵向排水盲管之间的连接，其连接方法一般采用环向排水管出口与纵向盲管简单搭接的方式，避免两管之间被喷射混凝土隔断，其次还应注意检查纵向排水盲管与横向盲管的连接，一般采用三通管连接，三通管留设位置应准确，接头应牢靠，避免松动脱落。

3. 横向排水管

横向排水管位于衬砌基础和路面的下部，布设方向与隧道轴线垂直，确保纵向盲管与中央排水管之间的水路畅通，严防接头处断裂，导致纵向盲管排出之水在路面下漫流，造成路面翻浆冒水，影响行车安全；横向盲管上部应有一定的缓冲层，以免路面荷载直接对横向盲管施压，造成横向盲管破裂或变形，影响其正常的排水能力。

4. 中央排水管

中央排水管是隧道最后的排水设施，其是将衬砌背后的渗漏水汇集排放由上游管路流入的地下水以及通过其上部的透水孔（这些小孔约12mm）疏排路基中的积水。中央排水管是由带孔预制混凝土管段拼接而成，其纵向间隔一定距离设置沉砂井和检查孔。

中央排水管因隧道所在地区的不同，其埋置深度在 0.5~2.0m 之间，施工时应先挖基槽，平整基础，然后再铺设管段，最后回填压实。中央排水管工程施工其中最为重要的一个环节是处理管段基础，在软岩或断层破碎带区施工中，应将不良岩（土）体用强度较高的碎石替换，并采用素混凝土找平基面，使基础既平整又密实，为管段的顺利铺设创造条件。施工中应特别注意检查基础的坡度，不仅要求总体的坡度要符合要求，而且局部的几个管段间也应符合要求，尽量避免高低起伏。管段在铺设时，应将具有透水孔的一面朝上，管段在逐个放平稳定后，再用水泥砂浆将各管段之间的接缝密封填实，待砂浆凝固后，应逐段进行通水试验，发现漏水，应及时处理，之后用土工布覆盖管段透水孔，应注意其与横向盲管出口处的连接方式，回填时应注意保护管段的稳定及其上部的透水性。

（四）防水层

山岭隧道复合衬砌中的防水层是隧道防排水技术的核心内容，防水层是由防水板及其垫层组成，防水板的作用是将地层的渗水拒于二次衬砌之外，以避免渗水与二次衬砌接触并通过二次衬砌中的薄弱环节渗入隧道，垫层的主要作用是保护防水板，使防水板免遭尖锐物的刺伤。

防水板多为合成高分子防水卷材，其品种繁多，隧道工程中使用较多的有 PVC、EVA、HDPE、LDPE 等防水板，不同的防水板铺设时有不同的工艺，其差异主要表现在防水板的固定和板间的搭接方法上。防水卷材在厚度和宽度上均有不同的规格，铺设时有环向铺设和纵向铺设两种工艺，为了保证接茬的密封质量，一般在两幅卷材接茬处都要搭接 10cm。卷材接茬有冷粘法和热合法两种。冷粘法主要用于 PVC 等防水卷材的胶合，可将专用的胶粘剂涂刷在接缝边缘，待其稍干后方可将两幅卷材粘合在一起，其最大的特点是施工方便。热合法主要应用于 EVA 和 LDPE 等防水卷材的搭接，施工时先将两幅卷材平行放好，其压茬宽度为 10cm，然后用专门的热合焊缝机将两幅卷材的边缘压合在一起，目前工程上使用的焊缝机多为双缝焊机，其特点是便于在施工期间进行质量检测。防水卷材往初期支护喷射混凝土上固定的方法主要有三种：有钉冷粘铺设法、无钉热合铺设法、多点复合免钉穿铺设法。

1. 喷射混凝土基面的处理

由于喷射混凝土基面较为粗糙、凹凸不平，以及锚杆头外露等对铺设防水层质量有很大的影响，因此，防水层在铺设前必须对喷射混凝土基面进行处理。喷射混凝土基面的处理要点如下：

（1）喷射混凝土的平整度要求：$D/L \leqslant 1/6$，拱顶 $D/L \leqslant 1/8$；基面不得有钢筋、凸出的管件等尖锐的突出物，这些尖锐的突出物必须进行割除，并在割除的部位用砂浆抹成圆弧面，以免防水层被扎破；隧道断面变化或转弯时的阴角应抹成 $R \geqslant 5cm$ 的圆弧；底板基面要求平整，无大的明显凹凸起伏；喷射混凝土的强度要求应达到设计强度；

（2）防水层施工时，基面不得有明水，如有明水应采取封堵或引排措施；

（3）有突出的钢筋、铁丝时，则应按施工顺序进行处理；当有钢管突出时，则应从螺帽开始留 5mm 切断后，再用砂浆进行覆盖处理。

2. 防水卷材的施工

（1）有钉冷粘铺设法

为了便于施工，现已开发出了防水板与土工布复合在一起的专用防水卷材，在这类防水卷材的纵向边缘留有10cm的粘结带，在此粘结带区域内无土工布层，施工中应根据防水卷材的铺贴方向（纵向或环向）截取相应的卷材段，擦干净粘结带内的灰尘与水滴，将防水卷材自下而上或自外而内边涂胶边固定，固定时采用射钉枪固定塑料垫片，塑料垫片外压防水卷材，卷材垫片间的粘结应采用卷材生产厂家提供的与卷材配套的专用胶，其可冷涂施工。最后用比固定塑料垫片稍大的卷材块涂胶后修补射钉孔。这种工艺的特点是防水卷材铺成的表面留有钉疤，接茬时用胶冷粘。

（2）无钉热合铺设法

为了防水的可靠和便于施工，无钉热合铺设法工艺是将PE泡沫塑料（或土工布）垫衬用机械方法铺设在喷射混凝土基面上，然后采用"热合"的方法将EVA、LDPE或其他卷材贴在已固定的PE泡沫塑料（或土工布）垫衬的圆垫上，从而使卷材无机械损伤的一类防水卷材粘合工艺。其施工程序如下：

①垫衬的施工：垫衬的常用材料为土工布和PE泡沫，施工时，在喷射混凝土隧道拱顶正确标出隧道纵向的中心线，再使垫衬的横向中心线与喷射混凝土上的这一标志相重合，从拱顶开始向两侧下垂铺设，用塑料膨胀管、木螺钉或射钉枪和塑料垫片将垫衬卷材固定在已达基面要求的喷射混凝土上。有时也可用热风塑料焊枪将垫衬热粘在基面上，翘边处及其他必要点则用射钉枪按上述方法加强固定，垫衬卷材间的接缝可用热风塑料焊枪进行粘结或用专用胶粘剂进行粘结。

②热塑性塑料圆垫片的施工：热塑性塑料圆垫片是隧道复合式衬砌防水层施工的必要零部件，其采用塑料膨胀管和木螺钉或射钉枪、射钉将其覆盖在垫衬上，每隔 50~150cm 梅花形布设（拱顶50cm、边墙100cm、底板150cm）。

③防水卷材的铺设：首先裁剪卷材，要考虑搭接在底板上，高边墙 >30cm。先在隧道拱顶部的垫衬上正确标出隧道纵向中心线，再使防水卷材的横向中心线与这一标志相重合，将拱顶部与塑料圆垫片热熔焊接。铺设时要注意留出搭接余量。PVC、EVA 或 LDPE

卷材在与垫片用压焊器进行热合时，一般10s多即可。采用塑料热合机焊接材质较薄的防水膜时，还可采用反弯法进行施工，即首先将两层卷材对接，然后进行热合焊接，当双焊缝经检验合格后，将其弯向一侧点焊在卷材上，这样可避免焊缝180°剥离。

④焊缝的质量检测：防水卷材采用热合机进行焊接，其接缝为双焊缝，中间留出空腔以便充气检查。其检查方法可用5号注射针与压力表相接，用打气筒充气，在充气时检查孔是否会鼓起来，当压力达0.1~0.15MPa时，停止充气，保持该压力时间不少于1min，说明焊接良好；如压力下降，证明有未焊好之处，将肥皂水涂在其焊接缝上，产生气泡之处即为焊接欠佳之处。重新焊接可用热风焊枪或电烙铁进行补焊，直至不漏气为止。检查数量：每焊接1000延米抽验1处焊缝，为切实保证质量，每天每台热合机焊接应取一个试样，写明取样位置、焊接操作者及焊接日期。

⑤防水层破损的检查与修补：检查出防水层上的破损之处，必须立即做出明显标记，以便毫不遗漏地把破损之处修补好，修补后一般用真空检验法检验修补后的质量，其具体要求为：补丁不得过小，离破坏孔边沿不得小于7cm；补丁要剪成圆角，不要有正方形、长方形、三角形等的尖角。

在防水施工前，如拱顶有大量涌水，应用不透水薄膜塑料排水盒进行排水，以免因涌水使防水层鼓包，影响二衬混凝土的灌注尺寸。

(3) 多点复合免钉穿铺设法

垫层与防水卷材的复合方式有两种：一种是面复合，即除拼幅接茬外，垫层（土工布）与防水卷材完全粘结在一起，这种产品的代表为工程上广泛应用的PVC+土工布复合防水卷材；另一种则是多点复合，即将防水卷材与土工布有规律地在若干点上用专用胶复合在一起，这类产品的代表是工程用量相当大的EVA+土工布复合防水卷材。前者由于防水卷材与垫层紧密结合，故施工时只能有同样的松铺系数，而后者的两种材料仅在若干点上复合，可在工厂生产中有意为变形能力相对较差的垫层土工布事先提供一定的松铺系数。在现场施工时，实际为防水卷材与垫层提供的松铺系数是不一样的，从而减少了土工布在施工与服务期间的撕裂机会，进而保护防水卷材免遭喷射混凝土的损伤。

(五) 衬砌混凝土防水

隧道的混凝土衬砌（二衬），既是外力的荷载结构，也是防水的最后一道防线，因此，要求衬砌既要具有足够的强度，同时还应具有一定的抗渗性。

1. 防水混凝土的种类及配合比设计

防水混凝土是以调整混凝土的配合比，掺外加剂（如掺入少量的减水剂、引水剂、早强剂、密实剂、膨胀剂）或使用新品种水泥等方法来提高自身的密实性、憎水性和抗渗性，使其满足抗渗压力大于0.6MPa的不透水性混凝土。防水混凝土又称防渗混凝土，应用于工程中可兼起结构物的承重、围护、防水三重作用。

防水混凝土的适用范围很广，主要应用于工业、民用和公共建筑的地下防水工程，屋面防水工程，储水构筑物，取水构筑物以及其他防水工程。

防水混凝土按其组成的不同，主要可分为普通防水混凝土、掺外加剂防水混凝土和膨胀水泥防水混凝土三大类别。它们各自具有不同的特点，可根据不同的工程要求选择使用。

(1) 普通防水混凝土

普通防水混凝土又称结构自防水混凝土,是以调整配合比的方法,来达到提高自身密实度和抗渗性要求的一种防水混凝土。

普通防水混凝土不仅材料来源广泛,配制、施工均简便,且强度高,抗渗性能好,最高抗渗压力 >3.0MPa。

(2)外加剂防水混凝土

外加剂防水混凝土是在普通混凝土拌合物中掺入少量有机或无机外加剂来改善混凝土的和易性,提高密实性和抗渗性,以适应建筑工程防水需要的一系列防水混凝土的总称。外加剂防水混凝土的主要品种有减水剂防水混凝土、引气剂防水混凝土、三乙醇胺早强防水混凝土、密实剂防水混凝土(包括氯化铁防水混凝土、硅质密实剂防水混凝土)、膨胀剂防水混凝土等。

外加剂防水混凝土所用的外加剂,根据其基本物质可分为有机物外加剂、无机物外加剂以及混合物外加剂三类。常用的有机物外加剂品种有减水剂、加气剂、三乙醇胺早强防水剂,常用的无机物外加剂品种有氯化铁防水剂、硅质密实剂等,常用的混合物外加剂有无机混合物系、有机混合物系和无机-有机物的混合物。

对外加剂防水混凝土所用的外加剂(防水剂),在物理和化学方面的要求如下:在水泥凝结硬化的过程中,能把砂浆表面的毛细管封闭;能减少混凝土拌合物中的水滴空隙;能减小干燥收缩,增大伸缩能力,抑制混凝土产生裂缝;加入外加剂后不会降低砂浆的强度,有粘附性;能促进砂浆的凝固和硬化,由于砂浆的水化反应,能使可溶性物质固化,并生成憎水性的物质,对混凝土中所配置的钢筋不会产生腐蚀,且对混凝土拌合物的稳定性和持久性没有大的影响。

(3)膨胀混凝土是一类特种混凝土,它包括采用各种膨胀水泥制作的膨胀水泥混凝土和在施工现场采用掺加各种膨胀剂配制而成的膨胀剂混凝土。

配制膨胀混凝土一般有两种途径,即采用膨胀水泥和膨胀剂,各种类型的膨胀水泥和膨胀剂其品种十分繁多,这些膨胀材料按其膨胀组分或膨胀产物的不同,可分为硫铝酸盐类、氧化钙类、氧化镁类、氧化铁类及发泡类等。应用于建筑防水工程的膨胀水泥和膨胀剂主要是硫铝酸盐类,包括自应力硅酸盐水泥、自应力铝酸盐水泥、自应力硫铝酸盐水泥、自应力铁铝酸盐水泥、低热微膨胀水泥、明矾石膨胀水泥、明矾石膨胀剂等。

膨胀混凝土的各种物理性能与普通混凝土的各种物理性能有着不同程度的差别,这些差别是由于膨胀所引起的。

根据膨胀值的不同,可将膨胀混凝土分为补偿收缩混凝土、自应力混凝土等类别。补偿收缩混凝土的功能和目的是在于减少或者避免混凝土因体积收缩而引起的开裂,自应力混凝土的功能和目的是在于提高构件或制品的承载与工作能力。

2. 衬砌防水混凝土的施工

由于防水混凝土结构自防水处在地下这一复杂的环境下,长期承受地下水的毛细管作用,所以对于防水混凝土结构除精心设计、合理选材外,必须注意每一个环节的施工质量,杜绝一切可能造成渗漏的隐患,特别注意保证缝孔处的施工质量。合理的设计仅仅是达到工程防水的前提,而严格掌握施工要求是地下隧道工程防水成败的关键。

防水工程质量的优劣,不仅取决于材料的质量和配合比,而且取决于施工过程中的整个质量。因此,对于施工中的主要环节,如混凝土搅拌、运输、浇筑、振捣、养护等均应严格控制，并应严格遵循施工及验收规范和操作规程进行施工。同时必须事先做好充分准备，首先应确定最佳施工方案，做好技术交底，明确岗位责任，对原材料要认真检验并妥善保管，然后做好试配，选定配合比，与此同时要做好排水和降低地下水位的工作。

(1) 基坑的排水和垫层的施工

防水混凝土在终凝前严禁被水浸泡，否则会影响正常硬化，降低强度和抗渗性。因此，在作业前，需要做好基抗的排水工作。混凝土主体结构在施工前，必须做好基础垫层混凝土，使之起到防水辅助防线的作用，同时保证主体结构施工的正常进行，一般做法是在基坑开挖后，铺设300~400mm毛石作垫层，上铺粒径25~40mm的石子，厚度50mm，经夯实或碾压，然后浇筑C15混凝土厚100mm作找平层。

(2) 原材料的选择

配制防水混凝土的原材料，必须符合质量要求，水泥必须符合国家标准，水泥用量不得低于设计要求，应优先选用硅酸盐水泥，当采用矿渣水泥时，必须提高水泥的研磨细度，或者掺外加剂来减轻泌水现象措施后方可使用。在有硫酸盐侵蚀的地段，则可选用火山灰质水泥。砂石的要求与普通混凝土相同，但其清洁度要有充分的保证，含泥量要严格控制，含泥量高势将加大混凝土的收缩，降低强度和抗渗性，从而影响到防水混凝土的质量。

(3) 模板

①模板施工要点

a. 模板应平整，拼缝严密，并应有足够的刚度、强度，吸水性要小，支撑牢固，装拆方便，以钢模、木模为宜。

b. 一般不宜用螺栓或钢丝贯穿混凝土墙固定模板，以避免水沿缝隙渗入。在条件适宜的情况下，可采用滑模施工。

c. 当必须采用对拉螺栓固定模板时，应在预埋套管或螺栓上加焊止水环，止水环直径及环数应符合设计规定。若设计无规定，止水环直径一般为8~10cm，且至少一环。

②对拉螺栓固定模板的方法

a. 螺栓加焊止水环做法。在对拉螺栓中部加焊止水环，止水环与螺栓必须满焊严密。拆模后应沿混凝土结构边缘割断螺栓。此法将消耗所用螺栓。

b. 预埋套管加焊止水环做法。套管采用钢管，其长度等于墙厚（或其长度加上两端垫木的厚度之和等于墙厚），兼具撑头作用，以保持模板之间的设计尺寸。止水环在套管上满焊严密。支撑时在预埋套管中穿入对拉螺栓拉紧固定模板，拆模后将螺栓抽出，套管内以膨胀水泥砂浆封堵密实。套管两端有垫木的，拆模时连同垫木一并拆除，除密实封堵套管外，还应将两端垫木留下的凹坑用同样方法封实。此法可用于抗渗要求一般的结构。

c. 止水环撑头做法。止水环与螺栓应满焊严密，两端止水环与两端侧模板之间应加垫木，拆模后除去垫木，沿止水平面将螺栓割掉，凹坑以膨胀水泥砂浆封堵，适用于抗渗要求较高的结构。

d. 螺栓加堵头做法。在结构两边螺栓周围做凹槽，拆模后将螺栓沿平凹底割去，再用膨胀水泥砂浆将凹槽封堵。

(4) 钢筋

①钢筋绑扎：钢筋相互间应绑扎牢固，以防浇捣时，因碰撞、振动使绑扣松散、钢筋

移位,造成露筋。

②摆放垫块,留设钢筋保护层:钢筋保护层厚应符合设计要求,不得有负偏差。一般为,迎水面防水混凝土的钢筋保护层厚度不得小于35mm,当直接处于侵蚀性介质中时,不应小于50mm。留设保护层,应以相同配合比的细石混凝土或水泥砂浆制成垫块,将钢筋垫起,严禁以钢筋垫钢筋,或将钢筋用铁钉、钢丝直接固定在模板上。

③架设铁马凳:钢筋及绑扎钢丝均不得接触模板,若采用铁马凳架设钢筋时,在不能取掉的情况下,应在铁马凳上加焊止水环。

(5) 混凝土搅拌

①准确计量、称量用料量:严格按选定的施工配合比,准确计算并称量每种用料。外加剂的掺加方法遵从所选外加剂的使用要求。水泥、水、外加剂掺合量计量允许偏差不应大于±1%;砂、石计量允许偏差不应大于2%。

②控制搅拌时间:防水混凝土应采用机械搅拌,搅拌时间一般不少于2min,掺入引气型外加剂,则搅拌时间为2~3min,掺入其他外加剂应根据相应的技术要求确定搅拌时间。

掺 UEA 膨胀剂防水混凝土搅拌最短时间(表13-1)

掺 UEA 膨胀剂防水混凝土搅拌的最短时间表(s)　　　　表13-1

混凝土坍落度 (mm)	搅拌机机型	搅拌机出料量(L)		
		<250	250~500	>500
≤30	强制式	90	120	150
	自落式	150	180	210
>30	强制式	90	90	120
	自落式	150	150	180

注:1. 混凝土搅拌的最短时间系指自全部材料装入搅拌筒中起,到开始卸料止的时间。
　　2. 当掺有外加剂时,搅拌时间应适当延长(表中搅拌时间为已延长的搅拌时间)。
　　3. 全轻混凝土宜采用强制式搅拌机搅拌,砂浆混凝土可采用自落式搅拌机搅拌,但搅拌时间应延长60~90s。
　　4. 采用强制式搅拌机搅拌轻骨料混凝土的加料顺序是:当轻骨料在搅拌前预湿时,先加粗、细骨料和水泥搅拌30s,再加水继续搅拌;当轻骨料在搅拌前未预湿时,先加1/2的总用水量和粗、细骨料搅拌60s,再加水泥和剩余用水量继续搅拌。
　　5. 当采用其他形式的搅拌设备时,搅拌的最短时间应按设备说明书的规定或经试验确定。

③注意事项:为保证防水混凝土有良好的匀质性,不宜采用人工搅拌。

(6) 混凝土运输

混凝土在运输过程中,应防止产生离析及坍落度和含气量的损失,同时要防止漏浆。拌好的混凝土要及时浇筑,常温下应在0.5h内运至现场,于初凝前浇筑完毕。运送距离远或气温较高时,可掺入缓凝型减水剂。浇筑前发生显著泌水离析现象时,应加入适量的原水灰比的水泥复拌均匀,方可浇筑。

雨季和冬季运输混凝土时,应用带盖的容器。在高温季节施工时,要注意坍落度的损失,避免产生干燥收缩现象。当运输距离较远或夏季气温较高时,可选用水化热低的水泥,或掺缓凝型的减水剂,冬季可掺早强外加剂。

(7) 混凝土的浇筑

在浇筑防水混凝土前,应将模板内部清理干净,木模应用水湿润。

防水混凝土在浇筑过程中,应防止漏浆、离析、坍落度损失。浇筑混凝土的自落高度不得超过 1.5m,否则应使用串筒、溜槽或溜管等工具进行浇筑,以防离析和造成石子滚落堆积影响质量。

在防水混凝土结构中如有密集管群,以及预埋件或钢筋稠密处时,往往不易使混凝土浇捣密实,应采用具有相同抗渗等级的细石混凝土浇筑;在浇筑大体积结构时,为保证下部的倒三角形区域浇捣密实,不漏水,可在管底或金属板上预先留置浇筑振捣孔,以利排气,浇筑和振捣浇筑后,再将孔补焊严密。

大体积防水混凝土在施工时应严格做到分层连续浇筑,每层厚度不宜超过 250mm,但其底板处可为 300~400mm,斜坡不应超过 1/7,上下相邻两层的浇筑时间不应超过 2h,夏季则应适当缩短。

防水混凝土应连续浇筑,尽量不留或少留施工缝。

浇筑防水混凝土应连续进行,如必须间歇时,其间歇时间宜缩短,并应在前层混凝土初凝之前,将次层混凝土浇筑完毕。

混凝土的运输、浇筑及间歇的全部时间不得超过表 13-2 所允许时间,如超过其允许时间,则应留置施工缝。

混凝土运输、浇筑和间歇的允许时间 (min)　　　　表 13-2

混凝土强度等级	气温	
	不高于 25℃	高于 25℃
不高于 C30	210	180
高于 C30	180	150

隧道混凝土龄期的延长,水泥继续水化,其内部可冻结水大量地减少,同时水中溶解盐的浓度增加,因而冰点也会随龄期的增加而降低,使抗渗性能逐渐提高。为了保证混凝土早期免遭冻害,故防水混凝土不宜在冬期进行浇筑施工,而应选择气温在 15℃ 以上的环境中进行浇筑施工,这是因为气温在 4℃ 时,其强度增长速度仅气温在 15℃ 时的 50%,而混凝土表面温度在 -4℃ 时,水泥的水化作用将停止,强度也停止增长。如果此时混凝土强度低于设计强度的 50% 时,冻胀会使内部结构破坏,造成强度、抗渗性急剧下降。为了防止混凝土早期受冻,在北方地区对于混凝土的施工季节的选择和安排尤为重要。

(8) 混凝土的振捣

防水混凝土应采用混凝土振动器进行振捣,不应采用人工振捣。当采用插入式混凝土振动器时,其插点间距不宜大于振动棒作用半径的 1.5 倍,振动棒与模板的距离,不应大于其作用半径的 0.5 倍,振动棒插入下层混凝土内的深度应不小于 50mm,每一振点应快插慢拔,使振动棒拔出后,混凝土自然地填满插孔。当采用表面式混凝土振动器时,其移动间距应保证振动器的平板能覆盖已振实部分的边缘。混凝土必须振捣密实,每一振点的振捣延续时间应使混凝土表面呈现浮浆和不再沉落。

施工时的振捣是保证混凝土密实性的关键所在，浇筑时，必须分层进行，并按顺序进行振捣，采用插入式振动器时，分层厚度不宜超过30cm；采用平板式振动器时，分层厚度不宜超过20cm；气温在30℃以上时，振捣不超过1h。防水混凝土的浇筑高度一般不超过1.5m，否则应采用串筒和溜槽，或侧壁开孔的办法浇筑。振捣时，不允许用人工振捣，必须采用机械振捣，做到不漏振、欠振，又不重振、多振。

防水混凝土的密实度要求较高，振捣时间宜为10～30s，以混凝土开始泛浆和不冒气泡为宜。掺入引气剂或减水剂的混凝土，应采用高频插入式振动器振捣。振动器的插入间距不能大于550mm，并贯入下层不小于50mm，这对于保证防水混凝土的抗渗性和抗冻性有利。

(9) 衬砌防水混凝土的细部构造

衬砌防水混凝土的细部构造主要是指施工缝、变形缝、后筑缝、预留锚栓孔以及管道穿墙等内容。

①施工缝：防水混凝土应连续浇筑，尽可能不留施工缝，如因工艺原因或停电等其他原因无法连续浇筑时，应设置施工缝。由于隧道本身的特点，在施工过程中是难以做到不留施工缝时，在山岭隧道中普遍存在着隧道二次衬砌循环缝、衬砌基础与衬砌之间的施工缝、连拱隧道中墙与拱部之间的施工缝等多种形式的施工缝。

a. 施工缝的设置

（a）顶板、底板的混凝土应连续浇筑，不宜留施工缝，顶拱、底拱不宜留纵向施工缝，墙体需留水平施工缝时，不应留在剪力与弯矩最大处或底板与侧壁交接处，应留在底板表面以上不小于200mm的墙体上。

（b）墙体设有洞孔时，施工缝距孔洞边缘不宜小于300mm。

（c）如必须留设垂直施工缝时，应留在结构的变形缝处。

（d）施工缝部位应认真做好防水处理，使两层之间粘结密实和延长渗水线路，阻隔地下水的渗透。

b. 施工缝的形式：施工缝的断面可做成不同形状，如平口缝、企口缝和钢板止水缝等。上述各种形式施工缝各有利弊，其优缺点对比见表13-3。

不同形式施工缝优缺点对比　　　　表 13-3

形　式		优　点	缺　点	备　注
平口缝		施工简单	界面结合差	
企口缝	凸缝	接缝表面容易清理	支模费时	较常用
	凹缝	施工简单，界面结合好	清理困难，易积杂物	较常用
	V形缝	渗水线路长	支模麻烦	
	阶梯缝	渗水线路长	支模麻烦	
钢板止水缝		防水效果可靠	耗费钢材	

c. 施工缝的浇筑

（a）施工缝上下两层混凝土浇筑时间间隔不能太长，以免接缝处新旧混凝土收缩值相差过大而产生裂缝。

（b）为使接缝严密，浇筑前对缝表面进行凿毛处理，清除浮粉和杂物，用水冲洗干净，保持湿润，再铺20～25mm厚的水泥砂浆一层。

（c）所用材料和灰砂比应与混凝土的相同。捣压密实后再继续浇筑混凝土。

d. 施工缝的防水：不同类型的施工缝其防水做法是不完全相同的。隧道二次衬砌循环缝一般设置止水条或止水带进行防水，应进行专门的防水设计，采用止水条止水时，应尽量使先浇衬砌混凝土端头平整，后浇混凝土施工时应注意保护已安装的止水条，防止脱落、移位和松动；衬砌基础与衬砌之间的施工缝属于水平施工缝，最好也采用止水条止水，浇筑衬砌混凝土前应将施工缝处的混凝土表面凿毛，清除浮粒和杂物，并用水冲洗干净，保持湿润，再铺上一层20～25mm厚的水泥砂浆，水泥砂浆所用的材料和灰砂比应与混凝土的材料和灰砂比相同。

②变形缝：当水压及变形较大时，防水混凝土墙体及其底板应设置变形缝。变形缝的宽度为30mm，在其结构厚度中心处埋设橡胶止水带或塑料止水带，止水带中间空心圆应位于变形缝中心。在变形缝内填塞30mm厚浸有乳化沥青的木丝板，在背水面的变形缝口填塞牛皮纸及聚氯乙烯胶泥（即热塑性型聚氯乙烯建筑防水密封胶），其又称PVC胶泥。

止水带在混凝土浇筑前，必须妥善地固定在专用的钢筋套中，并在止水带的边缘处用镀锌钢丝捆扎牢固，以防止其位移，止水带的接茬不能留在转角处，应留在较高的部位。

③后浇缝：当防水混凝土结构不允许留变形缝时，则应采取后浇缝处理。后浇缝应按设计要求确定位置和密度，伸出钢筋搭接长度应满足受力钢筋搭接长度，附加钢筋是否需要由设计来确定。

后浇缝与两侧混凝土可采用阶梯缝、企口缝或平直缝相接，后浇缝应优先选用补偿收缩混凝土龄期达42h后再施工，施工前应将按缝处混凝土凿毛，清洗干净，并保持湿润，后浇缝混凝土的养护期应不少于28d。

后浇缝宜选择在气温低于主体结构施工时的温度或气温较低季节施工。

④预留锚栓孔：固定设备用的锚栓等预埋件。应在浇筑混凝土前埋入，如必须在混凝土中预留锚孔时，预留孔底部必须采取局部加厚的措施。

⑤管道穿墙：钢管道穿墙应先在其中间焊上钢翼环，并进行除锈、防腐处理。钢管道可在浇筑混凝土前埋入，也可在墙体上预留孔洞后再穿管道，在管道与孔壁之间的空隙中应填以膨胀混凝土，并加以捣实。

铸铁管道及非金属管道穿墙，应在墙体内预留孔洞，并预埋铸铁套管或钢套管（加翼环），在管道穿过套管后，管道与套管之间的空隙应用沥青麻丝填严，并在空隙两头用石棉水泥捻实。

（10）混凝土的养护

在常温下，混凝土终凝后（浇筑后4～6h），就应在其表面覆盖草袋，浇水湿润养护不少于14d。不宜用电热法养护和蒸汽养护。

在特殊地区，必须使用蒸汽养护时，应注意以下几点：

①对混凝土表面不宜直接喷射蒸汽加热。

②及时排除聚在混凝土表面的冷凝水。

③防止结冰。

④控制升温和降温速度。升温速度，对表面系数小于 6 的结构，不宜超过 6℃/h；对表面系数等于或大于 6 的结构，不宜超过 8℃/h；恒温温度不得高于 50℃；降温速度，不宜超过 5℃/h。

（11）拆模板

防水混凝土结构拆模时，强度必须超过设计强度等级的 70%，混凝土表面温度与环境温度之差不得超过 15℃。

拆模后应及时回填。回填土应分层夯实，并严格按照施工规范的要求操作。

（12）防水混凝土二衬结构的保护

①及时回填：地下工程的结构部分拆模后，应抓紧进行下一分项工程的施工，以便及时对基坑回填，回填土应分层夯实，并严格按照施工规范的要求操作，控制回填土的含水率及干密度等指标。

②做好散水坡：在回填土后，应及时做好建筑物周围的散水坡，以保护基坑回填土不受地面水入侵。

③严禁打洞：防水混凝土浇筑后严禁打洞，因此，所有的预留孔和预埋件在混凝土浇筑前必须埋设准确，对出现的小孔洞应及时修补，修补时先将孔洞中洗干净，涂刷一道水灰比为 0.4 的水泥浆，再用水灰比为 0.5 的 1:2.5 水泥砂浆填实抹平。

（13）防水混凝土工程的冬期施工

防水混凝土冬期施工，水泥要用普通硅酸盐水泥，施工时可在混凝土中掺入早强剂，原材料可采用预热法，水和骨料及混凝土的最高允许温度参照表 13-4。

冬期施工防水混凝土及材料最高允许温度　　　表 13-4

水泥种类	最高允许温度（℃）		
	水进搅拌机时	骨料进搅拌机时	混凝土出搅拌机时
32.5 级普通水泥	70	50	40
42.5 级普通水泥	60	40	35

防水混凝土冬期养护宜采用蓄热法，采用暖棚法应保持一定湿度，防止混凝土早期脱水。不宜采用电热法和蒸汽加热法。

大体积防水混凝土工程以蓄热法施工时，要防止水化热过高，内外温差过大，造成混凝土表面开裂。混凝土浇筑完后应及时用湿草袋覆盖保持温度，再覆盖干草袋或棉被加以保温，以控制内外温差不超过 25℃。

3. 衬砌施工缝与变形缝的防水

山岭隧道只要防水混凝土衬砌施工质量得到保障，渗水一般是不会从混凝土表面透出来的，其中防水混凝土衬砌的施工缝和变形缝是隧道防水的关键部位。

山岭隧道施工缝与变形缝的防水主要采用以下方法：

（1）膨胀橡胶条的防水

遇水膨胀橡胶和膨润土止水条是施工缝防水的常用措施，对于水平施工缝，能有效地解决渗漏问题。

(2) 可排水复合橡胶止水带的防水

可排水复合橡胶止水带是能对环向施工缝中的渗水进行"先排后堵"的新型止水带，其由绕道、翼缘、膨胀橡胶条和止浆滤水带组成，其中绕道和翼缘构成止水带的主体，止浆滤水带粘贴在翼缘上并与绕道形成排水通道。

可排水复合橡胶止水带为内置式止水带，设置在衬砌厚度的中间，横断衬砌环向施工缝。当环向施工缝内出现渗水后，渗水则沿着环向施工缝流至止浆滤水带，由于止浆滤水带可以透水，故渗水十分容易进入排水通道，并由其排入隧道的排水系统。如果部分渗水在穿越止浆滤水带时，沿着止水带与混凝土之间的间隙横向流动，则会遇到粘贴在止水带翼缘上的遇水膨胀橡胶条的阻挡，遇水膨胀橡胶条在遇水后即发生膨胀，使止水带翼缘与混凝土之间的间隙密实，渗水沿着横向流动的阻力增大，从而提高了止水带的止水能力。

二、连拱隧道的防排水

高等级公路上的双洞隧道，通常是两洞保持一定的间距（30~50m）分别修筑，其称之为分修隧道。它的优点在于两洞之间有一定的距离，两洞在施工期间和运营期间均互不干扰，隧道施工质量易于保证，建成后的隧道病害相对较少，而缺点主要是洞外接线较难。目前在工程中一般是扬长避短，在长大的隧道、特长的隧道的设计中采用分修隧道方案，而在中短隧道的设计中则经常采用连拱隧道的方案。

连拱隧道是指拱形承载结构紧密相连的一类隧道，隧道洞与洞之间设有中隔墙，为两洞共用，连拱隧道由于两洞间仅隔中隔墙，中隔墙的厚度和洞外上下行线路的分隔带宽度相当，这就使连拱隧道与洞外路线接线方便，避免了洞外路线的分幅，节省了建设用地，具有路线线形通顺流畅和总体工程造价低的优点。

根据修建在一起的拱洞数目不同，连拱隧道可分为双连拱隧道和多连拱隧道，工程上多用双连拱隧道，故常将双连拱隧道简称为连拱隧道。根据中隔墙的断面形式不同，连拱隧道可分为直中墙连拱隧道和曲中墙连拱隧道。中隔墙的设计与施工是连拱隧道建设的关键，不论是直中墙连拱隧道还是曲中墙连拱隧道，其中隔墙都可以采用不同的施工工艺来完成。如果中隔墙在厚度方向上是一次浇筑的，称之为整体浇筑中隔墙；如是分次浇筑的则称之为分次浇筑中隔墙。

连拱隧其施工特点是总体开挖跨度大，施工工艺复杂。连拱隧道从左洞开挖边界始，沿隧道的横向到右洞的开挖边界止，一般的双向四车道隧道其开挖跨度在24m左右，双向六车道隧道其开挖跨度有的竟达30余米，这必将使连续很宽的范围内的隧道围岩将受到不同程度的扰动。连续扰动的围岩范围愈宽，则愈不利于围岩的稳定，故连拱隧道的总体开挖跨度大是其施工难度大的一个重要原因。

连拱隧道工程特点决定了它的施工方法，为了保证施工安全和有利于围岩稳定，只能将开挖跨度化整为零分次开挖。为了保证施工顺利并充分发挥中隔墙对围岩的支撑作用，工程中常采用中导洞法，即先完成全部或部分中隔墙的施工，如围岩条件较差或隧道跨度较大时，还不得不采用侧导洞辅助开挖。为了使中隔墙受力合理，左右两洞的开挖与衬砌还应同步推进。将这些工艺情况与分修隧道相比，可见其施工工艺要复杂得多，施工工艺愈复杂，则出现施工质量问题的可能性也就愈大，亦使连拱隧道的防排水工程施工质量不易得到保障。

连拱隧道的结构特点是中隔墙为左右洞共用，中隔墙的局部构造复杂。分修隧道的左右两洞是相互独立的，隧道的衬砌结构彼此间基本没有影响，而连拱隧道则不同，其中隔墙既要承受上部围岩的压力，又是左右两洞衬砌的依托，在连拱隧道的承载体系中扮演着极其重要的角色，中隔墙建成后，受到左右洞施工的影响，中隔墙的外部荷载与内力还会发生一定的变化，在此过程中，极易造成中隔墙开裂或其他的内部损伤，给后期隧道的安全运营埋下隐患。作为隧道两洞共用同一承载结构的中隔墙，其顶部的构造十分复杂，无论何种形式的连拱隧道，其中隔墙的顶部先要满足承受并传递各种荷载的要求，其次还要满足隧道防排水的要求，此外，还应容易施工。要同时满足上述各种要求，隧道中隔墙顶部的构造通常比较复杂，这一复杂结构构造使得该部位的防排水体系难以得到较好的设置。

连拱隧道的地形地质特点是多浅埋、多偏压、围岩易风化。隧道浅埋意味着地表水容易下渗至隧道围岩并考验隧道的防排水系统，偏压使隧道衬砌承受不对称荷载的同时，也可能使防水层局部受力过大而导致防水层损伤。

由此可见，连拱隧道的防排水工程与连拱隧道的施工特点、结构特点、地形地质特点是密切相关的，连拱隧道的防排水工程对于连拱隧道而言是至关重要的。

(一) 整体浇筑直中墙连拱隧道的防排水

连拱隧道绝大多数为直中墙连拱隧道，在施工中，连拱隧道的直中墙有两种形成方法：一种是沿中隔墙的横向一次浇筑而成，中隔墙在横向没有垂直方向的施工缝，称之为整体浇筑直中墙；另一种是沿中隔墙的横向分次浇筑而成，中隔墙的横向有垂直方向的施工缝，称之为分次浇筑直中墙。

整体浇筑直中墙连拱隧道的防排水尤为重要，中隔墙上部的防排水处理是拱隧道修建中的一个难点，其主要的防排水方案有以下几种：

1. 中墙顶部纵向单管排水

中隔墙连同其上部的衬砌在局部呈"Y"字形，被防水层阻挡的地层渗水将沿防水层向中隔墙方向汇聚，为了使围岩中的渗水在中隔墙的顶部仍能顺势下排并汇聚于纵向排水管，再由与纵向排水管相连的竖向排水管下排，这便形成了中隔墙顶部纵向单管排水方案。

中隔墙顶部纵向单管排水方案在中隔墙内防水层呈上凹外形，在中隔墙与衬砌的接茬处防水层的铺设方向顺序相连接，纵向排水管位于防水层的最低部位，渗水靠反滤进入排水管。

施工时，中隔墙的外模板一次从底支到顶部，每个衬砌循环板一般长 6~8m，混凝土由下至上整体浇筑，当浇筑至纵向排水管标高时，应暂停中隔墙的浇筑，开始支设中隔墙上部"树枝"的内模板，然后浇筑"树枝"部分的混凝土，这部分的混凝土拆模后，在中隔墙顶部的槽形洞内，先铺防水层，并在上隅角留余长以备与衬砌背后的防水层相接；然后再铺设顶部纵向排水管，并与中隔墙"树干"浇筑中预埋的垂直排水管用三通相连接，然后用干硬性混凝土等将中隔墙顶部的槽形洞填实，最后，拆除外模板和端头模板，完成一节中隔墙段的浇筑。

2. 中墙顶部纵向双管排水

鉴于整体浇筑中隔墙施工工艺中，不可避免地在中隔墙的顶面两侧与上部衬砌之间要出现水平施工缝,且此施工缝是连拱隧道渗漏水的常发生部位,因此工程界开始尝试通过加强中隔墙顶部两上隅角的排水来预防水平施工缝渗水的发生,便提出了中墙顶部纵向双管排水方案。此方案在中导洞的顶部铺设向上凸的防水层,防水层在两隅角包裹纵向排水管并留出余长与上部衬砌的防水层相连接,在一些设计中还要求在纵向排水管的上面铺薄层卵石以便滤水,在水平施工缝衬砌厚度的中心设置遇水膨胀橡胶条,以防止地下水从水平施工缝中渗漏。

施工时,先在中导洞的顶部铺设防水层并留余长,然后支设中隔墙的外模板并整体浇筑混凝土,浇筑至上隅角时,设法埋设纵向排水管并注意用防水层将其包裹起来,包裹时在排水管上铺薄层小卵石,最后,拆除外模板和端头模板,完成一节中隔墙段的浇筑。

(二) 分次浇筑曲中墙连拱隧道的防排水

连拱隧道的结构设计包括初期支护、二次衬砌、中隔墙和防水层设计,特别是中隔墙设计是直接影响到隧道围岩的稳定、支护安全性和施工工序,防水层设计关系到隧道的耐久性、运营安全性和隧道的外观形象。直中墙连拱隧道和曲中墙连拱隧道由于中墙的设计方法不同,故其除具有连拱隧道的共同特性外,又各自具有自己的特点。

分次浇筑曲中墙连拱隧道的一般结构与直中墙连拱隧道的主要区别在于中墙和中墙处的防排水处理,在中导洞贯通后随即修建中墙,要求中墙顶部与中导洞顶紧密接触,这样就克服了直中墙连拱隧道中墙与中导洞之间存在着空洞的缺点,使主洞开挖时毛洞跨度相对减小,有利于洞周围岩的稳定,从而减少了施工时的辅助措施,加快了施工进度,节省了工程投资,并大大提高结构的可靠性,使运营安全得到进一步的保证。由于曲中墙两侧外轮廓与双洞隧道初期支护轮廓一致,有利于防水板的全断面铺设,从而使分次浇筑曲中墙连拱隧道中间部分的防排水结构与独立的单洞隧道相同,其施工工艺相对较为简单,质量容易控制,隧道建成后防排水系统运作可靠。

隧道施工的开挖工序直接影响着隧道的施工安全、工程进度和工程费用,连拱隧道在这个问题上则显得更突出,设计中该如何选择适当的施工工序是每一位设计者必须慎重面对的问题。

(三) 分次浇筑直中墙连拱隧道的防排水

分次浇筑曲中墙连拱隧道采用中隔墙分次浇筑的方法可比较好地解决连拱隧道中隔墙周围的渗漏水问题,但其中隔墙的厚度由140cm增加到230cm;路基中间的隔离带在连拱隧道内需进行加宽;隧道的总体开挖跨度亦需加大。针对分次浇筑曲中墙连拱隧道的不足,工程界的相关专家提出了在保留直中墙原有优点的基础上,引入了曲中墙连拱隧道中隔墙的分次浇筑工艺,消除整体浇筑直中墙连拱隧道的水平施工缝,从而提高了隧道的防渗漏水性能的方案。下面介绍有中导洞的分次浇筑直中墙方案。

1. 中墙核的构造与施工

分次浇筑直中墙的构造与隧道施工工艺。直中墙的总厚度设计为160cm,其中,中墙核为100cm,两边的衬砌壁各厚30cm。在中导洞贯通之后,应先在中导洞的底部和顶部钻孔并安装与中墙核相联系的连接锚杆,锚杆长200cm,间隔为50cm,然后绑扎中墙核的混凝土,为了保证中墙核的顶部与中导洞的顶部密实,浇筑时应注意混凝土的流动方向,顶部排气和预埋注浆管,施工中应选择有利时机向中墙核的顶部注浆,最后拆除模板,完成一段中墙核的施工。

2. 正洞的开挖方法

由于在隧道左洞将要开挖之时，中隔墙仅仅施工了中墙核，相对于整体浇筑的中隔墙而言，此时的中墙核的承载能力还是比较小的，所以在选择正洞的施工方法时，必须尽量避免中墙核的不利受力，以保证施工安全与结构稳定。左洞应采用侧导洞法开挖，这既可减轻开挖爆破时对围岩与中墙核的扰动，又可以进一步探明围岩的性质与地压规律，以便于更好地掌握隧道施工的主动权。开挖侧导洞时，一般说来中墙核的受力不会有显著的变化，但是，当开挖左洞的上部岩核并进行支护后，在围岩应力重分布的过程中，中墙核的受力会发生显著的变化，因此，在开挖左洞的上部岩核时，要采用必要的中墙核防护措施并加强施工监测，然后，再根据隧道的长度与围岩等具体情况，选择左洞的衬砌施工时机。

右洞开挖时，隧道围岩内应力又要进行一次重新分布，左洞的衬砌由原来的"不受力"或受力很小的状态变为有一定受力的状态；中墙核的受力则在原有基础有显著增加，在此过程中，容易出现的问题是由开挖爆破产生的震动荷载及爆破诱发的冲击荷载导致左洞的衬砌开裂，因此，右洞的施工必须在保证围岩稳定的基础上，减少各种动荷载对既有结构的影响。右洞的开挖方法以侧洞辅助施工为宜，在条件许可的范围内，可采用台阶法施工。

3. 中隔墙周围的排水

采用了分次浇筑中隔墙的施工工艺后，中隔墙周围的防排水做法与单洞隧道的防排水做法类似，但仍应注意以下几点：

①加强中墙核两侧的竖向排水。中隔墙在分次浇筑后，中墙核的两侧面相对于喷射混凝土的表面来说，要平整光滑得多，这种情况对保护防水层的长期完好十分有利，但是，却因界面间比较密实而利于上部渗水的下排，因此，必须按照一定的间距很规整地在中墙核与防水层之间设置竖向排水管，以保证中隔墙上部的渗水顺利下排并进入隧道下部的排水系统。

②保护中隔墙上部防水层的完好性。中隔墙分次浇筑后，正洞的衬砌在中隔墙侧的厚度为30cm，比边墙侧的要薄，受施工因素和温度应力等的影响，中隔墙的衬砌部分容易产生各种细小的裂缝。因此，中隔墙的衬砌部分的总体抗渗能力比较低，一旦渗水穿过了防水层进入防水层与衬砌之间的界面，则渗水极有可能从衬砌的微细裂缝中渗出，造成隧道渗漏。由于渗水不易在中隔墙高度范围内穿过防水层，此种情况只会在中隔墙以上出现，所以，应通过喷射混凝土表面降糙技术和加强防水层施工的防护等措施，尽可能保护中隔墙上部防水层的完好性。

4. 施工缝的防水

正洞衬砌采用全断面一次浇筑后，可在隧道的全断面消除水平施工缝，但是衬砌环之间的环向施工缝依然存在并成为隧道渗漏水的多发位置。鉴于可排水止水带具有先排后堵的特点，又考虑到在防水层与衬砌之间没有专门的排水通道，所以，在正洞环向施工缝间采用可排水止水带防水。

第二节 城市隧道防排水

要解决城市交通拥挤的问题,修建城市隧道是一个十分重要的措施。城市隧道按其通行车辆的不同种类,可分为城市地铁隧道、城市道路隧道等类型。

在城市中修建隧道,其施工方法受到城市地面建筑物、地下管线、道路、城市交通、城市环境保护、施工机具以及资金等诸多因素的影响,因此城市隧道比一般隧道、桥梁工程的施工技术要求更高、难度更大,造价也更贵,但其经过一百多年来的实践,在不断吸收先进科技成果的基础上,创造出了可适应各种围岩条件和环境要求的施工方法,使城市隧道的建设不断得到了发展。城市隧道的施工方法分类见表13-5。

施工方法分类表   表13-5

序号	施工方法	主要工序	适用范围
1	明挖法	(1)敞口明挖:现场灌注混凝土,回填	地面开阔,建筑物稀少,土质稳定
		(2)用工字钢桩或钢板桩或灌注桩或旋喷、搅拌桩支护侧壁开挖:现场灌注混凝土,回填	施工场地较窄,土质自立性较差
		(3)地下连续墙:修筑导槽,分段挖槽,连续成墙,开挖土体,灌注结构,回填	地层松软,地下水丰富,建筑物密集地区,修建深度较深
		(4)盖挖法:用桩或连续墙支护侧壁;加顶盖恢复交通后在顶盖下开挖,灌注混凝土	街道狭窄、地面交通繁忙地区
2	新奥法	(1)对岩石地层采用分部或全断面开挖,锚喷支护或锚喷支护复合衬砌	岩石地层
		(2)对地层加固后再开挖支护、衬砌	松软地层,无地下水地区,有地下水时要降水
3	盾构法	采用盾构机开挖地层,并在其内装配管片衬砌或浇筑挤压混凝土衬砌	松软地层,或在岩石中可采用岩石掘进机
4	顶进法	预制钢筋混凝土结构,边开挖、边顶进	穿越交通繁忙道路、地面铁路、地下管网和建筑物等障碍物的地区
5	预制节段沉埋法	利用船台或干船坞把预制结构段浮运至设计位置的沟槽内,处理好接缝,回填土后贯通	过江河或过海峡
6	沉箱法	分段预制隧道结构,用压缩空气排除涌水,开挖土体下沉到设计位置	地下水位高,涌水量大,穿过河流地区
7	辅助施工方法(配合上述施工方法使用)	(1)注浆固结法:向地层注入凝结剂,增加地层强度后进行土体开挖、灌注混凝土结构	局部地层不良、发生坍塌、地下水流速不超过1m/s的地带
		(2)管棚法:顶部打入钢管,压注水泥砂浆,在管棚保护下开挖、立钢拱架、喷混凝土、灌注混凝土	松散地层
		(3)降低地下水位法:采用井点或水泵将地下水位降低,以疏干工作面	渗透系数较大的地层
		(4)冻结法:对松软含水土壤打入冷冻管将地层冻结形成冻土壁再开挖土层及灌注混凝土结构	松软含水地层

一、城市地铁隧道的防排水

（一）混凝土结构自防水

混凝土结构自防水的措施主要是采用防水混凝土，防水混凝土是一类通过调整配合比，或掺入适量膨胀剂、防水剂、减水剂、加气剂、密实剂、早强剂等外加剂的途径来改善混凝土本身多界面间的密实性，补偿混凝土的收缩，增加抗裂性和抗渗性的混凝土。

采用明挖法施工工艺的现浇混凝土结构，采用暗挖法施工工艺的二衬模筑混凝土结构以及采用盾构法施工工艺的混凝土管片都采用抗裂、抗渗性能较好的防水混凝土。防水混凝土按其组成的不同，可分为普通防水混凝土、外加剂防水混凝土和膨胀水泥防水混凝土三大类。在一般情况下，地下铁道结构物宜采用普通防水混凝土为主，因其仅通过材料和施工两方面来抑制和减少混凝土内部孔隙的生成，改变孔隙的形态和大小，堵塞渗水通路，以达到密实和防水的目的，普通防水混凝土的抗渗压力可达到较高的水准，但其对材料级配、制备和施工工艺要求较高；预制钢筋混凝土管片则多采用外加剂防水混凝土，其抗渗等级可达到P12以上，但应注意，所采用的外加剂不能在混凝土内引起碱性反应；膨胀水泥防水混凝土通常都应用在结构物的特殊部位，如明挖车站结构的后浇带部位等。

地下室铁道结构防水混凝土的抗渗等级不小于P8，处于侵蚀性介质中的防水混凝土的耐侵蚀系数不应小于0.8。防水混凝土结构在设计和施工过程中，要求采取切实有效的防裂、抗裂措施，并保证混凝土良好的密实性、整体性，减少结构裂缝的产生，以提高结构自防水的能力。防水混凝土的环境温度不得高于80℃。防水混凝土所使用的水泥强度等级不应低于32.5级，水胶比不大于0.55。防水混凝土中可掺入一定数量的优质粉煤灰、磨细矿渣粉、硅粉，掺量不应大于3%；特别部位的防水混凝土可根据工程抗裂需要掺入钢纤维或合成纤维；每立方米防水混凝土中各类材料的总碱量不得大于3kg。防水混凝土结构的裂缝宽度迎水面不大于0.2mm，背水面不大于0.3mm，且无贯通的裂缝。防水混凝土结构其厚度不应小于250mm，钢筋保护层的最小厚度应符合相关规范的规定，其底板的混凝土垫层强度等级不宜小于C15，厚度不应小于100mm，软弱土层中不应小于150mm。

（二）明挖法施工地铁工程的排水

明挖法是修建地下铁道的常用施工方法，具有施工作业面多、速度快、工期短、易保证工程质量、工程造价低等优点。

明挖法按其主体结构的施作顺序可分为明挖顺作法和明挖覆盖法两大类施工做法。明挖顺作法施工的基坑可分为敞口放坡基坑和有围护结构的基坑两类，明挖覆盖法又称盖挖法，盖挖法施工包括盖挖顺作法、逆作法和半逆作法三种施工方法。

明挖顺作法是先从地表面向下开挖基坑至设计标高，然后在基坑内的预定位置由上而下建造主体结构及其防水措施，最后回填土并恢复路面。

在路面交通不能长期中断的道路下修建地下铁道车站或区间隧道，则可采用盖挖顺作法。盖挖顺作法施工工艺于现有道路上，按所需宽度，由地表面完成挡土结构后，以定型的预制标准覆盖结构（包括纵、横梁和路面板）置于挡土结构上维持交通，往下反复进行开挖和加设横撑，直至设计标高，回填土并恢复管线线路或埋设新的管线线路，最后，视需要拆除挡土结构的外露部分以恢复道路。

如果开挖面较大，覆土较浅，周围沿线建筑物过于靠近，为了防止因开挖基坑而引起邻近建筑的沉陷，或需及早恢复路面交通，但又缺乏定型覆盖结构，则可采用盖挖逆作法工艺施工，其施工步骤可先在地表面向下做基坑的围护结构和中间桩柱，和盖挖顺作法一样，基坑围护结构多采用地下连续墙或桩（墙），中间桩柱则多利用主体结构本身的中间立柱以降低工程造价。随后即可开挖表层土至主体结构顶板底面标高，利用未开挖的土体作为土模浇筑顶板，它本身就是一道强有力的横撑，可以防止围护结构向基坑内变形，待回填土后可将道路复原，恢复交通，之后的工程则都是在顶板覆盖下进行，即自上而下逐层开挖并建造主体结构直至底板，在特别软弱的地层中，且邻近地面建筑物时，除以顶、楼板作为围护结构的横撑外，还需要设置一定数量的临时横撑。

盖挖半逆作法工艺类似逆作法，其区别仅在于顶板完成及恢复路面后，向下挖土至设计标高后先建筑底板，再依次序向上逐层建筑侧墙、楼板，在半逆作法施工中，一般都必须设置临时横撑并施加预应力。

1. 采用明挖顺作法工艺施工地铁工程的防排水

采用明挖顺作法工艺施工的地铁车站多采用整体式结构，这类现浇钢筋混凝土结构其防水性能和抗震性能均较好，能适应结构体系的变化，有利于结构的防水排水，其防排水的重点是结构底板、侧墙和顶板外部结构。在结构内部，施工缝、变形缝、穿墙管、后浇带等细部结构亦是防水的重点，需要精心施工。明挖装配式结构、预制构件的防水等级一般容易达到，而装配件之间的连接结构则是防水工程中的薄弱环节，应采取加强防水措施。

（1）基坑开挖时的防排水

采用明挖法进行城市地铁施工，基坑的开挖是第一步，基坑的开挖首先要注意保持基坑边坡的稳定，水对基坑的稳定有巨大的影响。因此，在进行基坑开挖时，应切实做好基坑的截水、排水和降水。

无论是放坡开挖还是采用围护结构支撑开挖，都应当防止地表水流入基坑区域，以免因地表水冲刷坡面，渗透浸泡坡体导致基坑坡体或维护结构失稳。因此，在雨季进行明挖法工艺施工或者施工时间较长时，则应在基坑四周修建截水沟引排地表水或修筑土堤阻挡地表水进入基坑。

基坑内如果有地下水，则应采取基坑内降水或注浆堵漏等措施。施工时，其土体如含水量较高或地下水位较高，都可能导致开挖后的基坑内出现渗水、漏水甚至涌水，此刻，应视具体情况而采取措施，如果渗水量较小时，则可采用喷射混凝土护坡，在开挖工作面开挖排水沟、集水井，将渗漏水汇集排走，如果渗漏水严重时，则应先采取注浆堵水，人工降低地下水位等措施，然后再进行基坑开挖，排水沟、集水井应当设置在地铁结构边缘以外净距0.4m外，并设在地下水走向的下游，应根据地下水量大小、基坑平面形状及水泵能力，集水井可每隔30～40m设置一个，排水沟深为0.3～0.4m，沟底宽度不小于0.3m，坡度为0.1%～0.5%，排水沟边缘层离开边坡脚不小于0.3m，集水井的容积须保证水泵停转10～15min时。集水不会溢出，井距构筑物边线的距离必须大于井的深度，为了防止井壁塌落，可采用挡土板进行加固或者用砖干砌加固，集水井的深度随着挖土的加深而加深，要经常低于挖土面0.7～1.0m。当基坑挖到设计标高后，井底应低于坑底1～2m，并铺设30cm碎石作反滤层，以免在抽水时将泥砂抽出，并防止坑底的土被搅拌。沟、井截面应根据排水量确定。

采用桩墙或地下连续支护的明挖结构，桩墙和地下连续墙应具有一定的抗渗能力，其抗渗等级不得小于P6，地下连续墙槽段之间的接缝宜采用十字钢板接头或橡胶止水带接头，保证接头部位的防水效果。

(2) 主体结构防水

明挖结构应采用全外包膨润土防水板或柔性防水层（两层各4mm厚的聚酯胎体改性沥青防水卷材或涂料），防水板或防水层的施工应做到材质优良、搭接牢固、完整无缺陷。

①结构底板的防水：在结构底板浇筑前，首先应在基底浇筑底板垫层。在浇筑垫层混凝土时，应保证基坑底部不得有明水，垫层混凝土应采用强度等级不小于C15的混凝土，厚度不小于150mm，垫层混凝土要求坚固密实，并且基本平整，以满足其不小于P6的抗渗等级。

垫层上面敷设膨润土防水板或柔性防水层。如采用满粘法工艺铺设防水卷材时，底板垫层上应施作厚度不小于2cm的水泥砂浆找平层；如采用空铺法铺设防水卷材时，则可不施作水泥砂浆找平层，但要求在浇筑混凝土垫层后用铁抹子进行二次收水压实抹平，使垫层表面平整密实，底板防水层一般宜采用空铺法施工。SBS改性沥青防水卷材防水层的搭接宽度为10cm，搭接部位应密实可靠。应采取有效的措施对分段铺设的防水层其两侧的预留搭接部位进行保护，以防止在施工过程中将预留搭接部位破坏而导致渗漏水现象的出现。

在防水层施工完毕后，应及时施作防水层的细石混凝土保护层，保护层的厚度应不小于5cm，保护层混凝土宜采用豆石（细卵石），以防止石料划伤防水层，在保护层达到一定强度后，方可进行底板施工。

②侧墙的防水：侧墙防水层采用满粘法施工，铺设防水层前应在侧墙外表面上抹厚度不小于2cm的水泥砂浆找平层（砂浆保护层），侧墙第三层（靠近回填土）铺设膨润土防水板或防水卷材（宜表面覆砂的改性沥青防水卷材），以便在铺设完的防水层表面抹2cm厚的水泥砂浆保护层，侧墙防水层的保护层也可采用厚度不小于5cm的聚乙烯泡沫塑料等材料。

③顶板的防水：顶板防水层所采用的膨润土防水板或改性沥青防水卷材也应采用满铺满粘法施工，但应注意的是顶板混凝土浇筑完成后，应进行二次收水压平抹实，不得在顶板结构表面抹水泥砂浆找平层，以免由于找平层的开裂将找平层拉断。

(3) 结构内变形缝、施工缝、穿墙管、后浇带等的防水

对于变形缝、施工缝、穿墙管、后浇带、预留孔等防水薄弱部位和施工拐角部位，都应采取附加防水措施的方法来进行防水处理。

变形缝的防水构造形式和材料应根据工程特点、地基和主体结构变形情况以及水压和防水等级等因素来确定，缝宽一般为20~30mm，水压较大的变形缝通常均采用埋入式橡胶止水带，对于防水等级较高的工程，应根据施工条件，在变形缝外侧或内侧铺设其他防水材料，如嵌缝材料或高分子防水卷材进行加强处理。

施工缝应凿毛、清洗、干燥后，在结构断面中部附近放置遇水膨胀腻子条，也可以用橡胶或塑料止水板等。

后浇带应在其两侧结构混凝土的龄期达到6周后方可进行施工，施工前应将接缝处的

混凝土凿毛并清洗干净,保持润湿并刷水泥浆,或凿毛清洗干净后等其干燥,在结构断面中附近安放遇水膨胀腻子条,采用补偿收缩混凝土,将后浇缝浇筑满,其强度等级和抗渗等级均不低于两侧主体结构混凝土,养护时间不少于28d。

穿墙管应在浇筑混凝土前埋设,并加止水环,环与主管要满焊,如需要更换墙管,则可采用套管工艺,穿墙管线较多时,可采用穿墙盒,盒的封口钢板应与墙上的预埋件焊牢,从钢板上的浇筑孔中注入密封材料。

2. 采用盖挖逆作法工艺施工地铁工程的防排水

盖挖法按照基坑开挖与结构浇筑的顺序不同,有三种基本的施工方法,即盖挖顺作法、盖挖半逆作法和盖挖逆作法。其防水结构也应采用全外包防水方法,其构造与明挖顺作法的相似。盖挖顺作法与明挖顺作法的施工工艺无本质上的区别,其防水技术也基本相同;盖挖逆作法和盖挖半逆作法相近,与顺作法相比,其防水尤其应当注意地下连续墙的防水以及上部先浇部分与下部后浇部分结构的连续部位裂缝的防水。

盖挖逆作法的构造特点是:在施工过程中需要大量的临时结构,结构的主要受力构件常兼有临时结构和永久结构的双重功能,这些结构在基坑开挖和形成结构的过程中,由于其垂直荷载的增加和土体卸载的影响,将会引起边桩、中桩的沉降,不仅影响其受力性能,也会影响到结构的防水性能。逆作法和半逆作法是上部混凝土达到设计强度后再进行浇筑下部混凝土的,由于混凝土的收缩和析水,不可避免会导致施工缝的开裂,这些裂缝对结构的强度、刚度、防水性和耐久性都会产生不利的影响,故必须采用特殊的施工方法和处理技术。

(1) 结构顶板的防水

结构顶板的防水层可以采用防水卷材或防水涂料。采用防水卷材作防水层时,其层数、厚度应按水文地质条件与工程防水要求确定,卷材防水层的材料主要有膨润土防水板、聚合物改性沥青防水卷材、高分子防水卷材等。改性沥青防水卷材其厚度应不小于6mm,合成高分子防水卷材的厚度应不小于1.5mm,采用防水涂料则应选用防水、抗菌、无毒或低毒、刺激性小的涂料,其性能指标应符合相关的防水涂料的国家和行业标准,施工时,要求基层平整、清洁、无浮浆,溶剂型涂料其含水率应小于9%,涂刷时应确认其性能是否符合规定,配料是否正确,搅拌是否均匀,涂刷厚度应保持一致,分层涂刷时,后一次涂刷方向应与前一次涂刷方向垂直。为了保护防水层不被破坏,在浇筑顶板防水层的混凝土保护层前,应在防水层上铺设隔离层。

(2) 围护结构及侧墙的防水

盖挖法侧墙按其结构受力方式可分为单层墙(多为地下连续墙)和复合墙(地下连续墙或桩墙和内衬结构所组成),复合墙又可分为重合墙和叠合墙。无论是何种构造类型,侧墙及侧墙的接缝处都是防水的重点部位。

①地下连续墙作为单层墙的防水采用单层整体墙方案时,一般采用涂抹式防水结构,即在单层墙(地下连续墙墙体)的经过处理的内表面涂抹一层刚性防水层,防水层宜选用水泥基渗透结晶型防水材料或聚合物水泥防水砂浆。墙板连接施工缝部位应涂刷水泥基渗透结晶型防水材料做加强密封,这类防水材料在一定的时间后可渗入到混凝土表面下50mm,并在混凝土的孔隙内产生一种不溶解的结晶,堵塞毛细水的渗漏通道。

在做防水层前应将地下连续墙体段接缝部位的疏松杂物等清除干净,用掺膨胀剂的

1:2水泥砂浆嵌实找平后,再对连续接头部位两侧各20cm范围内喷涂或涂刷厚度不小于2mm的高弹性聚合物水泥防水层,并抹防水砂浆进行保护;连续墙墙体与结构板之间的连接面(接缝面)在凿毛用水冲洗湿润后,方可涂刷两道水泥基渗透结晶型防水材料,然后浇筑主体结构。在处理好的地下连续墙表面,防水材料可采用机械喷射或人工涂抹。

②复合墙的防水

a. 重合墙。明挖顺作或逆作车站在地下连续墙(或支护桩墙)与内衬结构之间应设置防水隔离层,与结构顶板和结构底板迎水面的防水层形成整体密封形式,并根据不同的部位设置与其相适应的保护层,这类防水结构不仅其防水效果好,而且可以消除支护墙对浇筑混凝土内衬收缩的约束作用,减少内衬的收缩裂缝。但这类夹层式的防水结构可削弱复合墙的整体受力性能,内衬要求亦较厚,故在水位较低、防水要求不十分严格的情况下,复合墙中间亦可不设防水隔离层。用作防水隔离层的材料宜优先选用膨润土防水毯或防水板,EVA、ECB防水卷材,其厚度应不小于2.0mm。

b. 叠合墙。因支护墙与内衬墙之间有钢筋接驳器拉接,故防水层难以形成连续密封的整体,可采用下列方法使其能够得到较好的解决。

其一,在支护墙与内衬之间设置膨润土防水毯,并用混凝土钉固定。其防水原理为在结构(内、外墙)的挤压下遇水膨胀,从而阻塞水的渗漏通道。顶板防水层采用聚氨酯或自粘式防水卷材等可与结构外表面密贴的防水材料,侧墙和底板可以采用膨润土防水毯、改性沥青等收口效果好的防水材料,膨润土防水毯的单位面积膨润土含量不得小于$5.5kg/m^2$,用混凝土钉固定时,其固定间距一般为30cm。

其二,支护墙与内衬墙之间不直接设置防水层,仅在结构内衬墙内侧墙板连接处一定的范围内涂刷水泥基渗透结晶型防水材料,顶板则设置柔性防水层。

盖挖逆作法应注意处理好顶板与边墙防水层的连接过渡。

③结构底板的防水

盖挖逆作法车站由于存在穿过底板的柱桩,其周围属于防水薄弱环节,因此特别要求底板的垫层尽量采用较高强度等级的混凝土(尽量不小于C20),厚度不小于150cm,以利于安放的遇水膨胀橡胶条发生作用。同时垫层混凝土密实不透水,也可给铺设防水板和处理桩节点部位的防水创造良好的施工条件。底板防水层的设计与施工同明挖法。

④施工缝的防水

采用逆作法、半逆作法工艺施工时,应特别注意混凝土施工缝的处理,由于混凝土的收缩和析水,上部先浇混凝土与下部后浇混凝土间的施工缝不可避免地会出现3~10mm宽的裂缝,对防水来讲会产生不利的影响。

其中直接法是采用传统的施工方法,但其不易做到先浇混凝土与后浇混凝土两者之间完全紧密接触;注入法是通过预先设置的注浆孔向缝隙内注入水泥浆或环氧树脂;充填法是在下部混凝土浇筑至适当高度时,清除浮浆后,再用无收缩或微膨胀的混凝土或砂浆进行充填,待充填的高度:如采用混凝土充填时为1.0m;如采用砂浆充填时为0.3m。为了保护施工缝的良好充填,一般在墙中最好设置"V"形施工缝,在墙中设置"V"形施工缝,其倾斜角应小于30°,采用注入法和充填法工艺,能够保证结构的整体性。

(三)暗挖法施工复合式衬砌夹层的防水

新奥法是暗挖地下工程的主要方法之一,相对于明挖法施工,暗挖法具有很多不利于结构防水的情况：城市地铁尤其是区间隧道其施工工作面狭长，结构构造复杂，施工工序多，防水施工条件差；新奥法施工工艺难以实现全外包防水，多数采用复合衬砌夹层防水工艺，防水层接缝部位多，施工困难，质量难以保证，且容易出现渗漏水隐患；狭长的结构施工缝、变形缝较多，这些接缝部位易开裂并导致防排水失败，引发渗漏；由于结构构造的特殊性，地铁结构的边墙底部、顶部梁上方、双拱结构的连接处以及其他角隅位置易发生充填不密实、振捣不充分的问题，使地下水在这些地方聚集、渗透，引发严重渗漏。因此，采用新奥法工艺施工的地铁工程防排水要采取多种措施，分层综合防水，以确保防水措施的施工质量。采用新奥法工艺施工的地下结构防水的几道防排线为：结构外的围岩注浆堵水、锚喷支护混凝土（初期支护）、设置在喷射混凝土初期支护和二次衬砌之间的夹层排水体系以及防水层、防水混凝土衬砌（二次衬砌）。

1. 复合式衬砌夹层防水的设计

夹层防水设计应本着"以防为主、多道防线、刚柔结合、综合治理"的原则进行，并根据工程的水文地质状况、结构构造型式、施工方法、防水标准和使用要求等因素选用相应的防水隔离层和缓冲层的材料以及铺设方法。

根据工程的具体防水要求，夹层式防水层可只设在拱部，或设在拱部和边墙处形成非全断面的防水层，也可做成包括仰拱在内的全断面连续的防水层。地铁车站或区间较多的是采用全断面封闭式防水做法。对于非全断面的防水层，可配置排水盲管洞内排水体系。根据工程不同部位的防水要求，夹层防水层的材料可以几种不同的防水材料混用，但必须处理好不同材料防水层的接头问题，必须有可靠的密封措施。

(1) 基层要求：铺设防水板的喷射混凝土其基层不得有钢筋等尖锐突出物，基层变化或转弯处的阴角或阳角应抹成圆弧，在铺设防水板前，初期支护表面不得有明水，否则，则应采取注浆或堵漏、局部抹防水砂浆等办法使基层满足敷设防水层的要求。

(2) 防水材料的选择要求：防水层一般宜采用断裂伸长率大、抗穿刺性能好、耐久性好的热塑性防水板，地下车站的柔性防水层宜采用厚度为 2.0mm 防水板，区间隧道宜采用厚度为 1.5mm 的防水板。防水板的主要品种有：PVC（聚氯乙烯）、ECB（乙烯共聚物沥青）、EVA（乙烯-醋酸乙烯共聚物）、LDPE（低密度聚乙烯）等。上述材料执行《聚氯乙烯防水卷材》（GB12952-2003）、《高分子防水材料 第1部分：片材》（GB18173.1-2006）国家标准（表13-6～表13-10）。

聚氯乙烯 N 类卷材的理化性能（GB 12952—2003） 表13-6

序号	项 目		Ⅰ型	Ⅱ型
1	拉伸强度（MPa）	≥	8.0	12.0
2	断裂伸长率（%）	≥	200	250
3	热处理尺寸变化率（%）	≤	3.0	2.0
4	低温弯折性		−20℃无裂纹	−25℃无裂纹
5	抗穿孔性		不渗水	
6	不透水性		不透水	
7	剪切状态下的粘合性（N/mm）	≥	3.0 或卷材破坏	

续表

序号	项目		Ⅰ型	Ⅱ型
8	热老化处理	外观	无起泡、裂纹、粘结和孔洞	
		拉伸强度变化率（%）	25	±20
		断裂伸长率变化率（%）		
		低温弯折性	-15℃无裂纹	-20℃无裂纹
9	耐化学侵蚀	拉伸强度变化率（%）	±25	±20
		断裂伸长率变化率（%）		
		低温弯折性	-15℃无裂纹	-20℃无裂纹
10	人工气候加速老化	拉伸强度变化率（%）	±25	±20
		断裂伸长率变化率（%）		
		低温弯折性	-15℃无裂纹	-20℃无裂纹

注：非外露使用可以不考核人工气候加速老化性能。

聚氯乙烯防水卷材 L 类及 W 类的理化性能（GB 12952—2003） 表 13-7

序号	项目		Ⅰ型	Ⅱ型
1	拉力（N/cm） ≥		100	160
2	断裂伸长率（%） ≥		150	200
3	热处理尺寸变化率（%） ≤		1.5	1.0
4	低温弯折性		-20℃无裂纹	-25℃无裂纹
5	抗穿孔性		不渗水	
6	不透水性		不透水	
7	剪切状态下的粘合性（N/mm） ≥	L类	3.0 或卷材破坏	
		W类	6.0 或卷材破坏	
8	热老化处理	外观	无起泡、裂纹、粘结和孔洞	
		拉伸强度变化率（%）	±25	±20
		断裂伸长率变化率（%）		
		低温弯折性	-15℃无裂纹	-20℃无裂纹
9	耐化学侵蚀	拉伸强度变化率（%）	±25	±20
		断裂伸长率变化率（%）		
		低温弯折性	-15℃无裂纹	-20℃无裂纹
10	人工气候加速老化	拉伸强度变化率（%）	±25	±20
		断裂伸长率变化率（%）		
		低温弯折性	-15℃无裂纹	-20℃无裂纹

注：非外露使用可以不考核人工气候加速老化性能。

高分子防水材料第1部分片材的分类　　　　表13-8

分类		代号	主要原材料
均质片	硫化橡胶类	JL1	三元乙丙橡胶
		JL2	橡胶（橡塑）共混
		JL3	氯丁橡胶、氯磺化聚乙烯、氯化聚乙烯等
		JL4	再生胶
	非硫化橡胶类	JF1	三元乙丙橡胶
		JF2	橡塑共混
		JF3	氯化聚乙烯
	树脂类	JS1	聚氯乙烯等
		JS2	乙烯醋酸乙烯、聚乙烯等
		JS3	乙烯醋酸乙烯改性沥青共混等
复合片	硫化橡胶类	FL	乙丙、丁基、氯丁橡胶、氯磺化聚乙烯等
	非硫化橡胶类	FF	氯化聚乙烯，乙丙、丁基、氯丁橡胶，氯磺化聚乙烯等
	树脂类	FS1	聚氯乙烯等
		FS2	聚乙烯等

高分子防水材料第1部分片材均质片的物理性能　　　　表13-9

项目			硫化橡胶类				非硫化橡胶类			树脂类			适用试验条目
			JL1	JL2	JL3	JL4	JF1	JF2	JF3	JS1	JS2	JS3	
断裂拉伸强度（MPa）	常温	≥	7.5	6.0	6.0	2.2	4.0	3.0	5.0	10	16	14	5.3.2
	60℃	≥	2.3	2.1	1.8	0.7	0.8	0.4	1.0	4	6	5	
扯断伸长率（%）	常温	≥	450	400	300	200	450	200	200	200	550	500	
	-20℃	≥	200	200	170	100	200	100	100	15	350	300	
撕裂强度（kN/m）		≥	25	24	23	15	18	10	10	40	60	60	5.3.3
不透水性（MPa）（30min无渗漏）			0.3	0.3	0.2	0.2	0.3	0.2	0.2	0.3	0.3	0.3	5.3.4
低温弯折（℃）		≤	-40	-30	-30	-20	-20	-20	-20	-20	-35	-35	5.3.5
加热伸缩量（mm）	延伸	<	2	2	2	2	2	4	4	2	2	2	5.3.6
	收缩	<	4	4	4	4	4	6	10	6	6	6	
热空气老化（80℃×168h）	断裂拉伸强度保持率（%）	≥	80	80	80	80	90	60	80	80	80	80	5.3.7
	扯断伸长率保持率（%）	≥	70	70	70	70	70	70	70	70	70	70	
	100%伸长率外观		无裂纹	无裂纹	无裂纹	无裂纹	无裂纹	无裂纹	无裂纹	无裂纹	无裂纹	无裂纹	5.3.8

第二节 城市隧道防排水

续表

项 目		指 标										适用试验条目
		硫化橡胶类				非硫化橡胶类			树脂类			
		JL1	JL2	JL3	JL4	JF1	JF2	JF3	JS1	JS2	JS3	
耐碱性 [10%Ca(OH)$_2$ 常温×168h]	断裂拉伸强度保持率（%）≥	80	80	80	80	80	70	70	80	80	80	5.3.9
	扯断伸长率保持率（%）≥	80	80	80	80	90	80	70	80	90	90	
臭氧老化 (40℃×168h)	伸长率40%，500pphm	无裂纹	—	—	—	无裂纹	—	—	—	—	—	5.3.10
	伸长率20% (5×10^{-6})	—	无裂纹	—	—	—	—	—	—	—	—	
	伸长率20% (2×10^{-6})	—	—	无裂纹	—	—	—	—	无裂纹	无裂纹	无裂纹	
	伸长率20%，100pphm	—	—	—	无裂纹	—	无裂纹	无裂纹	—	—	—	
人工候化	断裂拉伸强度保持率（%）≥	80	80	80	80	80	70	80	80	80	80	5.3.11
	扯断伸长率保持率（%）≥	70	70	70	70	70	70	70	70	70	70	
	100%伸长率外观	无裂纹	无裂纹	无裂纹	无裂纹	无裂纹	无裂纹	无裂纹	无裂纹	无裂纹	无裂纹	
粘合性能	无处理	自基准的偏移及剥离长度在5mm以下，且无有害偏移及异状点										5.3.12
	热处理											
	碱处理											

注：人工候化和粘合性能项目为推荐项目。

高分子防水材料第1部分片材复合片的物理性能　　表13-10

项 目			种 类				适用试验条目
			硫化橡胶类 FL	非硫化橡胶类 FF	树脂类		
					FS1	FS2	
断裂拉伸强度（N/cm）	常温	≥	80	60	100	60	5.3.2
	60℃	≥	30	20	40	30	
胶断伸长率（%）	常温	≥	300	250	150	400	
	-20℃	≥	150	50	10	10	
撕裂强度（N）		≥	40	20	20	20	5.3.3
不透水性（MPa）（30min无渗漏）			0.3	0.3	0.3	0.3	5.3.4
低温弯折（℃）		≤	-35	-20	-30	-20	5.3.5

续表

项 目			种 类				适用试验条目
			硫化橡胶类 FL	非硫化橡胶类 FF	树脂类		
					FS1	FS2	
加热伸缩量（mm）	延伸	<	2	2	2	2	5.3.6
	收缩	<	4	4	2	4	
热空气老化（80℃×168h）	断裂拉伸强度保持率（%）	≥	80	80	80	80	5.3.7
	胶断伸长率保持率（%）	≥	70	70	70	70	
耐碱性[10%Ca(OH)$_2$常温×168h]	断裂拉伸强度保持率（%）	≥	80	60	80	80	5.3.9
	胶断伸长率保持率（%）	≥	80	60	80	80	
臭氧老化（40℃×168h）（2×10^{-6}）			无裂纹	无裂纹	无裂纹	无裂纹	5.3.10
人工候化	断裂拉伸强度保持率（%）	≥	80	70	80	80	5.3.11
	胶断伸长率保持率（%）	≥	70	70	70	70	
粘合性能	无处理		自基准的偏移及剥离长度在5mm以下，且无有害偏移及异状点				5.3.12
	热处理						
	碱处理						

注：人工候化和粘合性能项目为推荐项目，带织物加强层的复合片不考核粘合性能。

防水板与初期支护之间设置防水层的缓冲层（衬垫），缓冲层材料采用单位质量不小于400g/m³的无纺布或5mm厚的挤塑胶联聚乙烯板，底板（包括仰拱）部分的防水板铺设完毕后，应铺设50mm厚的细石混凝土保护层或纤维板保护层。无纺布又称土工布，系用聚丙烯、聚酯、聚酰胺等合成纤维原料经热压针刺无纺布工艺制成，其规格为厚度3～5mm，幅宽2m，单位面积质量为300g/m²、400g/m²、500g/m²、600g/m²等几种。挤塑胶联聚乙烯（PE）板系由化学交联、化学发泡制成的闭孔型材料，由于其具有良好的弹性及适当的物理力学性能，易于施工，价格适宜，已成为缓冲层的主要材料。

（3）设置防水分区：在环向施工缝位置设置背贴式止水带，其应与防水板同材质，并焊接在防水板上，依靠止水带的齿条与二衬之间的咬合使车站或隧道环向形成防水封闭区。在一旦出现渗漏的情况时，便可发现漏水点，及时注浆。欲达到防水分区的目的，就必须保证二衬混凝土背后充填密实，无空洞，否则其效果不理想。

（4）注浆补强：在二衬混凝土浇筑完毕后，应对隧道拱顶部位的防水层和二衬防水混凝土结构之间进行回填注浆处理。

在防水板上一定间距内固定注浆底座和注浆导管，在二衬混凝土施工完毕后，利用预埋的注浆导管进行注浆，以填充防水板与混凝土之间的缝隙，并在结构迎水面修复混凝土可能出现的裂缝。

(5) 设置防水封闭区：车站与区间隧道以及车站主体与附属结构的变形缝部位应设置防水封闭区，使车站主体与区间隧道以及其他附属结构形成各自独立的防水区域。

2. 复合式衬砌夹层防水的施工

在基层的强度、凹凸度、干燥程度达到设计要求后，方可进行夹层防水层的施工。夹层防水层施工的基本步骤如下：

(1) 铺设防水衬垫（缓冲层）：衬垫铺设的顺序一般为先拱部后边墙、仰拱，但也可以先仰拱后边墙、拱部，并要求其与基层密贴，为了防止漏底，要求垫层间有 3~5cm 的搭接长度或宽度，垫层间接缝要求用热风枪焊接，衬垫铺设时要用射钉或木螺钉将塑料圆垫片钉在初期支护上，其间距可视基层的凹凸度而定，一般为 50~150cm，呈梅花状布置，并应尽可能将其设在凹处，钉子不得超出塑料圆垫片平面。

(2) 防水板的铺设：防水板的铺设顺序一般与衬垫铺设相同，但必须画线以便定位，防水板与衬垫间应紧密，防水板不能拉得太紧，要有一定的余量，接缝可用自动行走式热合机焊接，为双焊缝，焊接时的焊接速度及焊接温度应根据隧道内的气温、焊机状态经充气试验决定。防水隔离层在铺设过程中，随即将其与塑料圆形垫片焊牢。

(3) 充气检验：防水板铺设好后，应进行充气试验，即在双焊缝处用石棉板等不燃物遮挡，以免火花烧坏防水隔离层，在浇筑混凝土时，振捣棒不得接触防水隔离层。

(四) 盾构法施工地铁隧道的防排水

盾构法是隧道暗挖施工法的一种，盾构是一个既可以支承地层压力又可以在地层中推进的活动钢筒结构，钢筒的前端部分设置有支撑和开挖土体的装置，钢筒的中段部分安装有顶进所需要的千斤顶，钢筒的尾部可以拼装预制或现浇的隧道衬砌环，盾构机每推进一环距离，就在盾尾支护下拼装（现浇或预制的）一环衬砌，并向衬砌环外围的空隙中压注水泥砂浆，以防止隧道及地面下沉，盾构机推进的反力由衬砌环承担。

盾构法施工工艺的主要施工步骤为：在盾构施工前应在盾构法隧道的起始端和终端先各修建一竖井（工作井）；盾构机在竖井内安装就位；依靠盾构千斤顶推力（作用在已拼装好的衬砌环和工作井后壁上）将盾构从起始工作井的墙壁开孔处推出；盾构机在地层中沿着设计轴线推进，在盾构机推进的同时不断出土和安装衬砌管片，盾构机开挖出的土体则由竖井通道送至地面；及时地向衬砌背后的空隙进行注浆，以防止地层移动以及固定衬砌环位置；盾构机在完成工作后拆除，如施工需要，则可继续再向前推进。

盾构机是盾构法工艺施工中的主要施工机械，它是一个既能承受围岩压力又能在地层中自动前进的圆筒形隧道工程机器，但也有少数为矩形、马蹄形和多圆形断面的。

1. 盾构法地铁隧道防水技术概述

盾构法隧道如出现渗水，除了会带来隧道工程常见的渗漏危害如损坏结构、腐蚀设备、危害运营安全外，更易造成隧道及地面建筑物的不均匀沉降和破坏，因此，采用盾构法工艺施工的隧道其防水与渗漏治理尤为重要。

盾构法施工工艺是在软土、软岩地区修建地铁隧道的主要施工方法，在防水特点上，盾构法施工除了具有与新奥法施工工艺一样的工作面狭小、结构工作缝多、难以实现结构的全外包防水等特点外，还将面临管段不均匀沉降、所处围岩水压普通较高、沉井防水等诸多的困难。采用盾构法工艺施工的地铁隧道其防水工作包括管片防水、管井接缝防水、螺栓孔与注浆孔防水、二次衬砌防水、施工竖井防水以及盾尾自身防水、充填注浆等几个方面的措施。

（1）盾构法隧道防水的分类

盾构法隧道防水的分类方法有多种，按其隧道衬砌结构形式可分为单层衬砌防水和双层衬砌防水；按其隧道衬砌的组成可分为衬砌结构自防水和衬砌接缝防水；按其隧道的构造可分为隧道衬砌防水和竖井接头防水。

①单层衬砌防水和双层衬砌防水：衬砌在施工阶段作为隧道施工的支护结构，其可以起到保护开挖面以防止土体变形、土体坍塌及泥水渗入，并承受盾构推进时千斤顶顶力以及其他施工荷载的作用。同样，其也可单独作为隧道永久性的支护结构，这就是单层装配式衬砌结构。为了满足结构的补强，修正施工误差以及防水、防腐蚀、通风和减小流动阻力等特殊要求，有些盾构隧道在单层装配式衬砌结构的内面再浇筑整体式混凝土内衬从而构成双层衬砌结构。

单层衬砌的防水与单层衬砌的形式、构成以及拼装方式有关。衬砌环的环宽越大，在同等里程内，隧道环的环向接缝越少，则其漏水的概率亦小。同样，衬砌环的分块越少，隧道环纵向接缝越小，漏水概率亦越小。在具体工程中，应从结构所处的土层特性、受荷情况、构造特点、计算模式、运输能力和制作拼装方便等因素综合考虑。

双层衬砌包括在单层装配式衬砌内再浇筑整体式内衬和浇筑设置局部内衬两种防水形式。在隧道内侧做整体式第一层衬砌时，包括用内衬自身作防水层，这就必须注重内衬结构的自防水与内衬施工缝、变形缝的防水，但内外衬砌间一般不进行凿毛处理；也可采用衬砌与内衬混凝土之间局部或全部衬铺防水膜作为隔离层的防水。浇筑设置局部内衬时，需要在该范围内进行凿毛处理，增加内外层粘合力与整体性，从而加强隧道拱底接缝的防水，满足使用要求。

②衬砌结构自防水和衬砌接缝防水：盾构法工艺隧道防水按其衬砌构造分为衬砌结构自防水和衬砌之间的接缝防水，这是一类具有代表性的常用的分类方法。

衬砌结构自防水是隧道防水的根本，只有衬砌混凝土满足了自防水的要求，盾构法隧道的防水才能有基本的保障，衬砌结构自防水的关键所在是采用防水混凝土，其中包括正确地选用原材料以及混凝土的级配合理，严格控制水泥用量、水灰比以及坍落度等工艺参数，加强养护以减少管片的微裂缝，以满足混凝土的强度等级和抗渗要求，规范的管片制作、严格的工艺流程尤为重要，其中浇捣、养护、堆放、质检、运输等均为重要的工序。管片的制作应采用高精度钢模，以减少制作时出现的误差，这是保证管片接头密贴的前提。

衬砌之间的接缝防水是盾构法隧道防水的核心所在，管片接缝位置防水的主要手段有密封垫防水、嵌缝防水、螺栓孔防水、二次衬砌防水等多种方法，而其关键是接缝面采用的防水密封垫材料及其设置方法。施工时可根据需要采取防水措施，以确保防水的效果。

为了防止隧道周围土体发生变形，控制管段的不均匀沉降及防止地表沉降，在盾构施工过程中，应及时对盾尾和管片衬砌间的建筑空隙进行注浆，压注具有抗渗功能的灌浆材料，在衬砌环外壁形成环形的固结体，构成隧道防水屏障。虽然注浆主要是用来控制地面的沉降，但其实际上已成为了盾构地铁隧道防水的第一道防线。

（2）盾构法隧道防水的技术措施

盾构法隧道的防水应按照使用要求、用途、工程性质及水文地质条件，并根据《地下工程技术规范》GB 50108—2008 和《地铁设计规范》GB 50157—2003 等相关设计与施工规范而确定。

采用盾构法工艺施工的隧道，其防水等级的确定可因部位的不同而不同，如地铁隧道顶部有接触网，则不允许滴漏；地铁隧道两侧范围内其要求则可稍低；寒冷地区盾构隧道入口处严禁渗漏，以防结冰导致车辆打滑，而内部要求则可稍低一些。其实际漏水量也可按总体和局部两个以上渗水指标考虑。

采用盾构法工艺施工的隧道其结构混凝土渗透系数不宜大于 5×10^{-13} m/s，氯离子扩散系数不宜大于 8×10^{-9} cm/s，当隧道处于侵蚀性介质中时，应采用相应的耐侵蚀混凝土或在衬砌结构的外表面涂刷具有耐侵蚀的防水涂层，其混凝土的渗透系数不宜大于 8×10^{-14} m/s，氯离子扩散系数不宜大于 8×10^{-9} cm/s。

采用盾构法工艺施工的隧道其防水的技术措施见表 13-11。

盾构隧道防水技术措施 表 13-11

防水等级	高精度管片	接缝防水				混凝土内衬或其他内衬	外防水涂料
		弹性密封垫	嵌缝	注入密封剂	螺栓密封圈		
一级	必选	必选	应选	可选	必选	宜选	宜选
二级	必选	必选	宜选	可选	应选	局部宜选	部分区段宜选
三级	必选	必选	宜选	—	宜选	—	部分区段宜选

2. 衬砌结构自防水

衬砌结构自防水是盾构隧道防水的根本，只有衬砌结构满足了自防水的要求，盾构隧道的防水才能有基本的保证。目前，采用盾构法工艺修建的隧道大多采用由单层钢筋混凝土管片拼装而成的衬砌结构，故衬砌结构的自防水主要是指管片自身的防水。管片自身防水包括管片本体的防水和管片外涂层的防水。

（1）管片本体的防水

采用盾构法施工的隧道，首先是利用混凝土的密实性来防水，衬砌自身应具有良好的防水能力，其关键是采用防水混凝土，包括正确选用原材料以及混凝土的配合比、水灰比、坍落度等工艺参数，以满足混凝土的强度等级和抗渗要求。其次是在管片生产时，应采用合理的制作工艺，对混凝土的振捣方法、养护条件、脱模时间、防止温度应力而引起的裂缝等方面均应提出明确、有效的工艺要求。

管片应采用防水混凝土制作，并应符合相关的国家标准和施工规范提出的要求，其抗渗等级一般不小于 P8，渗透系数不宜大于 5×10^{-13} m/s，当隧道处在侵蚀型介质的地层时，应采用相应的耐侵蚀混凝土或涂刷耐侵蚀涂层。

①对衬砌混凝土原材料的要求

a. 水泥。应采用不低于 P.O 42.5 级的普通硅酸盐水泥，不同厂商生产的水泥不能混用，过期水泥不准使用。

b. 砂。应采用中砂（$M_x = 3.0 \sim 2.5$），含泥量不大于3%（质量比）。

c. 石子。粒径15~25mm，含泥量不大于1%（质量比）。

d. 钢筋。钢筋表面应洁净，不得有油漆、油渍、污垢，钢筋如出现颗粒或片状锈蚀时则不允许使用。

掺入磨细粉煤灰或外掺剂时，必须要有试验依据，以确保质量合格，掺量准确，并应符合相关的技术规定。

②衬砌混凝土材料的配合比：钢筋混凝土管片所用的衬砌混凝土材料的配合比见表13-12。

钢筋混凝土管片所用的衬砌混凝土配合比（参考）　　　表13-12

设计强度等级（MPa）	胶凝材料用量 C（kg/m³）	用水量 W（kg/m³）	水灰比（W/C）（%）	坍落度（mm）	空气量（%）	粗骨料最大尺寸（mm）	细骨料率（%）
C45	380	152	40	30~60	3~4	20	40
C45	380	148	39	30~60	3~4	20	40
C55	480	158	33	20~30	—	20	32
C45	380	148	39	30以上	3~4	25	40

预制管片的混凝土其级配应采用密集配，应严格控制水灰比，可以通过掺入减水剂来降低混凝土的水灰比。

③管片的制作工艺流程：采用盾构法工艺施工的隧道，其衬砌所用的管片的制作与衬砌自防水有着紧密的关系，其制作的各个环节都可能会影响到自防水的质量。

管片的制作采用高精度的钢模，以减少制作误差，避免造成接缝的渗漏水。钢模的宽度及弧弦长允许偏差为0.4mm。混凝土管片制作尺寸允许偏差：宽度为±1mm，弧、弦长为±1mm，厚度为+3~-1mm。

管片的生产应采取严格的质量管理制度，减少管片堆放、运输和拼接过程中的损坏率。

④混凝土的浇筑和养护

a. 材料允许的误差。水、水泥、外掺料的允许误差为±2%；粗、细骨料的允许误差为±3%。

混凝土的配合比必须经过试验合格后才可使用，中途未经试验不准随意更改其配合比。

b. 混凝土的浇捣。按砂、水泥、石子的顺序倒入料斗，然后一并倒入搅拌机的搅拌筒中，在倒料的同时加水搅拌，搅拌时间应严格控制在1~2min。

混凝土铺料顺序为先两端后中间，并分层摊铺，振捣则应先振中间后振两端；两端振捣后盖上压板，压板必须压紧压牢，再加料进行振捣；采用ZX-70振捣棒振捣，振捣时不得碰撞钢模芯棒、钢筋、钢筋及预埋件；混凝土在浇捣后10min才可拆除压板，然后做管片外弧面的收水工序；外弧面的收水，可先用刮板刮去多余混凝土，并使外弧面沿钢模弧度平正，然后再用抹子压，用铁板抹光；静放1~2h，再抹面1~2次，管片的外弧面上不能有石子印痕。

c. 混凝土的养护。严格地进行养护，是防止衬砌裂缝造成抗渗能力下降的重要条件，可采用管片带模蒸汽养护、喷雾养护等，蒸汽养护与浇水养护结合是一种常用的养护方法。养护时间必须满足要求。

（2）管片的外防水

由于软土含水地层中常含有侵蚀性物质，有的浓度还很高，其可以通过毛细管作用渗入到混凝土结构内部，并积聚在钢筋的周围，其中靠近内壁面露点区钢筋周围的最多，从而在有氧条件下形成钢筋锈蚀膨胀，裂缝扩大而造成表面混凝土受膨胀剥离。混凝土受腐蚀的速度是由侵蚀性物质的浓度和混凝土自身的密实性所决定的，在提高混凝土结构自防水能力的前提下，还可根据地层中侵蚀性介质的具体情况，针对防腐蚀要求高的地铁等隧道衬砌管片采用外防水涂层。

管片采用外防水涂层则应根据管片的材质而确定，对钢筋混凝土管片而言，一般要求涂层应能在盾尾密封钢丝刷与钢板的挤压摩擦环境下不损伤；当管片弧面的混凝土裂缝宽度达到0.3mm时，其仍能抗0.8MPa的水压，长期不渗漏；所选用的涂层应具有良好的抗化学腐蚀性能、抗微生物侵蚀性能和耐久性，涂层应无毒或低毒；涂层具有防杂散电流的功能，其体积电阻率和表面电阻率要高；涂层要具有良好的施工季节适应性，施工简便且成本低廉。

管片的外防水涂层可采用焦油氯磺化聚乙烯涂料为底涂料及改性焦油环氧Ⅱ型涂料为面涂料组成的复合型涂料，此类涂料因其底层具有较高的延伸率，可以解决出现裂缝时的防水问题，而其面层则具有很好的耐腐性，足以抵抗钢丝刷的挤压摩擦。

目前防水涂料正向着聚合物和渗透性的方向发展，环氧类防水涂料因为具有优良的物理力学性能和耐腐蚀、耐老化的优点，故其已在地铁隧道防水工程建设中得到了广泛的应用。

衬砌外防水涂层除了应涂抹于衬砌管片背面外，还应涂抹在环、纵面橡胶密封条件下外侧的混凝土上。当管片的制作质量较高采用抗侵蚀水泥时，则可不作防水涂层。

3. 管片接缝的防水

高精度的管片虽然能极大限度地减少管片的接缝宽度，但若不采取接缝防水措施，则仍不能保证混凝土管段不渗漏水，采用盾构法工艺施工的地铁隧道，其管片接缝防水包括管片之间的弹性密封垫防水、隧道内侧相邻管片间的嵌缝防水、接缝注浆防水、螺栓孔防水和注浆孔防水、二次衬砌防水等。

盾构管片接缝的密封防水应采取"多道设防、综合治理"的原则。

4. 盾尾间隙的注浆

盾构是在一定深度的地层中推进的，由于存在着建筑空隙（盾构外径与管片外径之差），盾构推进所产生的盾尾间隙，若不采取任何措施，地面就会产生沉降，严重时则会有地表突沉的现象发生，要减小此类沉降，通常可采用注浆的方法将其建筑空隙进行填充。

在初期的盾构工程中，由于采用的是敞开型盾构，所以人们的目光都集中在防止开挖面上土体的崩塌，而且由于认为掘进是关键，所以后方运输车的安排也是以挖掘土方的运输为优先，因此盾尾间隙注浆常采用事后注浆。随着人们对保持管片环圆度、防止地面沉降的重要性认识的提高，开始注意采用尽可能快点注浆的及时注浆方式。

由于盾构的盾尾密封技术的发展，特别是钢丝密封刷的开发，使在紧靠盾尾处的注浆得以实现。盾尾间隙注浆现主要采用同步注浆的方式。同步注浆主要有壳外侧注浆和从管片注浆孔注浆等两种方式。

5. 细部构造的防水

城市地下铁道，尤其是地铁车站构造十分复杂，地下管线及各种机电设备繁多，结构防水要求高，因此要特别注意变形缝、施工缝、后浇带、穿墙管、预埋件等细部构造的防水处理，在这些细部构造部位，其防水处理都必须进行科学设计、精心施工。

（1）变形缝的防水

在软土地层中建造圆形断面隧道时，其衬砌结构是由许多管片（砌块）组成的，管片之间是通过纵向和环向的螺栓、榫槽连接的。根据使用要求，衬砌可分为单层衬砌和双层衬砌两种形式，不论何种衬砌，裂缝都是难以避免的。在单层衬砌时，不均匀的沉降和地震影响等因素均可能导致隧道纵向变形而引起裂缝；在双层衬砌浇筑内衬混凝土时，由于衬砌管片（砌块）内外侧温度的不同，其龄期、弹性模量、剩余收缩率也不相同，后浇的混凝土不能自由收缩，受到偏心拉力的作用，也易发生裂缝。为此，沿隧道结构纵向，每隔一定的距离则需要设置变形缝，特别是靠近竖井的隧道区段，由于其刚度差别悬殊，更宜较密地设置变形缝以防止因纵向变形引起环缝开裂而渗漏。

变形缝包括沉降缝和伸缩缝，沉降缝用于上部建筑变化明显的部位及地质差异较大的部位，伸缩缝是为了解决因干缩变形和温度变化所引起的变形时避免产生裂缝而设置的。沉降缝和伸缩缝两者的防水做法有很多相同点，故一般不再细加区分。

变形缝的构造必须能适应一定量的线变形与角变形，且要求变形前后都能防水，对单层衬砌来说，应按预计的沉降曲率设置间距较小的、有足够厚度的变形缝密封垫，以满足纵向变形后的防水要求，对双层衬砌来说，变形缝前后环的管片（砌块）不应直接接触，间隙中应留有传力衬砌材料，其厚度应按线变位与角度量决定，应既能满足隧道纵向变形要求与防水要求，又可传递横向剪力。

变形缝设置的一般要求是：变形缝应满足密封防水、适应变形、施工方便、检修容易等要求；用于伸缩的变形缝宜不设或少设，可根据不同的工程结构类别及工程地质情况采用诱导缝、加强带、后浇带等替代措施；变形缝处的混凝土结构的厚度不应小于300mm。

用于沉降的变形缝其最大允许沉降差值不应大于30mm，当计算沉降差值大于30mm时，用于伸缩的变形缝的宽度宜小于此值。变形缝的防水措施可根据工程的开挖方法、防水等级因素，按照《地下工程防水技术规范》规定选用，其主要防水措施有采用中埋式止水带、外贴式止水带以及中埋式和外贴式复合使用。对于环境温度高于50℃处的变形缝，可采用2mm厚的紫铜片或3mm厚的不锈钢等金属止水带。

（2）施工缝的防水

浇筑混凝土应连续进行，当需要间歇时，间歇时间应在前层混凝土凝结之前，将次层混凝土浇筑完毕，混凝土从搅拌机卸出或从混凝土泵卸出到次层混凝土浇筑压茬的间歇时间，当气温小于25℃时，不应超过3h，气温大于或等于25℃时，不应超过2.5h，如超过上述时间范围，则应设置施工缝。当混凝土中掺入外加剂时，需通过试验确定，由于施工中先后浇筑的混凝土之间的粘结较差，故施工缝是一个薄弱环节，实际上，大部分的地下隧道工程出现渗漏水都是通过施工缝发生的，因此，一般应尽量避免设置施工缝，只有当混凝土的浇筑能力或施工顺序不能保证混凝土连续浇筑时，才设置施工缝。

异形缝和设置钢板止水带是传统的施工缝防水措施，膨胀橡胶止水条和可排水止水带是针对传统止水方法提出的新型止水措施，其防水效果较好。膨胀橡胶止水条可用于水平施工缝防水，具有防水效果好、施工简单、造价较低的特点；可排水止水带可应用于竖直施工缝，能有效地改善膨胀橡胶止水条防水失效的状况。

膨胀橡胶止水条是以改性橡胶为主要原料制成的一种新型条状止水材料，改性后的橡胶除了保持原有橡胶防水制品良好的弹性、伸长性、密封性外，还具有遇水膨胀的特性。当结构变形量超过了止水材料的弹性复原尺寸时，结构与材料之间就会形成一道微缝，膨胀橡胶条在遇到微缝中的渗水后，其体积能在较短的时间内膨胀并将缝隙胀填密实，以阻止渗漏水通过，从而起到止水作用。

(3) 后浇带的防水

后浇带是一种刚性接缝，其适用于不允许留柔性变形缝的工程，为了防止后浇带影响到整体结构受力和防水，后浇带应设置在受力较小的部位，其间距宜为 30~60m，宽度宜为 700~1000mm。后浇带可做成平直缝，结构主筋不宜在缝中断开，如必须要断开，则主筋的搭接长度应大于 45 倍的主筋直径，并应按设计要求加设附加钢筋。

(4) 穿墙管的防水

地铁工程的地下管线在穿过混凝土结构时，应预埋穿墙管、穿墙盒等预埋件。为了确保地下管线的工作性能，应做好这些穿墙管（盒）的防水处理。

穿墙管的防水施工应符合以下规定：金属止水环应与主管或套管焊密实，如采用套管式穿墙防水构造时，翼环与套筒应满焊密实，并在施工前将管内表面清理干净；相邻穿墙管间的间距应大于 30mm；采用遇水膨胀止水圈的穿墙管，管径宜小于 50mm，止水圈应用胶粘剂固定于管上，并应涂缓胀剂或采用缓胀型遇水膨胀止水圈。

穿墙管线较多时，宜要相对集中，采用穿墙盒方法，穿墙盒的封口钢板应与墙上的预埋角钢焊严，并从钢板上的预留浇筑孔注入柔性密封材料或细石混凝土。

二、沉管隧道的防排水

在沿江河城市修建跨河交通线时，由于受到城市建筑物的限制，桥梁方案必然会受到两岸线路衔接的约束，为此，人们提出了采用水下隧道来实现跨越江河和海湾的新方式。修建水下隧道可采用矿山法、盾构法、围堰明挖法、沉管法等工艺，这些工艺方法各有优缺点和适用条件。

沉管法是 20 世纪初发展起来的一种修建水下隧道的新方法，其具有工期短、对航道影响小、可浅埋、与靠近两岸的道路连接容易以及可以设计多线车道等特点。沉管法隧道修建于水体之下，其防水工程的重要性是不言而喻的。

(一) 沉管法隧道的构造及防水特点

沉管法隧道一般由敞开段、暗挖段、岸边竖井以及沉埋段组成，在沉管隧道发展早期，水下沉埋段多数采用圆形的结构，随着沉管隧道设计与施工技术的进步，矩形断面逐步取代了圆形断面，成为沉管隧道的主流形式。

1. 矩形断面沉管隧道的构造

矩形沉管隧道是目前沉管隧道的主要形式，矩形断面可以根据车道数量、管线敷设情况、隧道营运要求等设计成各种断面形式。

矩形沉管隧道其横断面结构一般由底部防水钢板、底板、侧墙、顶板、顶部防水层以及隧道内设施构成。沉管隧道根据其采用的材料不同，可分为钢壳沉管隧道和混凝土沉管隧道，钢壳沉管隧道早期应用较多，目前随着混凝土沉管隧道的发展已逐渐减少。矩形断面的出现是基于钢筋混凝土结构防水技术的发展，因而矩形断面的沉管隧道一般都采用混凝土结构，但为了增强管段的整体性，防止管段预制时其管段侧墙下部和底板出现裂缝，同时与钢端壳及管节混凝土表面防水层组成完整的外防水体系，故在矩形管段底部一般都应设置底部防水钢板。管段钢筋混凝土底板是在底部防水钢板上预制的，底板、侧墙和顶板共同构成管段的受力结构，在顶板上方还要设置外防水钢板和防锚保护层，隧道的压载层可以根据实际情况设置在矩形截面的内部或矩形截面的顶部，隧道内侧根据需要设置地铁轨道、路面混凝土或其他设施。

2. 沉管法隧道的防水特点

沉管隧道在施工工艺、水文地质条件、隧道的结构形式等诸多方面均有别于矿山法隧道和盾构法隧道。就防水而言亦具有不同于采用其他施工工艺的隧道的特点。

沉管隧道修建于水下浅埋层，其防水要求很高，沉管隧道采用开挖基槽沉埋管段的工艺，其埋深一般都很浅，其隧道的整体结构均浸泡在水中，故隧道在施工和长期运营中的任何时刻如出现渗漏。都会造成严重的后果，故防水的整体性尤为重要。为了确保隧道的防水效果，需要对沉管隧道的底部防水钢板、管段混凝土、施工缝、接头等部位实施全方位的防水措施。隧道管段是预制的，故其防水质量容易得到保证，预制场所具有的良好施工条件，有利于防水措施的实施，也为管段预制采取比暗挖法更为有效的防水措施创造了条件。

（二）沉管隧道的防水设计与施工

沉管法隧道的防水，其关键在于沉管管节的防水，沉管管节的防水等级是根据隧道的用途来确定的，一般城市公路隧道的防水等级为二级。根据沉管法施工的特殊施工工艺，其防水原则还是以混凝土结构自防水为根本，以接头防水为重点，多道设防，综合治理。

钢筋混凝土沉管隧道的防水主要是依靠混凝土结构自防水功能的发挥，因此，从混凝土沉管节的管端接头防水、沉管管节各种施工缝防水、沉管管节的外防水等几个方面着手。

1. 沉管管节的混凝土结构自防水

沉管管节的混凝土结构自防水是沉管防水的根本。管段防水混凝土的抗渗等级应按隧道管节的埋置深度来确定，至少不应小于P8；管段防水混凝土的渗透系数为 $K \leqslant 3 \times 10^{-3}$ m/s；氯离子扩散系数为 $D_{cl} \leqslant 10^{-8} \mathrm{cm}^2/\mathrm{s}$；管段混凝土强度等级为 $\geqslant$C35；应严格控制混凝土裂缝的展开，不允许出现贯穿的裂缝，其表面裂缝宽度为 $\leqslant$0.2mm；结构使用年限为100年。由上述设计要求可以看出管节混凝土的技术性能指标均已达到或超过了"高性能混凝土"的技术性能指标，特别是对于混凝土除了防水抗渗的要求之外，还应更加关注混凝土的耐久性问题。

钢筋混凝土管段属于大体积混凝土结构，故尤其应注意避免裂缝的出现。导致混凝土产生裂缝的主要原因是不均匀收缩，控制混凝土产生裂缝则需要从设计、施工、养护等各道环节上采取多种措施（如纵筋的合理配置、混凝土的配合比设计、降低混凝土结构各部分的温差以及各种施工和养护等措施），方能取得令人满意的效果。

2. 沉管管节的外防水

实际上，钢筋混凝土不是百分之百防水的，总有一些水会渗过密实的混凝土漏出，这些水可能是看不见的，因为水会在隧道结构的内表面被蒸发，如果水中含盐，盐将遗留在混凝土内，若干年内，可能使结构内侧的钢筋发生锈蚀，为此，在有些条件下，在采取混凝土裂缝控制技术的基础上，还需采用外防水层。

用于沉管管节外防水层的防水材料应符合如下基本技术要求：除了应具有良好的抗渗、抗腐蚀、耐微生物侵蚀性外，其应具有与基面混凝土结合力强，施工简便，有满足混凝土表面轻微开裂时的防水密封功能；有足够的使用寿命，配合结构使隧道的使用年限达到100年；不同类型的防水层相互搭接，应能良好处理。

用于沉管管节外防水层的防水材料主要采用水泥基渗透结晶型防水涂料或新一代的自闭性聚合物灰浆防水涂层（2~3mm），并辅以氯丁胶乳水泥砂浆（喷涂，厚20mm），其中自闭性聚合物灰浆防水涂层适宜于潮湿基面施工，并具有对张开裂缝的补偿愈合功能，同时与混凝土基面也易结合成一整体；氯丁胶乳水泥砂浆自身就是一种性能优良的刚性防水材料，兼有自闭性聚合物灰浆防水涂层的防水层和保护层的双重功能，以使管段混凝土结构适应海水的侵蚀。管段的顶板处除采用20mm氯丁胶乳水泥砂浆外，可再采用50mm厚的细石混凝土作保护层，以防止管段在运输与沉放过程中损伤防水层。底板外防水层则可选用作为底板混凝土外模板的、带矛型键（齿）的UPVC高强塑料板。

水泥基渗透结晶型防水涂料由其材料的特性，决定了其对所要施工的混凝土基面的要求较为特殊，即要求基面要保持潮湿且不能有明水，基面不能有找平层（即保持清水混凝土基面），此类防水涂料在施工过程中要确保其用量（按设计要求），涂刷要均匀，注意保湿养护，水泥基渗透结晶型防水涂料虽是一种刚性防水涂料，但其具有渗透结晶的特性，所以能胜任沉管管节复杂的施工及沉放后的工作阶段的各种工作环境，施工简便。

自闭性聚合物灰浆防水涂层具备有一定程度的变形能力，再加上由氯丁胶乳水泥砂浆的保护，故其也是一种沉管管节合适的外防水材料，其施工要求大致同水泥基渗透结晶型防水涂料的要求，只是基面可以干燥些，用量以其成膜厚度来控制。

喷涂用的氯丁胶乳水泥砂浆对砂的细度要求较高，氯丁胶乳与水泥及砂的配比要求精确，搅拌均匀。同时喷涂设备也是关键，应采用轻便可移动的、喷浆速度快的、喷浆量稳定的喷涂设备，在喷涂前要对基面进行清理，要备足氯丁胶乳水泥砂浆量，以发挥喷涂工艺施工速度快的优点。喷涂的厚度要均匀，不得有薄弱点，新老砂浆涂层的搭接要符合设计等相关规定。

UPVC高强防水板具有在钢筋铺设时不易损害的优点，UPVC高强防水板可通过专用的搭接带，由热风焊焊接（须经真空检测焊接效果）。在底板与侧墙的转角处与侧墙防水层叠合搭接。

沉管隧道的管节全包外防水其形式可根据工程实际因地制宜，就地取材，采用多种形式，但必须符合其基本技术要求，在有足够经验的基础上，也可局部采用外防水层。

3. 沉管管节施工缝的防水

沉管隧道的规模均较大，每节沉管管节的体量也较大，因此整节混凝土管节是不可能一次浇筑完成的，必须分段施工，故不可避免地产生众多的施工缝，这些施工缝可归纳为：后浇带施工缝、横向垂直施工缝（变形缝）、纵向水平施工缝、端钢壳与混凝土管节间的接缝管。

（1）后浇带施工缝和横向垂直施工缝的防水

从管节的长度方向来说，需分成几个节段来施工。后浇带是为了解决大体积混凝土受温度影响产生温度应力开裂而设置的，其将管节沿纵向分为若干节。后浇带混凝土应按相关施工技术规范要求，在相邻混凝土浇筑40d后才能进行施工。后浇带应在受力和变形较小的部位，间距宜为30~60m，其宽度应根据操作空间、施工技术水平等因素来确定，一般宜为0.7~1m。后浇带的混凝土应掺入微膨胀外加剂。一条后浇带必然会产生两条后浇带横向垂直施工缝，故后浇带的两侧仍需要按施工缝处理。

设横向垂直施工缝是将后浇带之间的管节再分为若干段施工，其主要解决施工单位组织人力、物力、财力等分阶段施工的问题，同时大体积混凝土一次浇筑量的限制也是原因之一，这种施工缝对其两侧的混凝土的施工间隔时间没有明确的限制。由于横向施工缝是垂直缝，其水密性难以保证，故一般都采取较为慎重的防水措施。横向施工缝一般按照变形缝设计。

（2）纵向水平施工缝的防水

混凝土管段预制时，从横断面来讲，一般是先灌筑底板混凝土，再灌筑侧墙，最后浇筑顶板混凝土，因此在侧墙靠近底板、顶板（距离顶板、底板200~500mm）处会产生施工接缝，该施工缝称之为纵向水平施工缝。

为了确保底板与侧墙、侧墙与顶板之间设置的纵向水平施工缝的防水效果，一般在纵向水平施工缝中设置两道止水带，在纵向水平施工缝中除了可以采用横向垂直施工缝中采用的止水材料之外，其中一道主要采用金属止水带，诸如钢板止水带、包覆丁基橡胶腻子的止水带、钢板止水带以及单组分聚氨酯遇水膨胀密封胶与钢板止水带的组合使用等。

止水带的材料和安装位置应满足相关工程技术规范提出的要求，在浇筑底板时，应先将止水带预埋在底板混凝土中，浇筑侧墙时，应注意保持止水带完好，保证止水带位置不偏移，施工缝混凝土振捣密实，不漏浆走模。

金属止水带的施工主要应注意保护，使其不受到损伤。为了避免钢板止水带的锈蚀，止水带的表面必须镀锌。金属止水带的搭接主要分为焊接和铆钉搭接两种。采用焊接时，如采用镀锌钢板的，被焊接破坏的部分，可采用富锌涂料进行涂装修补；采用铆钉搭接时，则同钢边橡胶止水带的钢边部分搭接一样，在钢板中间加贴丁基橡胶腻子，以加强防水性能。

（3）端钢壳与混凝土管节间的接缝防水

沉管管节的两端是采用钢结构封头（端钢壳）的，由于其材质的不同，端钢壳与管节混凝土之间必然存在着施工接缝，这条缝的防水是沉管隧道特有的。

端钢壳与混凝土的接缝可采用遇水膨胀橡胶止水条和止水钢板两道防水措施，局部还预埋了注浆管，作为第三道防水措施。考虑到钢结构的特殊性，遇水膨胀橡胶止水条是固定在点焊于钢板上的两根$\phi 10mm$的钢筋上，与固定钢筋不同，止水钢板与端钢壳的钢板焊接时，要求满焊，以起到止水作用。同中埋式止水带一样，在顶、底板处的止水钢板在焊接时，要求有一上翻的角度，以利于混凝土的浇捣密实。

预埋的注浆管可为全断面出浆的注浆管。此类注浆管的管子从内至外主要有三层结构：①弹簧钢丝加强线圈。其可以防止注浆管在混凝土浇筑过程中遭受挤压凹陷，致使注浆通路中断；②无纺布土工模。其是注浆管的关键，它利用了水泥颗粒与注浆液的颗粒粒径差，可以阻止水泥浆的侵入，又可以使注浆液轻易地渗出，起到半透膜的作用，可较好地解决注浆管在施工过程中被堵塞的问题；③外层合成保护膜。其主要起到保护内层无纺布土工膜的作用，可以避免混凝土中粗骨料对内层无纺布土工模的破坏，这层保护膜为尼龙编织物，在注浆压力的作用下，织物的孔眼像阀门一样可使注浆浆液沿整条注浆管均匀渗出，以堵住混凝土中的缝隙。注浆所采用的浆液为环氧浆液，它是一种对混凝土结构有补强作用的材料，可以在潮湿环境下使用，且与混凝土粘结强度高，特有的低黏度可以使其深入渗透至混凝土内部的微小裂缝的深处。

注浆施工采用"高压快浆"的形式。所谓"高压快浆"就是浆液由注浆管注入，从出浆管出浆后即将管绑扎封闭，然后继续向注浆管内加压注浆，浆液在压力的作用之下，凭借其低黏度的特性，迅速渗入混凝土的缝隙之中，压力加至10MPa后，保持恒压2min，此时观察进浆量，在认可此段注浆达到要求后，即可结束注浆。浆液在渗入混凝土后会固化，因浆液的含固量为100%，即浆液中无溶剂，在固化后几乎不会有收缩，并且不会受潮湿环境的影响，依然能够与混凝土基面粘结。

（4）接缝防水的其他措施

管节施工缝除了上述防水措施外，还有一些通用的防水措施。

①按照规范要求，施工缝的界面必须凿毛，界面上应涂刷水泥基渗透结晶型防水涂料或其他界面剂。

②在不采用外防水层的管节外侧，在施工缝（包括横向、纵向及端钢壳与混凝土间的施工缝）处均可涂刷防水涂料，而防水涂料的选择主要应考虑强度问题，即在不需要做涂料保护层的条件下可以适应管节复杂的施工及长期工作环境，因为在结构外侧局部施作防水层的保护层的难度很大，对施工不利，环氧－聚氨酯涂料则可符合这个要求。

③通过水下最终接头防水的工程实践，可全断面出浆的注浆管配合亲水性环氧浆液可以作为施工缝防水的主要措施之一，这种防水措施的优点在于可以根据结构稳定情况决定注浆时间，注浆时可以立刻看到止水的效果。

4. 沉管管节的管端接头防水

一般沉管管节的管端接头间的防水主要采用GINA止水带与OMEGA止水带组成的两道防水密封装置，上述两种止水带的材质均为耐腐蚀的橡胶类材料。

5. 沉管管节在施工阶段的防水

沉管管节要经历一个陆上预制、水下沉放的过程，在整个施工阶段中管节结构主体会附有许多临时结构，诸如端封墙、钢板水箱等，这些临时结构的防水也是十分重要的。

（1）端封墙的防水

管节在沉放之前其两端是靠封墙密封的，待管节沉放就位并结构稳定后，方可将封墙凿除，使隧道得以贯通。由此可见，端封墙的防水也是十分重要的，它将直接影响到隧道的工程质量。管节端封墙根据其使用材料的不同，基本可分为钢封端墙和混凝土封墙两种。钢封墙的防水主要依靠钢板本体和满焊缝，混凝土封墙的防水采用聚氨酯外防水涂料较为理想。

（2）钢板水箱的防水

在管节的内部安装有钢板水箱，控制管节在沉放过程中的沉浮依靠水箱中压舱水位的高低来实现，故钢板水箱如出现渗漏不但影响到管节内部的施工环境，而且更影响到管节的沉放。钢板水箱的防水薄弱点在于钢板与管节混凝土的接触面，考虑到钢板与管节混凝土接触面没有侧限，为了避免离散，采用遇水膨胀橡胶止水条较为合适，当管节混凝土的表面凹凸超出止水条自身调节的范围时，则可在混凝土基面上先用丁基橡胶腻子片材找平，再垫上遇水膨胀橡胶止水条，压上钢板水箱后就可以保持水箱的防水密封。

三、海底隧道的防水

海底隧道的最大风险来自水，要将"水"的治理贯穿在施工的全过程，根据国内、外部分水下工程的经验，在不良地质地段，其防水主要的办法就是先探水，后堵水，必须以堵为主，综合整治，分别采取有效的防水措施，二次衬砌前达到初期支护表面仅有潮湿和个别渗水点；二次衬砌后达到"不滴、不漏、不渗"的要求，特别是隧道在穿越浅滩全强风化深槽地段，防水尤为关键。采用全断面帷幕注浆（注浆长度40m）施工技术，在风化槽区域形成有相当厚度的和较长区段的筒状加固区，从而在避免自来水的风险方面取得了较好的效果。现以厦门翔安隧道为例，介绍海底隧道防水的关键技术。

位于福建省厦门市的东通道（翔安隧道）工程是一项规模宏大的穿越海底的工程，是连接厦门市岛和翔安区陆地的主要通道，是厦门市的第三条进出通道，兼具公路和城市道路双重功能，是我国大陆自行设计和自行施工的第一条大断面海底隧道，隧道全长5.948km。其中海域段4.2km，为双向6车道双洞海底隧道，采用三孔隧道形式穿越海域，两侧为行车主洞，中间一孔为服务隧道。该隧道采用钻爆法施工，隧道地质条件非常复杂，从进口到出口依次要穿越海底风化深槽，其涌水突泥风险是很高的。隧道建筑限界为13.5m×5.0m。确保施工和工程安全是建设中的核心，而安全的主要隐患来自渗漏水，防止措施成败决定防水成败，而防水成败又是工程成败的关键。

（一）隧道防水措施

1. 超前的水文地质预测预报

超前的水文地质预测预报包括TSP超前地质预测预报、红外线水文地质预测预报、超前探测等三个方面的内容。

（1）TSP超前地质预测预报

采集数据通过配套的TSPwin专用软件分析、处理，便可了解隧道开挖面前方地质体的性质（软弱岩带、破碎带、断层、含水岩层等）、位置及规模。

（2）红外线水文地质预测预报

目前，对地下水的探测，应用较广的是红外探水技术。在距掌子面20m范围内可定性告知有无水。其机理是根据测得的每个区域内红外线地湿场值、纵向场强分布，对比分析，判断开挖面及其前方测点中最大场和最小场红外线波段长的能量差是否大于等于$10\mu W/cm^2$，判定前方是否存在含水体构造体。

（3）超前探孔测

①超前地质钻孔探测不仅能最直接地揭示开挖面前方的地质特征，而且能直接预报地下水出露点位置及出水状态、出水量等，准确记录并绘制成图表，结合已有勘测资料，进行隧道开挖面前方地质条件的预测预报。

②钻孔台车超前钻孔探测主要是通过钻孔位置，钻孔速度、深度，钻机的推力、扭力

大小，钻孔有无渗流、渗流的清混、渗流压力和流量作出判断。

通过上述探测取得的水文资料，结合根据设计文件提供的水文地质资料，经专业技术人员现场判定开挖面前的水文情况，拟订防水对策。

2. 防水措施

（1）注浆防水的措施

①全强风化槽、透水砂层，都属围岩软弱，渗透率高，甚至潜水有压，须采用全断面帷幕注浆，既加固了围岩，又可有效地在隧道洞室四周形成注浆堵水圈堵水。

②在局部破碎地段，视其渗透率高低、渗水量大小，采用大管棚、小导管花管注浆，封闭围岩中输水裂隙和涌水通道。

③系统注浆锚杆注浆。超前注浆开挖后，开挖面仍有地下水渗漏，视渗水量大小，通过调整衬砌初期支护中的环向系统注浆锚杆对地层进行注浆堵水，进一步封闭地下水流经通道，减少地下水的渗入量。

④喷射混凝土堵水。主要优点在于喷射混凝土紧贴开挖面，可形成密贴围岩的防水隔离层，能消除地下水沿开挖轮廓的转移。有水地段喷射混凝土采取下列措施：增加水泥用量，改变喷射混凝土的配合比和外加剂的掺量比例，增加喷射混凝土的附着粘结性能；实喷时由远而近逐渐向滴水点靠近，先封堵零星渗漏水；再逐渐向滴水成线的涌水点逼近，能封堵则尽可能封堵；然后在难以封堵的渗漏水点安设导管，将水引出，待施做防水板前对初期支护渗漏处进行补充注浆封堵。

⑤喷射混凝土背后的注浆堵水。理论上喷射混凝土应紧贴开挖面，但由于各种施工因素的影响，事实证明喷射混凝土背后和开挖面之间空隙仍然存在。在喷射混凝土背后进行补偿注浆既可使混凝土和开挖面密贴，又可将渗水堵在初期支护以外。

实践证明，根据现场实际情况，分别采用不同方法的注浆后，初期支护的喷射混凝土表面仅有潮湿和个别渗水。

（2）防水层及防排水系统的措施。

（3）提高模筑混凝土浇筑质量的措施。

（4）施工缝（沉降缝）防水处理的措施。

（5）分区内注浆。

（二）风化深槽的帷幕注浆

探水、注浆是海底隧道能否顺利建成的关键技术，是防涌水、防塌方的最后方法，是保证施工安全的必要手段。

1. 风化深槽的探测

风化深槽采用综合超前地质预报按长距离和短距离先后分两步进行，各有不同预报距离，各自采用不同的方法和技术手段，承担不同的任务。长距离探测采用TSP超前预报系统和长距离水平钻探，在长距离超前地质预报的基础上再进行短距离水平超前钻孔短距离超前地质预报，使我们准确了解预报测距范围内的不良地质性质、位置、宽度和影响隧道长度，并据此情况预报地下水情况、围岩级别和对施工的影响，以便做到心中有数。

2. 帷幕注浆的施工

（1）注浆参数

根据地质综合评判及超前探水，掌握前方存在水压相对较低但围岩差，岩体结构性能弱，开挖将导致岩壁失稳诱发涌突水，采用深孔预注浆超前帷幕注浆，可以形成有相当厚度和较长区段的筒状加固区，从而使得堵水的效果更好，也使得注浆作业的次数减少，并可以采用大中型机械化施工。

(2) 帷幕注浆施工要点

①止浆墙和孔口管安装：每循环超前预注浆前须设置 300cm 厚 C30 混凝土止浆墙（导向墙）。钻孔前先根据注浆孔起终点坐标计算出其钻进竖直角（坡度）和水平角（方位角），施工时根据计算结果和实际施工效果随时调整。开孔套管采用 ϕ101mm 钻头成孔，安装 ϕ89mm 孔口管。

②钻孔：钻孔机械采用 RPD-150c 和 RPD-75L 相结合使用，满足所有布孔的角度要求，后续注浆段钻孔采用 ϕ63mm 钻头成孔。

③注浆：注浆前在类似地质条件下的岩层中进行注浆试验，初步确定浆液充填率、注浆量、浆液配合完的凝胶时间、浆液扩散半径等指标。

④施工注意事项：

a. 钻进过程中遇涌水或岩层破碎造成卡钻，应停止钻进，扫孔后再行钻进；注浆过程中，若压力突然升高，应停止注浆，检查后再进行注浆。

b. 注浆过程中，注意观察止浆岩盘的变形情况，准备好加固措施。

c. 钻孔位置要准确，施钻时钻机要尽量贴近岩面，以保证开孔质量；换钻杆时要注意检查钻杆是否弯曲，有无损伤，中心水孔是否畅通等。

d. 注浆时如遇窜浆或跑浆，采用间隔一孔或几孔注浆方式。

e. 施工排水泡要及时疏排，严防积水。

⑤效果评价：注浆结束后，按注浆孔数的 10% 施作检查孔，涌水量小于 0.15L/(min·m) 满足帷幕注浆止水要求。

第三节　路桥工程的防水

路桥工程是道路和桥梁工程的总称，路桥工程是一类既承受频繁交通动荷载反复作用，又无遮盖而裸露于大自然的构筑物，它不仅受到车辆复杂的力系作用，同时还受到各种自然因素的不利影响。路桥的正常使用对车辆的运行起着关键的作用，路桥的耐久性已日益受到人们的关注，如何保证其结构的质量并使其达到使用年限是至关重要的。

影响路桥结构质量的因素是多方面的，冻融破坏、钢筋腐蚀、碱骨料反应、混凝土碳化等已被视为影响路桥结构耐久性的主要问题。在实际工程中，也时常会出现诸如立交桥桥面渗水、铺装层剥落、桥面块破碎等问题。事实证明，水的渗入是导致路桥结构破坏的最直接和最主要的原因之一。

过去路桥面层大多采用钢筋混凝土铺装，其优点是耐磨性和温度稳定性好，它存在的缺点是面层开裂严重，施工养护期长，不能适应现代化快速施工的要求。目前路桥面层铺装已逐步改为沥青混凝土铺装，其特点是自重轻、施工期短、维护方便、造价经济，且能适应荷载冲击后的变形。国内 20 世纪 90 年代初建造的路桥，其面层铺装上基本不设防水层，主要依靠排水管和路面纵横坡排水，有些桥面虽做有防水层，但质量达不到要求，故在投入使用后不久，路桥的铺装层就会出现严重的破损、开裂、坑槽、涌包等早期破坏现象，严重影响到路桥的使用寿命，损坏了行车的舒适性和安全性。

公路界的专家们对水是路基路面破坏的主要原因之一是有深刻认识的，通过调查研究，并在工程实践中体会到了路桥防水的重要性。对于沥青路面，由于水的渗入和滞留，在温度和荷载的综合作用下，不但可以导致面层的松散、剥落和坑槽的破坏，而且渗入路面内部的水还会造成基层的软化，强度的降低，进而诱发面层更加严重的破坏。在冬季，渗入路面内部的水还会造成路基冻胀。春季则可导致翻浆破坏，直接危害面层的质量。同样，在水泥混凝土路面上，也存在着类似的问题。对于高等级的沥青路面和桥面沥青混凝土铺装，由于沥青面层层内和层间抗剪强度（粘结力）不足，还常会造成面层的推移、涌包、"两面皮"等病害，即造成高等级沥青路面和混凝土桥面铺装层被破坏的主要原因均是层间抗剪强度（粘结力）不足或因水渗入结构层中所致。在长期的公路工程修筑实践中，人们还发现目前公路部门常使用的乳化沥青、改性乳化沥青、热沥青、热改性沥青等层间结合料，并不能很好地解决层间粘结问题和防水问题。随着调查和研究的深入进行，人们发现路桥设置防水层，可保证和提高路桥的耐久性，是保证结构层质量的关键技术措施之一。

路桥防水层的作用主要是保护混凝土及钢筋，防止水特别是冬季融雪的盐水和沿海的潮湿盐雾腐蚀和影响钢筋、混凝土的强度和寿命。路桥防水层的重要意义正在于通过从根本上切断水的来源，从而有效地保证路桥免遭破坏，提高路桥的耐久性，延长其使用寿命。在路面结构和桥面铺装中设置防水层已成为当前交通公路界人士的共识。

路桥的防水内容包括路桥的排水和路桥的防水两个主要方面。但随着路桥施工技术的飞速发展，路桥防水已不单单只是由防水层来起作用，已发展成为路桥防水体系的功能。它既提高了路桥的外观质量，又延长了路桥的使用寿命。路桥防水体系包括路桥的排水系统、路桥的防水层、路桥的伸缩缝设置、路桥面层的铺装等。

一、路桥工程的构造及防排水

（一）路桥的排水系统

1. 路面排水

路桥防水采用防排结合的方法，首先是排水。路面设置排水设施的目的，是迅速将路面范围之内的水排出路基，以保证行车的安全和路基路面免受水的侵害。路面排水可分为路表排水和结构排水。

路表排水是指水沿着路拱横坡、路肩横坡、边坡以及路线纵坡所合成的坡度漫流至路基边坡，然后进入路基边沟，最后排出路基。这一点在一般路面排水设计中都已考虑到了，高速公路和一级公路的路面排水，一般则由路面（路肩）排水和中央分隔带排水组成，必要时可采用路面结构排水。

路面结构排水设计包括两层含意：一是通过路面防水设计，减少路面的渗水率；二是通过路面排水设计，将渗入路面结构中的水迅速排出。以沥青路面为例，在沥青面层结构的组合设计中，应将其中一层按不透水层的要求来考虑，或专门设置一层隔水层来防水，此外，应在减轻沥青路面裂缝方面提高设计要求和加强技术措施。

路面结构排水从理论上讲，流入或渗入路面结构中的水沿着基层表面向低处流，以沥青路面为例，其底层通常为空隙率较大的粗粒式沥青碎石或粗粒式沥青混凝土，实际进入面层结构中的水是沿着基层表面在这些空隙中流动并向外排出。在通车若干年之后，界面处的面层空隙将发生什么变化呢？有关专家对某段沥青路面通车 3 年后的现场进行钻孔取得的芯样进行观察分析，根据芯样可看出：沥青面层在行车荷载的长期作用下，已发生明显的密实化，几乎看不到空隙（沥青面层结构为 4cm 中粒式沥青混凝土上面层＋10cm 粗粒式沥青混凝土底面层），但底面上的空隙基本没有变化，所不同的是有些芯样底面附近的空隙中充满了粉煤灰（该沥青路面的基层为 20cm 二灰碎石，其比例为石灰：粉煤灰：碎石＝5：15：80）。由此可见，在确保基层表面不被冲刷、界面上保持干净的前提下，在行车荷载长期的作用后，渗入面层的水仍然具有沿界面向外排出的可能。因此，在路面结构排水设计时，专家们提出了可采取的技术措施。

①在干净的基层表面上应设置一层薄层沥青，一方面可将基层封闭起来，避免直接受到水的冲刷，另一方面亦可形成一个光滑的界面，以利水的排泄；

②在硬路基的结构设计中，应充分考虑到沿基层表面排出的水，能够迅速地向路基外排出，为此可以采用设置碎石垫层、肩沟等方法，以达到上述目的；

③当路面设有中央分隔带时，同样也应考虑到沿界面水的排出问题，而弯道处的中央分隔带必须设置纵向排水沟，既可排路表水，又可排下渗水；

④地处软土地基或高填土路基的路面，由于路基的沉降作用，随着时间的推移，路面横坡逐渐变小，严重时会出现平坡甚至倒坡现象，因此，这类路面横坡度的设计取值在规范值的基础上，增加 0.5%～1% 的预拱度，以抵消路面坡度的损失，使渗入面层结构中的水能够沿着基层较大的横坡向外顺利排出。

2. 桥面排水

一个完整的桥面排水系统，是由桥面纵坡、横坡与一定数量的泄水管构成的，这样，才能保证迅速排除桥面雨水，防止积滞。

（1）桥面纵横坡

桥梁车行道桥面排水是按照不同类型的桥面铺装设置 1.5%～3% 横向坡，形成边侧排水，如有人行道时，则应设置向行车道侧倾斜的 1% 横向坡，可迅速排除雨水，防止或减少雨水渗透，从而避免行车道桥受雨水浸蚀，延长桥梁使用寿命。

桥面纵横坡的设置要有利于排水。同时，平原地区的桥梁可在满足桥下通航净空要求的前提下，降低墩台标高，以缩短引桥，减少引道土方量。桥面的纵坡一般都做成双向纵坡，纵坡坡度不宜超过 4%，在市镇混合交通处坡度不宜超过 3%。

桥面横坡设置方式有三种，即墩台顶部设置横坡、设置三角垫层、行车道板做成倾斜面。

①墩桥顶部设置横坡：板桥（矩形板或空心板）或就地浇筑的肋板式梁桥，为节省铺装材料和减小恒载重力，可将横坡直接设在墩台顶部，从而桥梁上部构造形成双向倾斜，此时的铺装层在整个桥宽方向是等厚的；

②设置三角垫层：在装配式肋板式桥梁中，为使主梁构造简单，便于架设与拼装，通常横坡不再设在墩台顶部，而是直接设在行车道板上。做法是先铺设一层厚度变化的混凝土三角垫层，形成双向倾斜，然后再铺设等厚的混凝土铺装层；

③行车道板做成倾斜面：在比较宽的桥梁或城市桥梁中，如设置三角垫层势将使混凝土用量或恒载重力增加太大，为此，可将行车道板做成倾斜面而形成横坡。但其缺点是主梁构造复杂，制造亦较麻烦。

(2) 泄水管

是否设置泄水管以及泄水管的设置密度则取决于桥梁的长度和桥面的纵坡,桥越长,纵坡越缓,则所需设置的泄水管则越多。

当桥面纵坡大于2%而桥长小于50m时,雨水一般多能较快地从桥头引道排出,不至于出现积滞,可不设置泄水管,而在引道两侧设置流水槽,以免雨水冲刷引道路基。

当桥面纵坡大于2%,且桥长大于50m时,桥面就需要设置泄水管以防止雨水积滞,一般每隔10~15m设置一个泄水管。泄水管的过水面积通常为每平方米桥面上不小于2~3cm^2。泄水管可沿行车道两侧左右对称排列,也可以交错排列,泄水管离缘石的距离为0.2~0.5m。

泄水管也可以布置在人行道下面,雨水从侧面的进水孔流入泄水孔,在泄水孔的三个周边设置相应的聚水槽,起到聚水、导流和拦截作用。为防止杂物堵塞泄水通道,进水口处应设置栅门。

混凝土梁式桥上的泄水管,其通常的形式有金属泄水管、钢筋混凝土泄水管等几种。

(二) 道路的防水技术

从道路使用情况来看,随着使用期的增长,面层逐渐出现开裂、雨水渗入的情况,在车辆的反复碾压下出现松散现象,最终导致路面破坏。因此,关注和提高道路路面的防水、排水能力极为重要。

在我国南方的多雨地区及江淮大部分地区,因雨水造成沥青路面出现唧浆、龟裂、破碎和坑洞等早期破坏的现象较为普遍,通常情况下,沥青路面早期破坏与水对其的影响是分不开的。

路面浸水直接造成沥青路面早期破坏称为路面浸水破坏;沥青路面如因其他原因造成的缺陷,在遇水后则进一步加重了缺陷的严重程度,进而导致路面的破坏,称其为路面遇水破坏。沥青路面破坏的形式主要有唧浆、路面龟裂、路面凹凸等。路面唧浆现象是指渗入路面中的雨水在行车荷载的作用下,顺着沥青路面的空隙或裂缝被挤出路面,并同时将基层甚至路基中的细料和泥粉以浆的形式带出的一种路面浸水破坏的初期症状;路面龟裂、破碎和坑洞现象是指随着路面唧浆的发展,面层下面的基层和路基被掏出空穴,导致面层下陷而产生裂缝,当裂缝进一步发展连成片和面层下陷量增加时,出现的路面破碎或坑洞状况的一种路面浸水破坏的典型现象;路面凹陷现象是指沥青路面由于其他原因产生局部不均匀沉陷,导致路面开裂,严重时还会出现翻浆现象,从而发展成路面破碎,出现坑洞等破坏的一种路面遇水破坏的典型现象。

当雨水进入沥青面层或基层的空隙和裂缝中时,如果此时排出不畅就会使这些空隙和裂缝中充满自由水,在行车荷载作用下,自由水就会变有压水,向四周冲击,将基层表面和空隙中的细料冲下来并随水带走;而行车荷载一瞬间就会消失,这又使有压水变成自由水,其冲击作用即刻就消失了,水流马上慢下来,细料在冲出一段距离后则停下来并在此沉淀,占据了此处空隙或裂缝中的空间,这就是水对基层冲刷的全过程。如果基层的空隙或裂缝一直延伸到路基,则该冲刷作用也将会对路基产生同样的影响,而行车荷载在车行道上的作用是反复的,这又使得这种冲刷过程在周而复始地进行着,细料在不断地被带出而形成沉淀,渐渐地将行车荷载作用下的面层和基层空隙及裂缝空间占满,从而使有压水的影响范围不断地扩大,最终将细料沿空隙和裂缝处带出面层表面。产生唧浆的因素主要有基层的类型和施工质量、交通量、面层的渗水率和排水功能、路面遇水破坏等。

为了防止沥青路面因水而引发的早期破坏，除了要求路基、路面必须具备足够的稳定性和强度外，还要求路面必须具有较好的防排水功能，因此路面防水设计已成为路面设计的重要内容。

近年来，有关专家提出的道路路面防水的基本思路是：在沥青面层中加入土工织物以增强其抗渗水能力；通过改善骨料的级配使路面基层具有透水能力，通过水力计算确定排水基层的厚度；合理配置基层结构，建立完善的渗入水排出通道，从而解决防渗水的问题。

提高路面的防水能力，主要是指提高阻止雨、雪水渗入的能力，其方法是在粗粒式沥青混凝土上设二油一布形式的土工布防水层；增大基层的透水能力，主要是调整水泥稳定碎石基层混合料的级配组合，使其不但能满足作为受力基层的力学性能而且还具有足够的透水能力；增强基层的排水能力，当在水渗入面层之后，即能迅速排出，为达到此能力，这就要求基层有足够的孔隙率以供排水之需；建立渗水排出通道，在水泥稳定碎石下加设级配碎石层，这样，就可将由水泥稳定碎石基层渗入的水能及时排出路面。

道路防水层一般可采用土工布防水层、透水性的水泥稳定碎石基层、SMA 路面等技术。

1. 土工布防水层

通常乳化沥青防水层能有效地提高路面的防渗能力，但随着时间的推移，路面会出现网裂等现象，随之，乳化沥青防水层即丧失其防水作用。在粗粒式沥青混凝土层和细粒式沥青混凝土层之间加设土工布防水层，则能有效地提高面层的抗裂能力。

土工布防水层自下而上是由下乳化沥青层、土工织物层、上乳化沥青加石屑层组成。下乳化沥青层的作用是填充粗粒式沥青混凝土的表面空隙，保证土工织物与粗粒式沥青混凝土粘结牢固，由于粗粒式沥青混凝土表面已有沥青且相当平整，所以这一层用快裂型乳化沥青比较适宜，也有利于随即铺设土工织物。土工织物宜采用结构较稀的纤维织物，以保证上、下两层乳化沥青形成一体并具有加筋作用。为使防水层的防水性、整体性及与随后要铺设的细粒式沥青混凝土的良好结合，在下乳化沥青层和土工织物铺设完后，应随即用慢裂型乳化沥青涂布，20~40min 后再撒布中砂或石屑。这样就能使上、下乳化沥青层有效地结合，并使粒嵌入土工织物孔内。

2. 采用透水性的水泥稳定碎石基层

高速公路水泥稳定碎石的级配，应在组成级配试验时充分考虑到排水性的要求，其总的原则是在级配符合基层施工规范要求的同时作以下调整：减少 4.75mm 以下的细料（应小于 10%），骨料应选用洁净、坚硬而耐久的碎石，其压碎值应不大于 30%，最大粒径 20cm 或 25cm 且保证不超过层厚的 2/3，使级配的基层渗透系数大于 300m/d。为了确保其可靠性，还应做常水头或变水头试验。

3. 碎石沥青砂胶混凝土（SMA）防水技术

我国于 20 世纪 90 年代初首都机场高速公路上铺筑 SMA 路面，随后在一些省的高速公路和一般公路上分别铺筑了 SMA 路面，并应用于桥面工程。开始有的采用纯沥青，有的则采用改性沥青，通车后有的路面出现泛油现象，随后全部采用改性沥青，2000 年交通部正式立项并在国内推广应用 SMA。

（三）桥梁的防水技术

桥梁易受雨水的侵蚀，雨水对桥梁的腐蚀作用表现为雨水渗透引发混凝土内碱环境的破坏，钙质的流失，势将造成混凝土溶蚀，钢筋生锈，强度降低，最终导致桥梁使用寿命的降低。尤其在北方地区，冬季气温在0℃以下时，冻融对混凝土表面的破坏作用尤甚，融雪时，则能加剧钢筋的腐蚀速度。

在过去，有些桥梁在面层铺装上基本不设置防水层，主要是依靠纵横坡和泄水管来排水，有些桥面虽然也做有防水层，但其质量达不到要求，这些势将导致桥梁面层出现渗水，铺装层脱落，碱－骨料反应，钢筋锈蚀而引起混凝土胀裂等严重的损坏问题。为了保护桥梁构筑物免遭渗水侵蚀，提高桥梁的耐久性能，延长其使用寿命，在路桥的设计和施工时必须高度重视路桥的防水问题。

在国外，美国等一些国家已明确规定城市和公路桥梁必须设置防水层，并从结构类型、面层材料、防水技术、施工方法、设计年限、使用性能、维修费用等方面作出了十分详细的规定和要求。

我国自20世纪80年代起，开始重视桥梁遭受雨水侵蚀的问题，并就桥梁结构防水技术开展了许多专题研究，通过研究分析认为，桥梁防水存在的主要问题：一是桥梁设计问题，主要表现在铺装设计不合理和受力薄弱环节处未做防水处理（承受负弯矩支点）以及桥梁结构防水设计不合理造成的问题；二是防水材料问题，主要是缺少桥梁专用的防水材料；三是在施工环节上，防水施工质量尚未形成统一的操作规程和验收标准，缺少专业的桥梁工程防水施工队伍。

国内在新建或改造的桥梁工程中，其防水工程的做法是在桥梁的钢筋混凝土结构与沥青混凝土结构与沥青混凝土铺装层之间加设防水层，其防水的效果也逐步得到了广泛的认可，高等级公路上的桥梁桥面防水也逐渐成为一项必须采取的措施。

1. 桥面防水技术的特点

桥梁防水同建筑防水相似，是一个系统工程，涉及材料、设计、施工和维护管理，其中材料是基础，设计施工是保证。目前我国公路桥梁及城市立交桥的桥面普遍采用沥青混凝土铺装层，在这种条件下，做好防水层设计，合理选择防水材料，正确制订施工工艺尤为重要，各方面技术要求都必须适应桥梁施工的特殊功能要求与环境条件。

2. 防水材料的选择

目前国内的钢筋混凝土桥梁设置防水层，所采用的防水材料以柔性防水材料为主，其主要大类品种有路桥专用防水卷材、路桥专用防水涂料、路桥专用防水密封材料等。

（1）由于桥面防水层的特殊功能要求，桥面防水材料必须具有较高的抗拉强度、耐高温和高热、高温抗碡破、高温抗剪、低温抗裂等一系列特殊性能，而且能有效地遏制桥面裂缝的产生。

（2）选用防水材料的注意点

桥面防水材料一般采用防水卷材或防水涂料，但两者在使用上各有优缺点，因此，必须按照工程的具体情况来作出合理地选择。

3. 桥面防水设计要点

在国内，有关设计、生产、施工单位在路桥防水技术方面通过实践已总结出一定的成功经验，特别是1993年颁布的《城市桥梁设计准则》（CJJ-931）对桥面是否设置防水层作出详细的规定。交通部在《交公路发［1999］117号文件》中，强制了桥梁防水的重要性，并要求桥梁工程必须做好防水设计，对应做防水的部位标示说明清楚。铁道部于1998年亦设计出了《铁路混凝土桥防水层》通用图。

1993年颁布的我国现行《城市桥梁设计准则》（CJ11-931）规定，城市桥梁钢筋混凝土桥桥面是否另设防水层，视桥梁结构的形式而定：桥面若产生负弯矩（悬臂梁、连续梁、钢架、连续板和大挑臂板等），或桥面顶面产生拉应力，则全桥面（包括车行道和人行道部分）均须设置柔性防水层；若上部构造为双向预应力混凝土结构，在设计荷载下，主梁上缘及桥面板上缘（纵、横向）不产生拉应力，则可只设铺装，不另设防水层；具有钢筋混凝土桥面的钢梁、全桥面应设置柔性防水层，柔性防水层可用饱浸沥青料的卷材，以3~4层沥青料逐层粘结构成。

4. 桥面防水的施工

桥面防水施工的内容主要包括基层清理、卷材铺贴或涂料施工等部分。桥面防水基本上沿袭建筑防水的施工技术，但桥梁工程与建筑工程在受力及结构上均有很大的不同。

5. 路桥防水所用的基本材料

做好路桥防水处理是保证路桥工程免遭破坏，延长使用寿命的必要措施，要做好路桥防水处理，重要的一条是要选用符合路桥要求的防水材料。国内路桥防水层通常采用混凝土表面铺设柔性防水层或混凝土中掺加刚性防水剂，目前其主要做法是铺设柔性防水层，柔性防水层主要使用改性沥青防水卷材、改性沥青防水涂料和高分子防水涂料。至于路桥的接缝密封防水，一般采用密封胶、橡胶止水带等防水密封材料。

二、路桥卷材防水工程

（一）路桥卷材防水层的设计

路桥防水设计应符合"多道设防、防排结合"的原则，卷材防水层宜首选高耐热塑性体（APP）改性沥青防水卷材作主要防水层。同时，对伸缩缝、隔离带、防撞墩等部位也必须满贴防水卷材，以保证路桥防水层的连续性，切忌防水层中断。伸缩缝处必须在桥面混凝土结构中放置橡胶止水带并用密封材料嵌实，以形成多道设防。同时，桥面排水必须通畅，防止局部产生积水，避免防水层长期处于干湿、冻融交替的不利环境，造成防水层破坏，以引发渗漏。

1. 路桥卷材防水层的基本构造

路桥防水层的最佳选择应采用双层3mm厚的防水卷材，其总厚度应为6mm，也可选择单层4mm厚的防水卷材，但也有使用过单层3mm厚防水卷材的。

桥面防水卷材应选用卷材一面为页岩片的复面，底面覆PE膜，以保证施工时卷材表面不易遭受破坏。如采用双层做法，下层卷材应采用双面PE膜，上层卷材底面为PE膜，上面为页岩片覆面，以便于上下两层卷材间的粘结牢固，卷材上面页岩片覆面可保护防水层在摊铺沥青混凝土时不被破坏。

为了防止水泥混凝土路面的水害产生，比较好的办法就是在水泥混凝土路面尚未发生大面积网裂前进行"白加黑"（在水泥路面上铺装沥青层）路面修复。为了消散和吸收水泥板块受力面产生的裂缝处集中的应力应变。防止反射裂缝的产生，同时，阻止水的渗入，可在板缝处加一层聚酯胎改性沥青防水卷材层，然后在防水层上面铺盖沥青混凝土层。

2. 路桥卷材防水层的细部构造

如能够合理地选用防水卷材，严格地按照操作规程进行施工，那么，主桥面产生渗漏是并不多见的。而若干细部构造设计不精确或施工工艺粗糙而形成的薄弱环节，则常常是路桥面产生渗漏水的原因所在，因此我们必须充分重视，并正确处理好各种细部构造，如桥头搭头搭板、隔离带、隔离墩、缘石底部均必须满铺防水卷材，不可间断，栏杆底座也须用卷材包上。在路桥直道中，伸缩缝的设置较为频繁，在施工中，此处搭接卷材时，应在卷材起始部位沿幅宽方向钉入 3~5 个水泥钢钉，这样做可增加卷材抵抗变形的能力。

3. 弯道排水和弯道沥青层

路桥弯道防水关键是进行排水，应根据其弯道的大小、路面宽度、辐射坡度以及当地最大降水量等设计排水孔。

路桥弯道不论是铺设沥青还是铺设改性沥青，不应同于直道，一般直道铺设 40mm 厚的沥青层就可以满足车载的要求，弯道则不同，在 90°~135°全弯道内需铺设厚度为 55~95mm 的沥青层方可满足要求。

4. 路桥防水卷材的选择

由于路桥防水层所需的特殊功能要求，故所选用的防水材料不仅要具有较高的抗拉强度、耐高温高热、高温抗碾破、高温抗剪、低温抗裂等特殊性能要求，而且还应能起到有效地遏制路桥面裂缝产生的作用。

（1）选材的原则

在设置路桥防水层时，其防水层不仅要起到防水的效果，而且还应担当路面构造和基层的连接层作用。路桥要不断遭受行车动载作用，桥梁结构经常处于高频率往复变形状态，因此要求防水层具有足够的抗变形能力及较高的强度。

（2）路桥用防水卷材的选择

工程中若使用高档卷材，则可选用三元乙丙橡胶防水卷材，该材料具有延伸大、拉伸强度高、抗剪切性能好、使用寿命长等特点，但其价格较昂贵，胶粘剂的选用亦比较讲究，且要求基础比较严格，即钢筋水泥表面要求二次压光，对基础含水率也有一定的要求。

若工程中选用中档卷材，如铺沥青路面，则可选用聚酯毡塑性体（APP）改性沥青防水卷材；如铺设水泥混凝土路面，也可采用聚酯毡弹性体（SBS）改性沥青防水卷材。

（3）卷材的耐高温性

应用于沥青混凝土路桥的塑性体改性沥青防水卷材其指标要求不同于其他塑性体改性沥青防水卷材，其中耐高温性是极其重要的一项性能要求，它直接影响到路桥的防水质量。

（二）路桥卷材防水层的施工

1. 施工准备

（1）材料准备

路桥专用防水卷材应符合相关的标准，并能满足设计要求，经检测，应由监理单位对检测报告认定后方可使用。其外观质量应符合相关标准要求。贮运卷材时应注意立式码放，高度不应超过两层，应避免雨淋、日晒、受潮，并注意通风。

密封材料及铺贴卷材用的基层处理剂（冷底子油）等配套材料应有出厂说明书、产品合格证和质量说明书,并应在有效使用期内使用;所选用的材料必须对基层混凝土有亲和力,且与防水卷材材性相融,一般来讲,基层处理剂(冷底子油)应由供应防水卷材的厂家配套供应。汽油等辅助材料则可由防水施工单位自备。

(2)施工机具准备

路桥防水施工常用的机具如下:常用设备有高压吹风机、刻纹机、磨盘机等;常用工具有热熔专用喷枪和喷灯、拌料桶、电动搅拌器、压辊、皮尺、弹线绳、辊刷、鬃刷、胶皮刮板、切刀、剪刀、小钢尺、小平铲以及消防器材等。

(3)技术准备

防水施工方案已经审批完毕,施工单位必须具备防水专业资质,操作工人应持证上岗。

进行施工图纸审核,编制防水施工方案,经审批后,应向相关人员进行书面的施工技术交底。

2. 施工工艺

(1)工艺流程

路桥防水工程施工工艺流程如下:

基层处理→基层涂刷冷底子油→铺贴防水卷材附加层→弹基准线→铺贴防水卷材→检查、验收。

(2)基层处理

路桥卷材防水层是在混凝土结构表面或垫层上铺贴防水卷材而形成防水层的。卷材防水层是用混凝土垫层或水泥砂浆找平层作为基层的。

防水层的垫层是由细石混凝土浇筑而成的,其主要作用在于覆盖梁体的顶面,接顺桥梁的纵、横坡度,为防水层提供一个平整、粗糙的找平层,提高防水层的刚度,以防止防水层在施工和使用期间的断裂、破损现象的发生。

基层表面质量是影响到上部各构造层次耐久性的重要因素,其直接表现为影响防水系统与混凝土结构的粘结强度,因此,在进行防水层施工之前,必须通过各种试验方法鉴定结构基层的状况并进行处理之。

(3)涂刷基层处理剂

涂刷基层处理剂(冷底子油)应在已确认基层表面已处理完毕并经职能部门验收合格后方可进行。

冷底子油可采用辊刷铺涂。涂刷(涂刮)冷底子油是为了粘贴卷材,一般情况下要涂刷(涂刮)两遍,第一遍可采用固含量为35%~40%的冷底子油涂刷,这样可使80%以上的冷底子油渗入到水泥中,表面留存的则很少,从而保证冷底子油渗入水泥混凝土中7mm,待第一遍冷底子油完全干燥,并经彻底清扫后,可用固含量在55%~60%的冷底子油进行第二遍涂刮,涂刮时一定要用刮板,不能用刷子,这点尤为重要。

在基层上涂刮冷底子油,其冷底子油的涂刷参考用量为$0.3~0.4kg/m^2$,涂刷时必须保证涂刷均匀,不留空白。且冷底子油不仅要分布均匀,而且要不露底、不堆积,应保证其粘结牢固。

铺涂完毕后,必须给予足够的渗透干燥时间,冷底子油的干燥标准为以手触摸不粘手,且具有一定的硬度。涂刷冷底子油后的基层禁止人或车辆通行。

(4) 铺贴卷材附加层

在冷底子油实干后,首先应按照设计的要求,在需做附加层的部位做好附加层防水,再进行卷材防水层的铺贴。

在桥面阴阳角、水平面与立面交界处,泄水孔和雨水管等异形部位处做好附加层防水,可采用卷材防水,也可采用涂膜防水。卷材附加层可采用两面覆 PE 膜的卷材,采用满粘铺贴法,全粘于基层上,要求附加层宽度和材质符合设计要求,并粘实贴平;如采用涂膜附加层,可先采用防水涂料涂刷,再用胎体材料增强,在做好附加层之后,方可再做卷材防水层。

(5) 弹基准线

在冷底子油实干并做好附加层后,可按照防水卷材的具体规格尺寸、卷材的铺贴方向和顺序,在桥面基层上用明显的色粉线弹出防水卷材的铺贴基准线,以保证铺贴卷材的顺直,尤其是在桥面的曲线部位,应按照曲线的半径放线,以直代曲,确保铺贴接茬的宽度。

(6) 铺贴卷材

①卷材铺贴方向可横向,也可以是纵向进行铺贴。当基层面坡度≤3%时,可平行于拱方向铺贴;当坡度>3%时,其铺贴方向应视施工现场情况确定;

②卷材铺贴的层数应根据设计的要求和当地气候条件来确定,一般为 2~4 层,在采用优质材料和精心施工的条件下,可采用 2 层;

③铺贴防水卷材所使用的沥青胶,其沥青的软化点应比垫层可能的最高温度高出 20~25℃,且不低于 40℃,加热温度和使用温度不低于 150℃,粘贴卷材的沥青胶其厚度一般为 1.5~2.5mm,不得超过 3mm;

④铺贴卷材的搭接尺寸如下:卷材搭接宽度长边≥10cm,短边≥15cm,上下两层和相邻两幅卷材的接缝应相互错开,上下两层卷材不得相互垂直,相邻卷材短边搭接应错开 1.5m 以上,并将搭接边缘用喷灯烘烤一遍,再用胶皮刮板挤压出熔化的沥青胶粘剂,并用辊子滚压平整,形成一道密封条,使两幅卷材粘结牢固,以保证防水层的密实性;

⑤卷材铺贴顺序应自边缘最低处开始,根据基层坡度,顺水搭接;

⑥路缘石和防撞护栏一侧的防水卷材,应向上卷起并与其粘结牢固,泄水口槽内及泄水口周围 0.5m 范围内应采用 APP 改性沥青密封材料涂封,涂料层贴入下水管内 50mm,然后铺设 APP 卷材,热融满贴至下水管内 50mm;

⑦粘贴卷材应展平压实,卷材与基层以及各层卷材之间必须粘结紧密,并将多铺的沥青胶结材料挤出,搭接缝必须封缝严密,防止出现水路,当粘贴完最后一层卷材后,表面应再涂刷一层厚为 1~1.5mm 的热沥青胶结材料,卷材的收头应用水泥钉固定;

⑧铺贴防水卷材可分别选用热熔施工工艺和冷贴施工工艺,热熔施工速度快,适用于工期紧的路桥防水工程,相对比较容易达到质量要求,如果采用冷作业施工时,必须使用与规定相适应的胶粘剂,确保其粘结强度,以满足质量要求;

⑨铺贴卷材若为分块作业,纵向接茬需预留出≥30cm,横向接茬需预留≥20cm,以便与下次施工卷材进行搭接。

(7) 季节性施工

①雨期施工:对于基层冷底子油施工前,必须保证基层干燥,其含水量应小于 9%;

经过雨后的基层必须晾干,经现场含水量检测合格后方可进行下一步施工;卷材严禁在雨、雪环境下施工,雨雪后基层晾干后方可施工,五级风以上不得进行施工;

②冬期施工:冬期进行防水卷材施工,应搭设暖棚,保证各工序施工时的温度大于5℃时方可进行施工,采用热熔法工艺施工时,温度不应低于-10℃。

(8)施工注意事项

①为防止粘结不牢、空鼓等现象的发生,施工时应严格执行操作工艺,确保基层干燥,卷材在粘结过程中要注意烘烤均匀,不漏烤且不要过烤,以防止卷材的胎体破坏。冷底子油应注意铺涂均匀,不留空白。

②为防止出现防水卷材搭接长度不够,卷材在铺设作业前,应精确计算用料,并严格按照弹线铺贴,边角部位的加强层应严格按规定的要求施工,以保证卷材的搭接长度。

③施工时,应将防水卷材内衬伸进泄水口内规定的长度,以防止在泄水口周围接茬不良导致漏水。

④在进入现场的施工人员均须穿戴工作服、安全帽和其他必备的安全防水用具,在防水层的施工中,操作人员均应穿着软底鞋,严禁穿带有钉子的鞋进入现场,以免损坏卷材防水层,严禁闲杂人员进入施工作业区。

⑤如发现卷材防水层有空鼓或破洞时,应及时割开损坏部分进行修复,然后方可进行粗粒式沥青混凝土的施工。

⑥施工时的材料和辅助材料,多属易燃物品,在存放材料的仓库和施工现场必须严禁烟火,同时要配备消防器材,材料存放场地应保持干燥、阴凉、通风且远离火源。

⑦有毒、易燃物品应盛入密封容器内,并入库存放,严禁露天堆放。

⑧施工下脚料、废料、余料要及时清理回收,并入库存放,基层处理和清扫要及时,应采取防尘措施。

⑨防水卷材施工完毕应封闭交通,严格限制载重车辆行车,在进行铺装层施工时,运料车辆应慢行,严禁调头刹车。

⑩已铺设好的防水层严禁堆放构件、机械及其他杂物,应设专人看管,并设置护栏标志以引起注意。

⑪卷材防水层铺贴完成并经检验合格后,应及时进行下道工序的施工。

(9)保护层施工

卷材防水层施工完毕后,应仔细检查并修补,质量验收合格后,做40mm厚C20细石混凝土保护层,然后方可进行钢筋混凝土桥面的浇筑施工,振捣密实,湿养护至少14d。

(10)卷材热熔施工工艺

①展开卷材,首先排好第一卷防水卷材,然后弹好基线,按准确尺寸裁剪后,再收卷到初始位置。

②将卷材按铺贴的方向摆正,点燃喷灯或喷枪,用喷灯或喷枪加热基层和卷材,喷头距离卷材200mm左右,加热要均匀,卷材表面熔化后(以表面融化至呈光亮黑点为度,不得过分加热导致烧穿卷材)立即向前滚铺,铺设时应顺桥方向铺贴,铺贴顺序应自边缘最低处开始,从排水下游向上游方向铺设,用火焰边熔化卷材边向前滚铺卷材,使卷材牢固粘结在基面上,滚铺时不得卷入异物,依次重复进行铺贴,每卷卷材在端头搭接处应交错排列铺贴,同时必须保证搭接部位粘结质量;滚铺时还应排除卷材下面的空气,使之

平展，不得皱折，并应压实粘结牢固，粘结面积不得低于 99.5%。卷材铺贴完后，随即进行热熔封边，将边缝及卷材接茬用喷灯加热后，趁热用小抹子将边缝封牢。

③用热熔机具或喷灯烘烤卷材底层近熔化状态进行粘结的施工方法；卷材与基层的粘贴必须紧密牢固，卷材热融烘烤后，用钢压辊进行反复碾压。

三、路桥涂料防水工程

建筑防水工程和路桥工程所用的防水涂料一般是由沥青、合成高分子聚合物、合成高分子聚合物与沥青、合成高分子聚合物与水泥或以无机复合材料等为主要成膜物质，掺入适量的颜料、助剂、溶剂等配制而成的溶剂型、水乳型或反应型的，在常温下呈无固定形状的黏稠状液态或可液化之固体粉末状态的高分子合成材料，是单独或与胎体增强材料复合，分层涂刷或喷涂在需要进行防水处理的基层表面上，通过溶剂的挥发或水分的蒸发或反应固化后可形成一个连续、无缝、整体的，且有一定厚度的、坚韧的、能满足工业与民用建筑、路桥工程等部位的防水止渗漏要求的一类材料的总称。

由于高速公路有不少弯坡斜桥，且桥梁的坡度大，加之重载车辆多，车速快，在采用卷材作防水层的路桥建成通车后，一些路桥面出现了沥青混凝土滑动的现象，为此，一些能适应路桥防水层要求的涂膜防水材料开始在路桥防水工程中得到应用。

在桥梁混凝土桥面板或混凝土铺装层结构表面上选用粘结性强、无毒和施工简单的防水涂料进行涂刷，固化后形成路桥涂膜防水层。在实际工程中主要采用路桥专用的聚合物改性沥青防水涂料、聚氨酯防水涂料、聚合物水泥防水涂料等品种。

阳离子氯丁胶乳化沥青防水涂料与潮湿基面结合较好，其成膜时间快，施工简便，无毒，对周围环境无污染，其所构成的防水层与混凝土基面、顶面的沥青混凝土面层粘结性好，层间粘结性强。聚氨酯防水涂料主要适用于桥面为混凝土铺装的桥梁，可用于建筑和路桥防水工程。聚氨酯防水涂料和施工要求基面必须干燥，该材料由于成膜时间长，易产生与基面和顶层沥青混凝土粘结不牢，层间的粘结性差等问题，材料成本费用较高，且对低毒施工操作要求严格。聚合物水泥防水涂料（JS防水涂料）为双组分防水涂料，液料和粉料经混合搅拌后，涂刷于结构表面，随着水分蒸发可逐渐形成有一定强度和弹性的防水涂膜，因其可承受一定的振动和变形，因此可用于路桥的防水。施工时要求基面平整、干净、无明水，且不能在 0℃ 以下或雨雪天施工。

路桥防水涂料具有施工简便，造价低，对路面平整要求不高，粘结性好等特点。国内路桥防水涂料的专题研究始于 1991 年上海南浦大桥桥面防水涂料的应用，随着其成功的应用，路桥防水涂料在国内路桥防水工程中迅速地得到推广，先后在上海杨浦大桥、江阴长江大桥、镇江润扬大桥等工程中得到应用。国家标准委和交通部也相继发布了《沥青路面施工及验收规范》（GB50092—96）、《公路沥青路面设计规范》（JTJ014—97），规定了混凝土桥面的沥青铺装宜由粘结层、防水层、保护层及沥青面层组成，其涂膜厚度宜为 1~1.5mm，保护层宜采用 AC-10 或 A-5 型沥青混凝土或单层沥青表面处理，其厚度宜为 1.0cm，防水结构设计厚度为 8~10cm 混凝土 + 1mm 防水层 + 10mm 细石沥青混凝土 + 7~9cm 沥青混凝土。

在实际应用中，至于选用何种防水涂料，一般应按桥梁设计要求、路面摊铺要求、桥梁桥面状况、气候条件、涂料产品特性及其价格等综合而定。无论防水涂料的基本性能有多好，其路桥防水效果仍取决于整个防水结构中各组成部分的作用，若防水涂膜防水层与其他组成部分不能结合成一个整体而出现剥离现象或防水层在施工中破损,其防水结构的防水效果势将失去作用,因此,路桥防水涂料不仅要具有很好的防水效果,还必须适应路面施工的条件,满足层向抗剪的要求。其具体要求是所用涂料其耐热性要优异,尤其在沥青摊铺的温度环境中,其组成与防水性能不会发生变化;在冬季寒冷的气温下应具有良好的韧性,即低温柔性要好;具有良好的不透水性,能抵抗高温下瞬间的压力;粘结性能好,可与沥青混凝土面层、水泥混凝土桥面能粘结成整体;具有较高的抗拉强度和变形能力,能承受荷载的冲击和变形;铺装层经碾压后无破坏,能抵抗施工车辆的行驶碾压;耐久性好,施工简单、方便、速度快。

(一)路桥聚合物改性沥青涂膜防水工程

聚合物改性沥青防水涂料是一类以沥青为基料,采用合成高分子聚合物对其进行改性,配制而成的溶剂型或水乳型的,适用于建筑、道路桥梁等防水工程的涂膜型防水材料。

1. 路桥用聚合物改性沥青防水涂料的品种及性能

聚合物改性沥青防水涂料的主要成膜物质是沥青和橡胶(如天然橡胶、合成橡胶、再生橡胶等)以及树脂,是以橡胶和树脂对沥青进行改性而得到不同性能的涂料制品。如采用氯丁橡胶、丁基橡胶对沥青进行改性,则能得到可改善沥青气密性、耐化学腐蚀性、耐燃、耐光、耐气候性等性能的制品;如采用 SBS 橡胶对沥青进行改性,则能得到可改善沥青弹性、弹塑性、延伸性能、耐老化性能、耐高低温性能的制品。

(1)路桥用聚合物改性沥青防水涂料的分类及主要品种

聚合物改性沥青防水涂料按其成分分为水乳型高分子聚合物改性沥青防水涂料和溶剂型高分子聚合物改性沥青防水涂料两大类型;如按其改性剂分可分为氯丁橡胶改性沥青防水涂料、丁苯橡胶改性沥青防水涂料、天然橡胶改性沥青防水涂料等。

(2)路桥用聚合物改性沥青防水涂料的性能

对沥青进行改性,可使其性质得以进一步改善。沥青在建筑和路桥等工程中的应用,重要的一点是考虑其所具有的防水、防腐性能,在橡胶工业科技不断发展的情况下,高分子聚合物改性沥青防水涂料得到了迅速的发展和推广应用,已成为主要的防水涂料产品。此类防水涂料产品与其他防水材料产品相比,具有以下几个方面的优点:

①防水性能优良,沥青的防水性能在各类防水材料中比较好,而且可以运用于各种复杂的基层,其施工简单,柔韧性较好。

②耐久性好,包括耐气候老化性和耐化学腐蚀诸多方面,与纯橡胶、塑料相比较,聚合物改性沥青防水涂料在长期的阳光紫外线和臭氧作用下老化很慢,在酸雨、含硫气体、土壤盐分、海水的作用下可以长期保持稳定。

③可在潮湿基面上施工,与基层的粘结性能好,尤其是水乳型聚合物改性沥青防水涂料,施工工艺简单方便,成膜过程中无有机溶剂逸出,不污染环境,不会引起燃烧,施工安全,价格适中,已成为聚合物改性沥青防水涂料的发展方向。

④材料来源广泛,成本相对低。

2. 路桥聚合物改性乳化沥青涂膜防水层的设计

路桥用聚合物改性乳化沥青防水涂料在路桥工程中起防水和增强粘结的作用。该产品为单组分、冷施工,对基面的含水率要求不高,可在潮湿基面施工,产品成膜时间短,施工成本低，保证施工快速安全，产品能适应基面变形，涂膜平均厚度在 1.5~2.0mm 时，能适应桥荷载抗拉、抗压的特点，当混凝土桥面板开裂≤2mm 时，防水涂膜变形而不被拉裂，该产品连续涂刷整体性好，对于拉毛桥面有相随性，并可在各层防水涂料间放置玻璃纤维布或其他合成纤维土工布，用以构成增强型涂膜防水层，并可根据设计要求，做成一布三涂或二布多涂。

3. 路桥聚合物改性乳化沥青涂膜防水层的施工

路桥用聚合物改性乳化沥青防水涂料的施工内容包括桥面基层验收、桥面清理、防水层施工等几个方面的内容。

（1）施工组织方案

根据路桥工程施工单位的要求及路面沥青摊铺进度，安排施工队伍进场，施工队根据前后施工工序分成若干小组，分别配备车辆、设备，进行作业。其作业内容如下：

①处理由于施工工艺需要而设置的预埋件、工艺孔等，清理路桥面，将垃圾及废弃物搬至指定地方，用强力吹风机吹扫路桥面。

②处理路桥面被油污或不结实的基层表面，用路面基层清理机（250 清渣机）地毯式检查清除基层表面浮浆，对于附着比较结实的浮浆，则需人工采用钢丝刷、铲子、钢凿等工具进行清除，并进行验收，每 300mm² 检查一处。

③经验收合格后应封闭路桥面，然后进行路桥桥面防水层施工，必须待防水涂膜完全干燥后方可解除交通封闭。

（2）施工机具

路桥防水涂料施工方便，可采用刷涂工艺或喷涂工艺施工，为了提高施工效率和施工质量，目前采用机械化喷涂的施工方法较多，其施工常用的机具包括：防水涂料喷涂车或 300 喷涂机；路面基层清理机；强力吹风机；铲子、钢丝刷、钢凿、榔头、油灰刀等。

（3）基层验收

桥梁铺装层（找平层）施工完毕而进入桥面防水粘结层施工之前，须重点注意以下几点：

①注意对于桥梁施工工艺需要而设置的特殊装置，包括孔洞、预埋件、管道等应进行妥善处理。

②应注意对桥梁主体施工过程造成的桥面污染物进行认真处理，包括油污、覆盖物等。

③特别注意，标高、横坡、纵坡应符合设计要求。

④桥面洒水检验，不应有严重的低洼聚水现象。

（4）桥面清理

桥面基层经验收合格后方可进入清理阶段、本阶段是防水粘结层施工最关键的环节，清理不好，再好的材料其作用也发挥不出来。清理工作严格按以下规程进行操作：

①拆除工作面上设备及设施，并处理由于施工工艺需要设置的预埋件、工艺孔等。

②清扫垃圾及其他杂物、废弃物。

③用强力吹风机等吹扫桥面细微颗粒及粉尘。

④根据桥面验收结果，处理局部被油污染或不结实的基层表面等。

⑤用人工或清理机地毯式检查清除基层表面浮浆。

⑥用桥面清渣机或人工（钢刷）地毯式清理桥面附着比较结实的浮尘，要求顺着基层纹理方向清理，直到再清理不出粉尘，并且在混凝土表面上能清晰看到密集的细砂为止，经验收（每300m²检查一处）合格，可进行下道工序。

⑦再用强力吹风机等吹扫清理出来的粉尘，经验收合格后封桥，禁止车辆通行。

(5) 桥面防水层的施工

①施工步骤：

桥面清理经验收合格后，方可进入桥面防水粘结层施工，在进行涂料施工时，先进行细部节点构造的附加层施工，对于活动量较大的主梁纵向缝、横向缝应嵌填背衬材料和密封材料，再进行胎体增强材料和涂料的施工，施工宽度应超过缝宽每侧50~100mm，最好先空铺一层油毡条，以使防水层有足够的变形量；对于阴阳角、水平面与交界处、泄水孔等处，先用小刷做一布三涂附加层处理，对阴角部位应加强涂刷防水涂料三遍，伸缩缝、施工缝用涂料浸透，保证涂料渗入混凝土表面毛细孔，使其有足够的粘结力。

对细部节点处附加层施工完后，方可进行大面积施工，大面积满刷第一遍涂料，速度不宜过快，应使涂料渗进混凝土中，不得出现气泡，在第一遍涂料实干之后，方可涂刷第二遍涂料。在进行大面积施工时，胎体增强材料的铺设可在第二遍涂料表干后进行，涂刷第三遍涂料和满涂第一层胎体增强材料，边铺边刷涂料，表干后再涂刷第四遍涂料，胎体增强材料的铺设方向不作规定，其搭接宽度不应小于100mm，如胎体增强材料间出现空鼓、皱褶，应将其剪开，排出气泡后，再铺贴平整并补刷涂料，用涂料压实布面并粘牢。各层涂料在表干后，即可涂刷下一遍涂料和铺布，当铺贴最后一层胎体增强材料后，其表面宜再涂刷两遍涂料。涂料的涂刷力求均匀、厚薄一致，基本要求是薄、透、匀、牢。涂刷涂料不准有漏涂现象，并应保证防水层的厚度，使路桥面形成一个整体无缝的防水层。

涂料防水层所用的中碱玻璃纤维布胎体增强材料的技术要求如下：

抗拉强度（纵向）　　　　450N/25mm
　　　　（纬向）　　　　250N/25mm
厚度　　　　　　　　　　0.12~0.13mm
密度（纵向）　　　　　　12根/cm
　　（纬向）　　　　　　10~11根/cm

防水层施工时，其基层应进行拉毛处理，拉毛的方向是顺桥面横向进行，拉毛深度1~3mm，拉毛的主要作用是加强防水层与基层的粘接、防止两者之间的滑动，造成防水层的破裂而失去防水作用。

涂膜防水层可采用刷涂、喷涂等工艺进行施工，涂膜防水层施工完毕后，在尚未达到设计强度要求前，不允许上人行走踩踏、加压任何荷载，防止损坏防水层。

在涂膜防水层施工时，涂料应在路桥范围以外堆放整齐，以免泄漏，并按当天的施工用量取用，防止涂料污染梁体和其他部位。

②施工规程：

路桥涂膜防水层的施工，必须严格遵守以下技术规程：

a. 基层清理经验收合格并表干之后即可涂刷防水层。

b. 第一层机械喷涂或人工涂刷，确保涂刷均匀。

c. 进行第二遍涂刷，等第一遍涂料约24h干透之后才可进行（根据实际施工时，涂料干透情况，由现场施工负责人掌握），喷涂2~3遍，总厚度控制在0.6~0.8mm。

d. 涂刷过程避免人员和车辆通行。

e. 每一层涂料喷涂后，均须检查。

f. 进行下道工序作业时，尽量避免损坏防水层，如有损坏，应及时补刷。

③施工注意事项：

a. 伸缩缝、施工缝用涂料浸缝。干燥后将冷底子油搅拌均匀，然后喷涂或用橡胶刮板刮一层，以保证涂料渗入混凝土表面毛细孔，使其有较强的粘结力。待冷底子油干后将防水涂料（用前搅拌均匀）喷涂或用橡胶刮板刮涂4~6遍，涂膜厚度1.0~1.2mm，每次涂刮应等前道涂刷的涂料完全干后再进行，以防起鼓。每两遍间隔时间为6~18h。涂刷必须均匀，不堆料也不漏刷。

b. 施工温度以5~35℃为宜，若夏天基层表面温度超过35℃以上，可用冷水冲洗，拖干后施工。

c. 雨、雪天不能施工，施工后涂层未干前不能淋雨水。五级风以上不得施工。

d. 路桥防水涂料在施工中，应在现场对防水涂料进行抽样检测，以保证产品质量符合标准要求。

e. 施工过程中，严防乱踩未干的防水层，防水层做完后在未铺沥青混凝土铺装层前须严防尖锐物、汽车开行等人为损坏防水层。

f. 防水涂料施工后，为防止绑扎混凝土铺装层钢筋扎破或碾压沥青混凝土铺装时破损，应在防水层顶设置保护层。

（6）养护

①桥面施工结束后，防水膜在24h内（未干时）严禁各种车辆、行人通行。

②沥青混凝土摊铺时车辆严禁急刹、调头。

（二）路桥聚氨酯涂膜防水工程

聚氨酯（PU）防水涂料亦称聚氨酯涂膜防水材料，是以聚氨酯树脂为主要成膜物质的一类高分子防水材料。

聚氨酯防水涂料是由异氰酸酯基（—NCO）的聚氨酯预聚体和含有多羟基（—OH）或氨基（—NH$_2$）的固化剂以及其他助剂的混合物按一定比例混合物所形成的一种反应型涂膜防水材料。

聚氨酯防水涂料适用于各类建筑防水工程和路桥防水工程。其产品具有较大的弹性和延展能力以及较好的抗裂性、耐候性、耐酸碱性和抗老化性，产品冷施工，操作简便，能形成无缝的防水层，对任何形状复杂的部位都容易施工，对一定程度的基层裂缝具有较强的适应性。

（1）路桥用聚氨酯防水涂料的品种及性能

聚氨酯防水涂料根据所用原料和配方的不同，可制成性能各异，用途不同的防水涂料。按所用多元醇的品种不同，可分为聚酯型、聚醚型和蓖麻油型系列品种；按固化方式可分为双组分化学反应固化型、单组分潮湿固化型、单组分空气氧化固化型；从环境保护角度又可分为溶剂型、无溶剂型和水乳型；作为工业产品，习惯上将聚氨酯防水涂料以包装形式分为单组分、双组分和多组分三大类别。

单组分聚氨酯防水涂料实为聚氨酯预聚体，是在施工现场涂覆后经过与水或潮气的化学反应，形成高弹性的涂膜。

双组分聚氨酯防水涂料是由 A 组分主剂（预聚体）和 B 组分固化剂组成，A 组分主剂一般是以过量的异氰酸酯化合物与多羧基聚酯多元醇或聚醚多元醇按 NCO/OH = 2.1 ~ 2.3 比值制成含 NCO2% ~3% 的聚氨酯预聚体，B 组分固化剂实际上是在醇类或胺类化合物的组分内添加催化剂、填料、助剂等，经过搅拌后配制成的混合物。目前我国聚氨酯防水涂料的使用形式以双组分为主。

多组分反应型聚氨酯防水涂料也有生产使用，其性能比双组分还要好。

依据在聚氨酯防水涂料填料组分中是否添加焦油（如煤焦油、油气焦油等）的情况，可将聚氨酯防水涂料分为焦油型聚氨酯防水涂料和非焦油型聚氨酯防水涂料两大类。非焦油型聚氨酯防水涂料根据其所用的填料以及颜色情况，可再分为纯聚氨酯防水涂料、沥青聚氨酯防水涂料、炭黑聚氨酯防水涂料、彩色聚氨酯防水涂料等十余种类型。

(2) 路桥聚氨酯涂膜防水层的施工

①材料准备

a. 涂料材料。聚氨酯防水涂料的用量及配比应按照产品说明书执行。一般情况下，聚氨酯底漆用量为 $0.3kg/m^2$ 左右，聚氨酯防水涂料用量为 $2.5kg/m^2$ 左右。

b. 辅助材料。聚氨酯稀释剂、108 胶、水泥、玻璃纤维布或化纤无纺布等。

c. 保护层材料。根据设计要求选用。

d. 施工工具。电动搅拌器、拌料桶（圆底）、小型油漆桶、塑料刮板、铁皮小刮板、橡胶刮板、油刷、辊刷、小抹子、油工铲刀、扫帚、电动吹尘器和 50kg 磅秤等。

②基层要求及处理

a. 基层坡度符合设计要求。

b. 施工时，基层应基本干燥，含水率不大于 9%。

c. 应用铲刀和扫帚将基层突起物、砂浆疙瘩等异物铲除，将尘土、杂物、油污等清除干净。

③防水层施工

a. 施工流程。涂刷底层涂料→特殊部位处理→第一道防水层施工→第二道防水层施工→面层保护层施工。

b. 涂刷底层涂料。涂布底层涂料（底漆）的目的是用以隔绝基层潮气，防止防水涂膜起鼓脱落，加固基层，提高防水涂膜与基层的粘结强度，防止涂层出现针眼、气孔等缺陷。

底层涂料的配制。将聚氨酯涂料的甲组分和专供底层涂料使用的乙组分按 1:(3~4)（质量比）的配合比混合后用电动搅拌器搅拌均匀；也可以将聚氨酯涂料的甲、乙两组分按规定比例混合均匀，再加入一定量的稀释剂搅拌均匀后使用。应当注意，选用的稀释剂必须是聚氨酯涂料产品说明书指定的配套稀释剂，不得使用其他稀释剂。

一般在基层面上涂刷一道即可。小面积的涂布可用油漆刷进行。大面积涂布时，先用油漆刷将阴阳角、管道根部等复杂部位均匀地涂刷一遍，然后再用长柄辊刷进行大面积涂布施工，涂刷时，应以满涂、薄涂为度，涂刷要均匀，不得过厚或过薄，不得露白见底。一般底层涂料用量为 $0.15 \sim 0.20 kg/m^2$。底层涂料涂布后应干燥 24h 以上，才能进行下一道工序施工。

第三节　路桥工程的防水

c. 涂料配制。根据施工用量，将涂料按照产品说明书提供的配合比进行配合。先将甲组分涂料倒入搅拌桶中，再将乙组分涂料倒入搅拌桶，用转速为 100~500r/min 的电动搅拌器搅拌 5min 左右即可使用。

d. 涂刮每一道涂料。待局部处理部位的涂料干燥固化后，便可进行第一道涂料涂刮施工，将已搅拌均匀的拌合料分散倾倒于涂刷面上，用塑料或橡胶刮板均匀地刮涂一层涂料。刮涂时，要求均匀用力，使涂层均匀一致，不得过厚或过薄，涂刮厚度一般以 1.5mm 左右为宜，涂刷的用量为 $1.5kg/m^2$ 左右。开始刮涂时，应根据施工面积大小、形状和环境，统一考虑涂刮顺序和施工退路。

e. 涂刮第二道涂料。待第一道涂料固化 24h 后，再在其上刮涂第二道防水涂料。刮涂的方法与第一道相同。第二道防水涂料厚度为 1mm 左右，涂料用量约为 $1kg/m^2$ 左右。刮涂的方向应与第一道涂料的方向垂直。

f. 胎体增强材料铺贴。当防水层需要铺贴玻璃纤维或无纺布等胎体增强材料时，则应在涂刮第二道涂料前进行粘贴。铺贴方法可采用湿铺法或干铺法。

g. 稀撒石渣。为了增加防水层与水泥砂浆保护层或其他贴面材料的水泥砂浆层之间的粘结力，在第二道涂料未固化前，在其表面稀撒干净的石渣一层。当采用浅色涂料保护层时，不应稀撒石渣。

h. 保护层施工。待涂膜固化后，便进行刚性保护层施工或其他保护施工。

（3）施工注意事项

①当涂料黏度过大，不便进行涂刮施工时，可加入少量稀释剂。所用稀释剂必须是产品说明书指定的配套稀释剂或配方，不得使用其他稀释剂。

②配料时必须严格按产品说明书中提供的配合比准确称量，充分搅拌均匀，以免影响涂膜固化。

③施工温度以 0℃ 以上为宜，不能在雨天、雾天施工。

④施工环境应通风良好，施工现场严禁烟火。

⑤刮涂时，应厚薄均匀，不得过厚或过薄，不得露白见底。涂膜不得出现起鼓脱落、开裂翘边和收头密封不严等缺陷。

⑥若刮涂第一层涂料 24h 后仍有发黏现象时，可在第二遍涂料施工前，先涂上一些滑石粉后再上人施工，可以避免粘脚现象。这种做法对防水层质量并无不良影响。

⑦涂层施工完毕，尚未达到完全固化前，不允许踩踏，以免损坏防水层。

⑧刚性保护层与涂膜应粘结牢固，表面平整，不得有空鼓、松动、脱落、翘边等缺陷。

⑨该涂料需在现场随配随用，混合料必须在 4h 以内用完，否则会固化而无法使用；用过的器皿及用具应清洗干净。

⑩涂料易燃、有毒。贮存时应密封，存放于阴凉、干燥、无强阳光直射的场所。

（三）路桥聚合物水泥涂膜防水工程

聚合物水泥防水涂料，又称 JS 复合防水涂料，是建筑防水涂料中近年来发展起来的一大类别。该类产品已在路桥防水工程中得到应用，此产品是一种以聚丙酸酯乳液、乙烯-醋酸乙烯酯共聚乳液等聚合物乳液与各种添加剂组成的有机液料和水泥、石英砂及各种添加剂、无机填料组成的无机粉料通过合理配比、复合制成的一种双组分、水性建筑防水涂料。其性质属有机与无机复合型防水材料。

1. 路桥用聚合物水泥防水涂料的品种及性能

聚合物水泥防水涂料产品根据聚合物乳液和水泥的不同比例，可分为Ⅰ型（高伸长率、高聚灰比）和Ⅱ型（低伸长率、低聚灰比）两大类型的产品，聚合物水泥防水涂料两大类型的产品其主要技术特点可归纳如下：

①产品系水性涂料、无毒、无害、无污染，属于环保型产品，使用安全，对四周环境和人员无任何危害。

②产品能在潮湿（无明水）或干燥的多种材质基面上直接进行施工。

③涂层坚韧高强，耐水性、耐候性、耐久性优异，能耐140℃高温，尤其适用于道路、桥梁防水，并可加颜料以形成彩色涂层。

④产品能在立面、斜面和顶面上直接施工，不流淌，施工简便，便于操作，工期短，在常温条件下涂料可以自行干燥，采用本产品的涂膜防水层便于维修。

⑤产品能与基面及水泥砂浆等各种基层材料牢固粘结，是理想的修补粘结材料，对各种各样的建筑材料具有很好的附着性，能形成整体无缝致密稳定的弹性防水层。

Ⅰ型产品和Ⅱ型产品目前国内均有生产。总之，与其他类型的防水涂料一样，作为一种无定形的材料，其性能是一个方面，如何正确地进行施工，使之最大限度地实现其基本性能才是材料施工的根本。聚合物水泥防水涂料与其他涂料产品一样，不可能是一种万能的材料，它既有其自身的优点，也有其缺点，这需要我们在施工操作中认真正确地去对待和处理。

2. 路桥聚合物水泥涂膜防水层的施工

聚合物水泥防水涂料与其他防水涂料一样，虽作为商品在市场上流通，但实际上还只是涂膜的半成品，只有通过涂装施工，形成涂膜，才能成为最终的产物，发挥其防水的作用，具备使用价值。

合理的设计方案、正确的防水施工、优质的涂料内在品质，方可保证其防水工程的质量要求，形成完整的防水体系。

四、路桥刚性防水工程

路桥刚性防水工程主要是指采用水泥基渗透结晶型防水材料、路桥防水剂等刚性防水材料构造刚性防水层的一类路桥防水工程。

1. 路桥水泥基渗透结晶型防水材料防水工程

水泥基渗透结晶型防水材料简称CCCW，是由硅酸盐水泥、石英砂、特殊的活性化学物质以及各种添加剂组成的无机粉末状防水材料。其材性属刚性防水材料，与水作用后，材料中含有的活性化学物质通过载体向混凝土内部渗透，在混凝土中形成不溶于水的结晶体，堵塞毛细孔道，从而使混凝土致密、防水。

（1）路桥用水泥基渗透结晶型防水材料的品种及性能

水泥基渗透结晶型防水材料按其使用方法的不同，可分为水泥基渗透结晶型防水涂料（C）和水泥基渗透结晶型防水剂（A）等类型的产品。

水泥基渗透结晶型防水涂料是一种粉状材料，经与水拌合可调配成或刷涂或喷涂在水泥混凝土表面的浆料，亦可将其以干粉撒覆并压入未完成凝固的水泥混凝土表面。

水泥基渗透结晶型防水剂是一种掺入混凝土内部的粉状材料。

水泥基渗透结晶型防水材料现已经发布了《水泥基渗透结晶型防水材料》（GB18455-2001）国家标准。

（2）路桥渗透结晶型防水材料防水层的施工

水泥基渗透结晶型防水材料产品常提供系列产品，以供用户选择，满足不同的需要。以XYPEX材料为例，经常使用的就有浓缩剂、修补堵漏剂、增效剂等数种。XYPEX浓缩剂一般应用于防渗，适用于大面积刷涂或喷涂、施工缝的处理，对已建工程的渗漏水具有明显的效果。XYPEX修补堵漏剂一般应用于线漏涌漏，能收到见效快的功能，具一劳永逸功效。XYPEX增效剂可作第二涂层，以增强浓缩剂渗透率和强度。

2. 路桥水性渗透型无机防水剂防水工程

路桥防水工程用水性渗透无机防水剂，它是以碱金属硅酸盐溶剂为基料，加入催化剂、助剂，经混合反应而成，具有渗透性、可封闭水泥砂浆与混凝土毛细孔通道和裂纹功能的一类防水剂。

（1）水性渗透型无机防水剂的品种及性能

水性渗透型无机防水剂产品按其组成的成分不同，可分为Ⅰ型和Ⅱ型两大类别。Ⅰ型是以碱金属硅酸盐溶液为主要原料的防水剂，简称1500；Ⅱ型是以碱金属硅酸盐溶液及惰性材料为主要原料的防水剂，简称DPS。

水性渗透无机防水剂已发布了《水性渗透型无机防水剂》（JC/T1018—2005）建材行业标准。

（2）路桥水性渗透型无机防水剂防水层的施工

此类水性防水剂产品可内掺于砂浆拌合物内或喷涂于建筑物、构筑物表面。

五、路桥密封防水工程

采用一种装置或一种材料来填充缝隙，密封接触部位，防止其内部气体或液体的泄漏，外部灰尘、水气的侵入以及防止机械振动冲击损伤或达到隔声、隔热作用的称其为密封。凡具备防水这一特定功能（防止液体、气体、固体侵入，起到水密、气密作用）的密封材料称其为防水密封材料。凡是能承受接缝位移以达到气密、水密目的而嵌入路桥建筑接缝中的密封材料称之为路桥用嵌缝密封材料。路桥用嵌缝密封材料常应用于水泥混凝土路面的各种接缝、桥梁的伸缩缝等处。

水泥混凝土路面因受温度应力的影响或者施工的原因，须修筑纵向和横向的接缝，为使路表面水不致渗入接缝而降低路面基层的稳定性，必须在这些接缝处嵌填密封材料。

（一）路桥用嵌缝密封材料的品种及性能

水泥混凝土路面嵌缝密封材料主要有嵌缝板和密封料，嵌缝板主要有杉木板、塑料和橡胶泡沫板、泡沫树脂板、沥青纤维板等，密封料有常温施工式密封料和加热施工式密封料，密封料应与混凝土基层的粘结性能良好，低温时延度大，从而使其在混凝土板收缩时不会开裂；高温时不软化，不流淌，具有较好的热稳定性，并具有抗老化的耐久性。

路桥用嵌缝密封材料按其形态可分为定形密封材料和非定形密封材料两大类。定形密封材料是具有一定形状和尺寸的密封材料，它是根据工程要求而制成的各种密封衬垫材料，应用于路桥工程的主要产品有嵌缝板、预制嵌缝密封条等。非定形密封材料即密封胶（填缝料），是溶剂型、乳液型、化学反应型等黏稠状的密封材料，多数非定形密封材料是以橡胶、树脂等高分子合成材料为其料制成的，它包括弹性的和非弹性的密封胶、密封腻子和液体密封填料等产品,应用于路桥工程的主要产品有沥青橡胶类嵌缝密封胶、硅酮聚硫、氯丁橡胶、聚氨酯等合成高分子嵌缝密封胶。路桥用嵌缝密封材料按其使用性能则可分为嵌缝板和密封料。嵌缝板根据其材质的不同,其分类见前述。密封料按其形态可分为预制嵌缝密封条和填缝密封料两大类;按其用途可分为胀缝密封料和缩缝密封料;按其施工温度条件可分为加热施工式密封料和常温施工式密封料。

目前我国已发布的路桥用嵌缝密封材料行业标准主要有《道路嵌缝用密封胶》(JC/T976-2005)、《水泥混凝土路面嵌缝密封材料》(JT/T589-2004)等。

(二)水泥混凝土路面接缝防水密封的设计

水泥混凝土路面是高级路面,是由水泥混凝土面板、基层及垫层等组成。根据材料的要求、组成及施工工艺的不同,水泥混凝土路面包括普通混凝土路面、钢筋混凝土路面、连续配筋混凝土路面、预应力混凝土路面、装配式混凝土路面、钢纤维混凝土路面等多种。目前采用最为广泛的是就地浇筑的普通混凝土路面,普通混凝土路面是指除了接缝区和局部范围如边缘和角隅之外,均不配置钢筋的水泥混凝土路面。

水泥混凝土路面具有强度好、稳定性好、耐久性良好、有利于夜间行车等优点,但水泥混凝土路面因受温度应力的影响或施工的复杂性,易引起行车跳动,接缝又是路面的薄弱点,如处理不当,势将影响到路面的质量,在任何形式的接缝处,水泥混凝土板体都不可能是连续的,其传递荷载的能力总不如非接缝处,且任何形式的接缝都会漏水,因此对于各种形式的接缝,都必须为其提供相应的传荷与防水措施。为使表面水不致渗入接缝而降低路面基层的稳定性,必须在这些接缝处嵌缝密封材料。

(三)水泥混凝土路面接缝防水密封的施工

水泥混凝土路面接缝的施工是水泥混凝土路面施工工艺中的一个组成部分。水泥混凝土面层板的施工程序如下:

|安装模板| → |设置传力杆| → |混凝土的拌合与运送| → |混凝土的摊铺和振捣| → |接缝隙的设置| → |表面整修| → |混凝土的养护与填缝|

1. 基层处理及材料准备

混凝土板养生期满后,缝槽口应及时进行填缝,填缝又称灌缝。首先应将缝隙内的泥砂杂物清除干净,然后方可浇灌填缝料。

在填缝时,必须保持缝内清洁和干燥,可采用切缝机清除接缝中夹杂的砂石、凝结的泥浆等,再使用压力≥0.5MPa的压力水和压缩空气彻底清除接缝中的尘土及其他污染物,以确保缝壁及内部清洁和干燥,缝壁检验以擦不出灰尘为填缝标准。

理想的填缝料应能长期保持弹性、韧性,填缝料应与混凝土缝壁粘结紧密,不渗水。常温填缝料使用时应按规定比例将各组分材料按1h填缝量混拌均匀后使用,并随配随用;加热填缝料融化,搅拌均匀,并保温使用。

2. 浇灌填缝料(密封胶)

填缝的形状系数宜控制在2左右,填缝深度宜为15~20mm,最浅不得小于15mm,在浇灌填缝料前,应先挤压嵌入直径为9~12mm的多孔泡沫塑料背衬条,然后方可灌缝,填缝顶面夏天应与板面平齐,缝隙缩窄时不软化挤出,冬天应稍低于板面,填为凹液面,其中心低于板面1~2mm,缝隙增宽时能胀大并不脆裂。填缝必须饱满、均匀,厚度一致并连续贯通，填缝料不得缺失、开裂，与混凝土粘牢，以防止土、砂、雨水进入缝内。此外还要耐磨、耐疲劳、不易老化。高速公路、一级公路应使用专用工具填缝。

常温施工式填缝的养生期，低温天宜为24h，高温天宜为12h；加热施工式填缝料的养生期，低温天宜为12h，高温天宜为6h。在填缝料养生期内（特别是反应型常温填缝料在固化前），应封交通。

3. 嵌缝预制嵌缝条

必须在缝槽口干燥清洁的状态下嵌入嵌缝条。胶粘剂应均匀地涂在缝壁上部（1/2以上深度），形成一层连续的约1mm厚度的粘结膜，以便粘结紧密，不渗水。嵌缝条在嵌入的过程中，应使用专用工具，在长度方向应既不拉伸也不压缩，保持自然状态，在宽度方向应压缩40%~60%嵌入，嵌缝条高度为2.5cm，当填缝胶粘剂固化后，应将胀缝两端多余的嵌缝条齐路面边缘裁掉。嵌缝条在施工期间和胶粘剂固化前，应封闭交通。

4. 纵缝填缝

纵向缩缝填缝应与横向缩缝相同。各级公路高填方（路基高度≥10m）路段、桥面、搭头搭板部位的纵向施工缝在涂沥青的基础上，还应切缝并灌缝，一般路段，上半部已饱涂沥青的纵向施工缝可不切缝、填缝。

5. 胀缝填缝

路面胀缝、无传力杆的隔离缝应在填缝前先凿去接缝板顶部嵌入的压缝板条，涂胶粘剂后，嵌入胀缝专用多孔橡胶条或嵌入适宜的填缝料。从胀缝很大的变形量来看，胀缝中的填缝不宜使用各种密实型填缝材料，因为夏季一定会被挤出、带走或磨掉，而冬季则会收缩成槽，宜使用上表面较厚的几重防护的多孔橡胶条为好。当胀缝的宽度不一致或有啃边、掉角等现象时，则必须填缝。

参 考 文 献

[1] 沈春林主编，杨炳元副主编．防水材料产品手册．北京：中国标准出版社，2007.
[2] 沈春林主编，杨炳元副主编．化学建材原材料手册．北京：中国标准出版社，2008.
[3] 沈春林，苏立荣，李芳，高德才编．刚性防水及堵漏材料．北京：化学工业出版社，2004.
[4] 沈春林，潘建立，苏立荣，李芳编．市政工程防水设计与施工．北京：化学工业出版社，2009.
[5] 邓钫印编．建筑工程防水材料手册．北京：中国建筑工业出版社，2001.
[6] 科技基［2007］56号客运专线桥梁混凝土桥面防水层暂行技术条件（修订稿）．
[7] 科技基［2008］21号铁路隧道防水材料暂行技术条件（第1部分防水板）．
[8] CRCC产品认证实施规则（铁路用防水材料）．
[9] 京沪高速（工）［2009］152号京沪高速铁路桥梁混凝土桥面喷涂聚脲防水层暂行技术条件．
[10]《喷涂聚脲防水涂料》（GB/T23446-2009）．
[11]《无机防水堵漏材料》（GB/23440-2009）．
[12]《轨道交通地下工程防水技术规程》（DB11/581-2008）．